高山安可仰

古代名士篇

谢善骁◎著

经济管理出版社
ECONOMY & MANAGEMENT PUBLISHING HOUSE

图书在版编目（CIP）数据

高山安可仰：古代名士篇/谢善骁著．—北京：经济管理出版社，2014.11

（爱我中华丛书）

ISBN 978-7-5096-3173-7

Ⅰ．①高… Ⅱ．①谢… Ⅲ．①名人-生平事迹-中国-古代 Ⅳ．①K820.2

中国版本图书馆 CIP 数据核字（2014）第 126886 号

组稿编辑：张 达 王 琼

责任编辑：王 琼 宋 凯

责任印制：黄章平

责任校对：张 青

出版发行：经济管理出版社

（北京市海淀区北蜂窝 8 号中雅大厦 A 座 11 层 100038）

网 址：www.E-mp.com.cn

电 话：（010）51915602

印 刷：保定金石印刷有限公司

经 销：新华书店

开 本：720mm×1000mm/16

印 张：25.5

字 数：380 千字

版 次：2014 年 11 月第 1 版 2014 年 11 月第 1 次印刷

书 号：ISBN 978-7-5096-3173-7

定 价：49.00 元

联系地址：北京阜外月坛北小街 2 号

电话：（010）68022974 邮编：100836

梦回故国
——代前言

从三十三重天的缝隙，
倾泻出一股飞瀑激流。
在地面形成浩荡大江，
江水唤醒沉睡的神州。

有一位英雄站在源头，
启动了五千年漫长行舟——
黄帝率先民刀耕火种，
为华夏大地初绘锦绣。

从竹筏独漂到舸舰迷津，
江河见证了百余代帝后。
千秋功罪业已沉淀江底，
百世流芳抑或万年遗臭。

不沉的是行进着的巨船，

功臣名将是忠诚的水手。
莫道羽扇纶巾何等潇洒，
马革裹尸终究壮志未酬。

先觉的文人们伫立船头，
用笔尖为时代开药针灸。
有时不经意地一挥衣袖，
夜空顿时缀满灿烂星斗。

惊涛拍岸夯筑八大古都，
万里行舟有了停泊码头；
浪潮卷雪堆砌百座名城，
百座灯塔让航道夜夜如昼。

撑一支长篙我溯流而上，
为把梦中的故国神游；
翻阅长江两岸名城烟云，
寻访大河上下千古风流。

看不尽金陵诗海长安史山，
读不完汉唐演义李杜巨篇。
纵然没有东坡才和放翁笔，
也要为我的中华纵情歌讴。

目录

——立教千秋宏普度，问谁悟得妙中精（东汉·钟离《老子赞》）

悟得妙中精

——道家学说代表人物老子、庄子

一

周天子曾经从容自在地坐在豪华马车上，驰骛于中原大地上，如今他已经在内乱和戎族入侵的交织打击下，逐渐愈走愈慢、愈行愈难了。唐代诗人胡曾在《咏史诗·陇西》中，借用周穆王驾八骏之乘远游，在天界的瑶池上会见西王母并和她畅饮的浪漫故事，感叹道：

阿母瑶池宴穆王，九天仙乐送琼浆。

漫矜八骏行如电，归到人间国已亡。

还没等到周穆王回到人间，他的不肖子孙周平王已于公元前770年放弃“镐京”（今陕西西安西南），迁都“洛邑”（今河南洛阳）。从此大周马车的车轮深深陷于泥淖，天子号令天下的时代也一去不返了。从公元前770年到公元前221年秦统一六国，历史翻开了诸侯争霸、大国兼并、大夫专政与夷夏斗争轮番登场上演的“春秋战国”篇。

战国何纷纷，兵戈乱浮云。
赵倚两虎斗，晋为六卿分。
奸臣欲窃位，树党自相群。
果然田成子，一旦杀齐君。

（唐·李白《古风（其五十三）》）

这是一个中国历史上社会经济急剧变化的变革时期，也是一个中华古代文明逐渐递嬗为中世纪文明的过渡时期。而这又是一个至今还令人困惑、令人思索和令人怀念的历史年代，在这个年代里，交织着两种看似难以相容实际上却得以共存的现象：一方面是武夫枭雄们用剑和火铸造着一个个新政权，群雄逐鹿，天下大乱；另一方面则是文人学者们以舌和简创作着一部部新篇章，群星灿烂，百家争鸣。

五百多年的兵燹战乱，致使王室衰微，诸侯争霸，又为众多周游列国、为国君们提供政治策略的有识之士开启了施展才华的大门。诸子蜂起，百家涌现，大辩论如火如荼，诞生了中国历史上影响最为深远的“诸子百家”，也开辟了空前绝后的中华文明大黄金时代。在后来两千多年的中国学术、思想、文化史上，还不曾有任何一个时期达到和超越那个时代。

在先秦多彩纷呈的诸子百家中，影响较大的是儒家、墨家、名家、法家、道家、阴阳家，其中政治上主张无为的道家是未被官方采纳的一家，它既没有儒家和墨家那么多的门徒，地位也不如儒家、法家那么崇高。但每当社会经历过动荡亟须休养生息的年代，无为而治的政治主张就成为了一帖济世良方，尤其当西汉初年的“文景之治”时，道家思想一度成为当时的统治思想。不过此后道家就再未交到过如此的大运。

历代统治者的推波助澜也罢，抽刀断流也罢，对于中国哲学思想中百家之源的道家来说，却从来是不废江河万古流。道家以其对古典哲学理论之阐述与分析的深刻和辩证，以其对中华民族基本传统、思想与精神之集成与总括的广博和凝聚，始终在中国古代思想的发展中扮演着重要的角色。道家为中国的政治和文化活动作出的特殊贡献，不仅表现在道家的文化艺术在中国文学史艺术史中独特的优势地位，还表现在道家哲学为中国的官场和知识分子的生涯，开辟了一条轻松的上下之路，淡泊的进退之道。独特的宇宙、社会和人生领悟，使道家思想在哲学思想领域中独树一帜，流传至今。

道家思想的起源很早，传说中的轩辕黄帝就有天人合一的思想，因此道家尊黄帝、老子为创始人，并称黄老。其实第一个确立道家学说、创立道家学派的是老子，在诸子百家中最早称“子”成“家”的一位大概也要算老子了。老子堪称众多学者的“老子”，他不仅年龄和资格在诸子之上，而且年高德劭、卓尔不群。他做过周朝掌管藏书室的史官，研究道德学问，通晓上下古今之变。他以隐身匿迹、不求闻达为宗旨，写下了一部具有自发的辩证法和朴素的唯物主义思想的哲理诗《老子》（也叫《道德经》或《五千文》），对后世思想影响很大，因此老子称得上是中国乃至世界上第一位具有朴素辩证法思想的哲学家。

道家思想后来被东汉末年张角创立的太平道和张道陵创立的五斗米道吸收，演变成中国重要的宗教之一——道教。道教是在中国古代鬼神崇拜观念的基础上，以长生不老之道为最高信仰，用神仙不死之道教化信仰者，劝人通过养生修炼和道德品行的修养而长生成仙，最终解脱死亡，求得永恒。在今天中国宗教徒所信奉的主要宗教佛教、道教、伊斯兰教、天主教和基督教中，只有道教是货真价实的“中国造”。鲁迅在《致许寿裳》信中说：“中国的根柢全在道教。”没有中国这块特定的土壤，不可能诞生道教这种对中国人影响如此深刻的宗教，而没有老子和道家深深植根于民间，也不会有道教后来的兴旺发展。

人们对老子非常崇拜，尊奉他为祖师，尊称他为“道德天尊”，即“太上老君”。除被称为太上老君外，老子亦被称为伯阳、老聃、老君、老子、老子道君、李伯阳、李老君等。他们把《道德经》作为主要经典，以“道”为最根本的信仰，道教的教理教义实际上是一种将道家思想神秘化后的宗教学说，因此不能将道家与道教混为一谈。

老子被奉为道教之祖倒也罢了，殊不料由此引起的一个后果是，他又不明不白地成为一位显赫的神话人物。在神话小说《西游记》和妖魔小说《封神演义》中，老子均以太上老君的身份粉墨登场。如果在《西游记》中，老子还只是一个客串角色，那么在《封神演义》中，他就有了自己做主角的一场戏，这就是著名的“老子一气化三清”的故事。

李唐王朝的开创者高祖李渊自称是老子李耳的后裔，追认老子为始祖，以老子故里鹿邑县城东厉乡曲仁里的老子庙为太庙，大兴土木，起建宫阙殿宇“如帝者居”，唐玄宗李隆基更是正式将庙改为太清宫。在李唐皇室的支持下，尊老子为祖师的道教进入了鼎盛时期，被供奉于曲仁里老君台上的老子，自然也成为了当时至高无上的精神偶像。

当然，如果老子在世，是不大可能接受“祖师”、“太上老君”之类的称号的，即使这种称号只是荣誉性的。司马迁对老子的总结是：“老子，隐君子也。”既然老子是一个不求闻达的“隐君子”，那么他最多只会承认自己是一个学者，一个道家学派的创始人。

尽管人们并不相信如天外有天、玄乎其玄的神话故事，但直到今天，社会上的传统行业诸如铁匠、煤窑匠、碗筷匠、磨刀匠、蹄铁匠等，仍然传承着皆祭拜老子为祖师爷的习俗，足见老子的威望之高。

二

在后人的心目中，往往还有一个想当然的印象：老子是神仙，而不是诸子百家中的“老大”，诸子的老大是孔子。其实孔子是老子的晚辈，周敬王时期，年轻的孔子为了学习周文化，驾着一辆由两匹马拉的车子，风尘仆仆地从鲁国赶到周都洛邑，入周问礼乐，问礼于老子，问乐于苌弘。孔子问礼于老子时，表现得恭恭敬敬，老子向他讲述了一番人生哲学，他洗耳恭听，连连称是。

当孔子起身向老子告辞时，老子又赠给他一段富于哲理的话：“聪明、有洞察力的人常常受到死亡的威胁，那是因为他喜好议论别人的缘故；博学善辩、见多识广的人常遭困厄危及自身，那是因为他好揭发别人罪恶的缘故。做子女的应该忘记自己而心想父母，做臣下的亦要忘掉自己而心存君主。”

孔子对老子的一番说教佩服得五体投地，他把老子比作一条乘风云而上天的龙。入周问礼后，孔子学业大进，广招弟子，传播儒学。两位古代伟大哲人的会见和对话，成为中国史界和文坛上广为传诵的佳话，居然引起了现代大文豪鲁迅的极大兴趣，鲁迅还写下了一篇十分风趣的小说《故事新编·出关》。鲁迅说当孔子第二次会见老子离开后，老子感到不大对劲，断定一心想“上朝廷”的孔子，一定不能容自己这个“先生”，“背地里还要玩玩花样”、搞阴谋诡计，因此老子就西出函谷关，一走了之。

对于老子出关原因，鲁迅与老前辈司马迁的说法不一，人们当然宁信古人，何况鲁迅写的毕竟是小说。不过汉朝大史学家司马迁好像也没太搞清楚老子的真实情况，甚至还以为老子有三个，一个叫李耳，一个叫太史儋，还有一个叫老莱子。司马迁是崇尚儒学的，对孔子的研究颇费时日，大概在老子身上没有下太大的功夫。其实，在先秦的著作中曾经谈到过：老子就是老聃，他姓李，名耳，字聃，楚国苦县（今河南鹿邑）人，或者说他是陈国相人。实际上“相”即“苦县”，这可能是由于楚灭陈后，相改成了苦县之故。

在汉之前一般公认为老子和孔子是同代人，但出生略早于孔子，据推测大约在周灵王初年（约公元前571年），至于老子究竟活了多少岁，没人能说得清楚。但老子有满腹学问是众所周知的，他被广纳贤才的周文王请到朝中，委以西伯之职，主管国家存藏的竹简。武王继位后，老子负责记录朝廷朝政议论，当时被特封为“柱下吏”，享受可依柱而坐记录政事的特殊待遇。成王执政，被派出使西极大秦、竺乾等国的老子，到处讲学，颂扬周德，被各国君主朝臣尊称为“古先生”。及至昭王执政，事周的老子已近百年并料知将要干戈四起，不愿卷入尔虞我诈的争斗，遂辞去朝官，骑了头青牛，走向函谷关，走向茫茫大漠。

七雄戈戟乱如麻，四海无人得坐家。

老氏却思天竺住，便将徐甲去流沙。

（唐·胡曾《流沙》）

相传有一天，在此任关令的尹喜带兵出巡关口，望见一团紫云由东而西悄然飘来，他立即意识到紫气东来，必有贵人过关。一会儿，一位“真人”骑着青牛冉冉而至，尹喜仔细一看，原来是友人老子。他乡遇故知，自然分外亲切，当尹喜了解到老子辞官西遁的志向后，就恳切地央求他多留几天，写篇文章以作纪念。老子觉得情意难却，就在此写完了一部五千言的《老子》。文毕，即骑牛过函谷，面西向着流沙道徐徐而去。真可谓“黄鹤一去不复返，白云千载空悠悠”，有诗曰：

混元初判道为先，常有常无得自然。

紫气东来三万里，函关初度五千年。

（明·陈仲琳《封神演义》）

尽管老子在霭霭香烟和翩翩瑞彩之中骑着青牛飘然而去，然而他的人生哲学却绵绵不绝地传播开来，并被演绎为后代文人雅士的隐逸出世思想。由西晋学者、文学家郭璞首创的“游仙诗”，最早将隐居深山的情趣和遨游仙境的愿望用诗文来表达。李白，被道士司马祯誉为“有仙风道骨，可与神游八极之表”，他一生都在追求“神游八极之表”的世外桃源。在爱国诗人陆游许多歌咏道事的作品中，也包含着老子倡导无为养生、主张爱民治国的思想。早年受道教思想熏陶的民族英雄文天祥，有一次病中还穿上了道士服装，吟下一首《借道冠有赋》，诗中列举了唐宋两位前贤贺君（知章）、苏子（东坡）的崇道情结。

老子为人类留下的宝贵财富，就是那一部共分 81 章、仅有 5000 字的《老子》，后人亦称这部书为《道德经》，为中华文明做出了杰出贡献。这是一部用韵文写成的哲理诗，诗中采用了不少譬喻，也吸收了不少民谚。然而它对后世的影响，主要不在文学方面，而在哲学、思想方面。

《老子》是世界上第一部提出人与自然平衡发展，并采用自然现象来阐述为人之道的哲学书，它以独特的视角，探究了宇宙的形成、万物的本源、国家的治理等一系列重大的哲学问题。仅仅 5000 字，言简意赅，沿波讨源，使人豁然开朗。先秦诸子著作的大体纲目基本上来源于这部《老子》，被称为“厚黑学教主”的李忠吾在其《厚黑学》一书中说：“先秦诸子源于老子”。

宇宙观是老子政治观和人生观的基础。在老子之前，“天”或“天帝”为万物之主宰的观念，在人们的头脑中根深蒂固。这种自然观后来逐渐受到一些进步思想家的怀疑，而老子是最早从哲学的角度否定天帝的一个古代学者。他指出宇宙万物的本原是“道”，这个“道”不是一般常见的道理，而是天帝的原始、万物的根本。道在天地万物生长之前就已存在，天地万物都是由它所产生的，道“可以为天下母”。据此，老子又进一步提出了“人法地，地法天，天法道，道法自然”，亦即一切都要顺应自然法则的观点。这种朴素的唯物主义和无神论思想，尽管带有宿命论的消极成分，但在那个时代能有这种见解，实属难得了。

辩证法思想，则是老子学说中最精粹和最精彩的部分。老子从天地万物变化和发展的过程中，观察并发现了事物内部新旧、祸福、存亡等对立面之间的辩证规律。老子认为，事物都有其对立面：“有无相生，难易相成，长短相形，高下相倾，声音相和，前后相随。”而对立的双方又是可以相互转化的，正如其名言所述：“祸兮，福之所倚，福兮，祸之所伏。”好事与坏事并非一成不变的。同样，“正复为奇，善复为妖”，正常随时可变为反常，而善事也随时可变为恶事。以道家思想演绎而来的《淮南子·人间训》中的一则故事——“塞翁失马，焉知非福”，对老子的这一辩证法思想进行了生动和形象的诠释。

由对立转化的辩证规律，老子又提出了物极必反这一辩证法思想中的重要观点。他认为，事物在向相反的方向转变，到了一定时候就会转变成它反面的东西。当将这种辩证关系应用于国家的统治和管理时，老子的名言对历来的统治者都是十分精辟的警诫：“民之饥，以其上食税之多，是以饥”，“民不畏死，奈何以死惧之?”他指出，不要以为人民老实可欺，用杀人的手段是不能解决问题的，即使需要惩治那些捣乱的人，也自有惩治他们的人，用不着统治者自己去动手杀人。统治者如果硬要这样，将会自食其果。“天下莫柔弱于水，而攻坚强者莫之能胜”，因此，统治者要把自己放在弱者的地位，“以道佐人主者，不以兵强天下，其事好还”。

在认识论上，老子主张“静观远览”，只有不受情欲的影响，保持心态的宁静，才能认识事物的真相。在此基础上，他还提出了“不出户，知天下，不窥牖，见天道，其出弥远，其知弥少”的静观认识事物的方法。从这种认识论出发，老子提出了治理国家应该“无为而治”、“顺乎自然”的政治主张。他认为“无为而无不为”，无为并非什么都不干，而是要无所为而为，只有“无为”才可以做到“无不为”——“我不为而民自化，我好静而民自正，我无事而民自富，我无欲而民自朴”。他认为“道”和“德”是属于无为的范畴，仁以下是属于有为的范畴。老子主张无为，反对有为，认为有为是从无为堕落而来。老子的无为而治也被称为圣人之治。

作为古代小自耕农的代表，从无为而治的观点出发，老子对充满着剥削、压迫、兼并和战争的社会现状十分不满。他所憧憬的理想世界是一种“甘其食，美其服，安其居，乐其俗”的“小国寡民”状态，幻想使社会倒退到“邻国相望，鸡犬之声相闻，民至老死不相往来”的原始公社时代。在他的笔下，这一社会应该是“国土不大，人口稀少。即使有各种器具也从不使用，使人民不需以生命去冒险，也不远迁。虽有船和车，用不着乘坐；虽有武器装备，用不着陈列。让人民还是沿用古代结绳记事的办法，吃得香甜，穿得漂亮，住得安适，过得习惯。邻国之间可以互相望见，连鸡鸣犬吠的声音都能听见，而直到老死，人们也不相往来”。这是一种不切实际的幻想，反映了老子落后、倒退的历史观。

人间正道，大势所趋，人类社会并不按照老子的意愿发展。但是老子以反向思维的方式，为后人留下了很多精辟的观点和独到的见解，被传诵为爱民治国、为人处世的至理名言：“以正治国，以奇用兵，以无事取天下”；“天下神器，不可为也，不可执也。为者败之，执者失之”；“将欲歙之，必故张之；将欲弱之，必故强之；将欲废之，必故兴之；将欲取之，必故与之。是谓微明”；“柔弱胜刚强。鱼不可脱于渊，国之利器不可以示人”；“民不畏死，奈何以死惧之”。

老子的学说对后世产生了极大的影响，自汉以来，形形色色的《老子》版本不断问世，名目繁多的注、释、解、疏、补、评、证、诠、译、辨、校，多如牛毛。一本薄而稍显得轻飘飘的《老子》，衍生出那么丰富多彩的经典著作，在中国古籍中也属罕见。纵然年代久远，失传颇多，但是单就留世的断简残编，吉光片羽，也足以使古老的“诸子百家”图书馆汗牛充栋，光前裕后了。然而老子学说不仅留下很多悬念，也留下了很多争论，有人将它解释为唯心主义，也有人评其为唯物主义。

随着人类社会的发展，《老子》作为一部中国古代的哲学杰作，也被愈来愈广地传播到国外，令欧美哲学大师们都为之倾倒。较之西方人心目中的圣典——《圣经》，《老子》不管从哪一方面说，大概也都有过之而无不及了，美国的《纽约时报》甚至称老子为世界古代作家之首。令人难以置信的是，中国哲学的开山祖老子，经过作为中介的雷缪萨，而间接地影响了西方德国的古典哲学大师黑格尔。黑格尔的哲学体系，明显受到中国古代道家“形上学”思想的影响。黑格尔在《哲学史讲演录》中，还专门论及了《老子》中的“道”和“无”。

鲁迅嘲笑老子是一位“大而无当”的思想家，对老子历史观的批判，乃是《故事新编·出关》一文的主旨。对此，鲁迅曾做过这样的说明：“那《出关》，其实是我对老子思想的批判，结束的关尹喜的几句话，是作者的本意，这种‘大而无当’的思想家，是不中用的，我对他并无同情，描写上也加以漫画化，将他送出去。”

三

在老子之后，道家思想的代表人物有战国时期的庄子（周）、列子（御寇）、惠子（施）等人。作为集道家大成的庄子，是战国时期一位著名的思想家和散文家，也是老子思想的继承者和发展者。主子以老子之言为指归，与老子同为道家学派的创始人，世称“老庄”。然而就是这位庄子，在继承老子思想的同时，扩大了其学说中唯心主义和宿命论的因素，进一步把道家学派这辆独轮车，推上了消极、落后和倒退的独木桥。

庄子（约公元前369~前286年），名周，战国时期宋国蒙城（今河南商丘）人。他与梁惠王、齐宣王生活在同一个时代，一个不加修饰的“强凌弱，众暴寡”时代。庄子出生的宋国，本来就是一个殷商民族败亡后幸存的残余小国，又地处群雄逐鹿的争战之地，使它不可避免地深陷于一个混乱、痛苦、灾难深重的涡流之中。

“人生像一本书，愚人哗啦哗啦地翻它，而贤者潜心细细读。”这是法国学者保罗说的一句深含哲理的话。站在丘垄黄土上，走在夕阳西风下，战国时期最伟大的贤者之一的庄子，在细细阅读了生活遭逢和人生经历之后，将视线移开了尘世，开始追溯黄老的背影，探求无穷的时空。

在庄子的一生中，大部分时间过着一种适己任性的隐居生活，由于家贫曾住在陋巷以织鞋维生。据《史记》记载，庄子做过蒙地管理漆园的小吏，楚威王慕其才，派使者带厚礼欲聘之为曹国宰相，但庄子一笑置之，对使者说：“千金确是一笔大钱，卿相也确是尊贵的高位。可您难道没见过祭祀时用的牛吗？喂养它好几年，然后给它披上带花纹的绸缎，牵进太庙去当祭品，到了这个时候，它即使想做一头孤独的小猪，也已办不到了。请您赶快离开，不要玷污了我，我宁愿在小水沟里身心愉快地游戏，也不愿被国君所束缚。我一辈子也不会做官，让自己心情舒适愉快。”

《庄子·秋水》中还记载了他在楚王诚聘面前，以楚国一只死了三千年被楚王珍藏于宗庙的神龟为例回答说，宁愿拖着尾巴活在泥水里，也不愿为留下骨骸以显示尊贵而死去。也就是说，宁在濮水边垂钓而不去楚国做高官，这就是庄子其人。他愤世嫉俗，蔑视权贵，对高官厚禄不屑一顾，拒绝与统治者合作。庄子的这种高风亮节、超乎常人，并常为后人所称颂。唐诗人胡曾的《濮水》诗曰：

> 青春行役思悠悠，一曲汀蒲濮水流。
> 正见涂中龟曳尾，令人特地感庄周。

唐代诗人高适也对这位当年逍遥闲居的“漆园吏”，表示了深深的景仰之情：

逍遥漆园吏，冥没不知年。

世事浮云外，闲居大道边。

古来同一马，今我亦忘筌。

《庄子·秋水》中说的另一件事是：惠施在梁国做了宰相，庄子去访，惠子怕他来夺相位，欲加阻止，哪料庄子从容而来拜见他道："南方有只鸟，名为凤凰，您可听说过？这凤凰展翅而起。从南海飞向北海，非梧桐树不栖，非竹子果不食，非甘甜泉不饮。这时，有只猫头鹰正津津有味地吃着一只腐烂的老鼠，恰好凤凰从头顶飞过。猫头鹰急忙护住腐鼠，仰头怒视道：'嘿！现在你也想用你的梁国来吓唬我吗？'"

这种傲岸的性格还表现于《庄子·列御寇》中记载的另一件事：宋君派曹高出使秦国，颇讨秦王欢心，加赐他一百乘车辆。回国后，一夜暴富的曹高扬扬得意地向庄子炫耀，庄子听后淡然答道："听说给秦王治病，挤破脓疮消除疖子者可获得车一乘，舔治痔疮者可获车五乘，疗治的部位越是低下，获得车辆就越多。你难道给秦王舔过痔疮吗，怎么获得如此多的车辆呢？你滚开吧！"对此，庄子叹息道："自以为明智的人只会被外物所驱使，精神世界完全超脱于物外的人才会自然地感应。自以为明智的人早就比不上精神世界完全超脱的人，可是愚昧的人还总是自恃偏见而沉溺于世俗和人事，他们的功利只在于追求身外之物．这不很可悲吗！"

这种斥国君为大盗、视权贵如腐鼠的人品情操，使后世的一位名士深感敬佩和为之折服，此君就是傲骨嶙嶙的李白。李白在《咏庄子诗》中云：

万古高风一子休，南华妙道几时修。

谁能造入公墙里，如上江边望月楼。

李白热爱祖国，憎恨奸佞，灵魂像屈原那样纯净；李白鄙夷权贵，蔑视富贵，骨头如庄周那样坚硬。清代诗人龚自珍说，李白诗歌就是融屈原、庄周为一炉。

贫穷而志不短，贫穷不失气节。人们在庄子身上，看到了孔子得意门生颜回的影子，嗅到了中国传统文人清高的气息。《庄子·山木》载：一次，庄子身穿粗布补丁衣服、脚着草绳系住的鞋子去拜访魏王。魏王见了他说：“先生怎么如此潦倒啊？”庄子纠正道：“是贫穷，不是潦倒。士人有道德而不能体现，是潦倒；衣坏鞋破，才是贫穷而不是潦倒，这就是所谓生不逢时。大王难道没见过那腾跃的猿猴吗？它们生活在高大的楠木、樟树上，攀缘其枝往来其上而称王，即使神箭手后羿、蓬蒙也无可奈何。要是生活于荆棘丛中，小心翼翼地行走且不时地顾盼，内心震颤恐惧发抖。这并不是筋骨紧缩有了变化而不再灵活，而是所处的生活环境不便，不能充分施展才能。现在处于昏君乱象之间而想不潦倒，怎么可能呢？比干遭剖心刑戮就是最好的证明啊！”

这不是又一个被孔子夸为“一箪食，一瓢饮，在陋巷，人不堪其忧，回也不改其乐”的颜回吗？

四

庄子是老子之后道家理论最重要的开创者，道家哲学说到底也就是老庄二型。庄子的一些重要思想集中于他及其门人后学的著作《庄子》中。《庄子》现存33篇，其中7篇“内篇”为庄子自撰，是他从世界观到知识论到工夫论到社会哲学的内圣外王之道的理论；15篇“外篇”及11篇“杂篇”出于其门人和后学之手。33篇内容的基调是一致的，形成了以庄子思想为主体、包括后学的发展变化在内的庄子学派思想体系。

“内篇”是《庄子》全书的精华，系统地表述了庄子的思想。庄子继承并发展了老子“道法自然”的观点，也以“道”为宇宙的根本，认为道存在于一切事物之中，是万物存在、变化的根本和依据，强调事物的自生自灭，否认有神的主宰。在对宇宙万物形成和发展的探索中，庄子提出了事物有一个发生、发展和变化的过程，并且万物又各有特性的辩证观点，以朴素的辩证法丰富了古代哲学的认识论。

内篇中《庄子·逍遥游》和《庄子·齐物论》两文，集中构筑了庄子哲学思想体系的主体。“逍遥游”，顾名思义就是天马行空，“绝对自由”。庄子深知，对于作为形体的生命来说，绝对自由是可望而不可即的理想境界；但他坚信，作为精神的生命，绝对自由并非奢望，而是完全可以跨入的世外桃源。在作者心目中的一种理想化人物是：忘掉了自我的“至人”、忘掉了功利的“神人”、忘掉了名誉的“圣人”。“独与天地精神往来”就是《庄子·逍遥游》中说的“乘天地之正，而御六气之辩，以游无穷”，这也是庄子所认为的真正的逍遥，即摆脱了一切束缚的绝对自由。

生活在战国乱世的庄子，面对礼崩乐坏的时代，目睹大小诸侯的争斗，惯看芸芸众生的苦难，厌恶世俗生活的混浊，却又深感世之无德己之无能，于是走上了逃避现实、逍遥自在的捷径，以追求摆脱世俗羁绊的精神自由，让精神的生命去解放作为形体的生命，从而达到物我两忘、超然物外的境界。

在包含齐物与齐论两个意思的《庄子·齐物论》中，庄子提出要达到逍遥物外、忘情世事的境界，必须以不辩彼此、不分是非为前提，只有在这种无对立、无差别的认识基础上，才能升华为物任其性、逍遥无碍之道。他从万物一体的观点出发，认为宇宙万物都是一气之化，虽千姿百态各不相同，却又同是气聚所成，同为一体。在另一篇出自庄子后学的论文《庄子·天下》中，精练地总结了庄子的思想：“独与天地精神往来，而不敖倪于万物；不谴是非，以与世俗处”。

既然客观事物有区别却又都是统一、浑然一体的，庄子由此推出一个结论，即世界上万事万物的长短、大小、善恶、是非、贵贱、生死，不仅都是相对的，而且都在向其对立的一面不断转化，因而又都是没有区别的。反映在人类的社会活动中，各种各样的学派和论争，黑邪，白邪？是耶，非耶？也都变得没有什么实际意义和价值了。但正是由于夸大了事物的相对性，从而使庄子陷入了形而上学的不可知论泥潭。对此，唐代诗人白居易以《读庄子》之诗表示不敢苟同：

庄生齐物同归一，我道同中有不同。

遂性逍遥虽一致，鸾凤终较胜蛇虫。

从主张顺应自然，反对人为，到追求“其卧徐徐，其觉于于”那种太古式宁静的理想境界，庄子甚至主张将人类社会倒退到原始的浑沌状态。庄子在《帝王》篇中讲了一个故事：中央地方有个神，因无耳目口鼻之窍，故名为浑沌。住在南海和北海的两个神出于对他的怜悯，为他开窍，用七天时间凿通了七窍，不料七窍虽通，浑沌却一命呜呼了。庄子正是以此类例子来为他的万物都应顺其自然、反对人为、主张无为的观点，进行说明和辩解。

庄子所想象的圣人、真人，是吸风饮露、游于天地之正气，是不受任何羁绊、不依赖任何人的逍遥自由之人。他所追求的超凡脱俗者，是自然天性达到了自由发展境界的人，不为任何是非、好恶、喜怒、哀乐“内伤其身”。庄子讥笑那些孜孜于世俗名利的人为麻雀与蝉，他们不识鲲鹏的广阔天地和宏大志愿；庄子把生死视为春夏秋冬的转换，纯属自然，不知悦生，不知恶死，认为死是摆脱了世俗烦恼而“反其真”，在自己妻子死后“鼓盆而歌”。丧妻鼓盆而歌的典故含有深刻的哲理因素，无异于流传于民间的“红白喜事”之说，后来被毛泽东引用，从辩证唯物主义的观点出发来认识生与死，并提出了乐观主义的生死观。

在另一篇《庄子·马蹄》中，庄子的后学更是以丰富而又荒唐的想象力，描绘了一幅“重德之世”，即他们所构思的理想社会的图景：在这个社会中，纯朴单一的人们织布种地，平等相处，生活得悠闲自得，山中既没有人造的小路和隧道，水上也没有人造的船只和桥梁。这是一个万物共生、鸟兽成群、草木繁茂的世界，人可与鸟兽同居，可与万物共处，人和鸟兽都处于同样无知的状态，保持着原始的本性，没有君子和小人。庄子学派的大胆想象，更把老子向往的“小国寡民”的原始社会大大向后退了一步，退回到了人兽同居的蒙昧时代，从而形成了落后和倒退的历史观。

庄子的思想蕴含着深刻的智慧，对后世产生了深远的影响。他的万物一体思想，对认识世界是一个进步。而在如何认识领域世界的问题上，他又有两个精辟的观点：只靠辩论，依据主观标准是无法判断是非的；世界无限而个人的认识能力有限，也是无法尽知世界的。庄子的人生哲学虽然偏于消极，但对处于乱世和困境中的知识分子来说，不失为一种帮助消解烦恼、构筑心理平衡的良药。

为了达到这种自我设计的理想境界，庄子提出“心斋”、“坐忘”等修养方法，使人达到并永远保持“形而上”的状态，这种从本质上对人的肯定，也可以作为积极有为的人生观的补充，对后来的文人产生了极深的影响。当历史翻到魏晋南北朝这一页时，那种门阀士族间争权夺利、竞相残杀之腥风血雨卷土重来。众多与世无争的名士清流畏患惧祸，不想卷入各种政治上的是非之争，一时玄风独盛，老庄之学成为名流们的热衷与嗜好。在陶渊明、李白、苏轼等文人的思想中，也都打上了庄子的印记。

庄子的思想以老子为依归，但如果简单地认为庄学是老学的翻版，或把《庄子》当作《老子》的注疏，不仅掩盖了庄子，而且实际上也不能正确认定老子在道家传统中的地位。老子与庄子学说在社会观、政治观和理论体系上有极大的不同，《老子》的中心，是阐述自然无为的政治哲学；《庄子》的中心，则是探求个人在沉重黑暗的社会中，如何实现自我解脱和自我保全的方法。虽然他们同样站在天道自然的命题基础上，但庄子提出了从人的自我修养到面对整个社会国家的处世之道，更详尽地处理了人与自然的关系，在智慧、认识能力、身体能量诸方面的人的可开创能力。

《庄子》一书对后世产生的深远影响，与庄子以丰富的想象和雄劲的笔力写出的绝妙文章不无关系。由于庄子认为世人“沉浊”，不可以“庄语”，因此采用了“谬悠之说，荒唐之言，无端崖之词”的“寓言”和“重言”来表达他的思想。“寓言”中既有通常的寓言，也有神话式的幻想故事；“重言”则引证了一些或真实或假托的历史故事和古人言论。

《庄子》的“寓言”和“重言”堪称先秦诸子作品中的杰作，富有浓郁的诗意和浪漫主义色彩。庄子在论述精神逍遥于尘世之外的《庄子·逍遥游》一文中，一开头就以磅礴的气势，写鲲鹏在海阔天空中任意地变化遨游，在读者面前展开了一个十分开阔的境界：

北冥有鱼，其名为鲲。鲲之大，不知其几千里也。化而为鸟，其名为鹏。鹏之背，不知其几千里也。怒而飞，其翼若垂天之云。是鸟也，海运则将徙于南冥。南冥者，天池也。《齐谐》者，志怪者也。《谐》之言曰：“鹏之徙于南冥也，水击三千里，抟扶摇而上者九万里，去以六月息者也。”

庄子以超乎寻常的想象力、不可思议的大手笔，描述北海的“鲲”不知道有几千里之大。化为“鹏”后，鹏的背也不知道有几千里。羽翼遮天蔽日，像挂在天空的云彩，飞往南海，亦即天之池。庄子言“大”，具有时空二维的概念：空间上广至“几千里”、“几万里”、“坳堂”、“数仞”；时间上长到“五百岁”、“八千岁”、“朝菌不知晦朔”、“蟪蛄不知春秋”。庄子更充分发挥想象力，将“大”与“小”推想到极致，鲲鹏、冥灵、大椿、彭祖是大的形象，相形之下，芥、蜩、斑鸠、朝菌、蟪蛄、斥，则是小的代表。

接过先贤庄子的灵感和思想，大诗人李白以超凡的神奇想象和雄奇飘逸的独特风格，几度吟咏大鹏，在一首《古风（其三十三）》中说：

北溟有巨鱼，身长数千里。
仰喷三山雪，横吞百川水。
凭陵随海运，燀赫因风起。
吾观摩天飞，九万方未已。

在另一篇《庄子·秋水》的开端，庄子描述了秋天黄河涨水时的空旷弥漫，当夜郎自大的黄河之神河伯顺流入海时，面对浩渺无际的大海，不禁发出了感慨。河伯在深感自己寡闻少见的同时，更感到宇宙无限而“道”则“难穷”，从而得出孔子所知实在有限而伯夷的义行亦不足道的结论。

《庄子》诸篇构思巧妙，想象奇幻，词汇丰富，语言生动，尤其是庄子本人善于巧用寓言来阐明自己的观点，独辟蹊径，令人耳目一新。庄子所创作的优秀寓言故事，如《斥鷃笑鹏》、《庖丁解牛》、《匠石运斤》、《螳臂当车》、《东施效颦》等，至今仍不失为文学佳篇。《庄子》的另一文学成就是它的词语丰富而有个性，出现于书中的许多独创的美丽辞藻，如“逍遥”、“果腹”、“雀跃”、“猖狂”、“跳梁”，尤其是一系列长期传诵于后世而成为脍炙人口的生动成语，如“鹏程万里”、“越俎代庖”、“大相径庭”、“槁木死灰”、“朝三暮四”、“栩栩如生”、“不可言传”、“得心应手”、“望洋兴叹”、“呆若木鸡”、“不近人情”、“害群之马”、“独来独往”、“分庭抗礼”等，千百年来一直为后人所沿用。

一生安贫乐道的庄子，所创造的成语实际上是其一米一粥日常生活的真实写照。在衣食住行中，他早已对“桑枢瓮牖”、“上漏下湿”、“数米而炊”、“捉襟见肘”、“踵决肘见”、“纳屦踵决”、“栉风沐雨”的贫困生活习以为常。因生计所需，也是作为一种陶冶情操的爱好，庄子常去钓鱼，与“鱼”、“水”之情甚笃，很多与鱼和水有关的比喻也就油然而生，其中如“涸辙之鲋”、“得鱼忘筌”、“吞舟之鱼”、“不系之舟”、“沉鱼落雁”、“望洋兴叹”、“交淡若水”、“管窥蠡测”等。在《庄子·大宗师篇》一文中，庄子不仅创造了后人频频使用的“江湖”二字，而且其中又以“相濡以沫”这一成语，形象地描述了离水之鱼互相以口沫滋润对方以求生存的行为：

> 泉涸，鱼相与处于陆，相呴以湿，相濡以沫，不如相忘于江湖。与其誉尧而非桀也，不如两忘而化其道。

除钓鱼外，庄子的另一爱好就是打鸟，因此熟悉山林。加之他还当过一段时间的山林漆树管理员，久在树林，观察深刻，“螳螂捕蝉”就是他在弹鸟时发现的妙趣。在《庄子》中有大量有关山林的成语，如“山木自寇”、“螳臂当车”、“椿萱并茂”、“才大难用”、“巢林一枝”、“莽眇之鸟”、“满谷满坑”、“其应若响”、“以珠弹雀”、“断鹤继凫”、“一饮一啄”、“枯槁之士”、“鹑居鷇食”、“鸱鸦耆鼠”等。“空谷足音”和“足音跫然”两个成语，大概是寂寞守山的庄子在欣闻来客“足音”时的真实感受，而“如胶似漆”更是他的职业使然吧。

就文学史上的地位而言，《庄子》当称是战国诸子中最优秀的一部作品。由于以说理而见长，寓道理于故事之中，《庄子》被后人称为“文学的哲学，哲学的文学”，其成就达到了先秦散文的顶峰，对后世作家产生过一些影响。鲁迅在《汉文学纲要》中曾对庄子的文章予以高度评价：“（庄子）著书十余万言，大抵寓言，人物土地，皆空无事实，而其文则汪洋辟阖，仪态万方，晚周诸子之作，莫能先也。”郭沫若亦对庄子深为推崇：“一般的散记文学应该推他为鼻祖，足以和他分庭抗礼的，在韵文方面数屈原，散文方面当推司马迁吧。”

人穷志不短，才华照千秋。当年嘲笑庄子贫穷的同乡富人曹商，当年不识这位贫民哲学家并拒不借粮的监河侯，他们的千钟粟谷早已腐朽，万贯家财也毫无所存。而庄子为后人留下的精神财富和文学瑰宝，却是千载不朽、万古流芳。

当庄子临终时，他的弟子希望予以厚葬，被庄子制止了。庄子对弟子们说：“吾以天地为棺椁，日月为连璧，星辰为珠玑，万物丧送。吾葬具岂不备邪?”生不求荣，死不足悲，短短数语，表现了一个伟人的博大胸怀和一个哲人的幽默个性。庄子的墓地仅为一土丘，正面书“庄周之墓”四字，十分简陋，仍存于民权县顺和乡清莲寺村的故里。

相传庄子生前常梦自己化蝶，后来被演绎为“庄周化蝶”的故事，为此崇尚他的后人选择于河南伊川县另建了一座庄子墓，大概是此处有一座蝴蝶山之故。庄子墓西临伊水，东倚蝴蝶山，墓碑上刻有“周漆园吏庄子墓”7个大字。让庄子的幽魂徜徉于水滨林间，与他喜爱的蝴蝶为伴，无忧无虑地作逍遥游，也许算是圆了他生前之梦吧。

庄周化蝶的故事出现在《庄子·齐物论》的结尾，与《庄子·逍遥游》开头的鲲鹏之化恰成呼应。鲲鹏神话是庄子学说公开上演的一场宏大序幕，而庄周梦蝶之“化”则是演出达到高潮后的急速闭幕，其间贯穿的就是庄子“道无处不在”的主体思想。在他的眼中，万物都是“道”

的变化，万变不离其“道”，归根到底，都是“道之化”。当这种“道之化”轮到庄子自己尝试和实践的时候，他就把自己“物化”为鱼，一次惠施问他：“子非鱼安知鱼之乐?”但庄子却能达到“我同鱼乐”，了解到鱼悠然浪间的快乐。庄周又想起年轻时在蒙泽边上做的那个梦，梦中他变成了一只蝴蝶，自由自在地在空中飞来飞去，愉悦得达到忘我的地步。醒来之后，才发现自己分明是庄周：

> 昔者庄周梦为胡蝶，栩栩然胡蝶也，自喻适志与！不知周也。俄然觉，则蘧蘧然周也。不知周之梦为胡蝶与，胡蝶之梦为周与？周与胡蝶则必有分矣。此之谓“物化”。

不知是庄周在梦中变成了蝴蝶，还是蝴蝶在梦中变成了庄周。庄周梦蝶“化”蝶，这就是物我的交合与变化，两者浑然一体，完全消除了物和我之间的界限。《庄子》中反复运用变化的神话，无论是鲲化鹏，机化马、化人，还是庄周化蝶，都是为了表达自我转化、自我超越的中心主题。鲲鹏的神话，“机”的天方夜谭，“鱼”的超越，“蝴蝶”的转化，这一切的“道之化”都使人们的思想受到震撼。美籍华裔学者吴光明在《庄子的身体思维》一书中慨然赞叹道：“如果我们能仿效庄子的模式来思想，我们就可以获得无边的快乐。”

毋庸置疑，庄子与他的前辈一样，都是古代中国的杰出人才。他们以超凡的想象力、敏锐的洞察力和深刻的思维能力，对天下事物的现象进行了睿智的分析，为人类社会的发展设计了独特的方案。他们共同做了一个彩色的梦，由于心有灵犀、同声同气，使这个梦得以连续地做了下来。梦的构思是伟大的，而梦的意境却是荒唐的。

色彩斑斓的梦境毕竟是很迷人的，因此得以吸引和迷惑那么多后人，形成了一个与儒、佛之学鼎足而立的道学。如果说老子的梦境还并不那么丰富多彩的话，那么当轮到庄子继续做这个梦的时候，他和他的门生后学们则仿佛置身于蝴蝶泉边，梦见了那么多美丽的蝴蝶，甚至连他们自己都深深地陶醉了：

对着轻盈的蝶。庄子困惑了

他是谁？他现在身在何处

是他化了蝶还是蝶化了他

此时，是蝶在菊上还是他在菊上

胸脯一起一伏不知是蝶还是他的呼吸

（于建军《菊、蝴蝶和庄子》）

梦终究是梦，蝴蝶的轻盈和艳丽与人间的黑暗和不平是风马牛不相及的两回事，而老庄的道家哲学最终也无助于普度众生。

天推鲁仲尼

——儒家宗师孔子

一

传说西方的上帝耶和华创造了一个凡人，而我们的先祖庄周创造了一只神鸟。

凡人叫亚当。《圣经》说：上帝用地上的尘土造人，将气息吹进人的鼻孔里，世界上就出现了第一个有生命的男人亚当。神鸟是大鹏。庄周在《逍遥游》中说："北冥有鱼，其名为鲲。鲲之大，不知其几千里也。化而为鸟，其名为鹏。鹏之背，不知其几千里也；怒而飞，其翼若垂天之云。是鸟也，海运则将徙于南冥。南冥者，天池也。"后来有人又进一步诠释道，在大鹏背上仅仅那块小片没羽毛的地方，就有一千九百里宽广！

人可以繁衍后代，亚当和夏娃偷尝禁果后，就在人世间生儿育女，因而形成了人类。而大鹏却是不可复制，独一无二，是至高至尊的神。当年诗仙李白非常期盼升华为大鹏，他反复高吟"大鹏一日同风起，扶摇直上九万里”、“激三千以崛起，向九万而迅征”，临终之际还念念不忘地呼号“大鹏飞兮振八裔”！民族英雄岳飞在后人的传闻中，变成了“大鹏金翅鸟的人间化身”。然而李白和岳飞，这中华民族文明史上的“双峰插云”，都没有被奉为神州的大鹏。

这一荣耀最终落到了一位“休坐乎杏坛之上”的儒家身上，一只生前没有一棵“树”肯要的“鸟”身上，他就是出生在山东曲阜的孔子。于是，孔子从一只可怜兮兮的寒号鸟，变成了激三千、上九万的神奇大鹏鸟，他也从杏坛被抬上神坛。研究孔子成了学习中国历史的必由之路，近代诗人、学者夏曾佑在其所著《中国古代史》中直言道：“孔子一身直为中国政教之原，中国历史孔子一人之历史而已。”而近现代史学先驱、现代儒学宗师柳诒徵在《中国文化史》一书中说得更明白：“孔子者中国文化之中心；无孔子则无中国文化。自孔子以前数千年之文化赖孔子而传，自孔子以后数千年之文化赖孔子而开。”

孔子生于乱世，活在乱世，他在鲁襄公二十二年（公元前 551 年）生于鲁国陬邑昌平乡（今山东曲阜东南）。生不逢时啊，早在孔子出生两百多年前，在内乱和戎族入侵的交织打击下，周平王就已将都城从镐京（今陕西西安西南）东迁至洛邑（今河南省洛阳），把历史翻转到王室衰微、礼崩乐坏、诸侯争霸、大国兼并的东周一页，开启了春秋战国的“乱世”篇。

伴随刀剑下的“乱世”一起到来的就是笔舌中的“乱弹”，春秋战国时期以最大的容忍度和开放度，允许众多布衣书生四处游走，谈论时政。“圣王不作，诸侯放恣，处士横议”（《孟子·滕文公下》），学者们便周游列国，为诸侯出谋划策，各种学派纷起，到战国时期形成了“诸子”蜂起、“百家争鸣”的局面。“诸子”是从先秦至汉时各种政治、思想和学术学派的总称，他们的著作很多，遂有“百家”之称。太史公司马迁之父司马谈将诸子归类为六家，而东汉文史学家班固则提出九家，随后被称为“九流”。其中由孔子所创立的儒家在先秦时是最有影响的学派，但在自由平等的学术气氛下，却曾遭到墨、法、道等派的激烈批判。

这种诸侯兼并与诸子争鸣共存的自由空间，一直延续到秦始皇统一天下之后，一把焚书坑儒的野蛮烈火，烧灭了天下知识分子对新王朝的一切希望。从此，各种思想和学说统统被禁锢于吏律的紧箍咒中，失去了争鸣的权利和辩论的论坛。唯一幸运的是法家，以崇尚法家并兼用阴阳家而一统天下的秦始皇，将法家过分夸大君权的学说发挥到极致。

汉代以后，在诸子百家中，墨家和名家成为绝学，只有儒、道、法三家继续对大一统王朝的政治发挥着影响。幸运的是，先秦诸子中的佼佼者们，早已在历史的古老磁带上录下了不可磨灭的声响。中国哲学发展史重要源头之一的《老子》，被称为“无经之管辖，六艺之吼吟”的《论语》，有先秦散文“四大台柱”之誉的《孟子》、《庄子》、《荀子》、《韩非子》，还有其他各家代表作，在遥隔两千余年后，依然从古拙的留声机中发出清晰的声音。

在历史发展的进程中，儒、道、法三大家融入了后来的社会，特别是孔子和老子的思想，经过孟子、荀子和庄子的阐述和发展，形成更加完善的儒、道学说，构成中华传统文化的主体，奠定了中国思想文化发展的基础。其中儒家学说虽然也屡遭贬斥和历经厄难，但由于它植根于中国固有的价值系统而又能随时自我调整，适应了时代和社会的变化，从而成为传统文化的主流，对中华民族精神形成产生了不可估量的影响。

儒学之盛惠及曲阜，曲阜也因孔子而盛。在曲阜古城中，真正安享千年殊荣的，当然是“三孔”——孔庙、孔府和孔林，但与三孔享有同样待遇的还有两个地方，一是尼山，一是阙里街。位于曲阜北、东、南边境的交错处，有一座海拔不过340余米的尼山，传说中孔子的诞生地就在这里。据说孔子出生时外貌极丑，被父亲叔梁纥丢弃，后被一只雌虎叼进“坤灵洞”中喂养，“坤灵洞”也因此被改称为“夫子洞”。而孔庙东墙外的阙里街是孔子居住的故地，孔子3岁丧父时，母亲带着他迁居到这里。

作为殷商后裔的孔家，到了孔子时，已从贵族地位一落千丈沦为平民。母子在阙里相依为命，生活十分清贫，因此孔子不得不干些杂活，他自己不就说过吗：“吾少也贱，故多能鄙事。”然而，曲阜毕竟是礼乐文化保存最完备的鲁国都城，也因此造就了“十有五而志于学”的孔子。

孔子年轻时读书很用功，学习内容也非常广泛，特别崇拜周朝初年那位制礼作乐的周公，因而对先代的礼乐典章制度学得尤为努力，曾说“周监于二代，郁郁乎文哉！吾从周”。也许正是从他少年时代起，他的“志”就与他说过的“学也，禄在其中”形成了一条必然的因果之链。不过因果关系并不是必然规律，当孔子 17 岁时，发生了一件使他未曾料到的事情。

这是一次鲁国贵族季氏的宴会，应邀赴宴的是一批“士”一级的贵族，孔子也不假思索地按自己“贵族”后裔的身份赶到季氏家。谁知在门口竟被季氏的家臣阳虎傲慢地挡了道，阳虎根本不承认他的贵族身份。这种使他颜面扫地的羞辱场面，在孔子的一生中刻下了深深的烙印，而“礼坏乐崩”的社会又使他产生了“舍我其谁”的强烈责任感。自此他更加努力地学习六艺，当时读书人应当学的“六艺”，也就是礼节、音乐、射箭、驾车、书写、计算，孔子都比较精通。“如有用我者，吾其为东周乎！”

尽管孔子所谓的“东周”之意，并非是指全盘恢复周公旦所制定的礼乐制度，但周公旦是孔子心目中的偶像。24 岁那年，孔子偶尔参观了鲁国太庙，周公的高风亮节和丰功伟绩，深深地感动了这位年轻学者，同时也使他陷入沉思。他抚今追昔，深感当年周公的仁爱爱人政策，使西周得以凝聚人心和统一天下，而周室的衰微却正是后代君主为政不仁、暴虐无道所致。此后孔子经常梦见周公，立志把周公作为学习的榜样，以匡扶天下为己任。

二

遗憾的是，孔子未能像周公那样位极人臣，实践自己的思想，实现自己的理想。

孔子的政治理想体现在围绕“季氏将伐颛臾”这一论题展开的论述中(《论语·季氏篇》)。季氏将伐颛臾，季氏家臣冉有、季路也是孔子的弟子，他们将此消息告诉孔子。孔子当即责怪他们，攻打颛臾是极其错误的，而作为家臣却未能劝阻季氏，负有不可推卸的责任。针对弟子的辩解，孔子非常激愤地加以批评，并指出："不患贫而患不均，不患寡而患不安。"也就是说，土地少和人口少都不是治国的主要矛盾，而"不均"和"不安"才是国家安定、人民团结的隐患。因此应"修文德以来之"，即以"仁义"和"礼乐"教化百姓。

思想家的论述当然不是一孔之见，也不是一时之理。透过现象看本质，孔子凭借其犀利的眼光和睿智的头脑，观察、思考、总结了治国的真谛和本质——悠悠万事，芸芸众生，说穿了无非两个字：一个"均"字，一个"安"字。贫富不均，上下不睦，必然导致民心不安，国家不宁。这条两千年前的安邦治国箴言，难道不值得当代的人们重温、深思和反省吗？

春秋重"礼"，孔子讲"仁"。作为"显学"的儒家，以"仁、义、礼、智、信、恕、忠、孝、悌"九个方面为其思想核心，其中的"仁"即爱人又是孔子思想体系的理论核心，是孔子社会政治、伦理道德的最高理想和标准。孔子批判地继承春秋时期的思潮，他的思想不以"礼"为核心，而以"仁"为核心。而且他认为没有"仁"，也就谈不上"礼"："人而不仁，如礼何？"在孔子看来，"仁"既是道德的目标，也是政治的理想。

乱世出英雄，却没有给胸怀大志的孔子留下多少用武之地。虽然孔子自20多岁起，就一心想走仕途，而且终生热衷于从政参政，实际上他也确有独特的政治见解，但鲁国统治者对他始终采取一种若即若离、敬而远之的态度。当时在鲁国内部，三大氏族（季孙氏，孟孙氏，叔孙氏）之间的斗争并不激烈，但和鲁国公室的冲突日益加剧。最后鲁昭公被迫离乡背井，投奔齐国。在鲁昭公出逃后，孔子也离鲁到齐，一度受到齐景公的赏识和厚待。当听说齐大夫晏婴想加害于他时，孔子向齐景公求救，齐景公却说："吾老矣，弗能用也。"孔子只好仓皇逃回鲁国。

光阴荏苒，时不我待，度过了"三十而立"、"四十而不惑"的孔子，从来没有听到鲁国国君召他出仕的任何信息，倒是当年拒他于门外的季家重臣、后来掌有重权的阳虎，却多次恳请他辅佐自己治国。但阳虎之邀均被孔子以“不义”为名拒绝——其实孔子的思想并没有崇高到将富贵视浮云的境地，大概还是为多年前的那场羞辱耿耿于怀吧。

孔子疾呼治国，热心救世，殊不知他面临的社会已是一个动荡的社会，他所处的时代正是一个变革的时代。无可奈何花落去，不要说当时的周王室已经无法恢复往昔的权力和威信，就是齐桓公、晋文公这样的霸主，也已经成为明日黄花凋萎后的陈迹。中原各国，不是政权落于高官显贵，就是沦落为“陪臣执国政”的局面。孔子不仅没有受到鲁国国君的赏识，而且不少隐士还向他泼冷水，讥评他为“知其不可而为之”，用白话说就是“不识时务”。

耻笑孔子“四体不勤，五谷不分，孰为夫子”的荷蓧丈人就是一位隐士，他欲洁其身，不愿出仕，独自躬耕于田野。孔子认为隐士的做法是对国君未行大义的表现，君给臣以俸禄，臣对君当行其义，为君做事。其实在漫天阴霾、遍地浊流的人世间，又岂能有出淤泥而不染的清白之隐士呢！因此，“知其不可而为之”的孔子，较之以消极遁世来逃避政治的隐士，还不失为一种积极的处世态度。

三教之中儒最尊，止戈为武武尊文。
吾今尚自披蓑笠，尔等何须读典坟。
释氏宝楼侵碧汉，道家宫殿拂青云。
若教颜闵英灵在，终不羞他李老君。

这是晚唐诗人罗隐借文宣王（唐玄宗对孔子的追谥）的口吻所作的《代文宣王答》之诗。以武止戈，尊重文治，是儒家的一贯主张，然而唐末的社会现实却是军阀混战，民不聊生，佛、道盛行，儒学衰落，连孔子也在破庙中“尚自披蓑笠”躲风避雨，后生小辈又何必去读儒家经典呢！罗隐的诗何尝不是当年孔子遭遇的写照呢。

“五十而知天命”，51岁的孔子，终于盼到了当官的一天：他被任命为中都（今山东汶上县）宰。孔子治理中都一年，卓有政绩，被升为小司空，不久又升为大司寇，摄相事。在任大司寇期间，邻国齐景公突然提出与鲁定公在夹谷会盟。司马昭之心，路人皆知，齐国之约引起了鲁国君臣的恐慌，而胸有成竹的孔子却以“虽有文事，必有武备”的措施，令齐景公不敢轻举妄动，取得了齐鲁外交史上难得的一次胜利。

在赞美声中似乎有些飘飘然的孔子，毅然决然地下了一把权力争夺的赌注，即削弱孟叔氏、季孙氏、叔孙氏这三家大夫的权力的“堕三都”，然而这场斗争却以孔子的如意算盘落空而告终。当孔子看到他所尽力扶持的鲁定公已成了香车美人的俘虏，而季孙氏对他也已失去兴趣时，他只能无奈地选择离开鲁国。带着子路、颜回、冉有等弟子踏上14年周游列国的旅程时，孔子依然充满了“此处不留爷，自有留爷处”的幻想。这一年，孔子55岁。

十四年的浪迹生涯，五千天的风雨兼程，归根结底就是为了游说各国国君以求重用。卫国是孔子师生最先到达的国家，卫灵公及其夫人南子看似十分尊重孔子，也给予丰厚的待遇，但就是没让他参与政事。在他们的眼里，孔子是一个送上门来的漂亮花瓶，正好用来为他们沽名钓誉。事态的发展对孔子愈来愈不利，锐气未减的孔子决定带弟子离开卫国前往陈国。

“官”迷心窍，一叶障目，素怀天下大志的孔子，偏偏看不清天下大势。那个时候，大国忙于争霸的战争，小国面临着被并吞的危险，孔子宣传的那一套恢复周朝初年礼乐制度的主张，当然没有人接受。他先后到了曹国、宋国、郑国、陈国、蔡国、楚国，没有一个国家的国君表示要用他。不用且也罢了，没想到途中还节外生枝地出了一系列的麻烦事，差一点还丢掉了卿卿性命。

孔子从卫国到陈国路过匡城时，因误会被人关了5天；经过曹国去往宋国，多说了一句打抱不平的闲话，几乎被宋大司马桓所杀害；去郑国时却与弟子走失，孤零零地站在郑国东门下，被郑人讥笑成“累累若丧家之狗”；想投楚国吧又惹怒了陈、蔡两国大夫，被围困在荒野，最后还是弟子子贡找到楚国人，楚国派兵相迎才免于一死；好不容易到了楚国，谁知楚昭王却已一命呜呼……

孔子周游列国、怀才不遇的经历，不免令人同情，更激起众多有过同样遭遇的文人们的愤愤不平。但是唐代诗人苏拯却有一番独到之见，他在一首《颂鲁》诗中说，孔子不为各国国君所容，乃老天之佑，倘若孔子真的为某个国君所器重，充其量也只能为治理一个小国做点贡献而已，却不可能成为万世景仰的圣人了：

天推鲁仲尼，周游布典坟。
游遍七十国，不令遇一君。
一国如一遇，单车不转轮。
良由至化力，为国不为身。
礼乐行未足，遭回危于陈。
礼乐今有余，衮旒当圣人。
伤哉绝粮议，千载误云云。

人生的路程经常是一条循环的轨迹，周游列国的起点卫国又成了孔子周游归来的终点，当时他已 64 岁了。4 年以后，在弟子冉求的努力下，孔子被迎回鲁国，但仍是被敬而不用。不过此时的孔子在经历了 14 年风雨的折磨和洗礼后，已对仕途变得心灰意懒、兴趣索然了。

三

快 70 岁的老人，在最终回到故国之后，蓦然回首，悲哀地看到两袖清风中裹挟着一路奔波的尘土，忧郁地感到两鬓白霜里沉积了一事无成的痛苦。

天降大任于斯人，却未给斯人留下多少施展才能的机会，命运设置的重重障碍，迫使斯人改道换辙，从仕途转向杏坛。美国诗人、出版家布赖恩特说得好：“困难是培养伟大心志的保姆，唯有这个冷酷的保姆才会不停地推着摇篮，培养一个勇敢、刚健的孩子。”孔子也正是在困难的折磨中，愈来愈坚定地以新的方式向命运索取，并深信总有一天会完成匡扶天下的大任。

“吾十有五而志于学，三十而立，四十而不惑，五十而知天命，六十而耳顺，七十而从心所欲，不逾矩。”这是孔子对自己一生各个阶段的总结。孔子是在历经坎坷的一生中不断总结人生经验，并逐渐走向自由王国。从被保姆冷酷地推着走，到成长为勇敢的孩子自觉地走，当“七十而从心所欲，不逾矩”的时候，孔子已经全身心地投入于教育。

早在孔子刚刚跨入而立之年的时候，就以其学识渊博而闻名乡里。有些人愿意拜他做老师，孔子就索性开私塾，招收学生，开始了办学的事业。孔子以前，学在官府，乡校是大夫贵族及其子弟方能登入的大雅之堂。孔子开了私人办学之先河，不仅开门招生，而且学费非常低廉，十条干肉即足矣。在去齐国求仕之前的七八年间，孔子的门徒不算特别多，但他的办学颇有成效，社会上已有了较大名声。不过那时候孔子设塾办学或许纯系一种无意插柳之举，没想到却成就了中国三千年的葱郁杏林。

据《庄子·渔父》云：“孔子游乎缁帷之林，休坐乎杏坛之上，弟子读书，孔子弦歌鼓琴。”为纪念孔子讲学，宋代在孔庙大成殿前甬道正中筑坛植杏，孔子后裔、元六十代衍圣公吟有《题杏坛》诗：

鲁城遗迹已成空，点瑟回琴想象中。
独有杏坛春意早，年年花发旧时红。

自37岁从齐国返回鲁国到55岁周游列国之前的18年，是孔子教育事业大发展的阶段，甚至在他4年做官从政期间也没有停止授徒。他的一些有名的弟子，如颜回、子贡、冉求、仲弓等，大都是这一时期进入孔门的。在此后周游列国的14年中，弟子跟在孔子的身边，教育和学术研讨活动也未曾停顿。周游列国后回到鲁国直到去世，是孔子教育生涯中最光辉灿烂的5年，他把全部精力都集中到办教育与整理古代文献典籍上了。

孔子在晚年培养的子夏、子游、子张、曾参等都是才华出众的弟子，多半不做官而从事教学；而前半生由于他自己有志于安定天下，弟子也跟随他奔走，其后亦多从事政治。孔门弟子各有所长，也各有所就，在德行方面最受称道的是颜回、闵子骞、冉伯牛、仲弓；在语言方面表现突出的有宰我、子贡；办理政事能力较强的则为冉有、子路；熟悉古代文献的是子游、子夏。

毕生从事教育事业的孔子，相传有弟子三千，贤弟子七十二人。众多孔门弟子，无论从政还是执教，对于当时政治，尤其是对于孔子思想的传播，对于儒家的形成和发展，都发挥了重要作用。与孔子同乡的唐代诗人刘沧在《经曲阜城》一诗中，尊孔子为素王——一位具有王者的道德情操却无王者地位的圣贤：

行经阙里自堪伤，曾叹东流逝水长。
萝蔓几凋荒陇树，莓苔多处古宫墙。
三千弟子标青史，万代先生号素王。
萧索风高洙泗上，秋山明月夜苍苍。

在从事传道、授业、解惑、著述的教育工作中，孔子创造了卓有成效的教育、教学方法；总结、倡导了一整套正确的学习原则；形成了比较完整的教学内容体系；提出了一系列有深远影响的教育思想；树立了良好的师表师德的典范。孔子的历史功绩和人生价值并非是在他在昙花一现的官场中实现的，而是在他弦歌鼓琴的杏坛中创造的。

孔子在晚年整理了一些重要的古代文化典籍，其中《诗经》是中国最早的一部诗歌总集，共收集西周、春秋时期的诗歌305篇，大多是反映古代社会生活的民间歌谣，在中国文学史上占据很重要的地位；《尚书》是一部中国上古历史文献的汇编；《春秋》则是根据鲁国史料编成的一部历史书，记载着公元前722年到前481年的大事。

儒家经典著作《论语》一书中记载的孔子语录言简意赅，富有哲理，深刻反映了他对治学、修身所取的严谨、谦逊的态度和自励不息的精神，两千多年来一直闪烁着他睿智的光辉和人格的魅力。孔子在论及自己的人生态度时说："不义而富且贵，于我如浮云。"他在赞扬贤弟子颜回时说："一箪食，一瓢饮，在陋巷，人不堪其忧。回也不改其乐。贤哉，回也！"孔子虽说"生而知之者上也"，自己却说："我非生而知之者，好古，敏以求之者也。"似乎并不真正承认有"生而知之者"。我们现在说"活到老，学到老"，依孔子的自述，谓"发愤忘食，乐以忘忧，不知老之将至"，岂非含有学无止境不知老之意。在孔子这些语录中，不少已成为广泛流传的成语或历代传诵的格言警句：

子曰："学而时习之，不亦说乎？"

子曰："温故而知新，可以为师矣。"

子曰："学而不思则罔；思而不学则殆。"

子曰："敏而好学，不耻下问，是以谓之'文'也。"

子曰："默而识之，学而不厌，诲人不倦，何有于我哉！"

子曰："三人行，必有我师焉；择其善者而从之，其不善者而改之。"

热爱教育，爱护学生，"诲人不倦"，以身作则，使孔子成为具有高尚师德的一代宗师，赢得了学生的尊敬和景仰。当有人诽谤孔子时，学生们就站出来为他辩护，捍卫他的崇高人格。当孙书武叔毁谤孔子时，子贡就对他说："不要这样做啊！仲尼是毁谤不了的。别的贤人，如丘陵，还可以越过去；仲尼，如日月，是无法越过的。有人虽然想要自绝于日月，对日月有什么损伤呢？只是看出这种人不自量力啊！"

孔子的弟子中，有些人几乎是终生陪伴着他，其情感之深，胜于父子兄弟。哀公十六年（公元前 479 年），73 岁的孔子患病不愈而卒，死后被葬于曲阜城北的泗水岸边，弟子们以对父亲之礼仪相待，为其服丧 3 年。子贡在孔子的坟前盖了一间小屋，为他守坟 6 年。有这样德厚流光的老师，才能有这样守庐 3 年、6 年的学生。

孔子死后，他的弟子继续传授他的学说，形成了儒家学派，孔子成了儒家学派的创始人。孔子的学术思想对后世影响很大，他被公认为我国古代第一位大思想家、大教育家。

四

孔子是一首诗，一首穿透了厚重历史的诗。

他在风风雨雨中写下的一生，并不是一首气势磅礴的诗篇，因为他从未像他心中的偶像周公那样创建过轰轰烈烈的伟业。然而他却一步一个脚印，在中华文明的史册上书写了一篇光辉的诗章，这篇诗章成了一部巨著——儒学的序言。儒学对于古代中国历史和文化的影响力，实际上已超过了周公的千秋伟业，孔子的弟子和子孙实现了他生前伟大的梦想。

由孔子开创的事业，为他的弟子所演绎，被他的子孙所延续。孔门有三千弟子和一代接一代的再传弟子，其中最为后人所传颂的是颜回、孟轲和荀卿。在延绵 70 余代的孔家后裔中，有三位在史界或文坛上名噪一时的英才，他们是：孔子之孙、战国初期著名哲学家和思想家孔伋；孔子第20代孙、汉末著名文学家孔融；孔子64代孙、清代著名戏曲家孔尚任。

被孔子夸为“一箪食，一瓢饮，在陋巷，人不堪其忧，回也不改其乐”的颜回，一生不愿当官，情愿跟着孔子“亦步亦趋”，潜心治学，表现了其清高的品格。唐诗人白居易在《过颜处士墓》诗中吟道：

向坟道径没荒榛，满室诗书积暗尘。
长夜肯教黄壤晓？悲风不许白杨春。
箪瓢颜子生仍促，布被黔娄死更贫。
未会悠悠上天意，惜将富寿与何人？

被后世称为“亚圣”的孟子，是孔子的三传弟子，他在孔子“仁”学基础上，提出了“仁政”学说和“法先王”的政治主张，孟子强调“民贵君轻”，反对武力求霸。记载孟子言论和行动的《孟子》一书，是儒家重要的学术著作，后来更成为儒学经典。清诗人施闰章在《谒孟子庙》诗中，赞誉了这位“岩岩一人起”的“亚圣”：

磊磊峄山巅，终古栖灵异。岩岩一人起，方寸塞天地。
独立芟群言，诸儒折狂喙。俎豆同孔颜，宫墙按洙泗。
灵旗俨翱翔，凌虚入云际。母氏断机堂，有像若长跪。
彷徨复下拜，怆然堕我泪。石井湛寒泉，古桧含贞翠。
谁为企前修？吾党有余愧。

孔子身后，影响最大的儒家除继承和发扬先师思想的孟子外，还有一位不可或缺的儒家代表人物，那就是荀子。荀子崇拜孔子，自以为唯有子贡与自己才真正懂得先师的思想。荀子重“礼”，也重道德教育，但强调“法”，较之孔、孟更多了些现实主义色彩，而他所提倡的“性恶论”，又恰与孟子“性善论”相对应。出自荀子门下的两个高足韩非、李斯都是著名的法家，或许与他这位老师的政法、惩罚思想的教育不无关系。

在孔家后裔中，孔尚任堪称是最杰出的一位俊才了。奠定孔尚任在清代文坛上地位的一部杰作，是他“三易稿而书成”的历史传奇剧《桃花扇》。在这部京城演出时引起轰动的历史剧中，孔尚任借离合之情，写兴亡之感，尽泻胸中悲愤。他的这种感情也流露在一首《过明太祖故宫》

的诗中，在这首诗中，他在为明故宫墙倾柱倒、殿堂荒废发出叹息的同时，也不禁发出了盛衰兴亡的感慨：

匆忙又散一盘棋，骑马来看旧殿基。

夕照偏逢鸦点点，秋风只少黍离离。

门通大内红墙短，桥对中街玉柱欹。

最是居民无感慨，蜗庐僭用瓦琉璃。

孔子又是一幅画，一幅泼洒着传统文化的画。

一生不得志的孔子，曾经历经艰险、奔波流浪甚至被讥为“丧家之狗”，他又何尝能想到身后的辉煌？在他背影的后面，出现了一幅凝重的画，后人绘制在画面上的不仅有曲阜三孔，还有南、北二京及全国各地乃至海外的孔庙。

南京的夫子庙位于著名的秦淮河畔，这里既是祭孔之地，也是学宫和苏皖两省的科举考场所在，同时还是江湖中人的聚集场所。由于夫子庙是明、清两朝会试的地方，大批来自各地的学子云集于此，为秦淮河畔带来了无限商机。然而秦淮河畔曲曲艳歌，秦淮河上的阵阵桨声，也渐渐销蚀了孔夫子的斯文。

与南京夫子庙的“堕落”相比，北京孔庙俨然不同。位于北京安定门内成贤街的孔庙，始建于元朝大德六年（1302 年），是元、明、清三代皇帝祭祖孔子的场所。占地约 2 万平方米的孔庙有三进院落，正门先师门仍保留着元代的建筑遗风，庙内建筑在清乾隆年间一律改为黄琉璃瓦。从清康熙皇帝开始，每位新即位的皇帝照例要亲书匾额一方，悬挂在大成殿内，康熙至宣统九代皇帝的题匾至今仍保存在殿内。

其实，孔子身后的辉煌并不是他真正价值的象征，他常常是作为偶像被帝王们捧上神坛的，而在他的头上，被强制性地戴上了炫耀王朝恩泽的光环。两千多年来，孔子又曾几度被贬斥，被迫害，甚至被打入十八层地狱。人为的惩处并没有降低孔子在历史上的分量，但在时局的大波大折中，孔子的地位也随着大起大落。

“五四”新文化运动的洗礼给了人们一个全新认识，即孔子不是一个至高无上的偶像，而是一个可以研究也可以批判的儒家代表。但当半世纪后一把“文革”的烈火差点使“孔家店”烧毁殆尽的时候，人们又千方百计地从余烬中抢救了一部分人类的文明财富。经验和挫折教训了人们，使人们逐渐学懂了辩证法。人们终究认识到了：中国需要孔子，世界也离不开孔子。

古柏森森聚虬龙，石麟含笑坐春风。
祖孙三代封三垅，洙泗同源水一泓。
遗爱在人存槁楷，后雕垂世仰苍松。
史迁自叹低回久，我亦逢人问泮宫。

从太史公司马迁“北涉汶泗，讲业齐鲁之都，观孔子之遗风”后，“低回留之，不能去云”，并在后来写下了《孔子世家第十七》，到郭沫若南下曲阜，以敬慕的心情吟下这首《游孔林》和其他颂孔的诗作，历代有无数朝圣者前来圣地敬仰先师，题咏诗词，缅想往事，踵武前贤。在曲阜三孔前古今诗文如流，在曲阜三孔的古建筑群中史事如画。

后人为孔子写诗，而孔子本身就是一部厚重的史诗。

后人为孔子作画，而孔子本身就是一本凝重的画册。

——沅湘流不尽，屈子怨何深（唐·戴叔伦《三闾庙》）

屈子怨何深

——战国时期诗人、楚大臣屈原

一

唐贞观十九年（645年），一位刚刚就任监察御史的诗人韩愈，因关中天旱人饥上书请宽民徭而得罪权贵，被远贬连州（广东）任阳山令。途径湘中汨罗江时，看到江面上漂浮着可用作祭物的蘋、藻，满腹冤屈的韩愈多么想凭吊当年在此投江的屈原，一泄胸中的悲愤。然而屈原投江的遗迹在哪里呢？映入韩愈眼帘的只有愁啼的山猿、腾涌的江鱼和波浪翻滚的湘水……

江上隐隐传来了渔父的舷歌，引起韩愈的遐想：当年屈原贬逐，“游於江潭，行吟泽畔，颜色憔悴，形容枯槁”，遇一渔父相劝说：“举世混浊，何不随其流而扬其波？众人皆醉，何不餔其糟而啜其醨？”说罢“莞尔而笑，鼓枻而去，歌曰：沧浪之水清兮，可以濯吾缨，沧浪之水浊兮，可以濯吾足”。而今屈原远逝，渔父非昔，触景生情，这位同样遭贬的后代诗人无限感慨地吟下一首《湘中》诗：

猿愁鱼踊水翻波，自古流传是汨罗。

蘋藻满盘无处奠，空闻渔父扣舷歌。

汨罗江，流经湘北的一条平常河流，自从战国时期楚国三闾大夫屈原的沉重一跃，历史的浪花竟飞溅了两千余年之久，汨罗江也因而名扬千古。尽管后人对屈原自沉地及墓地究竟在何处尚存质疑，但长沙汨罗一直为古今所公认。

三闾大夫这一壮举，也使平静流淌了千万年的汨罗江顿时热闹了起来，惊涛拍岸，卷起各种传说。有一个传说是屈原自沉于汨罗江后，不幸被鱼鳖啮食了一边头面，屈原的姐姐女媭便用黄金铸了半个假头镶嵌并安葬。为防盗棺，她以罗裙兜土筑疑冢，遇神相助，一夜间竟在玉笥山东 5 公里处的汨罗山上，筑成 12 座大小相等的小山式的封土堆。各土堆均高 5~6 米，底盘约 8 米，四周环植扁柏、青松，墓前都立一石碑，上面刻着“故楚三闾大夫之墓”，是为屈原“十二疑冢”。

荒祠落落枕空江，千古沅湘姓字芳。

楚国孰知皆醉梦，先生独肯为纲常。

可怜疑冢非初意，却信丹丘是故乡。

兀坐青毡怀往事，寒鸦几点下斜阳。

这是明人苌燧写的《三闾祠》诗。三闾祠或屈子祠亦称屈原庙，现为屈原纪念馆，位于汨罗城西北玉笥山顶。祠为三进青砖结构，始建于汉代，1765 年重建，占地 7. 8 亩。祠正门牌楼墙上绘有 13 幅屈原生平业绩和他对理想追求的写照的浮雕，后殿矗立一尊 1980 年重塑的屈原像。附近建有八处纪念屈原的古迹，俗称玉笥山“八景”。

“十二疑冢”，真假莫辨，三闾祠遂就成了历代文人凭吊屈原、追念忠魂的处所。一天，正值深秋日暮之际，唐代诗人戴叔伦来到三闾祠访谒。秋风瑟瑟，枫林萧萧，使他不禁想起了屈原在《九歌》和《招魂》中的名句：“袅袅兮秋风，洞庭波兮木叶下”、“湛湛江水兮上有枫，目极千里兮伤春心。魂兮归来哀江南！”怀着一腔敬意，满腹怅情，诗人献上了一首小诗《三闾庙》，倾诉屈原怨恨，祭奠千载冤魂：

沅湘流不尽，屈子怨何深！

日暮秋风起，萧萧枫树林。

据《续齐谐记》和《隋书·地理志》载，屈原是在公元前278年农历五月初五含恨抱石自沉汨罗江的。听说屈原大夫投江自尽，楚人怜之，纷纷驾船争逐江上相救，奋力打捞屈原的尸体。为了使屈原大夫尸体免遭伤害，人们又纷纷拿来粽子、鸡蛋投入江中喂食鱼鳖，有些郎中还把雄黄酒倒入江中，以便药昏蛟龙水兽。“楚人悲屈原，千载意未歇”，从此，每年五月初五屈原投江殉难日，楚人都到江上举行龙舟竞渡和投放粽子，以纪念这位令人无比敬仰的爱国诗人。农历五月初五，正是中国传统的端午节，端午节又称端阳、重五、端五节，划龙舟、吃粽子，年年一番盛况，也成了流传于今的端午节风俗。

有感于后人代代相传地对屈原的纪念活动，诗人们感叹不已，留下了许多诵端午、悼先贤的诗词。北宋诗人梅尧臣的《五月五日》诗云：

屈氏已沉死，楚人哀不容。

何尝奈谗谤，徒欲却蛟龙。

未泯生前恨，而追没后踪。

沅湘碧潭水，应自照千峰。

另一北宋诗人张耒写下的一首诗，题为《和端午》：

竞渡深悲千载冤，忠魂一去讵能还。

国亡身殒今何有，只留离骚在世间。

二

又一个传说：对故乡的山水草木充满无限眷恋之情的屈原，最终如愿以偿地回到了桑梓秭归。

当屈原投江的噩耗传到故里后，他的妹妹屈姑站在江边恸哭不止，一边悲声呼唤着：“我哥回哟！我哥回哟！”哀怨凄切的哭喊声，感动了一条神鱼，神鱼就从汨罗江驮回了屈原的尸体。清人程含章的《神鱼》诗记叙了这一传说，诗中说道：

当年屈子投汨罗，神鱼衔送归桑梓。

扬鬐鼓鬣天冥冥，瞬息风雷走千里。

归山南北双崔嵬，忠臣青冢丰碑起。

神鱼一岁一来游，水静风平众可指。

苍苔斑驳浑无鳞，藻荇缤纷异常鲤。

我来杯酒酬忠魂，何处投诗吊屈子。

据说屈姑的精灵后来化作秭归鸟（即子规鸟），每年农历五月，子规声声啼叫“我哥回哟！我哥回哟！”提醒人们赶快包粽子、修龙舟，准备迎接端午佳节，祭祀屈原。

位于长江北岸卧牛山麓的秭归，不过是毗邻西陵峡的一个小小山区县，却横空出世般地站起来一位伟人，随后又走出去一个美人。忠臣青冢，两座丰碑，这里既是楚大夫屈原故里，也是汉昭君王嫱家乡，郭沫若为此写下了“屈子衣冠犹有冢，明妃脂粉尚留香”的赞句。秭归四周城墙环绕，具有浓厚的古典建筑风格，形似一个倾斜的葫芦，有“葫芦城”之称；因城墙均由石头叠砌而成，亦称“石头城”。秭归古名归州，自民国三年改为秭归县后，一直沿用至今。据说秭归县名也是由屈原而来，屈原在流放前，其姐曾特地赶回来宽慰弟弟，其情其景，感人至深。后人为了表示对这位贤惠的姐姐的敬意，将县名改为“姊归”，逐渐演变为现在的“秭归”。

秭归与香溪之间有一沙滩，传说是屈原遗体安葬处，后取名“屈原沱”，沱上有屈原祠。自唐宋以来，经数次迁址修葺，现在的屈原祠是1976年修建的，改名为“屈原纪念馆”。在屈原投江1400余年后，南宋爱国诗人陆游在由蜀东归的路上，途经归州时，遥望古祠，感念屈原，心有灵犀，感慨万端，吟下《楚城》一诗：

江上荒城猿鸟悲，隔江便是屈原祠。

一千五百年间事，只有滩声似旧时。

屈原名平，字原。战国末期楚国人，楚武王熊通之子屈瑕的后代。屈原的一生经历了楚威王、楚怀王、顷襄王三个时期，而主要活动于楚怀王时期。这个时期正是中国即将实现大一统的前夕，“（连）横则秦帝，

(合)纵则楚王。”出身于贵族之家的屈原,明于治乱,娴于辞令,早年深受楚怀王的宠信,位为左徒、三闾大夫。屈原为了实现楚国的统一大业,对内积极辅佐怀王变法图强,对外坚决主张联齐抗秦,使楚国一度出现了一个国富兵强、威震诸侯的局面。但屈原也因此为上官大夫等人所嫉妒,与楚国腐朽贵族集团发生了尖锐的矛盾,最终由于遭到群小的诬陷而被楚怀王疏远。

怀王十五年(公元前304年),张仪由秦至楚,以重金收买靳尚、子兰、郑袖等楚国重臣充当内奸,同时以“献商於之地六百里”诱骗怀王,致使齐楚断交。一俟楚齐断交,张仪则露出一副无赖的面孔,对怀王说:“仪与王约六里,不闻六百里。”而实际上连六里也没有割让。对此,清人宋思仁在《屈原故宅》诗中叹道:

茫茫湘水漾空虚,昔日灵均此卜居。
秦地可曾亡六里?楚臣徒自放三闾。
汀洲香草情难尽,岸浦丹枫怨未除。
万古旅魂招不得,长沙风景又何如?

怀王受骗后恼羞成怒,两度向秦出兵,均遭惨败,于是屈原奉命出使齐国重修齐楚旧好。此时张仪又一次由秦至楚,进行瓦解齐楚联盟的活动,使齐楚联盟未能成功。怀王二十四年,秦楚黄棘之盟,楚国彻底投入了秦的怀抱。屈原亦被逐出郢都,流落到了汉北。

怀王三十年,屈原回到郢都。同年,秦约怀王在武关相会,怀王被秦扣留,最终客死秦国。楚怀王死了以后,长子顷襄王继位,以其弟子兰为令尹。当时,楚国人都责怪子兰劝怀王入秦的过错,因此屈原受到人们的广泛同情。但子兰非但不思其过,反而唆使上官大夫向顷襄王诽谤屈原,致使顷襄王在一怒之下,再次将屈原流放到江南地区。屈原辗转流离在沅、湘一带约有9年之久,远离故国的他,怀着对国家、宗族之事的深深忧虑,慢慢地顺着沅江,向长沙走去。屈原回楚都既不可能,远游、求贤又不成,他只能拖着沉重的疲惫之身行吟泽畔。顷襄王二十一年(公元前278年),秦将白起攻破郢都,屈原悲愤难捱,遂自沉汨罗江,以身殉了自己的政治理想,恰如今人曲有源的《屈原》诗中所叹:

流星
从拱起的音壁上撞回
撞回你
发射的疑难
于是你
抱起一块石头
抱起沉重的历史
去问水底的远天

对于楚怀王、顷襄王向敌国屈辱求和、竟将自己的命运交给仇敌的荒唐之举，陆游在《屈平庙》诗中予以严厉指责，同时为屈原最终没能亲眼看见秦王子婴系颈向刘邦投降的一天而感到惋惜：

委命仇雠事可知，章华荆棘国人悲。
恨公无寿如金石，不见秦婴系颈时。

陆游感叹屈原没能活到秦国灭亡那一天，自己最终也未能看到“王师北定中原日”的那一天，满怀悲愤地留下了一首震撼后人心灵的绝笔诗《示儿》。

“亦余心之所善兮，虽九死其犹未悔。”这是屈原在《离骚》中唱出的心声和誓言。“九死无悔”——一个忠贞、忠诚、忠信、忠君的忠臣，以最后勇敢但却是绝望地向汨罗江纵身一跃，在长天碧流间写下一个大大的“忠”字。

三

1953年，屈原与波兰天文学家哥白尼、法国文学家拉伯雷、古巴作家和民族运动领袖何塞·马蒂一起并列为世界四大文化名人，受到世界和平理事会和全世界人民的隆重纪念。屈原与意大利诗人但丁、英国戏剧家和诗人莎士比亚、德国诗人和剧作家歌德及俄国诗人普希金一同坐上了国际享堂。毫无疑义，屈原为中华民族增光添彩。

一时间，头戴“大诗人”桂冠的屈原名望骤升，他投江的五月初五这一天，端午节的意义也渐渐让位于对屈原的悼念，并被定为“诗人节”。报纸杂志连篇累牍地介绍爱国诗人屈原，他的诗篇或系统或零星地出现在出版物和教科书中，《离骚》、《天问》、《九歌》、《九章》、《远游》、《卜居》、《渔父》等名著中的名句，也愈来愈为人们所熟知。当作为“诗人”的屈原被媒体愈炒愈热的同时，作为“忠臣”的屈原却渐渐地被淡忘在一边。

这可能是或大或小的一种误导，诚如现代文学家施存蛰在偶读《离骚》时作的一诗所言，“平生怀美政，何意作诗人”：

众女兴谣诼，高文见苦辛。
哲王终未悟，浊世若为亲。
九死三湘水，千秋一放臣。
平生怀美政，何意作诗人。

这位比巴金小 1 岁却没能闯过百岁大关的老作家，曾经写过很多优美的诗文，其中有一篇谈屈原的杂文，题目是《怎样纪念屈原》，文中说道：

> 汉魏时代，知道屈原的人不多，但每人皆知道屈原是一个在政治上不能见容于楚国的忠直之臣，他之所以为诗人，只是在无可奈何中“援天引圣，以自证明”而已。所以提起屈原，“莫不慕其清高，嘉其文采”。话必须从他的行事与辞赋同时提到，清高第一，文采第二。晋宋而后，直至明清，屈原虽然始终是一个未曾过时褪色的大文豪。而且知道屈原的人也格外多了，但他的离骚却成为风流才子的下酒物。“嘉其文采”也已经走进了邪路，“慕其清高”者也就渺然了。现在呢，印刷既方便，宣传又热烈，知道屈原的人可谓已经遍地皆是。“屈原是我们的大诗人，等于人家的但丁，莎士比亚，歌德”，人人会这样说。不错，人家有什么，我们也有什么，于是屈原在二十世纪也还是一个挺时髦的人物，他是被用来作为替中国争取文化上的国际地位的帮闲诗人了。
>
> 呜呼，诗人节愈热闹，诗人却愈孤独了。

不论从人生愿望还是人生经历看，屈原首先是一位政治家，一位一心做官、一意强国的忠臣。他写诗，是被政治上失败后的放逐生活逼出来的，是在浪迹湘沅之间时带着几分狂态和醉意的呐喊。热爱宗国而且至死也不肯离开楚地的屈原，心里深藏着一个明确而坚定的政治理想，即“美政”。

“美政”的一个基本内容就是，屈原在《离骚》中说的“举贤而授能兮，循绳墨而不颇”，所谓“举贤授能”，就是不分贵贱，真正选拔有才能的人来治理国家，反对世卿世禄，限制旧贵族对权位的垄断。他认为只有圣君贤相才能改变楚国的政治和社会的现实，使楚国强大起来。“彼尧舜之耿介兮，既遵道而得路”，他热烈颂扬的古代圣君，有尧、舜、禹、汤、后稷、文王以及齐桓、晋文和楚之三后等。而在他的心目中，忠臣的楷模是古之名臣如伊尹、傅说、吕望、周公、宁戚、箕子、介子、比干、伯夷、叔齐、伍子胥及楚之子文等。“美政”的另一基本内容是民本思想；民生疾苦问题及使民安居乐业的愿望，也是屈原在《离骚》、《九章》等作品中反复谈到的问题。

屈原是一位忠臣，不过这个忠臣不是任君主随意驾驭的奴仆，而是一个具有激烈的感情、自信的个性、坚定的信念和强烈的自我意识的独立者，他甚至把自己视为君主和国家的引路人。这就使屈原敢于在天经地义的忠君爱国大河中做一个弄潮儿，为追求自己的理想不惜与自身所属社会集团的大多数人对抗，至死不渝。屈原说：“既莫足与为美政兮，吾将从彭咸之所居。”彭咸是殷商时期的一位贤臣，屡谏君王无效，带着遗憾投水而死。屈原在报国无门、去国不忍的情况下，已下定了以身殉国的决心，随时准备追随彭咸了此一生。

谁知其人？谁知其心？在了解和敬仰屈原的后人中，贾谊大概是最早的一个。汉初忠臣贾谊被汉文帝贬谪长沙国后，蛰居沅、湘之地，心与屈原愈来愈贴近。在屈原走过的路上，贾谊写下了一首情真意切的《吊屈原赋》。他在赋中深情地追思先贤，颂扬忠良，融合了自己激越的情感，也表现了一种不妥协的精神：

……呜呼哀哉，逢时不祥。鸾凤伏窜兮，鸱枭翱翔。阘茸尊显兮，谗谀得志；贤圣逆曳兮，方正倒植。世谓随夷为溷兮，谓跖蹻为廉；莫邪为钝兮，铅刀为銛。吁嗟默默，生之无故兮；斡弃周鼎，宝康瓠兮……

如果说屈原是一位失败的忠臣，那么在他之后的中国历史上，却出现了一位成功的忠臣，此人就是诸葛亮。为了报答刘备的“三顾”之恩，诸葛亮毕生尽忠地辅佐两代蜀主，历尽艰险地创建和开拓蜀汉大业，鞠躬尽瘁、死而后已。走到生命的尽头，甚至连他自己的儿子和孙子也为保卫蜀国马革裹尸，英勇献身。在诸葛亮的身上，看得到屈原的影子、屈原的精神。其实，以忠臣而名垂竹帛的诸葛亮，何尝不是一个文采灿然的才子，这从他在草堂侃侃而谈的一番三分天下的宏论，以及两份感人肺腑的前后《出师表》中足以证明。然而他没有成为屈原那样的诗人，他是一个屈原苦苦追求而不达的成功忠臣。

作为忠臣的屈原，是一个有心栽花却以痛苦的失败而告终的实例；而作为诗人的屈原，则是一个无意插柳、在倾吐垒块不平之气中获得始料不及成功的典型。其实屈原的“成功”也是他身后多少年的事了，由于时代和个人的种种原因，他那些泄愤、容情的“日记体诗”，在生前和死后一段时间内并没有在历史空间引起太大反响，也没有得到与其历史价值相称的关注。

如果说屈原是一个无意中获得成功的诗人，那么在他之后的中国诗坛上，又有一位不期沽名钓誉却最终名满天下的诗人，他就是高唱“归去来兮”地归隐乡里的陶渊明。尽管屈原与陶渊明的经历各异，人生模式更是大相径庭，前者被称作载道文化，后者却被认为闲情文化，但两者均表现了对时代毫不妥协的反抗精神。屈原被放逐后绝不屈服，沉江以抗；陶渊明在归田后则决不出仕，终穷一生。和屈原一样，陶渊明的诗歌也是一种自慰、自赏、自我解脱的“日记体诗”，将自己从苦难磨炼出来的感悟用诗歌的形式记录下来，以勉励自己的儿孙。因此，他作诗的目的也自然是不求闻达于当时，只是为了传给儿孙们阅读而已。这种隐士生涯的副产品，同样不可能在当时诗坛产生任何影响。

然而，真金总不可能长期被掩埋，屈原和陶渊明的诗作终于以其经久不衰的传播价值而实现了伟大的历史价值。

四

个人的气质、性格与国家的环境、状态之间日益激化的矛盾，不断地产生了一个个杰出人物的人生悲剧，同时也促使一批批优秀的文学作品破土而出——这种现象，难道在中国的文学史上还少见吗！

正是与腐朽黑暗的楚国统治集团的斗争，促使具有崇高人格的屈原创作了充满浪漫主义色彩的伟大作品。在他写下的25篇全新的、富于生气和强大感染力的诗篇中，用民歌的形式，借楚地的神话，以纵恣的文笔，驰骋丰富瑰丽的想象，扩展雄奇壮丽的诗境，表达强烈激荡的情感。

根据刘向、刘歆父子的校定和王逸的注本，屈原的作品有《离骚》1篇，《天问》1篇，《九歌》11篇，《九章》9篇，《远游》、《卜居》、《渔父》各1篇。据《史记·屈原列传》司马迁语，还有《招魂》1篇。尽管对有些作品是否出自屈原手笔尚有争议，但通常都把《离骚》、《天问》、《九歌》作为屈原作品中三种类型的代表。

屈原的诗篇，在相当程度上显示了情感的解放，与克制、温和、蕴藉的《诗经》相比，是一个突破。他的诗篇，喜欢大量铺陈华美、色泽艳丽的辞藻，并且发展了《诗经》的比兴手法，赋予草木、鱼虫、鸟兽、云霓等种种自然界的事物以人的意志和生命，以寄托自身的思想感情，又增加了诗歌的美感。他的诗篇，除《天问》外，在形式上都打破了《诗经》那种以整齐的四言句为主的体裁，创造了富于个性的诗体，即句式可长可短、篇幅宏大、内涵丰富复杂的“骚体诗”。

自叙体抒情长诗《离骚》是中国古代最长的一首抒情诗，是屈原的代表作，堪称中国文学史上的开山之作。这首浪漫主义杰作深刻地反映了屈原的生活和斗争，反映了屈原的心理和社会的矛盾，倾吐了屈原心中的爱与恨。这是一首爱国主义的颂歌，一位爱国者的内心独白，一篇向腐败政治挑战的宣言书，一篇讨伐奸党谗佞的檄文。刘勰评价《离骚》：“不有屈原，岂见《离骚》？惊才风逸，壮志烟高。山川无极，情理实劳，金相玉饰，艳溢锱毫。”

在《离骚》中，诗人以“惟党人之偷乐兮，路幽昧以险隘；岂余身之惮殃兮，恐皇舆之败绩”的诗句，表白了自己想刷新政治、挽救楚国危亡的宏伟抱负，甚至还愿意奋身而起，做楚王的先驱：“乘骐骥以驰骋兮，来吾导夫先路。”在《离骚》中，诗人以早晨饮木兰花上坠下的露水，晚间食秋菊初开的花朵；身上佩戴着薜荔、菌桂、胡绳等香花编成的装饰的诗句，以比喻自己的高洁。在《离骚》中，诗人写他的理想不能实现而又得不到别人的理解，无奈之下，只能幻想驾着鸾凰、凤鸟，乘风飞上天空，漫游神界，寻天帝去倾诉。

在政治窳败、风雨飘摇的晚清时期，一群有识之士如龚自珍、魏源、谭嗣同、龙鸣剑等，深深地怀念屈原并先后写下了颂扬屈原精神及其作品的诗文。爱国志士谭嗣同的《画兰》一诗云：

雁声吹梦下江皋，楚竹湘舲起暮涛。

帝子不来山鬼哭，一天风雨写离骚。

屈原的创作具有更大的时空跨度和更完备的情感系统，更为自由开放地表现了诗人自己的身世遭际与喜怒哀乐。在中国文学史上，屈原第一次在诗歌中显现出个性化的抒情方式和自我的主体意识。他为中国古典诗歌的创作，开辟出了一条新的道路，使具有强烈个性和情感的后代诗人如李白、李贺等，都从中受到极大的启发。

屈原和李白的诗歌是中国古代诗史上个性化抒情和自我主体意识的两座高峰，但两者又颇有不同。在抒情的途径和方式上，屈原的作品主要是蕴藉深细的倾诉，李白的诗歌则倾向于不可遏止的爆发。在处理主观感情与客观景物之间的关系方面，屈原重在面对理想化的事物，李白重在理想化地面对事物。尽管古代诗人中有个性者并不少见，但屈、李二人以各自的卓越成就独步于中国言情诗坛，前创后继，并为高峰，这是其他诗人难与比肩的。自楚辞延至唐诗，这种个性化的抒情和鲜明的自我性到李白手中发挥得相当充分。这是文学史上继承和发展少有的例子。

屈原首创的《楚辞》，作为一种全新的文学样式与《诗经》并称风、骚二体，共同构成中国诗歌乃至整个中国文学的两大源头，对后世文学形成极大的影响。而由于时代的发展，以及南北文化的区别，《楚辞》较之

《诗经》已有显著的进步。因此，它对后来文学的影响，更在《诗经》之上。

在中国群星灿烂的古典诗人中，鲁迅对屈原情有独钟，他称屈原作品“逸响伟辞，卓绝一世”，“其影响于后来之文章，乃甚或在‘三百篇’以上”（《汉文学史纲要》）。据鲁迅好友许寿裳回忆：鲁迅在留学日本之初，所购藏的拜伦的诗、尼采的传、希腊神话、罗马神话等新书中，夹有一本线装的日本印行的《离骚》，使他颇感奇异。不但如此，鲁迅还能整首整段地背诵屈原的诗篇。《离骚》中“路漫漫其修远兮，吾将上下而求索”那两句著名诗句，甚至被用作小说集《彷徨》的题词。在鲁迅创作的50余首旧体诗中，近20首使用了《楚辞》的词语，在全诗的意境上也和骚体诗十分接近，特别是《湘灵歌》简直是《九歌》之外的又一歌。

其实在两千余年后为屈原的爱国精神、抗争精神所感召和激励的人，又何止鲁迅一人呢！为了探求真理，剧作家夏衍经过痛苦的反思，在走到生命最后的时刻，郑重地在其《懒寻旧梦录》的结尾处，写下了一段话：

> 我还是以屈原的一句话来作为这本书的结语：“路漫漫其修远兮，吾将上下而求索。”

——功业追尼父，千秋太史公（郭沫若《司马迁祠题诗》）

千秋太史公

——西汉太史公司马迁

一

在茫茫的陕西黄土高原上，矗立着两座庄严肃穆的汉、蜀古墓，一座是被称为“三尺孤坟犹汉土，一生心事毕秋风”的诸葛武侯之墓，另一座是曾使“经过词客空惆怅，落日寒烟赋黍离”的司马迁之墓。两座古墓连着两座名祠，祠墓星月，流转千年。

司马迁的墓与祠，在今陕西韩城县芝川镇南原，北毗龙门，东依梁山，西临芝水，巍然屹立于悬崖峭壁之上。祠前为一高大牌坊，上刻“汉太史公司马祠”。过牌坊沿“司马坡”上行，四个高台相继出现：第一台立有牌坊，上书“高山仰止”四字。第二台也立着牌坊，上书“河山之阳”四字。登 99 级台阶后上第三台，台上为司马迁祠。彩色的司马迁塑像身着红袍，五缕长须，面色安详。受宫刑之人何以有须？自然是后人出于对他的景仰而为。第四台为司马迁墓，墓碑上书“汉太史公墓”，系清代陕西巡抚毕沅所题。墓顶古柏虬曲，墓后题咏无数。

大河东去世茫然，司马残碑记汉年。
狐史是非犹白日，龙门踪迹亦浮烟。
玉书神护空遗穴，石室云藏有剩篇。
国土漂零同感慨，一杯和泪滴重泉。

明人叶梦熊在《谒太史公墓》一诗中，以春秋晋国的史官董狐赞喻司马迁，又将《史记》比作天降于孔子的“玉书”。历代诗人在太史公墓前献上一首首诗篇，在颂赞一部“究天人之际，通古今之变，成一家之言”的巨著——《史记》的同时，又为司马迁所受到的耻辱而悲愤不已。

历史巨著《史记》，是司马迁眼中噙着泪书写的，心中滴着血著的。19 世纪法国著名作家雨果，曾经被迫离开祖国、经历了 19 年流亡生活，说过一句意味深长的话：“最伟大的人，也是最能忍辱的人。”然而，这位近代作家无论如何也无法体会和想象到司马迁的那种非常人的“忍辱”。

将司马迁的一生说成“忍辱负重”也罢，说成“呕心沥血”也罢，说成“百折不挠”也罢，说成“慷慨悲歌”也罢，说来说去，终究不过是一种形容、一种比喻。要以短短的一句四字成语总结一个伟人的一生谈何容易，光是仔细地阅读、理解和分析他那部历史巨著《史记》，就足以让许多学者和专家埋头钻研而穷其一生了。

从司马迁满怀喜悦地动笔写作《史记》，到他忍辱含垢地完成这部巨著，前后历时 15 年，如果将阅读、整理史料的时间计入，就差不多用了将近 20 个年头。20 个春华秋实，在百无聊赖或醉生梦死的那些人看来，也许只是弹指一挥间的事，大不了两个“十年动乱”的叠加罢了。但是对一个居于斗室之内不分寒暑昼夜地进行着笔耕的书生来说，却意味着七千多个孤灯伴随的日日夜夜，何况这又是一个有志续《春秋》却不幸身受宫刑的罪官。《史记》篇章中的每一页，都是“忍辱负重”的写照，“呕心沥血”的结晶，“百折不挠”的折射，“慷慨悲歌”的绝唱。

文学家和历史学家郭沫若在《司马迁祠题诗》一诗中，对这位古代的伟大史学家、文学家作了全面和正确的评价：

龙门有灵秀，钟毓人中龙。
学识空前富，文章旷代雄。
怜才膺斧钺，吐气作霓虹。
功业追尼父，千秋太史公。

二

司马迁的《史记》写作进行到6年时，一件始料不及的突然事故不仅打断了他的写作，而且改变了他的人生。

正当司马迁以巨大的热情全神贯注地创作这部巨著时，朝廷中发生了一件意想不到的祸事，从边塞传来了汉将李陵战败归降匈奴的消息，使汉武帝大为震怒。李陵乃汉代以骁勇善射而声震天下的名将李广之孙，奉命率兵5000人阻抗入侵的匈奴兵于塞外，遭到了匈奴主力数万骑的围攻，矢尽援绝，被俘而降。胜败乃兵家常事，何况对李陵的意图和去向尚不明了，然而此时已变得好大喜功、刚愎自用的汉武帝却将此当作一件“是可忍，孰不可忍”之大罪。加上一群安享富贵的公卿朝臣对冒死涉险的将领毫无同情心，察言观色，见风使舵，纷纷附和汉武帝斥骂李陵，极言予以严惩，连其家小亦当连坐。

众口铄金，积毁销骨，李陵的罪名成立，他家属的连坐也是必然了。这无异于武断乡曲之举，但既然出于武帝的圣口，就无望收回或更改了。然而千不该万不该，一个分管文史资料工作的太史公司马迁，却不幸插手到这一与他毫无关系的闲事中，陈说李陵投降乃出于无奈，以后必将伺机报答汉朝。其实司马迁与李陵并无深交，只是从平素的接触中感到这位名将之后为人正直，作风谦虚，而且每当大敌临前的国难时刻，又总是奋不顾身地率兵出征，因此司马迁认为汉武帝不应该不念旧功，就挺身而出为李陵辩护。唐诗人牟融在《司马迁墓》一诗中感叹道：“英雄此日谁能荐，声价当时众所推。一代高风留异国，百年遗迹剩残碑。”

可怕的后果最终出现，汉武帝天汉二年（公元前99年），司马迁遭“李陵之祸”被捕入狱。身陷囹圄的司马迁，恰好落入酷吏杜周之手，在淫威下受尽折磨。汉时的法令规定可以出钱赎罪，但司马迁家穷无法自赎，往日交游的朋友在关键时刻竟无一人出面营救他。而此时又传来消息，说是李陵已与匈奴单于之女结婚，并正带兵操练，准备犯汉。汉武帝在盛怒之下，不仅杀了李陵一家老少，而且以“诬罔主上”之罪定了曾为之说情的司马迁死刑。汉时的死刑可有两种办法免于一死，一是以钱来赎，二是施以侮辱人格的残酷宫刑。以司马迁的性格和精神而言，当然宁肯以死维护自己的人格尊严，也不会受宫刑而苟活。然而他想到才写了不到一半的《史记》，一件历史重任还等待他去完成，这既是父亲的郑重托付和遗嘱，也是时代赋予他的使命和责任。于是他毅然抉择了宫刑，“就极刑而无愠色”。

直到遇赦出狱，司马迁已经是年届半百之人。此时的汉武帝已经获悉所谓李陵投归匈奴并练兵攻汉之说纯系以讹传讹，对司马迁处刑显然不当，加之司马迁才智超人，遂命之为中书令。这一官职表面上是皇帝近臣，实际却近乎宦官。留在肉体的是永久耻辱，而留在心灵的更是难以愈合的创伤，司马迁每每想及，就不由得脊骨发寒，“汗未尝不发背沾衣也”。然而也正是通过这一事件，司马迁对专制君主无可理喻的权力、对人生在根本上为外力所压迫的处境，有了新的认识。他一度想到自杀，但他不愿让宝贵的生命在毫无价值的情况下结束，于是“隐忍苟活”，在著述历史中求得生命的最高实现。这也是一位勇敢的学者对君主的淫威和残酷的命运所能采取的反抗形式。

在司马迁任中书令 3 年后，他的一个任益州刺史的朋友任安，给他写了一封信，认为皇帝安排他在这样一个受信任的位置上，应该有所作为，“推贤进士”。当时碍于自己的悲惨遭遇和痛苦处境，司马迁感到难以复信，直到以后听说任安获罪下狱并被判死刑，司马迁才抓紧写了一封流传于今的《报任安书》。

司马迁以无比激愤的心情，在信中向友人倾诉了长期郁结于心的块垒，委婉地述说了他受刑后“隐忍苟活”的隐衷。但是司马迁在自幼所受到的良好熏陶和教育中，已经形成了自己的人生观，也就是信中说的“人固有一死，或重于泰山，或轻于鸿毛，用之所趋异也”。他对友人说：

“（我）所以隐忍苟活，函粪土之中而不辞者，恨私心有所不尽，鄙没世而文采不表于后也。”因此，囚禁在污秽的监狱之中也在所不辞，乃是以心中还有未了之事为恨，以身死之后未能流传后世为耻，不完成《史记》的写作，绝不能轻易去死。这种信念强烈地支撑着司马迁，使他在“肠一日而九回”的痛苦生活中，坚持完成了这部不朽的巨著。

在信的末尾，司马迁列举了历来“倜傥非常之人”，“此人皆意有所郁结，不得通其道，故述往事，思来者”。其中如周文王被拘禁后推演出《周易》的六十四卦；孔子受困回来后开始作《春秋》；屈原被放逐后，才创作了《离骚》；左丘明失明后，才有《国语》的写作；孙子被砍断双腿，编撰出《兵法》；吕不韦贬官迁徙到蜀地，世上传出了《吕氏春秋》；韩非被秦国囚禁，写出了《说难》、《孤愤》等文章；《诗经》的三百篇诗，也大都是圣贤为抒发忧愤而创作出来的。

正是这些经受磨难的先贤，启发和鼓舞了司马迁，使他立志著成《史记》，“藏之名山，传之其人，通邑大都”。而他也希冀通过自己的著述，歌颂这些处于绝境中奋发而起的英雄人物，谴责和批判自古以来朝廷及社会的黑暗现象，并借以发泄自己的愤懑不平之情。从狱中出来的司马迁，重新提起了那支久违的羊毫笔，继续未竟之业。五六年后，一部伟大的历史和文学巨著《史记》问世了。

司马迁所经历的不仅是一般的磨难，更是亘古未闻的奇耻大辱；而他给后人留下的也不仅是《史记》这一辉煌的物质财富，更是巨大的精神财富。北宋时期曾任太常博士知同州韩城县事的李奎，在司马迁墓前踝躞徘徊，思绪万千，写下了一首《题司马迁墓》诗：

著书虽已先三史，论道如何后六经。
因雪李陵为国士，岂期武帝有宫刑。
丛生荆棘迷坟冢，旧画龙蛇照庙庭。
为贤遗文来一奠，不知何在子长灵。

无论如何，在这场灾难中，司马迁总算品尝了人生百味，也体味了“皇恩浩荡”的内在含义。如果说司马迁曾经有过继承《春秋》、褒贬当世、为武帝效力之心的话，那么在遭“李陵之祸”后的司马迁，顿时显得成熟和理智了。有了经历和认识，也就有了最终的决定，这就意味着司马迁的历史巨著，再也不可能成为一部为帝王将相歌功颂德的新版教科书了。

一场飞来的横祸，对于司马迁来说，既是无情的摧残，也是无形的激励。“灾难是傲骨的奶娘；祸患是豪杰的好乳汁。”这是法国作家雨果的话，或许也是他的人生总结，然而雨果的总结却在司马迁亲身遭际的近两千年之后了。

三

继孔子之后，写一部上续春秋、下迄当代的通史巨著，是司马迁之父司马谈的平生最大心愿。

这一想法，不仅属于个人，也属于那个时代。司马谈生活的时期，正是大汉王朝经“文景之治”进入了雄才大略而又野心勃勃的汉武帝时期。这是一个在中国历史上少有的鼎盛时期，强盛的大一统时期需要也可能产生一部伟大的历史著作。

司马谈是一位学识渊博、功底深厚的学者，通晓天文学、易经和黄老哲学。汉武帝建元六年（公元前135年），司马谈重继远祖之业，被任命为太史令。但是，这位一直梦想着亲笔著述史书的老太史公，却因种种原因而未能实现夙愿，临终前，他将这一遗愿郑重地托付给了他从小就着重培养的儿子司马迁。

司马迁字子长，汉景帝中元五年（公元前145年）生于夏阳龙门（陕西韩城），大约在汉武帝末年逝世。龙门曾以大禹劈山、鲤鱼腾浪种种神话故事而闻名于世，然而只有当一代文史巨星司马迁出生于斯后，古老的神话才被演绎成为历史的真实。清人赵于京曾在此作《太史公墓》诗，赞扬龙门和龙门之子司马迁：

汉代文章贵，龙门气象雄。
天才均独诘，史学世能工。
丘垄黄河护，英灵华岳空。
救陵千载事，慷慨有余风。

司马迁在10岁之前与父亲住在家乡，“耕牧河山之阳”，从幼年起，就深受父亲学术思想的熏陶。10岁后司马迁随父到了长安，那时他已能诵读古文经典了。大约在20岁时，他受业于当时的经学大师董仲舒和孔安国，从他们那里接受了儒家学说和思想。苦读的青少年时期固然使司马迁打下了坚实的知识基础，然而此后的两次壮游却赋予了他一番新的阅历，这种不是一般文人都有幸获得的阅历，是司马迁得以独创历史巨著的另一基础。

两次壮游中的第一次，是在司马迁20岁时开始的。他南游江、淮之地，登上会稽山，探寻传说中的禹穴，收集越王勾践卧薪尝胆、雪耻复国的故事；观览九嶷山，考察遗闻所言的虞舜之葬地；泛舟于沅水和湘水，凭吊在汨罗江投水的屈原，缅怀汉初政治家和文学家贾谊；北渡汶水、泗水，在孔子家乡曲阜，参观了孔墓、孔庙和孔子的“庙堂车服礼器”；来到孟尝君的封邑薛城，亲身感受了当地特有的豪强风气；在途经刘邦起兵的丰沛等地时，记录刘邦逸事，访问萧何、曹参、樊哙、滕公的故居，并寻访韩信的踪迹；又来到魏都大梁，瞻仰了信陵君门客侯嬴曾经看守过的“夷门”。

自西至东，由南返北，行程万里，听似令人羡慕的山水壮游，实为不折不扣的文化苦旅。然而在这次年轻时期壮游中的见闻，却为司马迁后来的《史记》写作，积累了情、景、虚、实的情感和史实的基础。北宋散文家苏辙曾评曰：“太史公行天下，周览四海名山大川，与燕赵豪杰交游，故其文疏宕颇有奇气。”

司马迁壮游回到长安后，出仕为郎中，常有机会随从频繁外出巡狩的汉武帝游览四方。在35岁那年，他奉汉武帝之命出使，到西南去视察和安抚边陲的少数民族。天赐良机，使司马迁有了第二次大游历的机会，这次遥远的行程，西至巴蜀以南，南到邛（今四川西昌）、笮（今四川汉源）、昆明（今云南曲靖）等偏远地区。像第一次壮游一样，司马迁每到一处，并不流连于湖光山色，也从不乐道于美酒佳肴，而是不遗余力地寻访往事旧闻，考察山川形胜，了解风土人情。唐代诗人贾岛在其名句“十年磨一剑，霜刃未曾试”中，感叹十年寒窗却未能成就大业，而对司马迁来说，从苦读到苦旅，则已经用了整整 40 年作准备了。有感司马迁的一生经历和遭遇，曾在陕西任职的明人伍福在《过太史司马迁墓》一诗中，敬佩地叹息道：

天马行空间世才，壮游踪迹久尘埃。
云霞五色凝生气，松柏千秋锁墓台。
故里龙门犹在望，余年蚕室重堪哀。
我来谒拜微诚滴，薄采溪毛奠一杯。

虽然司马迁常随武帝巡行，但是其仕途并不顺畅，一直担任着一个郎中小官。在父亲司马谈去世 3 年，司马迁继任了太史令之职。他牢记父亲的临终遗言，在接太史令职后就开始“䌷史记石室金匮之书”，磨墨濡毫，准备写作。然而一件在历史上也是十分重要的大事，又打断了他的设想和计划：刚刚举行过封禅大典的武帝，决定要制定一部新的汉历法以取代秦历法，诏令司马迁主持此事。司马迁也是这件事的倡议者之一，为此他和一些天文学家和数学家一起，在很短的时间内就制定了这部名为“太初历”的新历。新历以正月为岁首，奠定了两千年来沿用至今的阴历的基础。

武帝太初元年（公元前 104 年），司马迁开始动手写《史记》。当时的司马迁，是怀着一种功利性的心态投入写作的，在《报任安书》中，他叙述了自己在“李陵之祸”以前的心情：“故绝宾客之志，忘室家之业，日夜思竭其不肖之材力，务一心营职，以求亲媚于主上。”但是，在“李陵之祸”之后，他终于清醒并果断地更改了他的写作宗旨和方向。在继承先秦的史官传统和诸子文化的基础上，司马迁确立了不屈服于君主淫威的相对独立和批判性的写作立场。

“李陵之祸”，成了司马迁与汉朝廷分道扬镳的标志。

四

时代赋予司马迁以宏大的眼界，也赋予了他全面总结历史的使命，早年的壮游使他对社会有了真实和充分的了解，而后来的残酷遭遇又促使他深刻地思考人生。正是在一个特殊历史阶段和特殊的个人经历中，才促使一部伟大文史作品的产生；而在这部伟大的《史记》中，又表现出司马迁对人类历史与社会的多方面的独特理解。

《史记》是古代第一部由个人独立完成、具有完整体系的著作，又是到当时为止规模最大的一部著作，具有极高的历史价值。它既开创了中国纪传体史学，又开创了中国的传记文学，在中国散文发展史上起着承前启后的作用。它记叙了上起轩辕黄帝下至汉武帝太初年间的史事，对三千年中华民族的历史发展，作了概括、殷实和生动的记叙，内容涉及政治、社会、经济、军事、外交、文化等各方面。全书由本纪、表、书、世家、列传5种体例构成共130篇，其中“本纪”12篇，“表”10篇，“书”8篇，“世家”30篇，“列传”70篇，计52.65万字。

随着司马迁大笔的挥洒，一个个历史人物栩栩如生地重登政治舞台：英雄末路的项羽，急流勇退的张良，揭竿而起的陈涉，慷慨赴难的荆轲，敌我分明的蔺相如，礼贤下士的信陵君；一幕幕历史画面向后人展开：腐朽黑暗的朝廷，烽火连天的战场，阴森恐怖的法堂，刀光剑影的宴会，闾巷酒家的风波，役夫戍子的呻吟。《史记》中有颇多历来诵读的名篇，其中如《项羽本纪》、《陈涉世家》、《廉颇蔺相如列传》、《魏其武安侯列传》、《张丞相列传》等篇章，最为后人所熟知和引用。

《史记》的杰出表现在于它是一部批判性而非歌颂性的著作，尤其对汉王朝的历史，对当代即武帝时期的政治，司马迁始终保持冷峻的眼光。不以成败论英雄，不以尊贵荣辱的世俗眼光看历史，这是司马迁较之同期及以前一切史学家的高明之处。作为西汉鼎盛时期重大的文明产物之一，《史记》并没有如汉武帝所期望那样成为刘家祖孙的赞歌汇编，而是基本上本着实事求是的原则，还原历史的本来面目。司马迁用他的笔，写了一个既坚忍不拔又奸诈无赖的刘邦，不留情面地将汉室政权的鼻祖高祖请下了神坛，重新让他进入了常人的行列。就是对当今皇上汉武帝，司马迁也没有笔下留情，《史记》的一些篇章，不仅讽刺了汉武帝迷信方士、屡遭欺骗而不悟的可笑行径，而且批判了他对外用兵、奢侈浪费以及搜刮民财的劣迹。

这些揭露与批判，并不带有丑化的倾向，也不是单纯的否定，而是具体可信的、体现人物真实性格的史实记录。司马迁通过他的笔，向社会提出了一种深刻的怀疑和思考：历史上获得成功的人物，或者正在掌握权势的人物，并不像他们宣称的那样，是因为拥有高贵品质和道德正义，才拥有他们的地位。有时恰恰相反，品质高贵和信守道义的人物，倒往往是遭遇不幸和失败的，就像与刘邦相比远为坦率和自尊的项羽，与武帝的宠臣相比远为正直和勇敢的李广，都不免以自杀结局。虽然司马迁不曾从理论上揭示这些现象背后的规律是什么，但足以启发人们进行深入的反省。

衡量历史人物的地位，司马迁所依据的是他们的实际成就，而不是获得何种名位。项羽未尝称帝，但一段时期中实为天下之主，《史记》中便立了《项羽本纪》。司马迁对有勇无谋而在楚汉相争中败北自刎的项羽，毫不掩饰地流露了赞叹和同情之心，并将这种热烈的情感诉诸《项羽本纪》，以“巨鹿之战”、“鸿门宴”和“垓下之围”三段文字，对项羽的勇敢、磊落和悲壮的风范气概，作了尽情的描绘。“巨鹿之战”是一段传神之笔，寥寥数行字，使一个率兵渡河、破釜沉舟、决战和大破秦军的英勇果断的大将呼之欲出：

> 当是时，楚兵冠诸侯。诸侯军救钜鹿下者十余壁，莫敢纵兵，及楚击秦，诸将皆从壁上观。楚战士无不一以当十，楚兵呼声动天，诸侯军无不人人惴恐。于是，已破秦军，项羽召见诸侯将；入辕门，无不膝行而前，莫敢仰视。项羽由是始为诸侯上将军，诸侯皆属焉。

而在“垓下之围”中，司马迁对已经走到穷途末路却依然不失英雄本色的项羽，作了另一番渲染。项羽自知处于四面楚歌之中，死在眼前，“乃悲歌慷慨，自为诗曰：‘力拔山兮气盖世，时不利兮骓不逝。骓不逝兮可奈何，虞兮虞兮奈若何！’”乌江亭长撑船劝项羽东渡乌江，说：“江东虽小，地方千里，众数十万人，亦足王也。”

> 项王笑曰：“天之亡我，我何渡为！且籍与江东子弟八千人渡江而西，今无一人还。纵江东父兄怜而王我，我何面目见之？纵彼不言，籍独不愧于心乎？”乃谓亭长曰：“吾知公长者，吾

骑此马五岁，所当无敌，尝一日行千里，不忍杀之，以赐公。”

乃令骑皆下马步行，持短兵接战。

这一种凄怆氛围和悲壮情调，曾令多少后来人为之动容。宋朝著名女词人李清照为此写下一首名作《夏日绝句》，热情讴歌了司马迁笔下的英雄项羽，讥讽和谴责了南渡苟安的南宋君臣：

生当作人杰，死亦为鬼雄。

至今思项羽，不肯过江东。

《史记》的大胆之处，还表现在敢于为一个秦末农民起义的领袖陈涉立传，写了《陈涉世家》，并将他与商、周的开国之君汤、武并提，这是历史的真实和公正。真实和公正的原则，应当是历史学家道义感和责任感的表现，然而，在一个封建专制国家中，让史学家能自由和自主地表现的空间实在太少了，亦步亦趋地追随帝王和主流的文人也太多了。

作为一个真正的历史学家，司马迁所表现出来的真实和公正，还在于他具有平等观。《史记》中出现了一些乡村野老，市井细民，如《魏公子列传》中的“夷门监者”侯嬴和“市井鼓刀屠者”朱亥，《刺客列传》中的聂政、荆轲，《游侠列传》中的朱家、郭解等，不仅都登上了史书的大雅之堂，而且还受到了热情洋溢的表彰和歌颂。在《史记》这种正规和严肃的史书中为“小人”造像，又成为了司马迁对封建“正史”的挑战和开拓。

因为离经叛道，《史记》当然不可避免地受到帝王及卫道士们的指责和毁谤，东汉司徒王允就是其中之一。东汉学者蔡邕因董卓之死嗟叹而被下狱治罪，群臣都为这位才子求情，而王允却说：“昔武帝不杀司马迁，使作谤书，流于后世，方今国祚中衰，戎马在郊，不可令佞臣执笔在幼主左右，后令吾徒受谤议。”一番毁誉之言而使蔡邕遭杀。然而像王允那样的跳梁小丑，毕竟遮不住《史记》的灿烂光辉，《史记》这部空前伟大的历史巨著，不论在史学上还是在文学上都产生了深远影响，甚至连对汉文化历史颇得真谛的金代君主完颜景，在他的《题汉太史司马迁墓》一诗中，也对司马迁表达了崇高的敬意：

汉庭文物萃君门，良史独称司马尊。

七十卷书终如备，三千年事是非存。

李陵设若无先见，王允何由有后言。

古庙风霜香火冷，自云衰草满平原。

被鲁迅誉为“史家之绝唱，无韵之《离骚》”的《史记》，被列为中国第一部“正史”。自此以后，历代“正史”的修撰从未断绝，汇成一条文字记载的历史长河，堪称世界史学史上的奇迹。的确，它是华夏文化的瑰宝，也是世界文化宝库中不可多得的珍贵财富。

随着《史记》以多种文字在世界各国出版发行，司马迁受到了各国人民的景仰。1956 年，司马迁被列入世界文化名人，使他最终得到公正的评价。

——西鄂该通理，南阳擅德音（唐·骆宾王《过张平子墓》）

南阳擅德音

——东汉天文学家、文学家张衡

一

在中华五千年的文明史册上，两汉王朝是璀璨光芒的一章，历史也大笔大书地将先后两位开国君主镌刻于竹帛：汉高祖刘邦和汉光武帝刘秀！刘邦少时虽是个小混混，但却有成为人上人的大志。而南阳儒生刘秀则不然，他素有大志，面南称帝后更不想做一个无所作为的皇帝，在东汉史的开篇上书写了标题为“光武中兴”的精彩一页。他的两代继承人汉明帝、汉章帝也无愧先帝，不辱祖宗，以31年的“明章之治”把东汉建成了“天下安平，百姓殷富”的盛世王国，成为当时世界上最强大的国家。

东汉一朝中发生了一连串影响世界历史的大事，其中在文化科技领域中的五次“造山运动”，为人类文明发展作出了重大贡献。在这次“造山运动”中，五位“圣人”横空出世，巍巍然屹立于东京洛阳。其中有：以发明造纸术而改变世界历史的“纸圣”蔡伦，以《伤寒杂病论》而确立辨证论治疗原则的“医圣”张仲景，以首创“无神论”、写下“百科全书式的著作”《论衡》的“哲圣”王充，以《说文解字》闻名于世的“字圣”许慎，还有一位就是发明了水运浑天仪与地动仪并以《灵宪》解释月食成因的“科圣”张衡。

在人们心目中货真价实的“圣”者，应该是古今公认的为人类社会进步和文化发展作出重大贡献的历史巨人。后人所熟知和尊崇的“文圣”孔丘、“书圣”王羲之、“诗圣”杜甫、“画圣”吴道之，与“纸圣”蔡伦、“医圣”张仲景、“哲圣”王充、“字圣”许慎、“科圣”张衡等人一起，组成了一个个高耸于古代中华文化山峦上的峰巅。如果说他们有所不同的话，那就是他们中有的走文史哲和艺术之路，有的走科学技术之路。

生活在古代中国的文人墨客较之中国古代科学家来说，仍算得上一种幸运，即使他们的人生道路也多时乖命蹇，但毕竟还能得到社会的公认，进入社会名流的行列。对于多数科技专家而言，则往往只能以“雕虫小技”的玩家而被列入下三流之列。

古代中国也曾有过辉煌的科技成就，我们的先祖也曾有过无数科技发明，然而在一个“万般皆下品，唯有读书高”的封建国家中，一代代知识界的精英皓首穷经，孜孜不倦于经史子集，津津乐吟于风花雪月。相比之下，科学技术只不过是文、艺、史、哲的附庸，被视为“奇器淫巧”的科技发明，也常常是用以满足帝王们逗乐取悦之需的物品。在这种体制和环境下培养出来的大小官吏，除了科盲还是科盲，而正是这一群科盲，却掌握着一台古老和巨大的国家机器。

更令人感到悲哀的是，时代愈是进步，科盲们却愈显得愚昧，在近三百年的清王朝中，这种愚妄自大、拒绝科学之风盛行一时。由于大小科盲们对近代科技的无知，他们以一种无可救药的愚顽态度，螳臂当车般地顽固阻挡着外来的新生事物，压制着国内的科学发展。17 世纪中叶，清王朝曾花了一大堆白花花的银子，派遣一批使者去西欧考察，而这些蠢官在饱览一番西洋镜之后，竟然得出了一个更荒唐、更傲慢的结论：大清国乃天下第一大国，西方科技何足哉道！

1868 年有幸第一位游历欧洲的斌椿，在回来后写的书中，可笑地将风靡于欧洲的自行车，说成三国时期“木牛流马之遗意”。而第一位派往英国的副使刘锡鸿，更在英国的耳濡目染中，领悟出一套歪理。例如他十分不齿于西方的“富强”观点，说什么：“外洋以富为富，中国以不贪得为富；外强以强为强，中国以不好胜为强。”

就是如此一群朽木不可雕的清廷将领，在鸦片战争中创造了世界战争史上的荒谬之最。他们在至关重要的广州保卫战中，竟以“粪桶妙计”的邪术来抵御英军的猛烈炮火；又将夜做“吉梦”详析为神人指点，贸然令大军冒雨从绍兴出发，夜袭宁波、镇海、定海，企图一夜收复三城，结果在英军的伏击中全军溃败。

当晚清时期革新派提出“洋务运动”的时候，清王朝的一批不见棺材不落泪的重臣，竟然还认为西方科学中的太阳中心说，“止以欲破我天地两大，日月并明，君臣父子夫妇三纲而已”。他们嘲笑西方的火轮是那么笨拙，不发动就不能行驶，洋炮也那么蠢重，人都无法举起来，又何以运送？“船以轻捷为能，械以巧便为利”，如果有一些勇士从天而降，如何能靠这样的船和炮来对付呢？他们还认为，中国的科学技术“一元之理，二五之精，三极之道，旁通四达”，已经达到了世界之顶峰，又何必学习西方？对于洋务派提出学习西方近代科学和军事技术的建议，科盲大臣们更是气急败坏地予以指责。

这是一间用厚重的帘布密密挡住了阳光的黑屋，这是一潭以高大的堤坝隔绝了外界的死水，恰如著名文学家闻一多在《死水》一诗中所讥讽的那样：

> 这是一沟绝望的死水，
> 清风吹不起半点漪沦。
> 不如多扔些破铜烂铁，
> 爽性泼你的剩菜残羹。
> ……
> 这是一沟绝望的死水，
> 这里断不是美的所在，
> 不如让给丑恶来开垦，
> 看他造出个什么世界。

在这种社会歧视的气氛和世人冷漠的眼光中，潜心地从事科学研究和技术革新的中国古代科学家，需要具有坚韧不拔的精神，而且需要付出巨大的牺牲和代价！

当我们今天在三千年沉重文明史的字里行间，去寻觅和采撷支离破碎的科技精英事迹时，去阅读和诠释谱写在古代中国科技史上的光辉篇章时，就更感到一种难言的苦涩、悲凉和歉仄，因此也更感到中国古代科学家是如此的异乎寻常、弥足珍贵。

当我们今天历数和默忆着那一个个杰出的古代科学家和技师时——鲁班、扁鹊、李冰、张衡、蔡伦、张仲景、华佗、祖冲之、郦道元、孙思邈、李春、毕昇、秦九韶、黄道婆、李时珍、徐光启、徐霞客、宋应星、梅文鼎和数学家李善兰，也包括为中国科技发展作出重要贡献的两位西欧传教士利玛窦和汤若望，当我们在这些科学家种植的千年文明大树下乘凉，沐浴于他们以自己的辉煌成就为神州大地带来的光华时，就会激起对先贤的崇敬、感激和缅怀之情。

著名的英国科技史专家李约瑟博士在其《中国科学技术史》名著中指出："中国古代的发明和发现往往是超过同时代的欧洲，特别是 15 世纪以前更是如此，这可以毫不费力地加以证明。"只有不带偏见的科技史权威，才能说出这样实事求是的话语。世界科技发展史早已证实，当古代中国科学家向世界献上他们的伟大发明和发现时，同时代的欧洲人大概连这样的梦也不曾做过。

二

20 世纪 50 年代，张衡被列为世界文化名人。国际上把他与伽利略、哥白尼、达尔文等欧洲超一流的科学家相提并论，这似乎表明了对中国古代科学和科学家的一种公正。其实这种公正仍然有失偏颇，张衡在科学上的成就不仅比其他几位洋科学家不知早了多少年，而且也不知大了多少倍！随着对张衡了解的加深，这位古代中国的传奇人物愈来愈引起国际社会的景仰，于是一系列的桂冠也落到了他的头上：1960 年美国普林斯顿大学翻译出版了张衡的《二京赋》；1970 年国际天文学会将月球上的一座环形山命名为“张衡山”；1977 年该学会又将太阳系中的一颗小行星 1802 命名为“张衡星”。被封建体制压抑了三千年的中国科学和技术，总算在张衡那儿找到了一种扬眉吐气的感觉。

张衡，字平子，东汉章帝建初三年（78 年）诞生在南阳郡西鄂县城石桥镇夏村的一个破落仕宦家庭。他的家族原系南阳的名门大族，祖父张堪曾率全家相随刘秀，为建立东汉政权立下了汗马功劳。刘秀登上皇位后，张堪又成了他的得力干将，先后任蜀郡太守和渔阳（今北京密云）太守。大概是由于父亲无所作为且早故，当张衡出生时，家境已经衰败了。

贫穷磨砺志气，勤奋造就天才，年幼好学的张衡如同其好友崔瑗所评述的那样：“敏而好学，如川之逝，不舍昼夜”，因此在十几岁时就积累了相当丰富的知识。到 16 岁时，胸怀远大政治抱负的张衡，只身离家，远游名都，求访大师。他在此期间访长安，游三辅（今陕西东部），登名山，寻古迹。在秦始皇陵前驻足缅想一番后，张衡又来到驰名天下的温泉，在这里即兴写了一篇描写“汤谷的优美，春水的清新”的《温泉赋》，成为他流传至今最早的文学作品。从此他开始对诗、赋、铭、七言等多种文学体裁的创作进行探索，并取得了优秀的成绩。

离开骊山，张衡终于到了他向往已久的京师洛阳。由于没有地方官衙的推荐，张衡虽然未能进太学学习，但他在利用在京师的宝贵机会，访名师，观太学，收集历史文物，考察风土人情，坚持走自学成才之路。经过五六年坚忍不拔、锲而不舍的修业，张衡不仅在学业上达到了“通五经（诗、书、礼、易、春秋），贯六艺（礼、乐、射、御、书、数）”的程度，而且博览群书，学习了天文、地理、气象、历算等方面的知识。对张衡的这种学习精神和态度，崔瑗深深为之赞叹：“焉所不学，亦何不师，盈科而进，成章乃达；一物不知，实以为耻，闻一善言，不胜其喜。”

德才兼备的张衡，从青年时期起就屡次被荐举和征召，先是被推荐为孝廉，接着又得到了官府的征召，但均被他所拒。他一心贯注于自己的学业，希望在朝霞般的黄金岁月中更多地汲取知识，并未为这一官半职的诱惑所动。永元十二年（100 年），在刚任南阳郡太守的鲍德邀请下，23 岁的张衡回家乡当了起草文件的主簿，这次他欣然同意任职，乃是因为鲍德为官正直、为人正派之故。

永初二年（108 年），鲍德升迁并调至京都，张衡未应邀随往，而是回到了西鄂老家，潜心研究西汉文学家和哲学家扬雄的哲学著作《太玄经》。《太玄经》仿《易经》体裁而作，由于道理深奥，匪夷所思，加之文字艰涩，学者多不敢问津，然而张衡却迷上了这部大作，简直到了如痴如醉的地步。他对扬雄的深刻哲理赞赏不已，赞为自汉王朝建立二百年来难得的一本好书。在批读《太玄经》的同时，张衡认真写了《太玄注》，还作了《玄图》，使深邃难懂的玄理形象化。《太玄经》中的唯物主义成分，对他后来的科学研究产生了十分有益的启示和影响。

永初五年（111 年），时任大司农的鲍德推荐了张衡，而汉安帝也“雅闻衡善术学”，于是“公车特征”张衡入朝，拜为尚书台郎中，“主作文书起草”。张衡对官职并不在意，但在京都有机会继续学习，更何况国家图书馆近在咫尺，倒使他欣喜不已。他废寝忘食地读书和钻研学问，据说在入朝拜贺皇帝的前夕，还“批读《太玄经》”。

3 年后，张衡升任尚书侍郎，官位高了，待遇也变得丰厚。但他仍以读书学习为先，并观测各种自然现象，制造科学仪器，翌年，张衡终被任命为专掌天时星历的太史令。太史令机构中的许多方便条件，使他能够如愿以偿地倾其所学，在科学发明上发挥才能，而且终于取得了巨大的成就。

然而科学是无法斗赢政治的，即使张衡的发明给东汉的皇帝们带来了喜悦和荣光，而且张衡本人也曾受到过他们的赏识，甚至被任命为九卿之一的侍中。但是由于政局瞬息万变，皇帝喜恶叵测，他还是不可避免地遭到了诬陷和排斥。原因很简单，因为张衡并非是一个全然沉浸在学术天地里的书呆子，他是个有理想和斗争精神的正直之士。张衡的政治主张，如他在 49 岁时写的一篇文章《应间》中所说：“盖闻前哲首务，务于下学上达，佐国理民”。他对东汉政治始终抱着一种要“明略佐时”的改良热望，希望通过整顿学术、简选人才、加强礼制、革除奸佞的方法，来改革政局以达到巩固汉朝政权的目的。

阳嘉二年，在张衡升任侍中、成了皇帝身边的高级顾问和参谋后，他以为可以施展政治才能，实现自己早已设计出来的“使君为尧舜而民处唐虞”的蓝图了。因此除了研究科学之外，他还同其他爱国官吏一起，和社会上黑暗势力进行了顽强的抗争。但在朝廷目睹宦官专权和政局腐败而自己却又无可作为的现实，使得以科学家身份而居官位的张衡深感心灰意冷，只好以写作来述志。这种情操和志向当然不能为宦官所容忍，他们不断进谗言并终为汉顺帝所信，永和初年（136 年），张衡离开朝廷出任河间国（治所乐域即今河北献县东南）相。

在外任期间，张衡很想有所作为，他“治威严，整法廉”，惩治豪强，伸张正义，深受当地民众称颂。但是，在深入社会和接触实际中，他在看到了一批首恶分子依然逍遥法外的事实后，不得不承认自己整治社会的努力是无效和失败的。而当时人心思反、社会动荡不安的局势已日益明显，使他认识到单凭一己之力，想要阻挡“天下渐弊”的大势无疑是“有心杀贼，无力回天”。

已届花甲之年的张衡，斗志渐颓，体力亦衰。他失去了当年惩腐治国的信心和热情，也无意继续从政了，遂上书请求辞官归乡，但未获准，却莫名其妙地被召回京城并升任尚书。到洛阳上任不久，他忧劳成疾，终于卧床不起，并于东汉永和四年（139 年）时郁郁而死，死后归葬于南阳西鄂的故乡，圆了他归隐田园之梦。张衡墓位于今南阳市卧龙区石桥镇小石桥村西北隅，因他晚年曾任尚书一职，故俗称“尚书坟”。千百年来，不知多少人到此凭吊这位伟人，初唐诗人骆宾王在拜谒张衡墓后，写了《过张平子墓》一诗，诗曰：

西鄂该通理，南阳擅德音。
玉卮浮藻丽，铜浑积思深。
忽怀今日昔，非复昔时今。
日落丰碑暗，风来古木吟。
惟叹穷泉下，终郁羡鱼心。

在悠悠岁月中，张衡的墓园日渐荒芜，墓区内杂草萋萋、荆棘丛生，仅剩下了一丘荒冢和两通苔藓覆盖、字迹模糊的石碑。甚至连张衡的名字也似乎被人淡忘了，酿成民间只知“尚书坟”而不知张衡墓的笑谈。直到 1956 年，河南省人民政府才对张衡墓园和墓北张衡幼年读书的“平子读书台”加以修建。1988 年 1 月，张衡墓被国务院公布为全国重点文物保护单位。另一座规模宏大、气势壮观的张衡博物馆，也在南阳这座历史文化名城建成。墓园和博物馆的建成，将让一位中国科学史上的“圣人”，永远伫立在家乡的土地上，以天地为友，与乡亲为伴，向后人讲述中国古代科技史和科学家的精神。

“万祀千龄，令人敬仰。”郭沫若在张衡墓前石碑的题词，不仅表达了炎黄子孙对他的敬仰，更表达了对他的谢意。

三

科学源自文学，张衡的文学修养也极高，文学成就奠定了他的事业基础。由于科技发明的成就太高，以至于张衡的文学造诣显得黯然失色了，难怪不少后人只闻其“科”名，不知其“文”才。

像张衡那样既是伟大的科学家又是优秀的文学家的全才，而且又处在如此久远的年代，在中国能有几个？在世界又出过几个呢？更令人不可思议的是，张衡在自然科学方面，精通天文、地理、历法、数学、机械、气象；在社会科学方面，熟知历史、文学、经学、哲学、礼法，擅长绘画。自然科学方面，他为人类留下了古今称奇的浑天仪、地动仪、指南车和记里鼓车等伟大发明以及天文著作《灵宪》和《灵宪图》，社会科学方面，他留下了行云流水般的诗、赋、文、铭、赞、诰、诔、书、疏等各体韵散文辞，尤其他写的诗、赋，在中国文学史上拥有特殊的地位和价值。他还是一位丹青高手，因而也成为东汉六大画家之一。

自年少出游、在骊山写下第一篇作品《温泉赋》起，一首首诗、赋佳作就在张衡笔下涓涓流出，使他最终成为两汉文学中有深远影响的重要作家。他的《二京赋》达到了汉代大赋鸿篇巨制的极致；他的《归田赋》为抒情小赋的发展开创了新的途径；在他的诗中，《同声歌》和《四愁诗》成为五言诗和七言诗由发展到成熟的一个标志。

《同声歌》是在张衡接受鲍德邀请后，内心十分高兴，写下的一首抒情诗，诗的标题取自《周易·乾文言》：“同声相应，同气相求。”诗的大意是：与君不期而会而互相爱悦，得以结为夫妻，我既觉得光荣又有些惶惧。要竭尽全力来侍奉夫君，是妾理应该做的。要主管好您的饮食之事，尊奉礼仪做好那祭祀的准备。我愿做一张席子，为您引来清凉；我愿做一张木床，使您安稳休息；我愿做一顶丝罗作的帐子，为您遮蔽风霜。洒扫床帐枕席，燃起那西域出产的鞮芬狄香。在这首充满浪漫主义色彩的诗中，张衡以妾自比，将君比鲍德，表达了他愿意帮助鲍德处理好郡中政务的决心和设想，也抒发了他们之间的深厚友谊。《同声歌》文辞清丽，感情纯朴，是在内容和形式上都很成熟的五言诗，在中国诗歌发展史上占有重要的地位。

另一首在七言诗发展史上占有一定地位的作品，是张衡的抒情名作《四愁诗》：

我所思兮在泰山，欲往从之梁父艰。侧身东望涕沾翰。美人赠我金错刀，何以报之英琼瑶。路远莫致倚逍遥，何为怀忧心烦劳？

我所思兮在桂林，欲往从之湘水深。侧身南望涕沾襟。美人赠我琴琅玕，何以报之双玉盘。路远莫致倚惆怅，何为怀忧心烦快？

我所思兮在汉阳，欲往从之陇阪长。侧身西望涕沾裳。美人赠我貂襜褕，何以报之明月珠。路远莫致倚踟蹰，何为怀忧心烦纡？

我所思兮在雁门，欲往从之雪纷纷。侧身北望涕沾巾。美人赠我锦绣段，何以报之青玉案。路远莫致倚增叹，何为怀忧心烦惋？

《四愁诗》是张衡的代表作，写于东汉顺帝永和二年（137 年）。当时正在河间相任上的张衡，看到东汉王朝内忧外患，民怨沸腾，“天下渐敝，郁郁不得志”，使他心有“所思”，写下了这首意绪缠绵、感慨情深的《四愁诗》，以一种情诗的形式含蓄地诉说了内心的郁闷，抒发了自己的政治怀抱。诗中写他“所思”的美人远“在泰山”、“在桂林”、“在汉阳”、“在雁门”，方向依次为东南西北，但四条路都是那样艰险，“路远莫致”。各种障碍导致他终究未能实现报国宏愿，因此他只能以诗言志，倾诉一腔“长安不见使人愁”的“愁”思。在艺术成就上，《四愁诗》巧妙地吸收了古典文学和山歌、民歌的特有技巧，也和《离骚》一样带有浓郁的浪漫主义色彩，格调清新，十分自然。唐人郑谷在《题张衡庙》一诗中咏叹道：

远俗只凭淫祀切，多年平子固悠悠。

江烟日午无箫鼓，直到如今咏四愁。

在鲍德门下任职期间，张衡完成了始作于而立之年的《二京赋》，并写了《南都赋》等作品。《二京赋》始写于十年之前，当时张衡看到皇亲国戚和文臣武将，一个个比试着穷奢极欲，面对这种“天下承平日久，自王侯以下莫不逾侈”的社会风气，内心充满激愤和不平，遂拟班固的《两都赋》，创作讥讽时弊的《二京赋》（《西京赋》、《东京赋》）。《二京赋》被认为达到了汉代大赋鸿篇巨制的极致，而张衡的另一类抒情小赋，又为赋的发展开创了新的途径，《归田赋》就是这类小赋中的优秀代表，表现了与《二京赋》截然不同的情调。《二京赋》描述的是繁盛宏大的京都景象，而在《归田赋》中，张衡则以清丽的文辞，抒发了自己期望归隐田园、不愿与时俗同流合污的志向，曾引起不少羁宦之士的向往。

在升任侍中和随后外任期间，张衡先后写下了《思玄赋》、《四愁诗》、《归田赋》等作品。在这些晚年的诗、赋中，他述说了自己不愿违心媚上、与小人同流合污的情操，表达了希望远离污浊的世界、自由地漫游于太空的志向，同时也流露了“游都邑以永久，无明略以佐时”的郁闷和愁思之情。

张衡原有文集 12 卷，多已散佚。即使如此，仅以留存于世的 32 篇作品，就足以使他跻身于汉代四大辞赋家之列。

最熟知张衡的文史学家崔瑗，曾以“道德漫流，文章云浮。数术穷天地，制作侔造化”之语，对张衡一生的成就作了中肯的评价。

四

从张衡进京到他谢世的20多年，在中国的文明史和科技史上不过是弹指一瞬间，然而这一瞬间却是如此的非同寻常和激人心弦。基于早年对知识的贪婪咀嚼和积累，凭着后来对科技的忘我钻研和探求，张衡终于在公元1世纪，成功地谱写了一曲中华文明的凯歌。

隔行如隔山，即使在同一学科之间的不同行业，其间也横着一条难以逾越的鸿沟，更不用说跨越文学和科学之间的巨川大河了。古今中外梦想飞渡这一大河者很多，但尝试架桥者寥寥，而成功跨越者则更是凤毛麟角了。文学上已颇有建树的张衡，恰好遇上了职务上的方便，对这一尝试产生了浓厚的兴趣，他瞄准的目标是天体科学。对于文学家张衡来说，这并不是突发异想，而是经过了一番深思熟虑，脚踏实地地学步、行走和飞跃的艰苦过程。

在京城任职期间，一到公务之余，张衡就一头扎进研究工作，琢磨着玄妙离奇的天体结构，漫游于五彩缤纷的梦幻世界。当时通行的天体理论有两种，一是盖天说，二是浑天说。张衡对这两种假设进行了深入研究和分析，觉得流行一时的天圆地方的盖天说颇多谬误，浑天说则是一种较为合理的学说。他认为“浑天如鸡子”，天外地内，天和地的关系就像蛋壳包蛋黄一样；混沌初开之时，轻者升空为天，重者凝结为地；天为阳气，地是阴气，天与地的相互作用创造了万物。经过张衡的修正和发展，使浑天说对天体结构的解释渐臻圆满。

得知张衡在天文学研究中的造诣和名声之后，汉文帝将他调升为太史令，掌管天文。人生的机遇实在是太难得、太可贵了，对于一般人来说，“机遇”的含义是什么呢？是升官，是发财，然而对于张衡来说，他渴望和追求的却是一方小小的用武之地。张衡不可能不知道，皇帝需要用他的才华来装点朝廷的门面，但他也需要依靠皇帝给予的权位来实现自己的理想，让他主管天、地、日、月的观测和研究工作，正是一次平生难逢的机遇。

接任太史令之职后，张衡立刻登上了“望万物也”的古天文台——灵台。东汉灵台坐落于洛阳汉魏故城南，紧偎洛河大堤，是属于太史令所主管的一个机构。自张衡接管了灵台之后，人尽其才，物尽其用。从此张衡和灵台融为一体，密不可分；灵台因张衡而显灵，张衡由灵台而闪光。在任职的十余年中，张衡亲自领导、主持和参与了在灵台进行的天象观测和天文研究，设计和研制了世界上最早的天球仪——浑天仪和地震仪——地动仪，撰写了《地震对策》、《浑天仪图注》、《灵宪》等著名的科学著作。

浑天仪是一个以水力推动的铜铸球状浑象，球面上标有黄道、赤道和南极、北极，并刻上了二十八宿及其他星座。为了使浑天仪能够按照时刻自己转动，张衡又设计了一组滴漏壶。滴漏壶是古代测知时刻的仪器，张衡巧妙地利用齿轮系统，使浑象与计时“漏壶”有机地连于一体，“漏壶”的滴水推动浑象均匀转动，每天有规律地旋转一周，因此人们坐在室内，就可以准确地了解星座位置及天体运行状况。张衡还在《浑天仪图注》一书中，说明了以黄道、赤道差的变化计算历法的方法，并在其后又研制了一种显示月相和日期的仪器。在浑天仪和滴漏壶之外，他还创造了一种机械日历，叫作“瑞轮冥荚”。

浑天仪成功的消息不胫而走，学者们闻讯后纷纷前来参观，张衡当场为他们作了演示。夜幕降临以后，他将参观的人们分为两部分，一部分在屋内注视浑天仪，另一部分在室外观察天象变化，两者不断互通情况。从屋内接连向室外传去在仪器上看到月升星移的天象演示，竟然与室外的人们观察到的实际天象完全同步。试验结束，在场的人们无不叹服，也无不赞美这一奇异精巧的发明，纷纷向张衡表示了热烈祝贺。

在《中国科学技术史》一书中，李约瑟博士深有感触地写道：“赤道浑仪曾被认为是欧洲文艺复兴时期天文学方面的主要进步之一，而中国人却早已使用。”中国著名科学家钱伟长也在《我国历史上的科学发明》中写下这样一段赞语：“张衡创造了浑天学说，说明天象的运行原则。根据他所测绘的星图——‘灵宪图’便是现代‘假天仪’的原始鼻祖。远在机械工业发展前约两千年的祖国，竟能发明制作出这样精巧的仪器，真是惊人而值得我们崇拜了。汉代学者蔡邕参观了这个仪器，曾经有愿意终生偃卧在浑天仪里的感叹，足见张衡的伟大和浑天仪的精巧绝伦了。”

充满唯物主义哲学思想的天文学杰作《灵宪》于元初五年（118 年）问世，在这部著作中，张衡向世人描摹了一幅天体演化过程的图景。他告诉世人，天体演化经历了三个时期，而这一演化都受“道”即自然界的固有规律所支配：最早出现的是无天无地、一片死寂的“演滓”期，这时候整个空间只存在一种无形无象的气，而这种气正是宇宙万物发展变化的根本，谓“道之根”。在第二个称为“庞鸿”的时期中，各种物质性的气互相混合和不停运转，呈现出一片混沌未开的景象，“道之干”。到了第三个“天元”期，元气按清浊逐渐分开，形成了天地，由天地构合精气而生育万物，谓“道之灾”。张衡还在书中探讨了行星运动的规律，提出了“月之光生于日之所照”的论断，科学地解释了日食、月食的成因。

后来调任公车司马令的张衡，又受命制造指南车。在没有任何资料的情况下，他创制了定向的指南车和记程的记里鼓车。指南车是一个上面站立一木人的两轮小车，在车子行进中，木人的手始终指向南方。记里鼓车则是一个两层套马车，上层为一面鼓和两个击鼓木人，下层是一口钟和两个敲钟木人。车每行 1 里就听到一声击鼓，每行 10 里则响钟一声。汉安帝去泰山祭奠时，就乐不可支地带着这两辆新奇实用的小车一路随行。张衡的发明物成了专供皇帝享用的奢侈品，这难道不是中国古代科学技术发展史之一斑吗？

10 年以后，阳嘉二年（132 年），张衡的又一项伟大发明地动仪问世了，这是世界上第一台测定地震的仪器。这个铜制的酒樽状地震仪，以中间的都柱（震摆）与八个方向的机械相连，外面是八个口含铜丸的龙头，龙嘴下面是八只向上张着口的蟾蜍。哪个方向发生地震，这个方向的龙嘴就会吐出铜丸，落入蟾蜍口内，发出清脆的响声，监测人立即知道发生地震的方位，并推测出震源的距离。

地动仪制成后的几年中，对京洛地区的连续地震均作出了准确的显示。但是到了第 6 年（138 年），地动仪器西面的机械发生动作，一颗铜丸从龙嘴脱落，掉入蟾蜍之口，而当时京洛人士均未觉察到震感，一连 5

天亦未接到任何震讯的报告。于是一些本来就对地震仪有异议的人，乘机非议张衡。然而就在众说纷纭之时，一名驿使策马送来一份报告，说是5天前陇西地区发生了地震，从而证实了地动仪测定的准确无误。张衡的地震仪竟遥测到了千里之外的变动，非议者顿时变得哑口无言，他们算是完全服气了。而时人无法知道的一个情况是——直到1700多年后，欧洲人才制造出第一台地震仪！

在张衡的发明中，还有自动车、独飞木雕、候风仪、测景土圭等多种机械，历数他的发明，其见解之先、技术之精、品种之多、时间之早，不仅使当时人称奇，也令后人瞠目。在天文学、地震学和机械学方面的成就，已经使张衡领先，远远地跑到了世界最前端，而张衡在科学上的建树又何止于此呢？他在数学专著《算罔论》中算出的圆周率，已精确至3.1466，这一数字比欧洲早了1300多年；在地理学方面，他又绘制了完备的地形图……

如同一座大山般的巍巍巨人，横跨了科学和文学中的多个领域，正如郭沫若的题词所评，“如此全面发展人物，在世界史上亦属罕见”。

——泛泊徒嗷嗷，谁知壮士忧（三国魏·曹植《鰕【鱼+旦】篇》）

谁知壮士忧

——三国曹魏文学家曹植

一

翻阅古代经典爱情诗文，其中最令人感慨的是三首传诵千年的悲剧名篇，一首是诗——由无名氏所作的汉乐府诗歌《孔雀东南飞》；一首是词——南宋陆游（唐琬）的《钗头凤》；再一首是赋——三国魏曹植的《洛神赋》。

在名篇的悲剧人物中，焦仲卿、刘兰芝和陆游、唐琬两对恩爱夫妻的遭遇颇有相似之处，同是为母所遣、棒打鸳鸯，在“举手长劳劳”的难分难舍中挥泪离散，在“二情同依依”的悲痛欲绝中劳燕分飞。焦仲卿和刘兰芝分别选择了“自挂东南枝”、“举身赴清池”为结局，并未因此殉情的陆游、唐琬，却承受着更大的心理煎熬。“病魂常似秋千索”的唐琬在再醮并邂逅陆游后郁郁而亡，而“一怀愁绪，几年离索”的陆游则是终生怀念着唐琬，以一首首断肠诗句凭吊着深爱而又心怀歉仄的前妻。然而对于曹植来说，命运似乎更加残酷无情。一位本应属于他的绝代佳人，曾两度向他走近，但一而再地被劫持，一对情侣最终没有盼来鱼水之欢、于飞之乐的那一天。

据传三国时期，上蔡令甄逸有女甄氏，不仅姿貌绝伦、气质非凡，而且才智过人，是魏晋时期女性飘逸风雅之美的典型。曹植曾向甄家求婚，甄氏也十分倾慕这位才华出众的曹操三公子。但是战乱期间，天有不测，兵强马壮的大军阀袁绍竟仗势抢走甄氏，做了其次子袁熙之妻。不久，曹操打败了袁绍，其长子曹丕搜查袁宅时发现甄氏，就占为己有。自此，曹植与其昔日情人、今日嫂子的甄氏虽然常能见面，却从无单独相聚和谈话的机会。银河相隔，断桥相望，对于一对深深相爱的有情人来说，甚至比暌隔千里更痛苦，更难以承受。后来曹丕废汉称帝，成为魏文帝，甄氏被封为皇后，魏都也从许昌迁至洛阳，曹植与甄氏就处于咫尺天涯，难得一晤了。两颗爱心，一场悲剧，无情而无形地折磨着一对才子佳人。

称帝后不久，喜新厌旧的曹丕又纳了郭贵妃，而心狠手毒的郭贵妃为了登上皇后宝座，与奸臣密谋设计陷害甄氏。轻信谗言的曹丕不由分说地将甄氏打入冷宫，遣送邺城，最后，甄氏在邺城冷宫惨遭杀害。一次，曹植上京城洛阳朝见魏文帝曹丕，在宫中与曹丕和甄氏的亲生子曹叡一起就餐。看到太子，想起甄氏，曹植触景生情，伤心落泪，使曹丕也感到内疚。饭后，曹丕把甄氏遗物玉缕金带枕送给了曹植，睹物思人，肝肠寸断，曹植更加怀念甄氏。

黄初三年（222 年），曹植从京师洛阳返回封地鄄城（今山东鄄城）时，途中在洛川之畔饮马停歇，睡意蒙眬中产生幻觉，漫步于阳林，看到了洛神宓妃。洛神即洛水女神洛滨，传系宓（伏）羲氏女，称宓妃，相传溺死洛水，遂为洛水之神。只见洛神体态婀娜如翩飞的鸿雁，婉转轻柔像戏水的游龙，容貌清丽，芳泽无比，遂产生爱慕之情，托水波而传意，寄玉佩以定情。然而终究人神殊途，无法相爱，只能依依惜别，无限感叹。曹植回到封地鄄城，洛水遇神的情景还在脑海里激荡，文思如潮水般涌动，写下了一篇极具文学魅力的优美诗歌《洛神赋》。

曹植在《洛神赋序》中曰："黄初三年，余朝京师，还济洛川。古人有言：斯水之神，名曰宓妃。感宋玉对楚王神女之事，遂作斯赋。"于是，曹植以宓妃的传说为基础，凭借幻想在《洛神赋》中塑造了美女洛神的形象。在这篇华美、清新的抒情赋中，曹植表露了自己对洛神深沉的爱慕之情和因人神相隔、天地远离而未能相爱的终生之怅。

才子写美女，丽文含深情，本也是合乎情理的寻常之事。但曹植在赋中多方着墨，大力渲染，不吝笔墨地描绘洛神之美——“其形也，翩若惊鸿，婉若游龙，荣曜秋菊，华茂春松。仿佛兮若轻云之蔽月，飘飖兮若流风之回雪……”格调凄艳，辞采华茂，情感哀伤，含义深沉，引起了时人和后人对《洛神赋》写作背景的种种猜测和推断。终于，人们发现了谜底，找到了结果，原来美丽的洛神就是曹植的梦中情人甄氏。

曹植遇洛神的故事，本来就子虚乌有，纯系好事者编造，不过编造者是怀着一种好意和同情，毫无戏谑或揶揄的初衷。大概人们对曹植和甄氏不幸的爱情遭遇和悲惨的生命结局，总感到愤愤不平，出于同情和怜爱之心，于是就借《洛神赋》做文章，把这对生前未能如愿的有情人安排在洛河之畔相会，就如同梁祝化蝶一般，为他们的悲剧人生涂上点喜剧色彩。诚然，这种并非月老的安排对于故事中的主人公已经毫无意义，他们早已作古了，而对后人却多少能起些慰藉人心和精神胜利的作用。

经改写后的故事，让曹植梦想成真，一遂心愿：曹植在归途中欲渡洛河，面对茫茫大水，心情十分惆怅。于恍惚之中，他仿佛看到一位倾国丽女，犹如出水芙蓉，袅袅婷婷地从碧波荡漾的洛河中飘然而至。来到曹植眼前，丽女上前施行：“王爷别来无恙?”曹植十分惊讶，觉得此丽女似曾相识，但又记不起在何时何地见过。丽女见曹植似有疑惑，不禁莞尔而笑，柔声问道：“王爷刚收下我的玉缕金带枕，怎么倒把人忘了?”经这么一点，曹植不觉恍然大悟，深感喜出望外：“你真是皇嫂甄后?”

叔嫂二人，也是两位无缘成眷属的有情人，没想到竟遇此良机，相逢于洛河之畔，并得以互诉衷情。如今甄氏已被玉帝封为洛河之神，奉玉帝令特在河畔等候曹植，以了结两人的夙愿。听到甄氏诉说被害经过，联想自己遭迫害的经历，满怀悲愤的曹植多么希望了此尘缘，与心爱的人永远作伴，共守洛河。然而人神相隔，仙凡有别，甄氏对曹植作了一番好意相劝后，挥手告别。临别之际，曹植从自己腰上解下玉佩，交给甄氏作为纪念。甄氏接过这件珍贵而沉重的纪念品，飘然而去，袅娜的倩影倏而消逝于浩渺烟波之中。

碧波似烟，往事如梦；然而情长似流，义重如山。这段奇遇给曹植带来的不仅仅是对如流时日的追溯，对如梦人生的探索，而且更赋予他一种神圣的使命和不可推卸的责任——要把洛神记下来，把甄氏写下来，让这位美丽、纯洁和多情的形象永远活在人间，留于人们的心中。于是一首《感甄赋》如同流水般地涌出于他的笔端。后来曹叡继位，将这篇《感甄赋》改名为《洛神赋》。

后代文人对前辈文人的敬仰和凭吊，更是不言而喻的事。当清代诗人钱维乔旅次洛阳、渡舟洛水时，自然怀想起曹植和他的《洛神赋》。往事越千年，流水无穷尽，诗人在嗟叹之余，写下了一首《五更渡洛水》的小诗：

翠羽明珰梦未真，寒皋空有水粼粼。

马头一片将残月，曾照黄初作赋人。

二

作为曹植代表作之一的《洛神赋》，一直为后人津津乐道，也成为奠定他在中国文学史上杰出地位的一篇佳作。

曹植是建安文学的领唱者和集大成者，在两晋南北朝时期被推尊为文章典范，南朝大诗人谢灵运更赞曹植“才高八斗”，曰：“天下才共一石，曹子建独得八斗，我得一斗，天下共分一斗。”大诗人李白盛赞：“曹植为建安之雄才，惟堪捧驾。天下豪俊，翕然趋风，白之不敏，窃慕高论。”清初诗人、文学家王士祯则高度评价道：“汉魏以来，二千余年间，以诗名其家者众矣。顾所号为仙才者，唯曹子建、李太白、苏子瞻三人而已。”（《带经堂诗话》）

“建安文学”兴起于献帝建安年间（196~220年）。建安时期的东汉王朝已是一盘乱局，在豪强割据、军阀混战的形势下，曹操军与袁绍军在建安五年（200年）发生了官渡（今河南中牟东北）大战，曹军以弱胜强奠定了曹操掌控中原大局的基础。建安九年（204年），曹操攻克袁尚占领的邺城（今安阳市和临漳县交界处），领冀州牧后又平定四州，此后邺城就成为曹操常住之地。曹操在邺城建成了建筑精美、风格独特的三台——金凤台、冰井台以及因“春深锁二乔”而给后人留下无限想象空间的铜雀台，邺城三台成了“百川赴巨海，众星环北辰”的群贤集聚、笔会之地，也就成了“建安文学”的发祥地。

开创建安文学的“三曹”（曹操、曹丕、曹植）及随之继起的“建安七子”（孔融、陈琳、王粲、徐干、阮瑀、应瑒、刘桢）等文人，以“建安风格”为特色，创作了大量优秀诗篇，把诗歌特别是五言诗和七言诗作为主流推上了历史舞台。“三曹”之中文才在父兄之上的，是被誉为“建安之杰”的曹植。在文采缤纷的建安文坛上，曹植的登台和领唱，使建安文人的合唱队唱出了前所未有的强音。

曹植，字子建，沛国谯县（今安徽亳县）人，生于东汉初平三年（192 年），封陈王，谥思，世称陈思王。曹植在少年时期就已显露出不同凡响的才华，10 多岁时已能咏读诗、论和辞赋数十万言。曹操在看过他的文章后，惊异地问：“这是你请人代笔写的吧？”曹植跪下答道：“出口立论，下笔成章。我愿当面考试，何必请人代笔呢！”后来，“少而好学”的曹植亲自选定了少年时期作品，编成《前录》18 篇。

建安十五年（210 年）冬，曹操在邺城建成铜雀台，命几个儿子都登台作赋。时年 19 岁的曹植援笔立成，其文曰《登台赋》，文章写得很漂亮，使曹操深感惊喜和欣慰。由于才学过人，曹植特别受到父亲的宠爱，20 岁就被封为平原侯。曹操南下征伐孙权时，让曹植留守邺城，临行前曹操一再勉励：“我做顿丘令时，年龄 23 岁，回想当年的所作所为，至今无悔。你今年也正好 23 岁，不可不努力啊！”当时曹操认为曹植“最可定大事”，决心打破“立长不立幼”的老规矩，曾几次想立他为太子，重点培养，常带他出征，出入军营。在青年曹植面前，展现了一片美好的人生前景，的确，他遇到了一次将完全改变他的人生道路和命运的机遇。

有人认为机遇就是运气，其实不然，运气是突如其来、不期而遇的机会，带有较多的客观性质，而机遇则具有浓厚的主观因素。在一个以皇权、人治为特征的中国封建时代，机遇往往是帝王或上司所赐予的特权，而这种特权也随时可能被丢失、掠夺或贩卖。一位西方学者曾经形象地比喻：“许多人对待机遇一如孩童在海滨那样，他们让小手握满了沙子，然后让沙粒落下，一粒接一粒，直至全部落光。”当年的曹植在机遇向他频频地暗送秋波的时候，他恰如玩沙子的孩童一样地不在意。

一次，曹操派曹植带兵出征，但令他没有想到的是，曹植在出征前喝得酩酊大醉，派人连催几次，曹植仍昏睡不醒。曹操深感失望，看来孺子不可教也，曹植只配当个饮酒吟诗、落拓不羁的文人，难以担当治国安邦之重任。骄纵任性和不拘小节的行为，最终失去了行将到手的继位称孤的历史机遇。而他的兄长曹丕却在吴质等一帮谋士的策划下，玩弄权术，乘虚而入。据说一次曹操率军出征时，曹丕、曹植兄弟都前往送行，曹植当场高声朗读一篇盛赞曹操功德的华章，而曹丕只好怅怅然地呆立一旁。此时吴质对他耳语说："王当行，流涕可也。"曹丕受到启发，当即痛哭流涕，令在场的人都为之感动落泪，哄得曹操也跟着唏嘘起来。曹丕成功地夺取了这一机遇，最终被立为太子。这一步的失误，不仅使曹植失去了帝王的地位，而且完全改变了他此后的人生命运。

汉献帝延康元年（220 年），这是一个猝不及防地降临于曹植身边的黑色之年，随着这一年曹操之死，曹植的地位从人生的巅峰急转直下，一落千丈，掉入了人生的低谷，而且再也没有翻身出头的机会。继承了丞相和魏王位、不久又篡汉称帝的曹丕，对其胞弟无端猜忌、严密监视和残酷打击，使"抑郁不得志"的曹植过着提心吊胆、朝不虑夕的生活。曹丕死后，其子亦即曹植之侄曹叡即位，抱着报国理想的曹植要求给他一个试用的机会，没想到反而受到更大的猜疑和迫害。在囚徒般生活的折磨之中，曹植的心中充满了悲愤，并终于在 41 岁盛年之时，"汲汲无欢"地离开了人世。

三

曹植并非一个庸庸之辈，虽然他没有屈原那种激昂与悲壮，也缺乏陶潜那种清高与坚定，但他仍不失为一个有志之士。在被捆绑和幽禁的一生中，曹植不曾厌弃人生，不曾逃避现实，也不曾放弃自己的抱负和责任。

自古以来，历代帝王对异己的排斥和对才华的禁锢，不知断送了多少有识之士的前程功名，也不知摧残了多少国之栋才的身心，但也因此使他们被迫发出愤愤不平的呼声，留下了一篇篇以自己的切肤之痛和传神之笔写就的诗文。在这一支被权势押送着带镣高歌行的诗人行列中，又多了一位贵为皇族的曹植，曹植不仅以其“骨气奇高，词采华茂”的诗文作品为时人倾倒，而且成为“俊才云蒸”的建安时期杰出代表。

出生于战火纷飞中的曹植，自幼深受自由放纵的时风熏陶，更深受父亲曹操英雄气概的影响，特别是屡随曹操南征北战，使这个“少年不识愁滋味”的才子，早早就树立了“敢教日月换新天”的远大理想。在其早期的代表作《白马篇》、《名都篇》和《鰕䱇篇》等诗文中，就吐露了自己的宏伟抱负。他盛赞“幽并游侠儿”（《白马篇》）：

寄身锋刃端，性命安可怀。父母且不顾，何言子与妻。

名编壮士籍，不得中顾私。捐躯赴国难，视死忽如归。

他自比鸿鹄，多么希望在一统九州的宏业中大显身手(《鰕䱇篇》)：

俯观上路人，势利惟是谋。雠高念皇家，远怀柔九州。

抚剑而雷音，猛气纵横浮。泛泊徒嗷嗷，谁知壮士忧？

他讽刺那些整天斗鸡走狗、一味耽于游乐的纨绔子弟，他嘲笑那些热衷个人名利的庸才俗夫，无异于“不知江海流”的鰕䱇和“安识鸿鹄游”的燕雀。

诗言志，没有豪情壮志和进取精神的诗人，是不可能写出铿锵的乐章并成为时代鼓手的。像曹植这样的皇家子弟，能写出如此豪迈的诗文，在文学史上大概也是不多见的。

黄初四年（223 年），曹植与其异母弟、白马王曹彪以及亲兄、任城王曹彰一同进京（洛阳）朝见曹丕。京城逗留期间，以骁勇善战闻名的曹彰突告暴毙，死因不明，三人同去不同归，只剩下曹植和曹彪含悲而回。手足分离，唇亡齿寒，本来就足以使曹植悲痛和恐悚，岂料在路上又被曹丕派来监视的官吏所限，不准他与曹彪同住。逼到这个份上，曹植还能忍气吞声吗？他“发愤告离”，写下著名的诗篇《赠白马王彪》，洒泄了一腔愤懑，一腔悲情。曹植兄弟分手之时，正值秋风萧瑟，寒蝉凄切，因此，在这首共分七章的控诉诗篇中，曹植特意写下了一章“古道西风瘦马”荒原秋色的特写镜头，使得充满悲愤情绪的诗歌中，平添了几分离人的愁思：

踟蹰亦何留？相思无终极。秋风发微凉，寒蝉鸣我侧。

原野何萧条，白日忽西匿。归鸟赴乔林，翩翩厉羽翼。

孤兽走索群，衔草不遑食。感物伤我怀，抚心长太息。

从来为王者要巩固自己的统治地位，就必须网罗党羽，培植亲信，杀戮功臣，铲除异己。秦汉大朝都概莫能外地遵循这一游戏法则，而曹魏小国也步前朝之后尘。在人类文明不断向前推进的时候，中国的历史却并没有朝前迈出几步路，有时甚至反而踉跄后退。这种封建专制的游戏法则，经过宋祖明帝的加工和发挥，到了清朝就变本加厉。其后果当然不难想象：宠了奸雄，害了忠臣，苦了人民，亡了国家。

兄长的迫害，形势的突变，使曹植的生活环境变得十分险恶，不仅给他的精神带来痛苦，而且使他的身体深受伤害。然而无情的摧残也促进了他后天的发育和成长，曹植变得清醒和成熟了。他在后期写下的许多杰出诗篇，如《泰山梁甫吟》、《野田黄雀行》、《杂诗六首》、《七哀诗》等，在艺术上都表现了清醒后的深沉，成熟后的悲愤。在《野田黄雀行》中，身陷困境的曹植自喻为“见鹞自投罗”的黄雀，幻想有个“拔剑捎罗网”的少年来解救它，使它能“飞飞摩苍天”，重新翱翔于理想的太空。在《杂诗六首》中，以茕茕之身而处于罗网之境的曹植，依然慷慨激昂地发出了赴边报国的呐喊：

愿欲一轻济，惜哉无方舟。
闲居非吾志，甘心赴国忧。

烈士多悲心，小人偷自闲。
国仇亮不塞，甘心思丧元。

曹植的呐喊，仿佛是对五百余年前楚国伟大诗人屈原仰天长啸的回响。那位深怀救国救民宏愿的楚大夫，在遭陷害而处于绝境时，仍念念不忘革新政治，挽救垂亡的楚国：“惟党人之偷乐兮，路幽昧以险隘。岂余身之惮殃兮，恐皇舆之败绩。”

在曹植之后的又一个五百年，历史的空谷响起了对他的呐喊的沉重回音，回音来自唐代伟大的浪漫主义诗人李白。李白以自己报国无门的深切感受，发出了沉雷般的叹息：“大道如青天，我独不得出！”

四

使曹植在文坛千古扬名并不断激起后人悲愤之情的代表作，除了他那篇充满痛苦思情的《洛神赋》，更有一首深刻地描摹了人生悲剧的《七步诗》。尽管脍炙人口的《七步诗》是一首小诗，却高度凝聚和真实显示了曹植的才华。

曹丕称帝之后，将曹植赶至封地陈留（今河南开封陈留镇）。但他对两个亲弟弟曹植、曹熊总感到无穷后患，就以在其父曹操亡故时均未到邺参加丧礼为由，遣兵捉拿。曹熊惧罪自缢身亡，而曹植则被押进朝廷。最终曹丕生母卞氏开口求情，曹丕不得已给了曹植一条生路，命他在七步之内脱口一首诗，否则必杀无赦。怀着极度的愤怒和屈辱，曹植还没有走完七步，就从眼前手足相残、兄弟相煎的经历和感受中，获得了悲愤的启示，汲取了绝望的灵感。骨鲠在喉，不得不吐，于是他以悲声吟下一首《七步诗》：

煮豆持作羹，漉菽以为汁。
其在釜下燃，豆在釜中泣。
本是同根生，相煎何太急。

《七步诗》的创作，如同处于高度浓缩状态的聪明才智，在一瞬间释放出来了，完成了一次成功的升华和猛烈的迸发。这种创作实践和成果，也许在古今中外的文学史上，都称得上一个特例和奇迹。但七步诗的真伪也一直为后人所争议，质疑最多的是“挺丕”的郭沫若，他还写了一首《反七步诗》，赞扬豆萁燃烧了自己，却成全同根而生的豆子的精神。

后来，在曹植吟赋《七步诗》的地方，形成了一个村庄，名为七步村。村人以诗题冠村名，自然是为了缅怀诗迹和纪念诗人，不过是否也多少带有一点激励子弟成才之意呢？七步村所在位置，是在开封市南，经过陈留县和通许县城，再向东约 10 公里外。最早的七步村可能只有一个，随着子孙繁衍，分出了第二个和第三个七步村，从而发展为今天“前七步”、“中七步”和“后七步”三个相邻的七步村。

据传七步村不仅是曹植咏《七步诗》之地，而且还是他的归宿之地。据说明朝成化年间，一场洪水在七步村南冲出了一块石碑，碑刻“曹子建墓”四个大字。明万历年间，通许知县王乔英在曹植墓前建一亭台，亭内竖一大石碑，碑上以“诗才擅七步之雄，文章冠三国之彦”一联，高度概括了曹植的诗文成就。

也许出于对曹植的才华之慕或对他的身世之怜，居然在各地冒出了多处曹植墓，而且各处的墓均有相当年头和一定来历，并非现代人的假冒伪劣之作。其中在河南还有一处曹植墓，墓在淮阳县南约三里处；另一座曹植墓则在安徽合肥市肥东县北八斗岭上。据云：通许是曹植吟《七步诗》之地；淮阳（古称“陈”）是曹植生前最后一个册封之地，并病逝于斯；而肥东则大概与其故乡有关。不过从史书所载及后来的发掘、考证结果证实，曹植的墓很可能在山东东阿县单庄乡鱼山西麓。

魏太和三年（229 年），曹植由河南雍丘（今河南杞县）徙封到东阿为王，历时 4 年。在此期间，他曾数次上疏请求任用，并希望与亲友问候来往，竟遭拒绝。在那郁郁寡欢的日子里，曹植曾登上鱼山，瞭望东阿，喟然长叹。灰心丧气的他，此时已不再怀有奢望，只是希望不要再迁徙了，在东阿终老一生，于是他在此营建了陵墓。曹植曾立小儿子曹志为保家之主和继承人，向他立下了薄葬的遗嘱。太和六年（232 年）十一月，曹植病逝于陈。次年三月，曹志遵嘱将其父曹植的遗骸迁葬鱼山西麓。

如今，不仅曹植之墓已被妥善保护，而且当地政府还制定了“鱼山曹植墓保护及景区规划”。业已完成规划并开始建设的景区分六个部分：曹植墓文物保护区、曹植纪念馆、子建祠区、山顶景区、公园区和生活区。等到全部景区建设完成之后，再把曹植扶出来，重登鱼山，俯瞰粼粼清水环山而流，再眺东阿，目送滔滔黄河奔腾东去，那时的他将会有一番什么样的心绪呢？

垂手而得坐天下的兄长曹丕死了，留下了纤弱的诗文，没有留下陵墓——后人也并不关心它是否存在。坐享其成吃天下的侄儿曹叡死了，什么也没有留存于世——没有多少后人记得他的名字。唯有生前备受折磨的曹植，不仅留下了优美的作品，而且留下了完整的陵墓，他的作品和陵墓，都作为华夏文明的一笔财富，与青山绿水长存。

常言历史有失偏颇，然而它也有表现公正的时候。

——翰墨风流冠古今，鹅池谁不赏山阴（宋·米友仁《题致柔定武本兰亭》）

翰墨冠古今

——东晋书法家王羲之、王献之

一

游遍古城绍兴外的名胜古迹，兰亭始终是我心中的第一位置，而这一不可动摇的地位之确立，还与孩提时期在远足中留下的深刻印象和深厚感情有关。

远足，以古代话语说踏青，现在叫春游。每年冬去春来，当桃脸泛红、柳发转绿的时候，小学生们盼望的春假姗姗而至，激动人心的远足也就开始了。生活在江南水乡的我们，远足并非是徒步远行，却是以船代步的舟游。儿时的远足是一幕毕生难忘的电影，而去兰亭的远足则是电影中最精彩的镜头，兰亭那得天独厚的优美自不必说，还有那条通往兰亭的兰亭道或天章道的幽雅更是首屈一指，即使是小小年纪的我们也能领悟到其中的真意。

兰亭道或天章道，是被晋人交口赞美的山阴道之一段。书圣王羲之云：

"从山阴道上行，如在镜中游！"小圣王献之也说："从山阴道上行，山川自相映发，使人应接不暇。若秋冬之际，尤难为怀！"自东晋书法家王羲之、王献之父子对山阴道的自然风光发出"镜"叹之后，历代文人前赴后继地在这条镜中游路上挥洒诗篇，北宋诗人苏舜钦的《天章道中》一诗云：

画鷁低飞湖水平，高低楼阁满稽城。
人游镜里山相照，鱼戏空中日共明。
尽是荷风香不断，忽逢溪雨气尤清。
篮舆却上兰亭步，猿鸟云萝伴此行。

清代诗人查慎行的《山阴道中喜雨》描摹的是另一番"镜"象：

谢家双屐旧曾携，转觉清游爱会稽。
白塔红亭山相背，赤栏乌榜岸东西。
波光拂镜群鹅浴，竹气通烟一鸟啼。
野老岂知身入画，满田春雨自扶犁。

山阴道上朦胧的波光山岚，幽雅的诗情画意，汇到绍兴籍大文豪鲁迅的笔下，就变成了具体、真实的生活"镜"象：

我仿佛记得曾坐小船经过山阴道，两边的乌桕，新禾，野花，鸡，狗，丛树和枯树，茅屋，塔，伽蓝，农夫和村妇，村女，晒着的衣裳，和尚，蓑笠，天，云，竹——都倒影在澄碧的小河中。

鲁迅记述的情景对我来说是如此的熟悉。贫穷保护了原始，落后使自然幸免毁坏，因此虽然是鲁迅的晚辈小子，但是吾辈后人却仍有幸亲历山阴道、品尝过镜中游的幽趣。在跨入现代化的今天，镜中游已成了水月镜花，取代乌篷船的是飞驰而过的奔驰、宝马，曾经有过行舟山阴道经历的吾辈也只能望风怀想了。

山阴道的魅力当然不止是镜中游，因为镜中还藏着一块晶莹透亮、玲珑剔透的水晶，这块水晶就是兰亭。地处绍兴市郊西南的兰亭，以著名的"兰亭三碑"连同曲水流觞、鹅池、古道、王右军祠等景点，构成了古朴雅致的江南园林。江南园林无处不在，尤其是苏、锡、扬诸名城更以园林著称，然而兰亭园林却因融汇了秀美天然的山水风光而别具一番景象，恰如王羲之《兰亭集序》所描绘的那样："此地有崇山峻岭，茂林修竹，又有清流急湍，映带左右，引以为流觞曲水。"兰亭更比其他园林胜出一筹的是它独特的历史文化沉积，由于这里是东晋大书法家王羲之《兰亭集序》的渊源，在书坛独享"书法圣地"的盛名，因而又成为中国一处重要的名胜古迹。由此可见，王羲之的出现，奠定了兰亭的独特地位，使今日兰亭列位于全国四大名亭之首，也成为最早的全国文物保护单位之一。

《兰亭集序》是王羲之书法的巅峰之作，也是中国书法史上一段千古传奇，永远的佳话。两晋文人有一个习俗，在每年阴历三月初三，要临水流觞，以除不祥，称为"修禊"。东晋穆帝永和九年（353 年）三月初三，王羲之邀约当时名士谢安、孙绰等亲朋子侄 41 人聚会兰渚，行修禊之礼。是日，"天朗气清，惠风和畅"，"群贤毕至，少长咸集"。王羲之等人列坐于蜿蜒曲折的"之"字形小溪两侧，将酒觞置于清流之上，任其逐流漂浮。倘若酒觞滞留在谁的面前，谁就得即兴赋诗一首，诗如不成，则罚酒三觞。这次雅集计有 26 人作诗 37 首。事后，王羲之将诗汇成一集，即《兰亭集》，并为此作序一篇，记叙兰亭山水之美和聚会场面之盛，抒发好景不长、生死无常的感慨。序文共 324 字，字字珠玑。这就是被褚遂良评为"天下第一行书"的王羲之书法代表作《兰亭集序》。怀想当年盛况，追踪先贤足迹，明人刘炳在《题夏博士晋王羲之右军像》一诗中叹道：

春风三月山阴曲，群彦流觞映修竹。

一时簪冕属高风，百年文藻怀芳属。

无论从书法的角度还是从文学的角度，《兰亭集序》都堪称一绝，在书法上它被誉为法贴之冠，而在文学上它又是千古绝妙的好文章。据传，王羲之在翌日酒醒后意犹未尽，伏案挥毫在纸上重书序文，一连重书数遍，却再也捕捉不到醉中挥笔写下的精华。王羲之的书法艺术在兰亭之娱中得到了最佳的发挥，而兰亭更借助他的《兰亭集序》名声大震。

步入兰亭，首先映入眼帘的是一池碧水，三折石桥。数只红冠白鹅悠闲嬉水，一条竹荫小道曲径通幽，一种超然于世外的感觉迎面扑来，令人想起明文学家王思任的那首《兰亭》诗：

碧水丹山野鸟啼，松篁夹路绿阴齐。

孤亭寂寂围春草，古寺深深隔远溪。

玉版饱尝堪却肉，竹床闲卧不闻鸡。

永和胜事皆尘迹，谁向云林一再题？

布局错落有致的兰亭包括八个景区：鹅池、乐池、小兰亭、流觞亭、御碑亭、右军祠、兰亭江、书法博物馆。在鹅池碑亭中，有王羲之和王献之父子分别所书、一肥一瘦、“二圣”合璧的“鹅池”两字石碑，人称独一无二的“父子碑”。御碑亭中有正面为康熙皇帝手书的《兰亭集序》全文、背面为乾隆游兰亭时写的七律《兰亭即事》的兰亭御碑，这通中国最大的古碑之一，人称绝无仅有的“祖孙碑”。在小兰亭中，又有康熙三十七年御书的“兰亭”手迹碑，经历年游人摩挲而致字口稍微变平，人称君民同书的“君民碑”。“兰亭三碑”是景区的精华，被视为兰亭三绝。

在“十年动乱”期间，兰亭三绝差一点就真的成了“绝”迹。首先是“君民碑”惨遭不测，被砸成4块，20世纪80年代虽被修复，但碑面“兰”字缺尾，“亭”字缺头，已成残疾，幸好字体仍骨肉丰满，古意盎然。“祖孙碑”本来更难逃厄运，幸亏一群没有留下姓名的义务工作者凭借勇敢和机智，保全了兰亭弥足珍贵的一绝，保全了中国无法复制的一宝。

二

随着风云变幻，兰亭几经迁址，最终成为今天的一处依山傍水、竹木掩映的古典园林。明诗人袁宏道于万历年间旅越来到已非原址的兰亭时，曾感慨地赋下一首《兰亭》诗：

定武石空在，兰亭迹已讹。

清流大概是，峻岭果然多。

古屋穿新霤，苍松瘦老柯。

墨池闲贮水，犹得放村鹅。

兰亭历经迁移，总算留存至今。“兰亭三碑”虽被破坏，幸好未伤肌体。然而兰亭精粹所在的《兰亭集序》，却遭遇了意想不到的劫难。

《兰亭集序》是王羲之家族的传家宝，代代相传一直传到王家七世孙智永的手中后，出家为僧、没有子嗣的智永又将这一祖传真本传给了弟子辨才和尚。其时酷爱王羲之书法的唐太宗李世民正在大量搜集他的书法真迹，多次重金悬赏索求《兰亭集序》的书法珍宝。据说在获悉真本藏所后，唐太宗三次召见辨才，但辨才始终诡称真本已在战乱中散失，遂派监察御史萧翼乔装潦倒书生到越州拜访辨才。在弈棋吟咏、酒酣耳热之际，辨才得意忘形地夸耀所藏，出示其悬于屋梁的《兰亭集序》真迹，为萧翼乘隙盗回长安，并致辨才痛心疾首，惊悸而亡。

从此《兰亭集序》成了深藏于唐宫的稀世国宝，唐太宗去世之后，原迹也被陪葬昭陵，与他共寝地宫。到了五代，《兰亭集序》的故事节外生枝，又起余波。据史载，后梁耀州节度使温韬曾盗昭陵，见石床上的石函中有一悉藏前世图书的铁匣，其中就有纸墨如新的《兰亭集序》真迹。另有一种说法是唐太宗的姐妹在《兰亭集序》偕葬时，乘机以伪本调换。不管哪一种说法，《兰亭集序》的真迹应该留存于人间，只是成为了千古之谜。

如同躯体失去了灵魂，没有了《兰亭集序》的兰亭，纵然是水木清华之地，也只不过是一处江南园林而已。一代代前来朝拜书法圣地的文人墨客，伫立在兰亭的古碑之前，曲溪之畔，在缅怀书圣、感慨往事之际，抒发了一声声沉重的叹息，其中就有清诗僧释与宏的《王右军祠》诗：

千载荒祠一径斜，夕阳依旧照山花。
晋书已作昭陵物，萧寺相传内史家。
兰采馨香人共荐，禊修觞咏会重夸。
只今上巳鸥群狎，不减当年风日嘉。

尽管在封建君主的淫威面前，诗人的感叹显得如此苍白无奈，然而却为王羲之的地下之灵送去一丝慰藉。幸好唐太宗还称得上一位明君，他是真正钦仰书圣，而并非附庸风雅，因此在窃得《兰亭集序》后，即命弘文馆拓书名手冯承素以及虞世南、褚遂良诸人钩摹数本副本，分赐亲贵近臣。传世的《兰亭集序》虽非王羲之真迹，但终究是最接近真迹的古代作品。

传世本种类很多，或木石刻本，或为摹本，或为临本。《定武兰亭》，传为欧阳询临摹上石，因北宋时发现于河北定武（今河北正定）而得名。

公认为最好的摹本并被视为珍品的是神龙本《兰亭集序》。这是冯承素逢唐太宗之命的钩摹本，由于他的摹本上有唐代“神龙”小印，所以称为《神龙本兰亭》。此本墨色最活，跃然纸上，摹写精细，牵丝映带，纤毫毕现，数百字之文，无字不用牵丝、俯仰袅娜，多而不觉其佻，其笔法、墨气、行款、神韵，都得以体现，基本上可窥见羲之原作风貌。

仅仅是数行字的《兰亭集序》，却已成为中国书画史上的一个里程碑。找不到《兰亭集序》的真迹，不能不给后人留下千古之憾，而且又引起了对《兰亭集序》是真还是伪的千古之讼，恰如清诗人袁牧的《兰亭》诗所云：

为有兰亭序，青山属右军。
清流犹映带，名士尽烟云。
叹逝能无戚？论书孰与群？
偶然数行字，千古讼纷纷。

清乾隆十六年（1751 年），乾隆皇帝爱新觉罗弘历步乃祖后尘，出巡江南，驻跸越中，游览兰亭。山阴道上的镜里山水固然使这位风流皇帝十分欣喜，而书法圣地的浪漫故事和神秘色彩更激起他浮想联翩，因此他以王羲之和兰亭为题，一气写下三四十首诗篇。不管在艺术性上有多粗拙，仅以数量而言也可看出他的虔诚之意了。镌刻在兰亭御碑之阴的七律《兰亭即事》，就是其中较有名的一首：

向慕山阴镜里行，清游得胜惬平生。
风华自昔称佳地，觞咏于今纪盛名。
竹重春烟偏淡荡，花迟禊日尚敷荣。
临池留得龙跳法，聚讼千秋不易评。

聚讼千秋不易评！除非某一天出现一个突如其来的考古发现，否则对《兰亭集序》真伪之争是难以有结论了。

最近的一次对《兰亭集序》真伪之讼是由大名鼎鼎的学术权威郭沫若挑起的。1965 年第 6 期《文物》杂志刊载了郭沫若的一篇文章，题为《由王谢墓志的出土论到兰亭序的真伪》，从《兰亭集序》的文和书两个方面否定了这是王羲之的作品，认为“《兰亭集序》是在《临河序》的基础上加以删改、移易、扩大而成的”。他同意清朝学者李文田的见解：“文尚难信，何有于字？”尤其在书迹方面，他的结论是：“在南朝的晋宋时代，无论在中央或极僻远的地方，文字结构和北朝的碑刻完全是一个体段，对于两汉的隶书都是一脉相承的。”因此，尚处于“隶书时代”的王羲之，不可能写出如此柔美的行书，《兰亭序帖》是伪托之作。

这篇文章一经刊登，立刻出现了“四面八方都骚动”的结果，首先在香港引起反响，接着中国内地有高二适、唐风、严北溟等人的反对文章见诸报端杂志。北京大学教授宗白华和文字学家、书法家商承祚先后加入了这场辩论，中央文史馆馆长章士钊也被拉了进去。其他一些关注者由于对郭沫若的举动不解，都在一旁静观事态的发展，多数人还是把它当作一场学术讨论。

章士钊后来有所察觉，也因“卷入了政治旋涡”而感到恐慌。“兰亭”辩论的主题虽说还是“兰亭”，可是他发现争辩的对手已经是比郭沫若更大的人物了。在中共高级领导人中，毛泽东、康生、郭沫若是公认的书法家，除却政治以外，书法是他们共同感兴趣的话题。因此“兰亭”论辩的背后可能有康生的影子，是他在幕后指使郭老主演的一幕怪剧。

1973 年，一本《兰亭论辩》由文物出版社出版，在收录的 18 篇文章中，15 篇是郭沫若以及与之“观点一致”的文章，“持相反的看法”仅为章士钊、高二适、商承祚 3 人的文章。“出版说明”中有一段耐人寻味的话：“报刊上发表了不少文章，多数文章赞成郭沫若同志的意见，支持他以辩证唯物主义的批判态度推翻历代帝王重臣的评定；但也有文章持相反的看法。……应当指出，这种争论反映了唯物史观与唯心史观的斗争。”只是因为兰亭问题本身学术性过强，没有引起普通民众的关注，才没有酿成像批《海瑞罢官》那样广泛的政治大批判而“胎死腹中”了。

这虽不是最后一次聚讼，但却是最复杂、最难以预料和最具危险性的一次。

三

晋怀帝永嘉元年（307 年），居住于琅琊国临沂县的王氏家族，在族长王导的率领下，相拥琅琊王司马睿南渡至建业（今南京）。在浩荡南迁的由众多王家男女老幼组成的大军中，5 岁的王羲之也夹杂其间。王家大族挑中了城中宝地乌衣巷作为他们的宅地，另一晋代望族谢氏家族与他们相毗而邻，两家权贵子弟在这里进进出出，备受瞩目。

王羲之（303~361 年），字逸少，琅琊临沂（今山东临沂）人，后徙居山阴（今浙江绍兴）。王氏家族是晋代数一数二的豪门大士族。王羲之祖父王正为尚书郎，父亲王旷为淮南太守，曾首倡晋室渡江，于江左称制，建立东晋王朝。王羲之的伯父王导更是名闻于世，是东晋的丞相。而他的另一位伯父王敦是东晋的军事统帅。琅琊王氏在东晋可谓权倾一时、炽盛隆贵。出身于如此煊赫家庭中的王羲之，难怪一出仕便为秘书郎，后为庾亮（国舅且被任命为中书监）的参军，再迁宁远将军、江州刺史，最后做到右军将军、会稽内史，故世称王右军、王会稽。

王羲之少有美名，一则“东床袒腹”的故事更让他留下一段佳话。故事发生在他 21 岁那年，过了弱冠之年，已是男大当婚的年龄。一天，王氏大家族中尚未婚配的众多子弟济济一堂地聚在王导府上，他们一个个穿戴着华冠鲜服，也一个个显得拘谨矜持，大家似乎都在事先得到了通知，为一个庄严而隆重的时刻相聚于此。

等待的人物露面了，大家长王导亲自陪着一位武官步入厅堂。来者谁哉？郗鉴大人的心腹曹讷；为甚而来，是奉主子之命到王家择婿的。郗鉴在晋代是权倾一时的人物，在功名巅峰时期曾当过尚书令，因此郗氏千金与王家太子联姻，可谓门当户对。不过郗鉴却不是那种势利之徒，他是一位不愿做官而做官、做官之后真办事的传奇人物，他的择婿标准也因此非同一般。

曹讷环顾四周，对王族子弟扫了一眼，仿佛将一部王家巨著中的有关篇章浏览了一遍，心中已有了数——似乎没有一个使郗家称心的。后来他发现在东厢房里的一张坐床上倚卧着一个年轻后生，袒胸露腹地吃着东西，一副若无其事的样子。郗鉴听了曹讷的汇报，喜出望外地说："这就是我要找的佳婿。"东床袒腹的王羲之，就这样娶了一位贤淑、美貌而又知书达礼的妻子郗璇。

旷达、潇洒而又才干超群的王羲之，深受朝廷公卿们的喜爱，屡次征召他为官，偏偏他不慕荣利、不愿当官却更喜清静，总是坚辞不受。但是当他不得已而任官时，又绝不尸位素餐。在任职期间，他曾对宰相谢安和参与朝政的殷浩等人发表过重要而切实的政见，还对饥民实施过开仓赈济之举。

从小爱好书法的王羲之，7 岁拜师于其姨母、著名女书法家卫夫人学过书法，后来又遍学前辈书法大师李斯、钟繇、蔡邕、张昶等人的书法，使得他的书法得以博采众长，独树一帜。更有幸的是王氏家族中擅长书法的人济济一堂，父辈王导、王旷、王异等都是高手，使王羲之受益匪浅。

当中国的历史从三国鼎立进入了统一的晋代时，篆、隶、草、行、楷诸体已经齐备，特别在楷书和行书方面取得了最大的成就，对中国的书法史谱写了一页新的篇章，耸立起一个新的高峰。钟繇是首先登上晋代书坛的大书家家，他擅长隶、楷、行各体，其中以楷书影响为最大。王羲之则成了后起之秀。

一支鼠须笔总是伴随着王羲之，在他的人生道路上，书法已是须臾不可分离的一门功课。历史将他送到了一个山明水秀之地，晋穆帝永和七年(351 年)，王羲之以会稽内史的任职南徙到浙江绍兴。当时正值绍兴鉴湖水利工程发挥作用的全盛时期，稽山镜水的绝色风光令他完全倾倒。也正在任会稽内史期间，天时地利人和，促成了中国书法艺术中的瑰宝《兰亭集序》得以问世，从而奠定了王羲之作为"书圣"的崇高地位。

增损古法，变汉魏质朴书风为笔法精致、美轮美奂的书体，是王羲之在古代书法艺术上的一大推动和革命。他创造了浓纤折中的草书、势巧形密的正书和遒劲自然的行书，将汉字书写从实用引入艺术和情趣的境界，从发现书法美一步跃进到表现书法美。"飘若浮云，矫若惊龙"，"龙跳天门，虎卧凤阙"，"龙飞凤舞，铁划银钩"，"天马行空，游行自在"……中国语言中最美妙和生动的形容，都成为对书圣书法艺术的赞颂。

由于历史上先后两次由皇帝发起的学习高潮，确立并巩固了王羲之在书法史上至高无上的书圣地位。第一次是南朝梁，十分推崇王羲之的梁武帝萧衍掀起了学王高潮，第二次则在唐。喜好书法的唐太宗，比较了钟繇、王献之、子云、王濛、徐偃等前代名家书法技巧，认为唯有右军“尽善尽美”、“心慕手追，此人而已，其余区区之类，何足论哉”！他不仅广为收罗王书，且亲为《晋书·王羲之传》撰赞辞，足以表达了对书圣的极度仰慕之情。

现存的王羲之书法刻本，如《乐颜论》、《黄庭经》、《东方朔画赞》等楷书作品，在中国古代书法史上均占有重要位置。而王羲之的传世墨宝《寒切帖》、《姨母帖》、《初月帖》等10余种行草书，虽然是唐人钩填摹本，但不失为难得的珍品。他的行书名品《快雪时晴帖》只有24个字，被清乾隆皇帝列为珍藏的《三希帖》之首。

遗憾的是，王羲之的书法真迹无一留存。他的书法作品应该是很丰富的，据说梁武帝曾收集他书15000纸，唐太宗遍访王书，得到3600纸，到宋徽宗尚还保存有243纸。人去楼空，财宝散佚，王羲之书法珍品不知被哪几位皇帝的幽灵所遮盖而至今未能重见天日，然而即使他的书法刻石也是价值连城，诚如北宋著名书画家米芾之子米友仁的诗《题致柔定武本兰亭》云：

翰墨风流冠古今，鹅池谁不赏山阴。
此书虽向昭陵朽，刻石犹能易万金。

在兰亭聚会后两年，王羲之因不受朝廷重用，即“称病去郡”，尽游山水。书圣留驻绍兴，他的足迹和历代文人的吟咏，为这座江南古城留下了一道道千古不泯的风景线：他勤练书法，频繁洗笔，日久竟洗黑了数处池水，成了“临池学书，池水皆黑”的“墨池”；他为桥头卖扇的老姥题字，老姥的扇子即刻被竞购而空，“题扇桥”由此得名；尝了甜头的老姥从此天天在桥头等着他题字，为了躲避，他进入了桥北小弄，此弄后来被人称为“躲婆弄”；他的一颗掌上明珠不翼而飞，致使一位受怀疑的僧人含冤自尽，后来发现珠子被鹅吞进了肚内，他追悔莫及，立志永不玩珠，遂舍宅为寺，并亲题“戒珠讲寺”匾额。

空余青李与来禽，宝墨知谁是赏音？
未若山阴羽衣客，等闲犹识爱鹅心。

（宋·喻良能《鹅池》）

墨池千古覆青冥，内史当年写道经。
换却白鹅今不见，空遗寒碧照山亭。

（明·贾诗《王右军墨池》）

古殿依嵯峨，春风似永和。
龙归华藏远，僧把戒珠多。
旧巷看巢燕，清池想俗鹅。
前王曾采蕺，霸业近如何？

（清·毛奇龄《蕺山戒珠寺》）

石梁斜架蕺山根，行忆当年笔有神。
六角骤腾书后价，百钱争购市中人。
红腰水落龙蛇影，雁齿香留裙屐痕。
谁向戒珠寻故宅？日驰车马认通津。

（清·沈炜《题扇桥》）

“去郡”以后，王羲之于361年病逝，而对他究竟终老何处，由于记载不一，众说纷纭，又颇费后人猜测。一说他终老于山阴应是情理中事，他的七世孙、永欣寺高僧智永，就因其先祖墓在云门山，为便于拜扫而移居云门寺，而所祭王家之祖当首推王羲之。另一说法是王羲之终老之地在诸暨苎萝，清人王荣紘曾据此去寻祖，“为寻三尺土，踏破一谿云”，却是一无所获，“夕阳无限好，何处照荒坟？”最终写了一首《苎萝山寻王右军不获》诗，怏怏而返。

王羲之终老嵊县金庭之说，为古今多数学者的倾向，也是较为可信的说法。其理由一是可据的史料较多；二是唯金庭至今留有遗迹及许多传说，附近不少地名亦与王氏有关；三是金庭位于被称为道家第七十二洞天的剡山地区，当时与王羲之交往甚密的高僧竺法潜、支遁、白道猷等多在离此不远处建寺修禅，崇尚隐逸的王羲之选金庭为归隐终老之所具有最大的可能性。如今嵊县金庭墨池尚在，墓穴犹存，谱牒可稽，史籍记载亦多，历代文人墨客来此晋谒祭祀者络绎不绝，留有很多诗文。

金庭仙境依旧蓬勃，书圣墓田何其寂寞，清人朱渌在《金庭观谒王右军墓》一诗中，抒发了一腔感慨之情：

四野奇峰积翠连，溪声送客到门前。
金庭石室真仙境，赤水丹山古洞天。
东晋衣冠犹有像，北齐桐柏尚含烟。
墨池鹅沼迷荒草，寂寞何人向墓田？

四

晚年的王羲之在给其好友、益州刺史周抚写的一封信中说：“吾有七子一女……内外孙十有六人，足慰目前。”这个大家庭是一个闻名古今的书法世家，王羲之的夫人郗氏和他的7个儿子都擅长书法，在中国古代史上实属罕见。尤其是小儿子王献之，继承父学，又不为其父所囿，独辟蹊径，在书法领域自创一个天地，为魏晋以来的今楷、今草作出了卓越贡献。他的字在笔势与气韵上甚至超过王羲之，米芾称他“运笔如火箸画灰，连属无端末，如不经意，所谓一笔书”——草书上的“一笔书”狂草。王献之在书法艺术上的成就竟至与父齐名，在书法史上被誉为“小圣”，与其父并称为“二王”。王献之的《中秋帖》与其父的《快雪时晴帖》、王珣的《伯远帖》并为稀世之宝，合称“三希（稀）”，乾隆时藏于养心殿西暖阁“三希堂”。

王献之（344~386年），字子敬，官至中书令，世称“王大令”。王献之从小就有大名气，风流洒脱成为当时之冠，而更为人称道的是他的遇事不慌、镇定自若。有一次家里失火，与王献之在一个房子里的兄长王徽之，吓得连鞋也顾不得穿就逃了出去。王献之却面色不变，被仆人扶着走了出来。一天半夜，王献之睡在书斋里，一个小偷入室行窃，偷了不少物品。正待满载而归时，只听见王献之慢慢地说：“偷儿，那青毡是我家祖传的，就把它留下吧！”把小偷吓得灶王爷逃难——慌了神思，狼狈出逃。

从幼年起，王羲之便向王献之传授书艺，为测试儿子的笔力，一次从背后掣拔其笔，却未能拔动，不禁叹道："此儿后当复有大名!"相传王羲之以《笔势论》开导儿子的悟性，王献之原是一位颖悟之人，最通书性，很快将意趣渗入于书法，进步很快。一次王羲之见北馆白墙上的一行大字写的甚美，观者如堵，问是谁作的，众人答云："七郎。"在兰亭鹅池碑亭中的"父子碑"，更成为父子合作写下的千古绝作。

中国书法史往往以"二王"并称并概括王羲之、王献之的书法艺术，但又往往因"大王"的名声而埋没了"小王"的成就。实际上王献之的书法艺术自有自己的独立价值和特殊风格。从王羲之逝世到南朝梁初的约一个半世纪中，王献之的书法因媚趣研润和逸气洒脱，学者甚众，盛极一时。从梁、齐帝王到江南名士，各具小王书法的意趣。而追慕、学习王献之书艺并独步其后的羊欣，广为传授门徒，更扩大了王献之的影响。

王献之受委屈的一个重要原因是唐太宗的贬低。大概是因为皇帝不甘心居于王献之之下，便把其父抬了出来。皇帝一言九鼎，在漫长的封建时代，文化艺术只能作为政治的附庸而存在，皇帝是艺术法庭的唯一法官。既然当朝皇帝推崇大王，贬低小王，于是王献之的名声被压了下去，甚至一些署有他名字的遗迹也被抹去名字，或改为羊欣、薄绍之等人姓名。但是唐人学小王者仍然很多，对他的草书尤其是狂草更为重视。唐代草书名家张旭的书艺就来自王献之；而北宋大书法家米芾更与小王书血脉贯通，并且追求这种"天真超逸"的意趣。

诚然，王献之是不会计较这种名誉得失的，他毕竟属于王门书法，说到底，他也是王家书法大军中的一员。"父之灵和，子之神骏，皆古今独绝"已成为古今共论，何况，没有父亲王羲之，又哪有他呢？清人杨棨在时访大令（王献之）故里云门寺，为他写下一首《过云门访大令故里》：

东晋风流远，乌衣往事空。

由来名士宅，多作梵王宫。

默默怜之子，超超似乃翁。

戒珠遗址在，千载感应同。

在书法技艺上继承了大圣的小圣，在爱情美谈方面也不输于"东床袒腹"的父亲。王献之一生中娶过两位正妻，一位是与他青梅竹马、夫唱妇随的表姐郗道茂；另一位是孝武帝下旨强迫他休掉郗道茂而再娶的东晋简文帝女儿新安公主司马道福。但王献之最风流的爱情故事，却谱写在十里秦淮与古清溪水道合流处的桃叶渡。桃叶渡是南京城南秦淮河上的一个古渡，又名南浦渡，不仅以“绿槐高柳暗东西，群莺乱啼芳草迷”的幽雅风光而被列为秦淮十景之一，而且更因王献之与爱妾桃叶的一段风流佳话，而成为西湖断桥那样守望爱情的浪漫之地。桃叶渡口在两河的交汇处，水深流湍，翻船事故时有发生。对爱妾桃叶往返于河流两岸很不放心的王献之，常常亲自在渡口迎送，并为之作数首《桃叶渡》。其中载于《古今乐寻》的一首为乐府吴声流韵，至南朝陈时犹“盛歌”之，并一直保存在明乐的乐曲之中：

桃叶复桃叶，渡江不用楫。

但渡无所苦，我自迎接汝。

对情郎的赠歌，桃叶应和道：

桃叶映红花，无风自婀娜。

春花映何限，感郎独采我。

《桃叶歌》风靡一时，其时士人骚客莫不吟颂之，“桃叶临渡”随之名声大扬。清人张通之在《金陵四十八景题咏》“桃叶临渡”一景中写道：

桃根桃叶皆王妾，此渡名惟桃叶留，

同是偏房犹侧重，秦臣无怪一穰侯。

桃叶、桃根是姊妹俩，同为王献之的妾室。张通之把宠妾桃叶比作秦昭襄王的舅舅魏冉（魏冉在秦国独揽大权，曾四任丞相，因食邑在穰，即今河南邓州，号曰穰侯），大概他是在桃叶渡缅怀往事，触景生情，比喻自己如桃根那样不受朝廷青睐，怪怪地借题发挥一通，着实有点大煞风景。

清顺治年间，一个好心人金云甫看到来桃叶渡的人太多，担心会发生拥挤落水，就慷慨解囊修了一座利涉桥，并立碑以记。但好心却办了坏事，他没有想到这么一来，桃叶渡就有桥无渡，有碑缺情了。

从此四月桃花化作片片落叶的枯黄遐想，秦淮也失去了延续千年的浪漫风情……

——西窗小憩足力疲，梦赋池塘春草诗（宋·叶绍翁《登谢屐亭赠谢行之》）

池塘春草诗

——晋宋诗人陶渊明、谢灵运

一

当“俊才云蒸”的曹魏建安时代走出历史的视线之后，三曹诗文逐渐成了故纸堆，建安风格也被逐出诗文作品，转入到崇尚老庄、高谈玄理的死胡同。于是，“理过其辞，淡乎寡味”的玄言诗泛滥于世，独霸诗坛近百年之久。

就在这种“月朦胧，鸟朦胧”的迷蒙氛围中，却醒目地出现了“一树梨花细雨中”，一位隐居于浔阳柴桑（今九江市）的陶渊明，一位淡出江湖、躬耕陇亩的诗人，悠然地高唱着不合时宜的新曲。从他笔下流出的一曲又一曲田园牧歌，以其独特的柔、淡、远的风格，开创了一派田园诗的新体系、桃源式的新境界。他那首表现自己隐居中生活情趣的佳作《饮酒（之五）》，脍炙人口，为古今人所共赏：

结庐在人境，而无车马喧。
问君何能尔？心远地自偏。
采菊东篱下，悠然见南山。
山气日夕佳，飞鸟相与还。
此中有真意，欲辩已忘言。

采菊东篱，遥望南山，晚霞辉映，飞鸟归林，诗人从自由自在的大自然里得到了很多启示，并因此领会到人生之真谛，而且已经无法用言语表达了。在跨进一种新的人生境界的同时，诗人也从艺术上以真切的感情和厚朴的诗风，使诗歌回归到自然之中。

提起陶渊明，脑中立即浮现了九江的影子。九江受造物主之偏爱，坐落在一个襟山带水、江湖环绕的宝地。它面临长江，背倚庐山，毗邻鄱阳湖，直通洞庭湖。元代音韵学家、江西人周德清登曾以一首《塞鸿秋·浔阳即景》的小令，对九江山水发出深情的咏赞：

长江万里白如练，淮山数点清如淀。
江帆几片疾如箭，山泉千尺飞如电。
晚云都变露，新月初学扇，塞鸿一字来如线。

旅次九江，伫立码头，看到“云”垂平野阔的壮阔江面，“日”涌大江流的浩渺水势，心胸不禁为之一阔；而江面朝夕，景色瞬变，在一览无遗之中，更令人产生一种美不胜收之感。九江之晨，“日出江花红胜火，春来江水绿如蓝”，如看一幅“春江朝晖”的画图；九江之夕，“一道残阳铺水中，半江瑟瑟半江红”，似听一曲“浔阳夕照”的牧歌。

在历史上，九江曾用过柴桑、浔阳、江州等名，与两位古代大诗人结下了不解之缘，其中一位就是“田园诗人之祖”、“隐逸诗人之宗”的东晋诗人陶渊明，另一位则是唐代诗人白居易。这两位古代大文学家为九江增光添彩。然而不少人唯闻九江山水美，不知名城人物秀，并不清楚陶渊明、白居易与九江的缘分。细忖起来也不奇怪，称陶渊明为浔阳柴桑人，而白居易被贬任江州司马时写下名篇《琵琶行》之地又是“浔阳江头”。因此柴桑、浔阳、江州这三个曾用名倒成了窗户里吹喇叭，名声在外，抢了“九江”这个官名的风头。

东晋诗人、辞赋家、散文家陶渊明，字元亮，别号五柳先生，晚年更名潜，私谥“靖节”。他的最大成就是诗，被认为是汉魏南北朝800年间最杰出的诗人。他出身于没落的仕宦家庭，自幼接受了儒道两种精神的熏陶并融入于思想，从而使他的人生道路上充满矛盾和彷徨。在41岁以前的13年中，他曾渴望进取、期待干一番事业而几次出仕，但又因目睹官场风气的腐败，深感廉耻扫地而几次归隐。他先为江州祭酒，后入桓玄军幕，复任军阀刘裕幕下镇军参军，又改任江州刺史、建威将军刘敬宣的参军。义熙元年（405年）秋，经叔父陶逵介绍，他当上了彭泽县令。

到任81天后，浔阳郡的太守派一名督邮到彭泽检查公务。督邮的品位虽低，但在太守面前却是灶王爷上西天，可随意胡编乱造，因此让县太爷们得罪不起，敢怒而不敢言。历史上有两个督邮算是最出名了，其一是罗贯中笔下的那位督邮，在前往刘备任县尉的安喜县巡察时，怀恨刘备没向他行贿，意欲对之陷害，恰好被喝了几杯闷酒的张飞发现，就把他绑了狠狠地抽打一顿，被刘备制止后，他们就把县衙印挂在督邮脖子上一走了之。另一个就是陶渊明碰到的这个督邮了。

督邮一到彭泽旅舍，就差县吏去叫县令来见。人在屋檐下，陶渊明只好忍气吞声，准备动身前去叩见，不料被县吏拦住，叫他要穿官服，并且束上大带，不然有失体统。陶渊明听后感到忍无可忍，长叹道：“我岂能为五斗米折腰向乡里小儿。”遂授印去职，一挥衣袖，径自回家了。结束了13年的仕宦生活，也彻底抛弃了他的“大济苍生”的理想抱负，毅然决然走上了归隐之路。

13年的辛苦遭逢，13年的折腾折磨，把陶渊明心中仅存的一点儒学观念彻底消磨掉了。在弃官归田后，陶渊明写下一篇辞体抒情诗《归去来兮辞》，表明与上层统治阶级彻底决裂，不与世俗同流合污的决心。这首诗成了陶渊明一生转折点的标志，也为中国文学史上留下了一首表现归隐意识的高峰作品。

归去来兮，田园将芜胡不归！既自以心为形役，奚惆怅而独悲？悟已往之不谏，知来者之可追。实迷途其未远，觉今是而昨非。舟遥遥以轻飏，风飘飘而吹衣。问征夫以前路，恨晨光之熹微……

这虽然不是一首轻松悠闲的归隐之作，诗中饱含着诗人的轻松和欣喜，但也蕴含着诗人的忧愁和无奈。他一面高喊着："回去吧，田园快要荒芜了，为什么还不回！"一面自我安慰和鼓励着："既然自认为心志为形体役使，为什么要惆怅而独自伤悲？认识到过去的错误已不可挽救，知道了未来的事情尚可追回。实在是误入仕途还不算太远，已经觉悟到今天做的对而昨天不对。"经过自恕自遣，诗人感到如释重负，心情也豁然开朗。诗人归心如箭，乘归舟飘荡水中，让微风徐拂胸前，问道于行人，盼天亮归家……

二

晋安帝义熙元年（405 年）末，陶渊明辞官归隐后，与志同道合的夫人翟氏一起，干着"夫耕于前，妻锄于后"的农家事务，过着安贫乐贱、"躬耕自资"的艰辛生活。因其居住地门前栽种有五棵柳树，人称为五柳先生。然而自从他消失于政坛之后，古代中国的文坛上就冉冉升起了一颗熠熠生辉的新星。陶渊明的归隐造就了一个杰出的文学家，而他在劳动之余、酒酣人醉之后写下的一批田园诗篇，一扫汉魏六朝绮靡玄谈的文风，在中国文学史上形成了清新古朴的崭新文学风格。

在退隐田园的第二年，陶渊明以愉悦的心情，写下了五首著名的叙事诗《归园田居》。在组诗的第一首中，诗人以"误落尘网中"的追悔始，叙述弃官归田的缘由，以"复得返自然"的惬意终，描写重返自然的欣慰。在冲破樊笼，返飞旧林，远离官场，重游故渊之后，在住进茅屋草舍，置身于树环花绕，又看到远村近烟，听到鸡鸣狗吠之时，诗人抑制不住对山林隐居生活的无限向往与怡然陶醉的心情：

少无适俗韵，性本爱丘山。误落尘网中，一去三十年。羁鸟恋旧林，池鱼思故渊。开荒南野际，守拙归园田。方宅十余亩，草屋八九间。榆柳荫后檐，桃李罗堂前。暧暧远人村，依依墟里烟。狗吠深巷中，鸡鸣桑树颠。户庭无尘杂，虚室有余闲。久在樊笼里，复得返自然。

在中国文学史上，陶渊明是第一位大量写饮酒诗的诗人，著名的20首《饮酒》诗全是他醉后之作。“醉里乾坤大，壶中日月长”，酒醉人不醉，冷眼看世界。诗人在诗中以“醉人”的语态，或指责上流社会和世俗的腐朽黑暗，或反映人生仕途的艰难险恶，或叙述自己的处境和心情。大诗人李白十分欣赏这位与自己性相近、习无异、志相同、道亦合的前辈诗人陶渊明，他那“安能摧眉折腰事权贵”的思想，与陶渊明“不为五斗米折腰”的精神是一脉相承的。李白在《戏赠郑溧阳》一诗中流露了对陶渊明人品和理想的仰慕之情，表达了对他那种恬淡、闲逸、人与自然合一的隐逸生活的向往。

陶令日日醉，不知五柳春。
素琴本无弦，漉酒用葛巾。
清风北窗下，自谓羲皇人。
何时到栗里，一见平生亲。

大诗人在诗中动情地说：清爽的风从北窗下拂过，我感觉自己就是清闲自适的古人了。什么时候我能去栗里，一见我一生最敬慕的圣贤啊！以书法美与人格美完美结合的唐书法家颜真卿，对先贤陶渊明也是十分敬仰，在《咏陶渊明》一诗以“手持山海经，头戴漉酒巾。兴逐孤云外，心随还鸟泯”之句赞扬一位鹤鸣之士。身遭乱梗、漂泊终生的唐朝诗人崔涂更是与这位不受朝廷官职的陶“征君”感受略同，惺惺相惜，在《过陶征君隐居》一诗中吟道：

陶令昔居此，弄琴遗世荣。
田园三亩绿，轩冕一铢轻。
衰柳自无主，白云犹可耕。
不随陵谷变，应只有高名。

然而作为一个平民诗人，或者说社会地位低微的农民诗人，在重门阀、尊士族的南朝社会中，陶渊明的名字是上不了台面的；在崇老庄、兴玄理的文坛死水中，他的诗自然也未能得到顺畅的传播。甚至一些权威性的文学理论著作，也没有把陶渊明看作一颗新星，刘勰的《文心雕龙》一书对他只字未提，而钟嵘的《诗品》也仅将陶诗列为中品。陶渊明的至交好友颜延之在其死后为之写下的《陶征士诔》中，虽然褒扬了他一生的品格和气节，但也没有充分肯定他的文学成就。尽管在陶渊明死后几十年里，他的文学地位得不到充分的肯定和承认，但他的诗文作品却在手抄口传中逐渐流播开来，影响也日益扩大。

梁朝的昭明太子萧统的出现，使陶渊明终于与迟来的伯乐邂逅。在陶渊明谢世百年之后，以主持编撰的《昭明文选》而在中国文学史上有重大贡献的文章选家萧统，一眼看中了陶渊明的优秀诗文，读后竟爱不释手。萧统收录了陶渊明几乎亡佚的诗文，编辑成我国第一部文人专集《陶渊明集》，并亲自为之作序、作传。在《陶渊明集》序中，萧统称赞“其文章不群，辞采精拔，跌宕昭彰，独超众类，抑扬爽朗，莫如之京”。正由于萧统对陶渊明推崇备至，使他作品才植立于民族文学之林，陶渊明也才得以“不假良史之词，不托飞驰之势，而名声自传于后”，终于成为古代一位伟大的文人。

及至隋唐，陶渊明的诗文已经广为流传，对他的评价也越来越高，尤其是他所开创的具有恬淡疏朴诗风的田园诗，受到隐居不仕的文人和从官场退居田园的仕宦者们普遍喜爱。唐朝出色的山水田园诗人孟浩然，对陶渊明十分崇拜，在《仲夏归汉南寄京邑旧游》一诗中赞道：

赏读《高士传》，最佳陶征君，
目耽田园趣，自谓羲皇人。

把陶渊明视为知己的杜甫，曾经“浊酒寻陶令，丹砂访葛洪”。被贬为江州司马的白居易，自然不忘就近拜访陶渊明故居，写下《访陶公旧宅》。诗中以“尘垢不污玉，灵凤不啄腥”颂扬陶渊明的高尚人格，以“每读五柳传，目想心拳拳”表述了对陶渊明的敬仰之情。后世的欧阳修、王安石、苏轼、陆游等宋朝文坛的领袖们，对陶渊明无不极力推崇，而辛弃疾更以“须信采菊东篱，高情千载，只有陶彭泽”之词句，给予了陶渊明千古一人的最高评价。清诗人龚自珍在《舟中读陶诗》一诗中，对陶渊明的人品及陶诗艺术特色作了中肯的评述：

陶潜酷似卧龙豪，万古浔阳松菊高。
莫信诗人竟平淡，二分《梁甫》一分《骚》。

除了诗歌上的杰出成就外，陶渊明的散文和辞赋在文学史上同样具有深远影响，他的代表作《五柳先生传》、《桃花源记》和《归去来兮辞》都成为了古今文学经典。他在归隐田园16年后写下了名篇《桃花源记》，借用小说笔法，以一个捕鱼人的经历为线索，让读者一步一步地跟着这个渔人，从现实世界走进迷离惝恍的桃花源。在这个桃源世界里，“土地平旷，屋舍俨然，有良田美池桑竹之属。阡陌交通，鸡犬相闻。其中往来种作，男女衣着，悉如外人。黄发垂髫，并怡然自乐。”以一个乌托邦式的理想社会做蓝图，陶渊明抒发了对现存社会制度彻底否定和对理想世界的无限追慕之情。

1959年7月1日，毛泽东写下一首名作《登庐山》，他在这首七律的尾联巧用了一个与庐山有着密切联系的陶渊明典故：“陶令不知何处去，桃花源里可耕田。”仅从诗句的字面上看，这句话似有两问：一问陶渊明的去向，二问桃花源的情况。毛诗发表后，曾在全国各地掀起了一阵“陶令热”，一时江西省内外学者纷纷上下求索，四方寻访，各执一词，众说纷纭，却始终未能解开“陶令何去”、“桃源焉在”的千古之谜。

毛泽东的发问直到45年后才得到了一个比较可靠的答复。2004年某日，九江市德安县吴山乡陶令后裔在田野中意外发现石碑一方，上书“故陶公潜公之墓”。由此引起多方关注和深入探究，最后所有证据均指向此处——陶渊明柴桑故里原来在此！不仅如此，而且陶渊明笔下“忽逢桃花林，夹岸数百步，中无杂树，芳草鲜美，落英缤纷”，“良田美池桑竹之属……阡陌交通，鸡犬相闻”的桃源景色，在此地竟还能依稀可见。

如果陶渊明故里及其归隐之地确实在此，对于九江来说，对于德安来说，那真是万千之幸了！

三

陶渊明还没有走，谢灵运就来了。一位田园诗开创者和一位山水诗鼻祖一前一后在晋宋文坛亮相，相继在中国诗歌长河上竖起了两块里程碑。

千秋之功，一“陶”一“谢”。

谢灵运生活的年代，正当宋武帝刘裕代晋而立、鲜卑拓跋氏征服北中国后形成南北对峙时。南朝政权更迭，南方经济发展，却未能叫停盛行当时的玄学思想和玄言诗风。尽管“采菊东篱下，悠然见南山”的陶渊明，接二连三地吟下了描写田园生活、墟里风光的诗篇，令人耳目一新，但由于单枪匹马，更由于人微言轻，轻轻投下的一石并未能冲破水底天，也没有激起较大的涟漪，看来这一历史使命只能交由他人来完成了。

此后不久，谢灵运登上了南朝诗坛。谢灵运的文才本来在上层社会中就被重视，而他那些描写细腻、词句华丽的精美诗句，如同描绘出一幅幅精致的山水画，受到南朝贵族和文人们的赏识追捧。据说他每作一首新诗传到京城，就被人们竞相抄写，甚至在一夜之间就流播开来，迅速风靡于上流社会。在继陶渊明的田园诗之后，谢灵运的山水诗对玄言诗发起了更大的冲击，并且凭借其个人的政治地位和文学创作的成就，终于取代了玄言诗百年霸主的基座，第一次在中国文学史上确立了山水诗的地位，开创了一个全新的山水诗派，为中国诗歌的繁荣和发展作出了重要贡献。

开山水诗之先河的谢灵运，首先是一个旅行家。不过他每次的山水之乐并非单纯的游山玩水，如同一个艺术精湛的工笔画家，他对自然景色观察得十分仔细，又善于抓住各处山水的独特之处，凭借自己高度的艺术修养，将自然美真实地渗透于他的山水诗中，丰富和开拓了诗歌的境界。虽然他的诗文还掺杂有玄言诗的基因，大都是半写景半谈玄，但并不使其对自然景物的刻画有所逊色，仍然给人以美的享受。

> 昏旦变气候，山水含清晖。清晖能娱人，游子憺忘归。出谷日尚早，入舟阳已微。林壑敛暝色，云霞收夕霏。芰荷迭映蔚，蒲稗相因依。披拂趋南径，愉悦偃东扉。虑澹物自清，意惬理无违。寄言摄生客，试用此道推。

在这篇《石壁精舍还湖中作》的诗中，谢灵运写了朝发石壁、晚归住所的一天愉悦的游赏。在诗的结尾，又一如他的其他诗文那样，发出了玄妙的叹息：淡泊处世，自然看清了外物；不违养生之道，也就感到心满意足了。我要告诉探求养生的“摄生客”，请你们去推究上述道理吧！

从谢灵运的笔下，流淌出不少历来传诵的写景名句，如：

白云抱幽石，绿筱媚清涟。(《过始宁墅》)

明月照积雪，朔风劲且哀。(《岁暮》)

池塘生春草，园柳变鸣禽。(《登池上楼》)

夜旷沙岸静，天高秋月明。(《初去郡》)

他在诗歌上的成就和贡献，向来为历代文学家所称道，不仅以其山水诗名扬古今，而且那种“俪采百字之偶，争价一句之奇。情必极貌以写物，辞必穷力而追新”(刘勰《文心雕龙·明诗》)的艺术风格，亦为世人所钦慕。宋代诗人叶绍翁在《登谢屐亭赠谢行之》中，对谢灵运的诗文赞曰：

西窗小憩足力疲，梦赋池塘春草诗。

只今屐朽诗不朽，五字句法谁人追？

大诗人李白对山水诗歌的始祖谢灵运十分钦慕，不仅因为其诗之独、其文之美，而且由于其性之傲，其行之狂。在《越中秋怀》一诗中，李白坦率地表述了对这位前辈的追慕和思念：

蹈海思仲连，游山慕康乐。

攀云穷千峰，弄水涉万壑。

当李白踏遍青山来到神往已久的天姥山（位于今浙江新昌）时，有感于谢灵运当年在此寻山陟岭、游赏玩乐的潇洒，有感于他“常着木屐，上山则去其次前齿，下山则去其后齿”之浪漫，不禁在《梦游天姥吟留别》诗中放声高吟：

我欲因之梦吴越，一夜飞渡镜湖月。湖月照我影，送我至剡溪。谢公宿处今尚在，渌水荡漾清猿啼。脚着谢公屐，身登青云梯。半壁见海日，空中闻天鸡。

将山水融入了诗歌，把诗歌从玄理中解放出来，遂使“庄老告退，而山水方滋”，玄言诗也就逐渐消失了。当然，文风的起落更迭，绝不是如同“蛇脱”、“蝉脱”那样轻易简单，谢灵运的山水诗亦未能完全摆脱玄理而结尾的模式，使他的诗往往是“有句无篇”，有佳句却未能成杰作。

在谢灵运之后被认为梁、陈两代诗人中高手的谢朓，是谢灵运的本族子弟。他继承了谢灵运的山水诗特色，写下风格更为清新流丽、意境更加真切传神的诗篇。他的诗歌创作不仅推动了山水诗的发展，而且开创了唐代律诗、绝句之先河。

谢朓的写景诗，既吸收了谢灵运诗作中对自然风光细腻观察和逼真描摹的特点，又尽可能地避免了他的族人谢灵运经常犯的晦涩、刻板的弊端，使诗文达到了如他自己所希望的“圆美流转如弹丸”那样传神的境地。这位写景高手的技艺之妙，还在于“以山水作都邑诗，非唯不随清寒，愈见旷远”。(钟惺《古诗归》)在他的一首《游东田》诗中，充分体现了他这种以写山水的大手笔来描写城邑的功力：

戚戚苦无悰，携手共行乐。
寻云陟累榭，随山望菌阁。
远树暧阡阡，生烟纷漠漠。
鱼戏新荷动，鸟散余花落。
不对芳春酒，还望青山郭。

当山水诗从谢灵运的笔下传递到谢朓的笔下时，韵律对仗更加讲究，已明显地具有唐诗的气息，甚至达到了呼之欲出的程度。其风格对后来的唐代诗人王维、孟浩然的山水诗产生了颇为显著的影响。谢朓作品中有不少出色诗句。如“余霞散成绮，澄江静如练”（《晚登三山还望京邑》）、“天际识归舟，云中辨江树”（《之宣城郡出新林浦向板桥》）、“鱼戏新荷动，鸟散余花落”（《游东田》）、“日华川上动，风光草际浮”(《和徐都曹出新亭渚》)等，一直受到诗坛的称颂，特别为李白和杜甫所欣赏。

四

作为谢安之侄谢玄的嫡孙，谢灵运当然是名副其实的名门望族嫡系后代，谢族的根在陈郡阳夏（今河南太康）。西晋末年，谢族部分家族成员南迁，谢安随家寓居于会稽上虞，在东山再起后成为东晋朝廷的社稷之臣。侄子谢玄也在国难当头之际被他任为抗敌主将，以指挥淝水之战而名传古今。谢安至死也未能实现归隐东山的平生之愿，而他的后代却都先后落叶归根，回到了会稽，谢灵运就世居于此。

由于生性颇为笨拙的父亲早逝，使得自幼聪颖好学的谢灵运备受谢玄宠爱。15岁时他来到建业，走进了时人瞩目的乌衣巷，18岁时就承袭祖父的爵位封为康乐公，世称谢康乐。年纪轻轻的谢灵运轻易地获取了荣华富贵，因此在他眼中一切都不足为惜，在最初按爵位被授官为员外散骑侍郎时，他未去就职，而是做了琅邪王的大司马行参军。家庭的富有，也造成了谢灵运豪华奢侈的个性，他的车马服饰都是那样新颖华丽，而且衣物的样式亦多改旧翻新，与众不同。青年时代的谢灵运，是一个十足的纨绔子弟。

在公元420年谢灵运36岁那年，风云变幻，晋、宋政权更迭，刘裕建立了南朝第一个政权即刘宋王朝。新王朝的出现，使谢灵运的地位立即受到了挑战和威胁。宋武帝刘裕将晋时的公爵降为侯，谢灵运也改任为太子左卫率，由于他多有违背礼仪和法度的行为，朝廷只让他做些没有实权的文字工作。对此，自恃有文经武纬之才的谢灵运怨愤难平，怀恨在心，并常有流露和表现。不久他就被逐出京城，调任永嘉（今浙江温州）太守。

启程就任的时候，邻里送谢灵运至南京郊外的方山。在解缆临行之际，一种怀旧惜别之情油然而生，令他难以自制。舟行江中，沿途衰林淅淅，夜空月色皎皎，使哀愁盈满胸怀的谢灵运更是触景生情。想到今后将长期幽栖别处，与友人的别离绝非一年半载，只望在日后常通信以慰寂寞，并借以互勉。在谢灵运的离别诗《邻里相送至方山》中，淋漓尽致地表达了他在当时当地的复杂内心世界：

祗役出皇邑，相期憩瓯越。解缆及流潮，怀旧不能发。析析就衰林，皎皎明秋月。含情易为盈，遇物难可歇。积疴谢生虑，寡欲罕所阙。资此永幽栖，岂伊年岁别。各勉日新志，音尘慰寂蔑。

永嘉郡内多丽山秀水，深感不得志的谢灵运到此上任以后，就肆意地畅游山水，足迹遍及全郡各县。而且每到一处，他就作文咏诗，抒发心志，对政务公案等一应衙内事务全然不予理会。他在遍游了瓯江南岸的胜景之后，忽而想到久未去江北周游了，于是游兴顿生，一天乘舟游江并兴致勃勃地登上了江中孤屿。谢灵运以其非凡的想象力，从孤屿的神奇联想到昆仑山的仙姿，似乎顿时领悟了古人安期生的长生术，于是为此而作的一首独具匠心的山水诗《登江中孤屿》中，寄寓了自己远离人寰、乐在海隅颐养天年的心情：

江南倦历览，江北旷周旋。怀新道转迥，寻异景不延。乱流趋正绝，孤屿媚中川。云日相辉映，空水共澄鲜。表灵物莫赏，蕴真谁为传。想象昆山姿，缅邈区中缘。始信安期术，得尽养天年。

这是李白十分欣赏的诗作，在他的《与周刚清溪玉镜潭宴别》一诗中就有“康乐上官去，永嘉游石门。江亭有孤屿，千载迹犹存”之诗句。郡满一年后，谢灵运不顾众弟子们的相劝，毅然称病辞官，回到会稽郡故宅，在依山傍水的山庄尽幽居之美。在此期间，他常带领众多僮仆门生外出探奇访胜，也常与当地的隐士名流们饮酒吟诗，写下了多首歌咏稽山镜水的诗篇。由于谢灵运的父、祖并葬于会稽郡的上虞始宁，回郡之初他就在此地的故宅和庄园过“岩栖”生活。始宁墅附近的石壁精舍是他经常游赏之地，从石壁精舍至其住所，其间相隔一泓巫湖，是往返必经之地。日夕往返，惬意览胜，巫湖及其周围的山光水色常使谢灵运感到心旷神怡、流连忘返，并在这里写下了山水名篇《石壁精舍还湖中作》。

宋文帝仰慕谢灵运的诗文和书法之才，诏令他回朝任职，封他为秘书监，后来又升任侍中，然而交给他的任务无非是整理藏书，撰写晋史，侍陪皇帝宴会、赏诗和论文。自认为是名流的谢灵运，由于在朝廷不受重用而深感不满，采取阳奉阴违、我行我素的办法对付皇帝，最终被免职又一次东归。

再度回到会稽的谢灵运，指挥着数以百计的奴仆、门人不仅为兴建别墅而开山挖湖，而且还为探幽访险而伐树开路，似乎准备落地生根、终老于斯了。但是搞如此大的动作，就不可能不惊动官府，与地方官吏发生矛盾和纠纷。再加上谢灵运生性骄横，更使他与这些官吏变得水火不容，以至于会稽太守上书朝廷，诬陷他谋反。为此文帝就不让他再长住会稽，任他为临川（今江西抚州）内史。

任职临川的谢灵运依然故我，继续游乐放荡，就像当年在永嘉的时候一样。于是他又被有关官员弹劾，并遭到拘捕。这一回谢灵运难逃厄运了，文帝下诏将他流放广州，元嘉十年（433年）被文帝以谋反罪斩首于弃市，连他的儿子也受牵连，流放于岭南而死。令谢灵运无法知道的是，他的族人更是他山水诗传人的谢朓，后来也在猝不及防中将自己投入了高层政治斗争的旋涡，最终冤死狱中。

也许是谢家的先祖太显赫和辉煌了，以至于后代的细胞染色体上存有过多的政治基因，使谢灵运、谢朓都热衷于仕宦功名，且有时还滋生政治野心。但是所憾的是两个人又都缺乏政治斗争的经验、手腕及敏感性，从而先后上演了人生的悲剧。德国大作曲家贝多芬说过一句意味深长的话："习性可能会贬损最辉煌杰出的天才。"在更迭宋、齐、梁、陈四代、历时近70年的南朝，谢灵运和谢朓这两位堪称当时最优秀和杰出的人才，正是在谢氏家族追求政治权势的世代相传习性中遭到贬损的。谢灵运被杀的时候还未过知天命之年，更不幸的是谢朓死于狱中时仅36岁！

一颗文曲星的陨落，也许可以说是一己之过，连王谢堂前燕都已择屋另栖，一个纵然在政治上野心勃勃但却无所作为的纨绔子弟，又怎么可能凭一己之力来嘲弄社会、揶揄当局呢？然而这何尝不是史之愆呢？业已取晋而代之的刘宋王族，由于出身寒微，与王谢诸家门阀贵族之间本来就难以相容，明争暗斗已是不争的事实。偏偏谢灵运不识时务，以卵击石，只能白白地赔上一条性命。

然而这又成就了文学史上的一次庆幸，唯其谢灵运在政治上的无所作为，才使他在中国诗歌发展史上作出贡献。白居易有诗云："谢公才廓落，与世不相遇。壮士郁不用，须有所泄处，泄为山水诗，逸韵谐奇趣。"另外，在日益颓靡并逐渐销声匿迹的谢族子弟中，谢灵运又如一道闪电，以他手中仅有的七寸羊毫，作为祖父腰间三尺宝剑的代用物，又一次向世人展现了乌衣巷的辉煌。

诗人的肉体可能为权势所戕害，而他的诗魂却是不会泯灭的。他的诗文像一片芳草，铺展在神州大地、中原山水、宣城古亭、谢家祠堂。他的名字像一声响雷，轰鸣在世纪诗廊，久久地回荡在人们的心中。

谢灵运还有谢朓的名字被历史、被后人、被李白和杜甫等永远地记了下来。

——复值接舆醉，狂歌五柳前（唐·王维《辋川闲居赠裴秀才迪》）

狂歌五柳前

——唐代山水、田园诗人王维、孟浩然

一

晋宋年代，田园诗的创始人陶渊明被时代矮化了。不过他的成就和名声就如闪闪发光的黄金，即使被盖上沙土，也难以遮挡它四射的光芒。晋宋之后，就有两位南朝文学大家鲍照、江淹，因慕而摹，分别写下了拟陶之作《学陶彭泽体》和《陶征君潜田居》，不仅在题材、风格上极似陶诗，而且用的也是陶渊明的口吻，极为逼真。江淹的《陶征君潜田居》对田园诗摹拟手法之高妙，达到了貌合神似、以假乱真的境界，连文学大师苏东坡也一不小心把它当作真陶诗加以奉和、评论。

可惜的是，江鲍二人对陶诗的追慕只是偶尔为之，终究没有追踪发展下去。虽然陶渊明首创的田园诗因体裁搁浅而归于沉寂，但是具有异曲同工之妙的山水诗，却在稍后不久被谢灵运捧上文坛，并由他完成了由玄言诗到山水诗的转变，使山水终于成为独立的审美对象。如果说陶渊明的田

园诗是田园诗歌般的山水，那么谢灵运的山水诗，则是把自然的美景引进诗歌中，创造了真正独立意义上的山水诗。

而田园和山水真正开始汇合同流，在田园的背景下出现秀丽的山水描述，则是在两位唐朝山水田园诗主要代表人物王维、孟浩然的诗歌中出现的：

斜光照墟落，穷巷牛羊归。
野老念牧童，倚杖候荆扉。
雉雊麦苗秀，蚕眠桑叶稀。
田夫荷锄至，相见语依依。
即此羡闲逸，怅然吟《式微》。

这是王维晚年写的作品《渭川田家》。在平静闲适的农村，夕阳西下，牛羊回归，老人倚杖，麦苗吐秀，桑叶稀疏，田夫荷锄，一派诗情画意、宁静和谐的景色，田园山水景象跃然诗中。

故人具鸡黍，邀我至田家。
绿树村边合，青山郭外斜。
开轩面场圃，把酒话桑麻。
待到重阳日，还来就菊花。

孟浩然的这首《过故人庄》脍炙人口。隐居在鹿门山的诗人到老朋友家里做客后，以平淡无奇的字句，自然流畅的语言，写了从往访到告别的过程，如话家常、如叙旧事。绿树、青山、谷场、菜圃，都一一展现在读者面前；清静的田园景物，真挚的朋友情谊，简朴的田家生活，“语淡而味终不薄”（沈德潜《唐诗别裁》）。

这种白描手法是王维、孟浩然对陶渊明的继承，但是他们对景物的刻画更加细腻，而且把山水与田园结合起来，丰富了诗歌的审美意味。陶渊明是引导王孟走入田园山水诗的先师，王孟对他也十分崇拜。孟浩然在《仲夏归汉南寄京邑旧游》一诗中赞道：

赏读《高士传》，最佳陶征君，
目耽田园趣，自谓羲皇人。

在《辋川闲居赠裴秀才迪》一诗中，王维自称五柳，以陶渊明自况：

寒山转苍翠，秋水日潺湲。
倚杖柴门外，临风听暮蝉。
渡头馀落日，墟里上孤烟。
复值接舆醉，狂歌五柳前。

王孟的另一先师自然是谢灵运了。在他们的大量诗文中，山水除了在田园诗中作为背景出现之外，还有许多独立的山水篇章，其中不乏雄浑磅礴的诗句，空灵雄伟的境界。王维的同龄人、盛唐大诗人李白更是一位个性张扬、风格狂放的山水大家，雄伟的高山、奔腾的大河、皎洁的明月、高远的青天，都是他追求、描摹、想象和夸张的意象。而这位大诗人曾多次赋诗咏颂谢灵运，表达了对山水先师的赞赏和缅怀之情。

李白与友人在安徽清弋江乘舟游泾川陵岩寺时，一种宛似游会稽的云门山若耶溪那种感觉油然而生，并因此想到了爱山爱水的谢灵运。在《与谢良辅游泾川陵岩寺》诗中，李白表达了对谢灵运山水鉴赏力的钦佩，也欲循着他的足迹游历名山大川：

乘君素舸泛泾西，宛似云门对若溪。
且从康乐寻山水，何必东游入会稽。

就经济能力而言，李白绝不是谢灵运同一个级别。李白一生都在进行穷游苦旅，但他的足迹遍及大江南北，经历和见识都远超过前者。在李白的山水诗作中多次提及谢灵运，赞佩他对山水的悟性和创作山水诗文的灵性，恰如《酬殷明佐见赠五云裘歌》一诗中云：

故人赠我我不违，著令山水含清晖。
顿惊谢康乐，诗兴生我衣。
襟前林壑敛暝色，袖上云霞收夕霏。

田园山水诗发展到盛唐时期，出现了不同的风格意境，孟浩然的恬静、王维的幽寂、李白的豪放、杜甫的宏阔，把陶渊明、谢灵运开辟的诗境带人走入了新的桃源世界。

二

一位唐朝人写的七绝小诗，这首轰动当时、传诵后世的游子思乡名作《九月九日忆山东兄弟》，现在已被列入《小学生必背80首古诗》：

独在异乡为异客，每逢佳节倍思亲。

遥知兄弟登高处，遍插茱萸少一人。

当年那位写诗的少年年仅16岁，在今天看来，还是一个童心未泯、稚气十足的中学生，他就是王维。鼎盛的国力、宽松的氛围，促进一个个唐朝诗人早早快地鱼跃龙门，鸟飞青天，许多少年诗人也得以涌现。王勃、骆宾王、李白、白居易、李贺等名传不朽的诗星们，都是在弱冠之前升上灿烂的唐诗星空，其中也有王维的一颗。王维（701？~761年），字摩诘，盛唐时期的著名佛禅诗人和画家，官至尚书右丞，世称“王右丞”。原籍祁（今山西祁县），迁至蒲州（今山西永济）。

王维出生于官宦家庭，父亲王处廉任汾州司马。自幼天资很高的王维与比其小一岁的弟弟王缙均聪明过人。他不仅能诗，而且擅长书画、精通音律。据说一次有人弄到一幅奏乐图，但不知题名，王维见后回答说：“这是《霓裳羽衣曲》的第三叠第一拍。”请来乐师演奏，果然分毫不差。而那首《九月九日忆山东兄弟》更使少年王维名满京师，成为京城王公贵族的宠儿。他在21岁那年高中进士第一名，授官大乐丞，这是朝廷管理音乐的官员，可谓用其所长。

开元二十二年（734年），反对植党营私和滥施爵赏的张九龄就任中书令，王维被擢为右拾遗，颇有做一番大事业的政治抱负。谁知两年以后，开元盛世时代的最后名相张九龄遭罢黜，次年又被贬为荆州长史，由口蜜腹剑的李林甫继任中书令。政坛的地震使王维感到非常沮丧，心中渐生归隐之意，但并未就此退出官场。不久他的官职又逐渐得到升迁，在安史之乱（755年）前官至给事中。一直过着舒适而惬意生活的王维，晚年却被卷入安史之乱的意外波澜之中，由于他来不及随驾逃难，在战乱中被反叛的贼军俘虏。在贼军营中，开始他服药装病，不料被识破，于是被迫当了伪官。

一次安禄山在凝碧宫宴请群伪官，令梨园子弟奏乐助兴。山河破碎，生灵涂炭，那些乐工个个哀叹流泪，无心演奏，乐工雷海清更是悲愤万分，扔下乐器，向西痛哭。安禄山大怒，将他绑在戏马殿前肢解而死。王维听到此事后很悲痛，写了一首怀念唐室的《凝碧池》诗：

万户伤心生野烟，百官何日再朝天？

秋槐叶落空宫里，凝碧池头奏乐弦。

战乱平息后，投敌任职这一段不光彩的经历，成了王维的严重政治历史问题，并被交付审讯，罪定三等。而让他没料到的是，当年动情信笔写下的《凝碧池》诗竟成了他的救命稻草。因为这首诗曾被肃宗读过并给予嘉许，再加上时任刑部侍郎的弟弟的求情，使王维得以幸免于难，仅受了贬官处分。其后，他又升至尚书右丞之职。

梁园虽好，非久恋之乡。王维对风波迭起、险象环生的宦海感到厌倦，屡生隐居之意。但又恋栈怀禄，终不能急流勇退，决然离去，于是在矛盾重重的思想斗争中随俗浮沉，长期过着半官半隐的生活。在文坛上与大多数开放浪漫的诗人相比，王维也可以说是另类，而且随着思想日趋消极，他的佛教信仰也日益发展。

在大唐盛世时代，结伴畅游，饮吟唱和，成了当时诗人的一种时尚。唯有王维却喜欢天马行空，独来独往，既不习惯于远足漫游，也不热衷于聚众热闹。他的目光是直射的，始终游移在辋川山水之间；他的感情是淡泊的，专注地在天地山水中汲取和领悟空灵禅意。称得上盛唐诗坛三号人物的王维，似乎与同一时期的其他著名诗人均无往来，只有一个例外，那就是孟浩然。王维于开元十七年（729 年）赴长安时，结识了在前一年赴长安应试、落第后滞留于长安的诗人孟浩然。第二年冬孟浩然返回襄阳，王维作诗送别，诗云：“杜门不欲出，久与世情疏。以此为长策，劝君归旧庐。”劝孟浩然回乡隐居，不必辛辛苦苦地来长安举试求官了。

也许王维是一个性格闭塞保守、不懂人情世故的清高迂腐文人，但却无碍于他的诗在生前以及后世都享有盛名。史称其“名盛于开元、天宝间，豪英贵人虚左以迎，宁、薛诸王待若师友”（《新唐书》本传），唐代宗更将他誉之为“天下文宗”（《答王缙进王维集表诏》），连大诗人杜甫也称他“最传秀句寰区满”（《解闷》十二首之八）。世有“李白是天才，杜甫是地才，王维是人才”之说，又有王维是“诗佛”之誉，与“诗圣”杜甫、“诗仙”李白并肩而立。

和盛唐时期很多诗人一样，王维的早期诗歌，写游侠，写戍边，写豪情满怀的少年，写身经百战的将军，写抵御侵略的战争，写开拓疆域的业绩，字里行间，充溢着那个时代人们的壮烈情怀和豪迈气概。他在《少年行》中刻画意气昂扬的游侠少年，让人们感到在青年王维身上迸发出来的一种激情：

新丰美酒斗十千，咸阳游侠多少年。

相逢意气为君饮，系马高楼垂柳边。

他在长安写的《观猎》，描绘了风起云涌、围猎渭城、纵马放鹰、弯弓射雕的一系列场面，这种雄心勃勃的豪气，正是当时“时代精神”的迸发。而从这些细致的描绘中，仿佛又使人看到青年王维那矫健的身影。

风劲角弓鸣，将军猎渭城。

草枯鹰眼疾，雪尽马蹄轻。

忽过新丰市，还归细柳营。

回看射雕处，千里暮云平。

他在《夷门歌》中，赞扬了战国时魏国市井侠隐朱亥、侯嬴的侠骨义胆；他的《陇头吟》，刻画了“身经大小百余战，麾下偏裨万户侯”的关西老将。他的《燕支行》、《老将行》等诗篇，吟咏了开疆拓土的边塞雄风，在某种程度上，反映了盛唐时代激越向上的士气民心。

开元二十五年（737 年），时任监察御史的王维出使河西，也就是河西走廊一带。对于不是太喜好奔波的王维来说，这次差事显然是辛苦的，但他却感到高兴和满意。就在出使河西期间，他留下了多首优秀的出塞诗篇。其中一篇是很有文采和感染力的《出塞作》：

居延城外猎天骄，白草连天野火烧。

暮云空碛时驱马，秋日平原好射雕。

护羌校尉朝乘障，破虏将军夜渡辽。

玉靶角弓珠勒马，汉家将赐霍嫖姚。

居延海古名流沙，距甘肃张掖东北160里。这首诗用西汉骠骑将军霍去病威震匈奴的典故，宣扬李唐王朝的武威，似乎是对戍边将士的“鼓动”之作，但和千篇一律的“套话”相比较，显得不同凡俗。而更为精彩绝伦的，则是他的《使至塞上》：

单车欲问边，属国过居延。

征蓬出汉塞，归雁入胡天。

大漠孤烟直，长河落日圆。

萧关逢候骑，都护在燕然。

大漠孤烟，长河落日，成为千古名句，描绘了塞外雄浑壮伟的景色。最后两句，讲的是诗人在今宁夏境内的萧关逢遇“候骑”，知道唐朝设置的都护仍牢守着边远的燕然山，烘托出士气高昂、边防巩固、一派振奋人心的景象。

王维还写了多首送别友人出塞的诗篇，其代表作品是《送元二使安西》：

渭城朝雨浥轻尘，客舍青青柳色新。

劝君更尽一杯酒，西出阳关无故人。

唐代渭城，在今日咸阳一带，当时的安西都护府设在龟兹城（今新疆库车附近）。距敦煌西南130里的阳关，是去安西的必经之路。送友人出使安西，长亭饯行，殷殷劝酒，依依话别，豪气中透露出离情，饯别时流露出深情，“劝君更尽一杯酒，西出阳关无故人”抵得上一万句“一路平安”。这首诗当时就被谱成曲子，街头巷尾广为传唱，名曰《渭城曲》，在民间引起了巨大的轰动效应。唐代唱此曲时，除第一句外，其余三句均需重叠三遍，故名《阳关三叠》。

三

开元年间一派太平盛世的景象，使唐玄宗感到满足和陶醉，骄侈之心日渐滋长，进取心丧失殆尽。“开元之治”走到了尽头，随着张九龄罢相和李林甫上台，后又以无赖之徒杨国忠掌权，貌似强大的李唐王朝，实际上已是百孔千疮、危机四伏。

王维信奉佛教，据载他任济州司库参军时，就已产生了归隐山林的想法。他在青年时代曾居于山林，中年以后一度家在终南山，约 45 岁时购得了初唐诗人宋之问的蓝田辋川别业，被名之曰“辋川别墅”或“终南别业”。别业位于长安东南、陕西蓝田县西南 20 里的终南山下，是一个很宽阔的处所，傍山临水，有林子也有溪谷，其间散布着若干馆舍。从王维创作的一图(《辋川图》)、一文(《山中与裴秀才迪书》)、一诗(《辋川闲居赠裴秀才迪》)中，足以领略到其地优美风光。文曰：

近腊月下，景气和畅，故山殊可过。足下方温经，猥不敢相烦，辄便往山中，憩感配寺，与山僧饭讫而去。

北涉玄灞，清月映郭。夜登华子冈，辋水沦涟，与月上下。寒山远火，明灭林外。深巷寒犬，吠声如豹。村墟夜舂，复与疏钟相间。此时独坐，僮仆静默，多思曩昔，携手赋诗，步仄径，临清流也。

当待春中，草木蔓发，春山可望，轻鲦出水，白鸥矫翼，露湿青皋，麦陇朝雊，斯之不远，倘能从我游乎？非子天机清妙者，岂能以此不急之务相邀。然是中有深趣矣！无忽。因驮黄檗人往，不一，山中人王维白。

这是一封对秀才裴迪的邀请信，在这封信中，王维颇为得意地向友人描绘了一番蓝田山区的风光：（归途中）北行涉过灞水，看到月色清朗地映照城郭。夜间登上华子冈，只见明月随同辋川水的微波一起荡漾。冬天的山火在远处树林间忽明忽暗地闪烁，小巷深处传出豹吼般的犬吠声。夜间村落中的舂米声，与庙宇传来稀疏的钟声相交错……待到来年春季，草树蔓延新发，可以望见翠绿青山。此时小鱼浮出水面，白鸥展翅飞翔，水露润湿河岸，野鸡鸣叫麦田。这美丽的景色不久就将展现，你能不能与我一起来游赏呢？

清幽之地，仙境之中，自然成了王维倾听自然、抒发心情、参悟禅意、走向寂灭的极妙处所。他在这里常与道友裴迪“浮舟往来，弹琴赋诗，啸咏终日”；他又在这里陶情风景，吟诗作画，叹人生漂浮的同时又赞美了大自然的永恒；他也在这里“阒然孤独，迥无子孙”，寂寞地走完了妻亡之后的30年人生旅程。

辋川使王维和山水融为一体，既是他一生归宿的终点，又是他山水诗的新起点，他在那里创造了中国诗歌史上山水诗的辉煌。他写的一首《终南别业》诗中，洋溢着在山中生活的闲适、自在和逍遥的心情：

中岁颇好道，晚家南山陲。
兴来每独往，胜事空自知。
行到水穷处，坐看云起时。
偶然值林叟，谈笑无还期。

后人评价此诗“由绚丽之极归于平淡”、“有一唱三叹之妙”。特别是“行到水穷处，坐看云起时”两句，更为历代诗家所赞颂。

虽然王维心如止水，波涛不惊，但他的山水诗却是生机盎然，人枯诗不枯。他的名作《山居秋暝》，将一山秋意渲染得充满活力：

空山新雨后，天气晚来秋。
明月松间照，清泉石上流。
竹喧归浣女，莲动下渔舟。
随意春芳歇，王孙自可留。

秋雨初霁的山间，寂寂松林沐浴在秋月的幽辉中，汩汩清泉潺湲于光洁的山石上。竹林中传来笑语，是洗好衣物的姑娘们从河边回来了；莲叶颤动轻晃，是垂钓归来顺水而下的渔舟。诗人叹道，任凭春花凋谢，山间依然秀色可餐，哪里需要再置身尘世去享受什么荣华富贵呢？他在诗中以秋的高洁，吟咏了超凡脱俗的人生。

辋川景色的描述，诗人采用了“诗中有画”的绝妙表现手法，具有不朽的美学价值。他写下的著名“辋川五绝”，分别描绘了辋川五处景点，其中三首是：

空山不见人，但闻人语响。
返景入深林，复照青苔上。

（《鹿柴》或《鹿寨》）

飒飒秋雨中，浅浅石溜泻。
跳波自相溅，白鹭惊复下。

（《栾家濑》）

独坐幽篁里，弹琴复长啸。
深林人不知，明月来相照。

（《竹馆里》）

自然景色的静美境界，进一步映衬了诗人的幽冷和孤独。只有一颗寂寞的心，才能彻底地摆脱尘世的喧嚣，把自己和天然山水结合得天衣无缝。前人认为这些诗不谈禅机而深得禅理，它们是“入禅”之作：“读之身世两忘，万念皆寂，不谓声律之中有此妙诠。”（《诗薮内编》）

此外，王维的《渭川田家》、《过香积寺》、《鸟鸣涧》、《积雨辋川庄作》等，都作为山水田园诗的精品流传后世。他的《红豆》以朴素而典型的语言来表达深厚的思想感情，把相思之情表达得入木三分，早已普及并且传遍人间，成为当时梨园弟子爱唱的歌词之一：

红豆生南国，春来发几枝？
愿君多采撷，此物最相思。

王维死后不久，唐代宗李豫问已经当上宰相的王缙，王维究竟留下多少作品？王缙将王维遗诗400余篇呈上。不久，代宗在《批答王缙进集表手敕》中写道：“卿之伯氏，天下文宗，经历先朝，名高希代……时论归美，诵于人口。”为一个诗人的作品，专门“发文”，还动了“御批”，恐怕也是“前无古人”了。

在盛唐诗人中，王维是幸运的。他虽然也经历仕途坎坷，但不像李白那样终生漂泊，也不像杜甫那样穷愁潦倒，与“初唐四杰”比较，更不啻天渊之别。然而舒适的生活，并没有磨灭他的追求，皇恩的眷顾也没能让他低头俯首，违心地迎合帝王作无聊的应制诗。因此王维的诗，不论早期的游侠诗、边塞诗，还是后期的山水诗、田园诗，都显示出自己的个性。这种独特而鲜明的个性，促成了他的艺术特色，使他的笔下流出一篇又一篇的不朽诗作。

历代文学家对王维诗评价很高，《唐诗三百首》收取作品最多的诗人，就是李白、杜甫和王维。王维的诗就像一曲曲恬静优美的小夜曲，又像一幅幅清新秀丽的山水画。他似乎懂得山的语言、水的歌唱，是山水的知音。《宣和画谱》中提到王维的诗句如“落花寂寂啼山鸟，杨柳青青渡水人”、“行到水穷处，坐看云起时”、“白云回望合，青霭入看无”之类，说是“皆所画也”。

而更难能可贵的是，诗人王维又是一位古代著名的画家，也是音乐家。他擅画，自创水墨渲澹法，其作品笔墨清新，格调高雅，画图之中传达出一种诗意的境界。对王维的诗画作品最贴切、最本质的评价，是苏轼在《东坡题跋》下卷《书摩诘蓝田烟雨图》中所言：“味摩诘之诗，诗中有画；观摩诘之画，画中有诗。”王维是唐代山水田园诗派的代表人物，也是南宋文人写意画的开创者。苏轼在这段非常有名的题跋中，以“诗中有画”来评述了王维的田园山水诗具有绘画的形象逼真的特点；又以“画中有诗”来说明王维的写意山水画具有诗的悠远意境，其画可以写出“象外之象，景外之景”。苏轼在《王维吴道子画》诗中说：“摩诘得之于象外，有如仙翮谢笼樊。”这是对王维使诗与画交会融合，使诗与画精神相通的赞美。

在群星璀璨的唐代诗人中，唯有一个王维以其超人的天赋和出众的颖悟，取得诗、画、书、乐多方面前无古人的卓越成就。黄庭坚曾作《摩诘画》一诗，诗曰：

丹青王右辖，诗句妙九州。

物外常独往，人间无所求。

袖手南山雨，辋川桑柘秋。

胸中有佳处，泾渭看同流。

王维那种“物外常独往，人间无所求……胸中有佳处，泾渭看同流”的心理状态，使他的诗画创作表现出一种空寂的“无我之境”。王维的画之所以成就特别高，正在于他自身所具备的这种人品、学识。

独特的时代背景，特殊的人生经历，独有的心路历程，特别的信仰理念，孕育并造就了中国文化艺术史上一位难能可贵的全才。

四

田园山水诗人孟浩然与王维齐名又互为朋友，然而两个人却被命运分放在天平的两端。随着官位螺旋式地青云直上，王维的那一端持续上升，而孟浩然这一端则是一直下降，一生均无“升”机，据说他的命运竟源起与皇帝的一次偶遇。

唐开元十六年（728 年），孟浩然在正好 40 岁那年出游京师，然而应进士举却落第了。他对眼前的事实接受不了也想不通，寻思自己抱负非凡，满腹文章，篇篇锦绣，字字珠玑，又有显官王维、张九龄的力荐和为之延誉，在长安城诗名也不小了，怎么会落得个名落孙山的结果呢？他的心情十分郁闷，想直接向皇帝上书，正在犹豫之中，机会不请自来了。一天，王维邀请孟浩然到自己供职的翰林院见面，没想到前脚刚到，后脚唐玄宗圣驾到了。王维让孟浩然躲到床下，但又不敢欺君，还是道出了实情。玄宗早闻孟浩然之名，非但没有生气，还命他朗诵诗作。孟浩然思忖片刻，便吟咏了一首新作《岁暮归南山》，诗曰：

北阙休上书，南山归敝庐。

不才明主弃，多病故人疏。

白发催年老，青阳逼岁除。

永怀愁不寐，松月夜窗虚。

玄宗虽还不是小肚鸡肠的君王，却也不像先祖太宗那么豁达大度，当他听到“不才明主弃”（我无才乃遭明主所弃）之句不悦，不耐烦地说：“是你不求当官，不是我不让你当官，怎么能埋怨我！”遂让孟浩然“放还”终南山，一刀切断了他的宦途之旅。

这首诗的确发泄了自责自怪的满腹牢骚，抒发了自怨自艾的怨悱之情。孟浩然不像王维，不仅有用世之志，而且求仕情切。然而功名未就鬓毛衰，宦途渺茫运不济，向北面朝廷上书已毫无意义。千里迢迢来到长安原想求个一官半职，而如今却要返回南山破茅屋，虽非自己的初衷，但已是无可奈何的选择和决定了。

孟浩然，字浩然，孟子第33代，生于武后永昌元年（689年），卒于开元二十八年（740年）。襄州襄阳（今湖北襄阳）人，世称“孟襄阳”。他一生困顿失意，以隐士终身，经历比较简单。前半生主要居家侍亲读书，以诗自适，曾隐居襄阳城东南的鹿门山。因汉末名士庞德公、唐代诗人孟浩然、皮日休相继在此隐居，后人谓之“圣山”，唐以后更有“鹿门高士傲帝王”之说。白居易在此写有《游襄阳怀孟浩然》诗，赞美先贤：

楚山碧岩岩，汉水碧汤汤。秀气结成象，孟氏之文章。

今我讽遗文，思人至其乡。清风无人继，日暮空襄阳。

南望鹿门山，蔼若有余芳，旧隐不知处，云深树苍苍。

京师之行成为孟浩然人生的回头之地，自放归襄阳后，他不再迷恋于青云路，开始漫游吴越，穷极山水之胜，其间放弃了襄州刺史韩朝宗和荆州长史张九龄为之创造的两次仕进机会。一生不仕，倒也一身轻松，使孟浩然得以全心投入写作。而隐居和羁旅行役的经历，又使他积累了大量的田园、山水素材。他也因此成为唐朝第一位倾大力写作山水诗的诗人。

开元十八年（730年）冬，孟浩然沮丧而又绝望地离开长安，南下吴越，翻阅江南风光。一天傍晚在泛舟耶溪（在今绍兴城南）时，看到在溪边悠闲垂钓的老翁，快乐浣纱的村女，深有所感，更有所悟，写下一首充满生活乐趣的《耶溪泛舟》：

落景余清辉，轻桡弄溪渚。
澄明爱水物，临泛何容与。
白首垂钓翁，新妆浣纱女。
相看似相识，脉脉不得语。

另一首写于襄阳名胜“万山潭”的诗《万山潭作》，是别一种悠闲、清静、旷达、淡泊的景象。诗如其人，人即其诗，也显示了诗人性情和品格的最高境界：

垂钓坐磐石，水清心亦闲。
鱼行潭树下，猿挂岛藤间。
游女昔解佩，传闻于此山。
求之不可得，沿月棹歌还。

在孟浩然以恬淡、幽静为主线的山水诗篇中，也有不少以宏丽文笔表现壮伟江山的佳作。尤其是诗人在旅程中偏爱水行，在其写的江湖水景诗作中，既有“气蒸云梦泽，波撼岳阳城”这样气势磅礴的名句，也有“野旷天低树，江清月近人”那样的名句，抒发了寂寞孤单的游子情怀。还有以“山暝听猿愁，沧江急夜流。风鸣两岸叶，月照一孤舟”的诗句，描述了环境的清寥，意境的幽远，从而反衬出诗人心情的黯淡孤独和情绪的动荡不宁。

八月湖水平，涵虚混太清。
气蒸云梦泽，波撼岳阳城。
欲济无舟楫，端居耻圣明。
坐观垂钓者，徒有羡鱼情。

（《望洞庭湖赠张丞相》）

山暝闻猿愁，沧江急夜流。
风鸣两岸叶，月照一孤舟。
建德非吾土，维扬忆旧游。
还将两行泪，遥寄海西头。

（《宿桐庐江寄广陵旧游》）

移舟泊烟渚，日暮客愁新。
野旷天低树，江清月近人。

（《宿建德江》）

另有一首惜春诗《春晓》，是千百年来孩童们朗朗上口的佳品，足以显示孟浩然作诗的功底和灵感。这首墨淡而意浓、景美而情切的小诗，以鸟鸣报晓、推窗四顾，方知春风春雨在夜间光顾，却还不知道落英多少，给一代代后来的读者留下了不尽韵味。在宋朝女词人李清照的名作《如梦令·昨夜雨疏风骤》中，那句“知否？知否？应是绿肥红瘦”的传神之笔，也仿佛可见“夜来风雨声，花落知多少”的依稀印痕：

春眠不觉晓，处处闻啼鸟。
夜来风雨声，花落知多少。

抒发个人怀抱，表达对山水景色的心仪和农家生活的热爱，是孟诗的主线，不仅艺术上有独特的造诣，而且摆脱了盛行一时的禄唐应制咏物的狭隘境界，为开元诗坛带来了新鲜气息。两位大诗人李白、杜甫赞赏孟浩然的品格和文采，都以诗抒发了对这位长辈诗人的钦慕之情，李白更是不吝笔墨，以“高山安可仰，徒此揖清芬”之句赠予孟浩然：

吾爱孟夫子，风流天下闻。
红颜弃轩冕，白首卧松云。
醉月频中圣，迷花不事君。
高山安可仰，徒此揖清芬。

（李白《赠孟浩然》）

吾怜孟浩然，短褐即长夜。
赋诗何必多，往往凌鲍谢。

清江空旧鱼，春雨余甘蔗。

每望东南云，令人几悲咤。

（杜甫《遣兴（其五）》）

故友王维曾把孟浩然的像绘制在郢州刺史亭内，称之为“浩然亭”。唐僖宗咸通年间，刺史郑諴认为贤人的名字不能冒犯，改名为“孟亭”。

没有官帽的孟浩然，无论在生前死后都享有盛名，真乃松柏常青，千载之盛。倘若让他戴上乌纱，那就只能是三月桃花，一时之红了。

——大鹏飞兮振八裔，中天摧兮力不济（唐·李白《临路歌》）

大鹏振八裔

——盛唐浪漫主义诗人李白

一

唐代宗宝应元年（762年），李白病死于当涂族叔李阳冰家。

“诗仙”长逝，金星陨落，诗空为之降下滂沱大雨，历史也不禁为之黯然。

目送李白远逝的背影，人们不禁想起了他的著名绝句《黄鹤楼送孟浩然之广陵》：

故人西辞黄鹤楼，烟花三月下扬州。

孤帆远影碧空尽，唯见长江天际流。

碧空白云，孤帆远影，李白的背影一步步走出了人们的视野；然而他的不朽诗文却如同浩荡长江，一泻万里，奔流不息。

这一首当年李白为诗友孟浩然送行而写的名篇，却成为了人们为他送行的生动写照。

李白这位在古往今来的诗坛上罕见的天才、集天上人间之灵气而孕育的诗人，以横空出世的磅礴气魄、海阔天空的奇异灵感、瞬息万变的浪漫幻想、呼风唤雨的神来之笔，创作了大量神奇的诗篇，创造了千古诗坛的奇迹。如同永恒而明亮地闪耀在夜空的那颗金星一样，李白的名字最醒目地留驻于唐代的灿烂诗空，他的作品也成为中国悠久诗河中最辉煌的丰碑。

唐宋八大家之一的曾巩在《代人祭李白文》中，以四字一句、四句一韵的手法与结构，着力颂扬李白诗文的玮丽瑰奇：

> 子之文章，杰力人上。地辟天开，云蒸雨降。播产万物，玮丽瑰奇。大巧自然，人力和施？又如长河，浩浩奔放。万里一泻，末势尤壮。大骋阙辞，至于如此。意气飘然，发扬俦伟……

李白，字太白。祖籍陇西成纪（甘肃天水），因先世在隋末获罪徙居中亚碎叶（今吉尔吉斯斯坦境内），李白在唐武则天长安元年（701 年）出生于此。5 岁时他随父迁居绵州昌隆（今四川江油）的青莲乡，因以自号青莲居士。

李白的青少年时期是在蜀中度过的。他自幼读书广为涉猎，“五岁诵六甲，十岁观百家”、“十五观奇书，作赋凌相如”，还曾师从被尊为唐代重要隐士思想家的赵蕤。他更有两大爱好和向往：一是“十五游神仙，仙游未曾歇”，羡慕游仙问道的生活；二是“少任侠”、“轻财好施”，热衷于剑术侠义。

尽管在李白那个时代，老子早已骑青牛、出函关飘然而去，然而他的人生哲学却长留人间，青年李白就受到道家思想的很大影响。26 岁那年，“骇骥筋力成，意在万里外”的李白，决定“仗剑去国，辞亲远游”，走出巴蜀，漫游全国。他从峨眉山沿平羌江南下，到荆门、游洞庭，接着又到了金陵、广陵和会稽等地，不久回舟西上，寓居郧城（今湖北安陆）。在出蜀途中至江陵时，李白巧遇名气很大的道士司马祯。司马祯见其人其诗，惊叹不已，以“有仙风道骨，可与神游八极之表”之词赞誉，使倍感欢欣鼓舞的李白决心去追求“神游八极之表”的世外桃源。

初次远行的李白坐在船上，观赏着沿途的秋江、山月、峻岭、旷野。

一路上不断变幻的风光，像一页页往下翻转着的大自然的画册，每一幅画面都令他激动不已。在山水美景的撩拨下，一颗年轻的诗心再也忍耐不住沉默了，李白的诗篇第一次洒落在长江的波峰浪尖。

行旅从千里蜀江开始，起程清溪。秋夜行舟，月随江流，思君不见，使他情不自禁地吟下对故乡故人充满情感的《峨眉山月歌》：

峨眉山月半轮秋，影入平羌江水流。

夜发清溪向三峡，思君不见下渝州。

出三峡后，船向荆门山外驶去，巫山两岸的高山逐渐消失，滔滔江水涌入一片平野。他以欣喜开朗的心情高歌一曲《渡荆门送别》，在诗中也隐隐流露了一丝乡思：

渡远荆门外，来从楚国游。

山随平野尽，江入大荒流。

月下飞天镜，云生结海楼。

仍怜故乡水，万里送行舟。

东下金陵，船到安徽当涂夹江对峙的天门山时，映入眼帘的两山雄姿，一片孤帆，他以无比新鲜和喜悦的心情，吟下一首《望天门山》：

天门中断楚江开，碧水东流直北回。

两岸青山相对出，孤帆一片日边来。

李白在漫游长江中下游地区时，第一次感受到了仍处于开元盛世中的大唐帝国所呈现的欣欣向荣景象，使他更加坚定了“天生我材必有用”的信念，对前途充满了信心。难道李白真能读懂形势、看清前途吗？政治的帷幕严严实实地掩盖着史实的真相，作为在台下看戏的一名普通观众，李白又怎能洞悉其中的奥秘呢？

实际上此时大唐形势正发生着急剧变化：曾经是励精图治的皇帝唐玄宗，如今已变成荒淫昏庸的“太平天子”；而在奸相李林甫和宦官高力士等人的专权下，朝廷政治陷于黑暗之中；政局不稳，一场巨大的祸乱——安史之乱也显露了山雨欲来之势。在这种情况下，李白只能在漫游和隐居中作无望的等待，也只能在饮酒和吟诗中作空幻的翱翔。更何况他虽然志在“申管晏之谈，谋帝王之术”，愿以天下为己任，但却不屑于参加登上政治舞台唯一通道的科举考试，因而也始终未能如愿以偿地平步青云。

十几年的浪迹天涯，倒使性格豪爽的李白结交了不少朋友，而在此期间创作的大量诗篇在各地流播之后，也使他名扬海内。天宝元年（742年），李白自山东兖州携家南下，再游越中（今浙江绍兴），与会稽道士吴筠成为道友和诗友，一同居住剡中。在吴筠的推荐下，年已42岁的李白被唐玄宗李隆基诏赴长安，使他终于得到了进入朝廷的机会。由于李白此时已将家迁居于安徽南陵，得到诏书后，他兴冲冲地赶回家中，与儿女告别，并写下了一首激情洋溢的七言古诗《南陵别儿童入京》：

白酒新熟山中归，黄鸡啄黍秋正肥。呼童烹鸡酌白酒，儿女嬉笑牵人衣。

高歌取醉欲自慰，起舞落日争光辉。游说万乘苦不早，著鞭跨马涉远道。

会稽愚妇轻买臣，余亦辞家西入秦。仰天大笑出门去，我辈岂是蓬蒿人。

此时此刻，踌躇满志、春风得意的李白，“仰天大笑”，“著鞭跨马”，满以为西去长安，就能像当年得到汉武帝赏识的朱买臣那样，得以“游说万乘”、实现抱负了。他一到长安就见到了官居太子宾客的诗人贺知章。贺知章在读李白呈上的乐府诗《蜀道难》时，拍案叫绝，将李白称为“谪仙人”，还以“金龟换酒”邀请李白对饮畅叙。贺知章在当时京都的政坛和文坛，都称得上是一位德高望重的老前辈了，经他这么一张扬，李白自然身价倍增，在长安名噪一时。唐玄宗也因此对他颇为器重，甚至作出了“降辇步迎，如见园绮”的姿态。

梦想成真的时候也就是从梦中醒来的时候。李白在长安客居不到两年，终于认清了唐玄宗对自己只不过“珠玉买歌笑，糟糠养贤才”，并无重用之意，同时也明显地感到权臣佞幸对自己的诽谤和谗害。当初满心想成为朝廷中“辅弼”之臣的希望已变成南柯一梦，梦醒之后的李白便立即上书请还。而玄宗也以他“非廊庙器”，准予他离开长安，还御赐一面金牌，美其名曰“赐金还山”，假惺惺地作出了一副怜才的姿态。

长安曾经给了李白憧憬和喜悦，最后也给了他清醒和解脱。天宝三年

（744 年）春，李白毫无眷恋地离开了长安，又踏上了游历的旅程。但这次政治上遭受挫折的愤怨依然郁结于怀，因此他在其后写的著名记梦诗和游仙诗《梦游天姥吟留别》的结尾处，一吐在长安屈居两年的郁悒之气，向世人大声宣告了他的心愿和志向：

安能摧眉折腰事权贵，使我不得开心颜！

二

李白一生中并没有留下什么政绩或战绩，留下的只是他浪迹天下的行迹和斗酒百篇的吟迹。

离开长安之后的 11 年间，李白继续在黄河、长江的中下游地区游历。在此期间最令他欣慰的一件大事，是他在东都洛阳认识了比他小 11 岁的诗人杜甫。素有“致君尧舜上，再使风俗淳”抱负的杜甫，与他慕名已久的李白意气相投，一见如故，并立即商定结伴出游。他们东行至开封又遇到恰好独自漫游的诗人高适，于是三人一起开始了充满浪漫情调的梁宋之游。其后李白和杜甫又在梁宋重新会面，并一起到齐鲁漫游，在那里度过了“醉眠秋共被，携手日同行”的美好时光。

和杜甫分别后，李白以梁国（今河南开封）为中心，南走越中，北访幽蓟，并重游了金陵等地。他漫游的目的不仅旨在欣赏大自然的美，而且也为了求仙访道：“五岳寻仙不辞远，一生好入名山游”。这时候他的心情充满矛盾，一方面对李林甫、杨国忠等朝中奸佞予以强烈的谴责，对险恶的政局发出悲怆的呐喊，另一方面仍然认为“东山高卧时走来，欲济苍生应未晚”，希冀找到一个为国效力的机会。

天宝十四年（755 年）安史之乱爆发后，李白避地东南，来往于宣城、当涂、金陵、溧阳一带，后来一度隐居庐山。次年十二月唐玄宗之子永王李璘以平乱为号召，在江陵（今属湖北）起兵，引水师东下，途经九江时，三请李白参与其戎幕。念念不忘实现宏愿的李白，以东晋名臣谢安自喻，决意辅佐永王，平定叛乱。他在《永王东巡歌》（之二）中写道：

三川北虏乱如麻，四海南奔似永嘉。

但用东山谢安石，为君谈笑静胡沙。

不料肃宗李亨和永王李璘之间又祸起萧墙，兄弟争权，结果是李璘兵败被杀。李白也因此获罪下狱，不久被流放夜郎（今贵州铜梓一带）。经历15个月的流放，李白在巫山途中遇赦放还，重新获得自由。他随即顺长江东归，怀着欢快的情绪在舟中写下了名作《早发白帝城》：

朝辞白帝彩云间，千里江陵一日还。

两岸猿声啼不住，轻舟已过万重山。

上元元年（760年），李白从江夏到豫章（今江西南昌）与夫人重聚。这时他已年近花甲，而且生活穷愁潦倒，但壮心未已，仍念念不忘时局。上元二年，东南地区又告吃紧，朝廷派李光弼出镇临淮（今安徽泗县），61岁高龄的李白，听到这一最后的报国机会的消息后，打算赶往临淮，参加李光弼的军队。可惜走到半路，病魔掐灭了他最后一丝生命之光。第二年，李白在安徽当涂满怀憾意与世长辞。唐代李华在《故翰林学士李君墓志铭》中云：李白“年六十有二不偶，赋临终歌而卒”。

大鹏飞兮振八裔，中天摧兮力不济。

馀风激兮万世，游扶桑兮挂石袂。

后人得之传此，仲尼亡兮谁为出涕？

李白在这首绝笔诗《临终歌》中，将自己比作大鹏。他伤心地吟唱道：振翅飞翔的大鹏虽在半空遭摧折，但雄风的余威仍将激荡。他有才能却未能施展，只能寄希望于后人；麒麟被捕有孔子为它流涕，如今孔子已死又有谁为大鹏哀伤呢？《临终歌》是一段哀婉动人、悲怆壮烈的临终遗言，是李白对自己一生的总结、一生的慨叹。

彷徨于儒、道思想交互的十字路口，李白的内心始终充满矛盾，他的志向和追求是儒家的忧患精神与用世济时，而他的思想与性格则是道家超尘出世、自由翱翔。他在漫游中度过了大部分生涯，当应诏北行、梦醒长安之后，更促成了他“且放白鹿青崖间，须行即骑访名山”的决心。“功成身退”、“法天贵真”、“清静无为”的道家思想，深刻地影响和支配着李白的行为，在一定程度上塑造了一个漠视功名利禄、保持独立人格、企图通过游仙追求超越的一位伟大诗人。

马鞍山市所属的当涂县，是李白的终老之地。在当涂的采石与青山，分别有李白衣冠冢和李白墓各一座。采石江边的李白衣冠冢，是他初葬之地，唐代诗人白居易《李白墓》的诗就写于此地：

采石江边李白坟，绕田无限草连云。
可怜荒冢穷泉骨，曾有惊天动地文。
但是诗人多薄命，就中沦落不过君。
渚苹溪藻犹堪存，大雅遗风已不闻。

唐元和十二年，宣歙观察使范传正根据李白生前“志在青山”的遗愿，命当涂令诸葛纵将李白墓迁至青山西南，即今太白乡谷家村口。青山，亦名青林山，峰峦峥嵘，岩壑灵秀，林木葱郁，泉水潺湲。史载南齐诗人、宣城太守谢朓酷爱其胜，谓之“山水都”，曾筑室山南。“一生低首谢宣城”的李白，生前既爱青山风景，又慕谢公品格，曾有“宅近青山同谢朓”的夙愿。一心想与谢朓结为异代芳邻，后人终于为他圆了这个梦。

李白墓陵园内左侧有“青莲池”，一座拱形的“化鹤桥”横跨池上，连着“十咏亭”。亭左侧为太白祠，祠正庭厅内迎面耸立着一尊气度非凡的汉白玉李白塑像，祠后为李白墓地。墓呈圆形，坐北朝南，枕山面水。墓前嵌立一石碑，上刻“唐名贤李太白之墓”。

千百年来，民间依然故我地流传着一种说法：李白没有死，他因入江捉月而去，他是骑鲸升天而逝。千百年来，他游览过的地方，人们接踵而至李白的墓茔，寻踪诗星，凭吊诗仙。诗星陨落天下长悲，诗仙墓前哀歌不绝，前来谒墓的唐诗人殷文圭吟下的《经李翰林墓》诗云：

诗中日月酒中仙，平地雄飞上九天。
身谪蓬莱金籍外，宝装方丈玉堂前。
虎靴醉索将军脱，鸿笔悲无令子传。
十字遗碑三尺墓，只应吟客吊秋烟。

高风亮节映照着青山明月，白发丹心紧邻着谢公诗魂。李白捋着长髯，飘然地站着，炯炯的目光穿越千古烟云，默默地见证着人世的沧桑。

恰如墓前一副墓联所言：

青山埋忠骨，岂能折腰事权贵；

白发怀丹心，甘愿低头为庶民。

三

在漫游中追求理想，在漫游中寻找朋友，在漫游中播种诗章，在漫游中闪耀才华——漫游贯穿在李白的生命、生活和生涯之中。

江油青莲乡故里是李白漫游的出发点，李白从这里离开后，却再也没有机会回来探视一番。豪放潇洒的李白，从来就不是一个愁肠百结、乡思如缕的诗人，但是当孑身在外感到孤独寂寞或失意痛苦之时，故乡依然是他最思念的地方。他的一首《春夜洛城闻笛》，不知曾激起多少人的故园情：

谁家玉笛暗飞声，散入春风满洛城。

此夜曲中闻折柳，何人不起故园情！

他的一首《宣城见杜鹃花》，又使多少人的心头泛起乡思的涟漪：

蜀国曾闻子规鸟，宣城还见杜鹃花。

一叫一回肠一断，三春三月忆三巴。

另一首流播千载而不衰的七绝《静夜思》，更成了古今万千游子珍藏于心的金曲：

床前明月光，疑是地上霜。

举头望明月，低头思故乡。

看来，诗人一贯的豪放气魄已经淹没在凄婉的乡思之中了。

在李白人生旅途上，还有过两处先后卜居十年的港湾。开元十六年（728 年）早春，李白来到湖北安陆。在这里，他和许围师（曾在唐高宗时做过宰相）的孙女结婚，经历了“酒隐安陆，蹉跎十年”的生活。在此期间他曾隐居于安陆境内的寿山和白兆山桃花岩，又曾与道士元丹丘一道隐居嵩山。第二个十年是在和杜甫结识、相聚并分别后。由于夫人许氏早已去世，李白在梁国与相门之女宗氏结婚，常住于此，也就是他所说的

"一朝去京国，十载客梁国"。

宁静而安逸的港湾，只是李白短暂的栖息地，作为一个勇往直前的时代水手，他在一生中不断地探索茫茫大洋中的宝岛，寻找浩浩史海中的英雄。李白在万里行程中发现了三座名城，找到了他想寻访的遗迹，看到了他要追踪的背影。三座古城中的一个是他向往的浙江绍兴，一个是他酷爱的安徽宣城，另一个是他情有独钟的安徽马鞍山的当涂县。不管绍兴、宣城或当涂，这三处都拥有自然财富的江南形胜之地，曾经激发了李白的诗歌情感，使他从这里的山水之间汲取灵感，捕捉形象，然而更让他着迷和追求的却是他心目中的千古风流，以及留于斯地的人文遗踪。

在早期的吴越之游中，李白曾四次踏上山阴古道（今绍兴）。他最仰慕的人物中，春秋时期的爱国女子西施、指挥淝水之战的东晋名相谢安、开创古代山水诗的鼻祖谢灵运，还有在他最早识他为千里马的伯乐贺知章，都是先后从这里走进历史史册的。

西施故里在绍兴诸暨市，留存于诸暨的一系列古迹中，还有一块相传是西施浣纱用过的浣纱石。李白曾就此石为题，咏一首《送祝八之江东，赋得浣纱石》，表示了对这位越女的思念：

西施越溪女，明艳光云海。
未入吴王宫殿时，浣纱古石今犹在。
桃李新开映古查，菖蒲犹短出平沙。
昔时红粉照流水，今日青苔覆落花。
君去西秦适东越，碧山青江几超忽。
若到天涯思故人，浣纱石上窥明月。

玄宗天宝三年（744 年），在长安朝廷为官 50 年的贺知章告老还乡，荣归家乡山阴。李白闻讯后，深情难舍，以《送贺宾客归越》之诗相送：

镜湖流水漾清波，狂客归舟逸兴多。
山阴道士如相见，应写黄庭换白鹅。

贺知章回乡不到一年，溘然长逝，但遥隔重山的李白并不知情。747 年他访越中，在前往贺知章居地鉴湖道士庄拜望他时才得此消息。望着人去楼空的景象，抚今追昔，令李白惆怅不已。他在《对酒忆贺监二首》的序中说："太子宾客贺公，于长安紫极宫一见余，呼余为'谪仙人'，因解金龟，换酒为乐。殁后，对酒怅然有怀，而作是诗。"诗（之一）云：

四明有狂客，风流贺季真。
长安一相间，呼我谪仙人。
昔好杯中物，今为松下尘。
金龟换酒处，却忆泪沾巾。

以性格狂傲和作风奔放而著称的诗仙李白，在一生中敬佩的人大概不会太多，然而却一仰谢安，二慕谢灵运，三忆谢朓，对谢家英才表现了不寻常的感情。谢安和他的侄曾孙、南朝宋诗人谢灵运都曾长期生活在绍兴，李白四访越中，也必要慕名寻踪这两位谢家传人。谢安在不惑之年出山之前一直隐居上虞（今绍兴上虞）东山，这种不为权势利禄所动的高尚风格，深受李白赞赏，而谢安所创造的伟业尤其为李白所敬佩和追慕。他自叹生不逢时，报国无门，在《忆东山二首（之一）》一诗中所流露的，正是这种苦恼而无奈的心情：

不向东山久，蔷薇几度花。
白云还自散，明月落谁家。

他一生总以谢安自比、自期，曾多次讴歌谢安，并一再抒发了长怀东山之情：

北阙青云不可期，东山白首还归去。（《忆旧游赠谯郡元参军》）
东山高卧时起来，欲济苍生未应晚。（《梁园吟》）
谢公终一起，相与济苍生。（《送裴十八图南归嵩山》）
但用东山谢安石，为君谈笑静胡沙。（《永王东巡歌》）

谢安后代谢灵运受到李白的仰慕，不仅因其诗文奇美，而且由于其性情狂傲，他在多首诗篇中坦率地表述了对这位前辈的情感。当李白踏遍青山来到神往已久的天姥山时，有感于谢灵运当年在此寻山陟岭、游赏玩乐之潇洒，有感于他"常着木屐，上山则去其次前齿，下山则去其后齿"之浪漫，不禁在《梦游天姥吟留别》诗中放声高吟：

我欲因之梦吴越，一夜飞渡镜湖月。湖月照我影，送我至剡溪。谢公宿处今尚在，渌水荡漾清猿啼。脚着谢公屐，身登青云梯。半壁见海日，空中闻天鸡。

在谢家的英才中，最使李白折服的莫过于南齐诗人谢朓了。清代诗人王士禛曾在《论诗绝句》中说李白“一生低首谢宣城”，而李白在《金陵城西楼月下吟》中也自白道：“解道澄江净如练，令人长忆谢玄晖”。谢朓的才华固然使李白敬慕不已，而谢朓的冤屈也勾起了他一腔同病相怜的心事，应该说李白对谢朓的忆念毫无虚情，而谢朓任过太守的宣城成了李白流连忘返之地也是不言而喻了。

在宣城太守任内，谢朓曾在城郊陵阳山上修建一楼，名北楼，后世称谢朓北楼，亦名谢公楼。天宝年间，怀才不遇的李白数登谢公楼，寻访遗迹，缅怀先贤，临风吟咏，一抒愁怀。其中一首《秋登宣城谢朓北楼》，诗云：

江城如画里，山晚望晴空。
两水夹明镜，双桥落彩虹。
人烟寒橘柚，秋色老梧桐。
谁念北楼上，临风怀谢公。

天宝十五年，李白在谢公楼为秘书省校书郎李云饯行，写下了《宣州谢朓楼饯别校书叔云》一诗。在诗中他以“蓬莱文章建安骨”之句赞美李云的文章，而以“中间小谢又清发”自指，将自己比作谢朓。这并非李白的自谦，恰恰是他的自信，因为他认为自己的诗文已经具有谢朓那种清新秀丽的风格了。尽管谢朓早已作古，但是李白始终把他当作自己的良师益友，把他的诗文风格和艺术表现手法作为自己的学习榜样。

位于宣城北的谢公亭，是又一处纪念谢朓的古迹，谢朓曾与文友范云在此游吟，亦于此送别范云。在《谢公亭》一诗中，李白又一次表达了追思先贤并欲与之神游的心情：

谢亭离别处，风景每生愁。
客散青天月，山空碧水流。
池花春映日，窗竹夜鸣秋。
今古一相接，长歌怀旧游。

能有幸得到诗仙的如此推崇，在唐之前的诗人中，恐怕也只有谢朓一人了。不过谢朓独享此誉也是情理之中，毕竟是他以自己创作的佳品，影响了后代的诗人，为山水诗的发展作出了贡献。

以青山（谢公山）和采石矶的名胜著称于当时的当涂，是李白度过晚年的地方。由于谢朓的关系，青山自然成了李白追怀无穷的胜境。原名牛渚矶的采石矶，是李白多次游访之地，并在这一带写下《望天门山》、《横江词六首》、《夜泊牛渚怀古》等不少脍炙人口的名篇。

在采石矶有一个李白心仪已久的影子，一位也是从谢家门槛迈出来的名人，他就是谢安堂兄、东晋镇西大将军谢尚。据《晋书》载，当年有一个少孤贫、有逸才的袁宏，夜在舟中吟诵所作《咏史》诗，被镇守牛渚的谢尚将军闻之，赞美不已，与之谈论，通宵不寐，后谢尚赏其才，任袁宏为参军。李白夜泊牛渚，从当年袁宏遇贵人的故事，联想到自己虽“亦能高咏”却无人赏识，吟下一首名作《夜泊牛渚怀古》，诗题下原注“此地即谢尚闻袁宏咏史处”：

牛渚西江夜，青天无片云。

登舟望秋月，空忆谢将军。

余亦能高咏，斯人不可闻。

明朝挂帆席，枫叶落纷纷。

后人在李白墓前写下一联，记述了诗人毕生憎恨的小人和心仪之英贤：

把酒问青天，放眼已无高力士；

登舟望秋月，旷怀犹忆谢将军。

当然李白到当涂更多是冲着当县令的族叔李阳冰来的。李阳冰英风豪气、文才风流及其在任内做出的治民政绩，受到李白的敬重和信任，也是李白晚年投靠和托付后事之人。从李白的《献从叔当涂宰阳冰》一诗，可见其对李阳冰感情。后来在病重弥留之际，李白枕上授稿，请李阳冰编集作序。李阳冰不负重托，为这位伟大的诗人保存了弥足珍贵的千余首诗文，而他的《草堂集序》也成为后人研究李白的最权威的华章。

四

李白的生命中，离不开美酒和友人。两者是他心灵的慰藉、灵感的源泉、情感的依托和人生的侣伴。

李白一斗诗百篇，长安市上酒家眠，

天子呼来不上船，自称臣是酒中仙。

这是年轻的杜甫在《饮中八仙歌》中为时在长安的李白作的一幅“酒态图”。《饮中八仙歌》是一组别开生面的“肖像诗”，诗中勾画了八位名重当时的“饮中八仙”贺知章、李琎、李适之、崔宗之、苏晋、李白、张旭、焦遂。他们一个个旷达纵逸、酒态可掬。而在八仙中，唯有一位“谪仙人”李白，在醉态中透出一股特有的愤世嫉俗、蔑视权贵的傲气和豪气。

这股睥睨自若的傲气，是从狂傲不羁、我行我素的叛逆性格中萌生出来的，也是从指点江山、挥斥八极的情感冲动中迸发出来的。这股与生俱来的豪气，在春风得意时，固然是“天子呼来不上船，自称臣是酒中仙”；而在人生失意时，也依然是“黄金白璧买歌笑，一醉累月轻王侯”。

酒中之诗，诗中之酒，都成了醉仙李白向权贵们反抗和挑战的武器。他平生为许多爱国名将和草莽枭雄唱过赞歌，自西周到东晋的历代风云际会中涌现出来的好汉豪杰中，位卑者如垂钓老翁姜子牙、市井小民侯嬴和朱亥、高阳酒徒郦食其、贫家子弟韩信和通缉逃犯张良等，位尊者如爱才若渴的燕昭王、礼贤下士的信陵君、东山再起的谢安等，都是他笔下大肆颂扬的历史人物。他一方面以一杆劲笔描绘和塑造古代英雄的形象，将深藏在自己心田的理想投影于历史，在酒诗中构筑了时势所创造的英雄画廊。而另一方面，他又敢于以区区一介布衣的身份，笑傲中原，揶揄朝廷。“古来圣贤皆寂寞，惟有饮者留其名”，他用自己的酒诗创造了一个盛唐文化中的高大英雄形象，恰如台湾诗人余光中在《寻李白》一诗中所赞：

……酒放豪肠，七分酿成了月光

余下的三分啸成剑气

口一吐就半个盛唐
从一元到天宝，从洛阳到咸阳
冠盖满途车骑的嚣闹
不及千年后你的一首
水晶绝句轻叩我额头
当地一弹挑起的回音……

酒诗是心声的反映，也是经历的折射。李白在长安写下的酒诗中，散发着他的喜怒哀乐，他复杂、沉重和渐变、突进的心路历程。尽管他平生不得志，一生多磨难，然而在他的酒诗中，却始终充满了人生之乐和人生之恋："人生达命岂暇愁？且饮美酒登高楼"（《梁园吟》），"且醉习家池，莫看堕泪碑"（《襄阳曲》之四）。即使在他孤独寂寞失意痛苦之时，他也能在《月下独酌》时对影邀月，月下歌舞：

花间一壶酒，独酌无相亲。举杯邀明月，对影成三人。
月既不解饮，影徒随我身。暂伴月将影，行乐须及春。
我歌月徘徊，我舞影零乱。醒时同交欢，醉后各分散。
永结无情游，相期邈云汉。

在李白的一生中，大概很少有有酒而不醉的事，而有酒不饮则更为罕见了。然而当李白离开长安的时候，在友人不惜设下价值"万钱"的盛宴为之饯行时，这位素以豪放性格和豪饮嗜好著称的诗人，竟然抑制不住内心的痛苦和感情的冲动，推开了酒杯，撂下了筷子，拔剑四顾，心情茫然，愤慨地唱出了一曲《行路难三首》（其一）：

金樽清酒斗十千，玉盘珍馐直万钱。停杯投箸不能食，拔剑四顾心茫然。

欲渡黄河冰塞川，将登太行雪满山。闲来垂钓碧溪上，忽复乘舟梦日边。

行路难，行路难，多歧路，今安在？长风破浪会有时，直挂云帆济沧海。

对于李白来说，美酒往往是与挚友交融在一起的。他对友人的深情厚谊，在那首脍炙人口的《黄鹤楼送孟浩然之广陵》诗中得到了充分的展示。具有豪放性格和豪情满怀的李白，在与他的诗友、酒友交往中，也不时流露出别情依依、思意浓浓的一面。但与常人所不同的是，在他的诗歌中，别情和思意绝不会浸沉于悲伤的泪水中。即使在送行惜别之际，或是在睽离怀念之时，他的诗也依然是一阵豪爽的风，一首欢快的歌。在他的送别诗和思友诗中有好些传世佳作：

李白乘舟将欲行，忽闻岸上踏歌声。
桃花潭水深千尺，不及汪伦送我情！

（《赠汪伦》）

杨花落尽子规啼，闻道龙标过五溪。
我寄愁心与明月，随风直到夜郎西。

（《闻王昌龄左迁龙标，遥有此寄》）

在古代所有的送别诗或思友诗中，两位光照千古的伟大诗人李白和杜甫之间问候、慰藉、思念和送别的诗篇，在中国文学史上也许具有最重的分量和最高的价值。李白和杜甫在同游梁宋、齐鲁后，分手于鲁郡东石门，临行时李白写了一首送别诗《鲁郡东石门送杜二甫》。独自回到寄寓之地沙丘城的李白，在结束了与挚友杜甫“醉眠秋共被，携手日同行”（杜甫《与李十二同寻范十隐居》）难忘的愉快生活后，追思友情，倍觉孤单。于是又提笔写下了一篇思念诗《沙丘城下寄杜甫》：

我来竟何事？高卧沙丘城。
城边有古树，日夕连秋声。
鲁酒不可醉，齐歌空复情。
思君若汶水，浩荡寄南征。

在这次分别后，天各一方的两位伟大的诗人就再无重逢的时日。杜甫对兄长般的天才诗人李白十分崇仰，日夜思念，他把李白诗作赞颂为“笔落惊风雨，诗成泣鬼神”。而李、杜的后辈韩愈则以“李杜文章在，光焰万丈长”的评语，对古代中国诗歌黄金时代的两位文学巨匠作了高度概括。

尽管无情的历史没有赐予李白任何建功立业的机会，然而黑暗的时代却无法淹没李白的热情、浪漫、奔放的艺术才华，更无法改变他那高贵、傲然、强劲的斗士风骨。

这颗光芒万丈的诗空金星，并没有在黑暗的侵袭和吞噬中消逝。在李白逝世千余年后，人们在天空中找到了一颗新的行星，于是就将它命名为“李白”。除李白外，还有两颗用中国人的名字命名的星星：一个是屈原，另一个是张衡。

这个刚直不阿的千古伟人，没有在围困和攻击中倒地。今天的李白是联合国教科文组织颁布的世界文化名人，他也是作品在世界上被翻译得最多的中国诗人。他的灿烂诗篇不仅永远留驻在中华文明的史册上，并且也永远鲜亮地绽放在世界文明的花园中。

——飘飘何所似？天地一沙鸥（唐·杜甫《旅夜书怀》）

天地一沙鸥

——盛唐现实主义诗人杜甫

一

伟人的不朽多在身后，因为对伟人的审核和评定，有待于历史去伪存真的公正化，也有待于人民直言不讳的民主化。

杜甫从未奢望自己有朝一日成为一位名垂青史而不朽的伟人，他的一生也毫无轰轰烈烈的伟业可言，就是微不足道的政绩都没有。杜甫的人生经历，除了年轻时的读书和漫游外，其余大部分时间都是在漂泊和逃难中度过的。其实，杜甫从少年时代起就胸怀治国安邦的壮志，况且他的才能、学识和见解也早就足以成为国之栋梁，然而他在近一个花甲的人生之旅中却始终没有撞开幸运之门。

杜甫，字子美，因曾居长安城南的少陵之西，故自称少陵野老，又因在剑南节度使严武幕中任检校工部员外郎，故史有杜工部之称。杜甫原籍湖北襄阳，唐玄宗先天元年（712 年）出生于河南巩义。青少年时期的杜甫，正逢唐王朝的开元盛世，又生长在一个书香世家，特别是被称为唐初

“文章四友”之一的祖父杜审言，其诗品和人品直接影响着杜甫和杜家后嗣。

少年杜甫，凭借家藏万卷书的优越条件，独自埋头于书房，辛勤地泛舟书海。“七龄思即壮，开口咏凤凰。九龄书大字，有作成一囊。”杜甫晚年在夔州写的回忆诗《壮游》中，对自己少年时代学业之成绩，既含有辛酸的感叹，也不无自豪的追溯。而且，“往昔十四五，出游翰墨场。斯文崔魏徒，以我似班扬。”一个十四五岁的少年，居然已经扬名于洛阳文坛，并被比作为班固、扬雄，有如此的才学，按说在凭考录吏、以文任官的仕途上，杜甫的前程应该是一片光明。

从 24 岁开始，年少气盛、对未来充满信心的杜甫踏上了南北壮游的路程。自吴越到燕赵，杜甫既陶然于“剑池石壁仄，长洲荷芰香”、“越女天下白，鉴湖五月凉”的江南秀色，又在齐赵大地快意地“春歌丛台上，冬猎青丘旁。呼鹰皂枥林，逐兽云雪冈”。25 岁时，杜甫漫游到山东，眺望东岳泰山，由这座岱宗（五岳之首）的雄姿联想到自己的壮志，吟下了与泰山同垂不朽的“绝唱”《望岳》：

岱宗夫如何？齐鲁青未了。
造化钟神秀，阴阳割昏晓。
荡胸生层云，决眦入归鸟。
会当凌绝顶，一览众山小。

然而杜甫在结束难忘的十年放荡轻狂的漫游生活之后，就再也唤不回浪漫自在的时日了。为了谋取功名和维持生计，总还得回到现实世界，敲开科举之门。在江南漫游期间，杜甫曾回巩县参加过一次科举考试，不幸名落孙山。返回洛阳又经过几年蹉跎后，杜甫来到了鱼龙混杂的帝都长安。在那个时代，长安是决定书生命运的大赌场，即使明知凶多吉少，天下文人们也总要来此孤注一掷。

恰好一次玄宗特批全国性公开招贤的“恩科”考试举行在即，杜甫以为天赐良机，实现自己崇高理想的时刻来了，他不怕考试，对这次皇帝御定的考试更是胸有成竹。当他踌躇满志地走出考场，特别是满怀信心地等到发榜时，等着他的却是意想不到的榜上无名。他不甘心于失败，经过调查才了解到此次考试竟无一人及第，原来是口蜜腹剑的宰相李林甫为了杜绝贤路，以无人通过考试为由，欺骗皇帝说“野无遗贤”，天下已无英才。

对于杜甫来说，不仅“致君尧舜上，再使风俗淳”的政治抱负成了一枕黄粱，而且连自身生存和养家糊口的希望都破灭了，不得不开始“朝扣富儿门，暮随肥马尘”的屈辱生活。恃才负气的杜甫为了摆脱这种困境，曾屡次向在朝做官的友人寄诗献赋，在诗文中诉说处境、表白才华和抨击现实，然而毫无结果。漂泊到40岁那年，长安连续三天举行皇帝的祭祀大典，杜甫呈献了三篇《大礼赋》，受到唐玄宗的赞赏，又参加了集贤院考试并等待录用。但没料到考试后却再无下文。

这次落榜，让杜甫真正感到伤心。一心想尽忠皇帝、报效国家的杜甫，算是亲身感受和领教了朝政的腐败，对皇帝和朝臣的幻想虽还没有完全破灭，但已失去了原来的热情。

二

正当被生活逼得走投无路的时候，杜甫突然接到了任职河西县尉的通知。深知这是一个需要曲意逢迎上司、残酷欺诈百姓的官位。但为生计所迫，后来他不得不委屈地就任了一个管理军械库房的小吏。

困难是成功的起跑线，折磨成就了许多古今中外伟人。美国著名教育家、演说家卡耐基指出：“如果柴可夫斯基不是那么的痛苦——而且他那个悲剧性的婚姻几乎使他濒临自杀的边缘——如果他自己的生活不是那么的悲惨，他也许永远不能写出他那首不朽的《悲怆交响乐》。如果陀思妥耶夫斯基和托尔斯泰的生活不是那样的充满折磨，他们可能永远写不出那些不朽的小说。”卡耐基不了解中国，其实古代中国的诗圣杜甫，更是一个被人间的折磨铸成伟人的生动实例。

生活对杜甫的折磨并没有到此为止。杜甫在任“官”之后去奉先探亲，刚刚回到长安，就发生了安史之乱。于是他又匆匆返回奉先，携带一家老小融入于惶惶逃难的人流之中。历尽艰辛、九死一生的逃难经历，使杜甫亲眼看到安史叛军的烧杀掳掠，亲身感受了人民的艰难困苦。在杜甫把家眷暂时安顿在鹿州城北的羌村之后的一段时间内，风云变幻，前程未卜，处在小村的杜甫时刻询问着战局，关心着国运。当听到长安沦陷、皇帝落难的消息后，他孑身离家投奔唐肃宗，想为国家效力，却不幸在途中陷于叛军之手。后来从死里逃生、偷偷走出长安后，他不改初衷，继续走到凤翔，终于找到了皇帝，希望为拯救国难尽匹夫之责，但肃宗仅给他一个左拾遗（谏臣）的小职位。当他以一个左拾遗的身份，直言不讳地向皇帝陈述己见时，却又惹怒了肃宗，最终被调离和贬谪，在华州任职司功参军。这是杜甫短暂而卑微的宦途中的最后一站，不久他就弃官踏上了漂泊西南的旅程。

冤哉！一腔“会当凌绝顶，一览众山小”的豪情被焚化了。悲哉！一股“白鸥没浩荡，千里谁能训”的气魄被埋葬了。惜哉！一身“读书破万卷，下笔如有神”的才华被遗弃了。哀哉！一颗“至君尧舜上，再使风俗淳”的忠心被玷污了。

要承载这种历史强加的罪愆，是需要巨大的勇气的。如果杜甫在这一关键时刻偃旗息鼓，落荒而逃，那么中国将会失去一部光辉的“诗史”。杜甫自觉地选择了艰辛的挺进之路，他挤进了难民的队伍，混杂于饥寒交迫的劳苦大众中，开始时多少有些无奈，后来逐渐血溶于水，自觉地走进了人民，与他们融为一体，从而走上了为历史的罪恶作见证的旅程。

如果当时的杜甫是一个出入车轿侍候、上街鸣锣开道的权臣，他就不可能在街头目睹征夫诀别亲人的悲惨场面并含泪写下优秀史诗《兵车行》：

车辚辚，马萧萧，行人弓箭各在腰。

耶娘妻子走相送，尘埃不见咸阳桥。

牵衣顿足拦道哭，哭声直上干云霄。

如果当时的杜甫加入了瞒上欺下、同流合污的显贵行列，他就不可能写下深刻揭露和讥讽杨国忠兄妹骄纵淫逸生活的《丽人行》：

杨花雪落覆白苹，青鸟飞去衔红巾。

炙手可热势绝伦，慎莫近前丞相嗔！

而如果当时的杜甫不是融在人民之中，心系父老乡亲，他就不可能以“穷年忧黎元，叹息肠内热”的炽热感情，写下一代史诗《自京赴奉先县咏怀五百字》，尤其是那震撼人心的千古名句：

朱门酒肉臭，路有冻死骨！

如同现代文化学者刘小枫所说：“苦难记忆证明历史是负疚的，有罪的，而杜甫正是这苦难记忆的见证人，他在无力推动历史的车轮向前迈进时，用自己的双手记录下了历史的罪恶”。

又咸又涩的生活苦海，一次次冲刷着诗人的心灵，似乎着意考验和锻炼着中国古代文学史上的一位巨人。而愈来愈猛烈的历史风暴，也一阵阵地撞击着诗人的灵感，仿佛强烈地敦促和迫切期盼着反映时代的不朽史诗尽快问世。不断走向成熟的杜甫，在这四年颠沛流离、浮沉起伏的生活中，写出了一连串不朽的名篇，如《哀王孙》、《悲陈陶》、《哀江头》、《春望》、《羌村》、《北征》、《洗兵马》等，特别在华州期间，杜甫以其神来之笔写下了千古杰作“三吏”（《新安吏》、《潼关吏》、《石壕吏》）和“三别”（《新婚别》、《垂老别》、《无家别》），把他自己的现实主义诗歌创作推向到了顶峰，也使灿烂的唐诗在思想上的成就发展到了峰巅。

唐代宗宝应元年（762 年）冬，平叛安史之乱的唐军在洛阳附近的横水打了一个大胜仗，收复了中原重镇洛、汴、郑等州，叛军将领相继投降。正在避战祸而流寓梓州（今四川绵阳三台县）的杜甫欣喜地看到战云已散，归乡有望的念头随之涌上了心头。漂泊在剑外的杜甫，多么希望有一天能复归家园啊！因此他兴奋得涕泗交流。广德元年（763 年）春，52 岁的杜甫挥写了著名的七律《闻官军收河南河北》：

剑外忽传收蓟北，初闻涕泪满衣裳。
却看妻子愁何在？漫卷诗书喜欲狂！
白日放歌须纵酒，青春作伴好还乡。
即从巴峡穿巫峡，便下襄阳向洛阳。

千余年后，一位清朝官员刘青藜在祭拜杜甫后写下一首《杜少陵墓》诗，为杜甫的名篇《闻官军收河南河北》作了沉重的诠释，读之令人喟然，令人感伤：

万里清明节，回头忆北邙。
可怜出巫峡，曾未到襄阳。
故国三千里，羁魂二十霜。
蹉跎稷契志，终古恨茫茫。

然而官军收河南河北的捷报，欺骗了杜甫。杜甫没有读懂这份捷报的内在含义，捷报的解释权是属于皇帝的。因此平叛的胜利并没有使他“青春作伴好还乡”的美梦成真，“可怜出巫峡，曾未到襄阳”，更不用说回到那遥远的洛阳了。

三

杜甫在759年举家西迁。他从华州西行，度关陇，滞秦州，困同谷，在荒山寒峡之间艰辛跋涉，风餐露宿，终于抵达成都。

从肃宗上元元年（760年）春在成都浣花溪畔建草堂开始，杜甫在成都断断续续地住了5年，其间曾因避乱流亡梓、阆二州。在此期间，杜甫得到了一些官员和朋友如任蜀州刺史、成都尹、剑南西川节度使高适和成都尹、剑南西川节度使严武的关照，加上自己又种药栽树，勉强可以养家糊口。然而胸怀大志的杜甫岂是养家度日的碌碌之辈？在战乱不断、“万方多难”之际，流落锦城的诗人登楼北望，愁思满怀，写下一首即景抒怀、借古讽今的著名七律《登楼》：

花近高楼伤客心，万方多难此登临。
锦江春色来天地，玉垒浮云变古今。
北极朝庭终不改，西山寇盗莫相侵。
可怜后主还祠庙，日暮聊为梁父吟。

卜居他乡，栖身茅屋，杜甫一家人的生活并没有完全得到保障，即使他曾经十分喜欢的草堂，也只能是暂居之所。果不其然，草堂到了秋天竟面临了一场严峻考验——“八月秋高风怒号，卷我屋上三重茅”、“床头屋漏无干处，雨脚如麻未断绝”。面对秋色漠漠，诗人倚杖叹息，由个人的艰难处境，联想到众多无处安身的天下寒士，在《茅屋为秋风所破歌》中，发出了“大庇天下寒士俱欢颜”、“吾庐独破受冻死亦足”的激人心弦的浩叹。

眼看蜀中难以长住，杜甫正欲乘舟东下时，一度应召入朝的好友严武重来镇守四川，并在他的推荐下，杜甫被任为节度参谋检校工部员外郎。官位不高，不过对杜甫来说，大概是生平最高职位了。765年严武去世，杜甫终于失去凭依，于五月间举家离开成都草堂，乘舟东下，在岷江、长江漂泊。舟经渝州、忠州一带时，望眼水天空阔，慨叹孤舟飘零，触景生情，杜甫写了感人至深、促人泪下的《旅夜书怀》一诗：

细草微风岸，危樯独夜舟。
星垂平野阔，月涌大江流。
名岂文章著，官应老病休。
飘飘何所似？天地一沙鸥。

杜甫九月到达云安，因病不能前进，直到次年暮春病势减轻，才迁往夔州（今四川奉节）。饥饿、疾病的忧伤和经年的风吹雨打，令这位满头早染白霜的诗人饱尝人间的折磨和煎熬。唐代宗大历二年（767 年），杜甫在夔州登高望江，唱出了一首被后人誉为“古今七言律诗之冠”的人生悲歌——《登高》：

风急天高猿啸哀，渚清沙白鸟飞回。
无边落木萧萧下，不尽长江滚滚来。
万里悲秋常作客，百年多病独登台。
艰难苦恨繁双鬓，潦倒新停浊酒杯。

夔州气候恶劣，朋友稀少，杜甫遂决定离开，在大历三年（768 年）正月起程出峡，三月到江陵。在江陵住半年后，移居公安数月，于年底到达岳州（今岳阳）。大历四年至五年是杜甫生活的最后两年，他居无定所，往来于岳阳、长沙、衡州、耒阳之间，大部分时间是在船上度过的。在岳阳时，杜甫登上了闻名已久的岳阳楼。凭栏眺望，奔来眼底的洞庭水势，虽然浩瀚而汹涌，却引不起诗人的兴奋。面对京都长安，他瞻望依然处于兵荒马乱中的万里关山，又想到自己一生落泊、一事无成，不禁涕泗滂沱，将一首意境壮阔宏伟的《登岳阳楼》洒向洞庭湖面：

昔闻洞庭水，今上岳阳楼。
吴楚东南坼，乾坤日夜浮。
亲朋无一字，老病有孤舟。
戎马关山北，凭轩涕泗流。

大历五年（770 年）初，流落在潭州（今长沙）的杜甫，与昔日盛唐时期出入王府如同家常便饭的李龟年不期相逢。此时流落江南的李龟年，同样过着人在屋檐下的乞讨般生活。想当年在岐王府邸见面时何等风光，而杜甫也正是风华正茂，如今两位羸弱而憔悴的老人在异乡重逢时，竟已同为天涯沦落人了。数十年的时代沧桑、人生变迁，使杜甫感到无限惆怅和感慨，从而写下了一首意犹未尽、欲说还休的著名绝句《江南逢李龟年》：

岐王宅里寻常见，崔九堂前几度闻。

正是江南好风景，落花时节又逢君。

就在这一年春天，发生在湖南的一场战乱又将杜甫卷入了难民的行列。到了冬天，贫病交加的杜甫登上了由潭州开往岳阳的一条破船。船过洞庭湖时，59 岁的杜甫抱病写下了一篇五言排律的绝笔诗《风疾舟中伏枕书怀三十六韵奉呈湖南亲友》，这是在预感到自己不久于人世的情况下“伏枕”作成，因此实际上成为了杜甫自撰的讣告和遗嘱。在这首长诗中，杜甫这位毕生期盼着“至君尧舜上，再使风俗淳”的忠君爱国之士，直到临终一刻，还以仅剩的一点力气，艰难地喊出了“战血流依旧，军声动至今”的忧国忧民的呼声。杜甫为大唐痛哭流泪，因为他太爱这个中华帝国；杜甫对权贵嘲讽指责，因为他太恨这群无耻小人。

杜甫寂寞地走了，在当朝的唐代宗室眼里，他的死不过是在皇宫御花园的某棵大树上掉下了一片枯叶。杜甫轻轻地走了，在煊赫的权贵们看来，他的死无非是在官邸厨房间的某次做饭时飘走了一缕炊烟。然而在千古竹帛的记载中，鸿毛泰山，究竟孰轻孰重？冯至的《杜甫》一诗，将历史老人的评判记录在案：

你的贫穷在闪烁发光
像一件圣者的烂衣裳，
就是一丝一缕在人间
也有无穷的神的力量。
一切冠盖在它的光前
只照出来可怜的形象。

杜甫的诗篇永远不会枯萎，杜甫的悲歌依然回旋于长空。如同孟姜女哭倒长城一样，面对大唐朝廷的浮华衰败，杜甫发出的沉郁顿挫的悲叹和疾呼，则把长安帝宫前面那道遮丑的大墙轰倒了一半。盛唐的美丽面纱，有一半是被杜甫的笔杆挑开的。

诗圣既走，魂归何处？杜甫墓的地点是历来争论不休的话题，在当前各地争夺名人之战风起云涌之际，更成为一大焦点。杜甫一生坎坷，尤其在中年以后又饱受锋镝之苦，颠沛流离，足迹遍及各地，一些地方为其建墓以挽诗魂是无可非议的事。在他 59 岁溘然长逝之后，至少已有八处与他相关的地方竞相建起了杜甫墓，包括湖南耒阳和平江、河南偃师和巩县、四川成都、陕西华解和鹿县、湖北襄阳等。“一抔黄土世人尊”，人生之荣也莫过于此了；不过也给后人造成困惑：在八抔黄土中应尊何处呢？

八座名冢都以一个英名作为旗号，究竟何处是英灵长眠的真墓，何处为诗魂偶过的疑冢？千百年来众说纷纭。在经过一代代史学家和“杜学”者的研究、比较和考证后，杜甫墓的范围逐渐缩小，探寻的目光集中到了耒阳、平江、巩县、偃师四个地方。又从《旧唐书》和地方志所知，耒阳、平江两处杜墓，乃临时停灵之所。元和八年（813 年），在杜甫殁后 43 年，杜甫之孙杜嗣业遵乃祖遗嘱，将灵柩迁葬河南杜氏祖茔。但是湖南两地的杜墓之争未已，又节外生枝地出现了河南偃师和巩县之间的墓讼。

杜氏祖茔，花落何方？如今分别位于洛阳之东和郑州以西的两座杜甫墓，遥遥相对，默默相视。千百年来，没有人能公正地为杜甫墓讼充当裁判，杜甫墓之谜也许成为永久的悬案了。

四

李白和杜甫，这两位中国古代文坛上伟大的艺术大师，共同联手构筑了中国古代诗歌史上黄金时代的金字塔。“李杜文章在，光焰万丈长”，唐代杰出的文学家和诗人韩愈对李白和杜甫艺术成就的高度评价，可以说是一个历史性的结论。如果说从李白作品的主导倾向看，他应该是一位积极浪漫主义大师的话，那么在杜甫的作品中，则更多地表现了一位现实主义巨匠的形象和风采。杜甫那种为时代绘图作画、为人民奔走呼号的现实主义创作精神，直接推动了在他之后的唐代现实主义诗歌运动，并影响了此后的历代诗人和各种流派。后代诗人，莫不甘心情愿地拜倒在杜甫的脚下，莫不将杜甫称之为诗圣，视之为顶礼膜拜、学习仿效的最高典范。

在大唐的诗空，如果说李白是一股来往无踪的风，一股潇洒地悠游在名山大川的风；那么杜甫就是一片漂泊无所的云，一片深邃地俯瞰着河带山砺的云。这是一片漂流四方的云，不断地穿行在唐代安史之乱前后的历史事件之间，也不断地向人间洒落着诗篇，洒下对人民的忧患，洒下对时局的悲愤。

从玄宗开元十九年（731 年）至天宝四年（745 年），过着“裘马清狂”浪漫生活的杜甫，在漫游的途中洒落了以《望岳》为代表的 20 余首五律、五古诗。

从天宝五年（746 年）至十四年（755 年），困守在长安的穷困潦倒的杜甫，洒落了以《兵车行》、《丽人行》、《前出塞》、《后出塞》、《自京赴奉先县咏怀五百字》等不朽名篇为代表的约 100 首诗，其中大都是五七言古体。

从肃宗至德元年（756 年）至乾元二年（759 年），在安史之乱中历尽艰难困苦的杜甫，洒落了 200 多首诗作。此时流传下来的诗歌，大部分是杜诗中的杰作，其中有《悲陈陶》、《春望》、《北征》、《羌村》、“三吏”（《新安吏》、《潼关吏》、《石壕吏》）和“三别”（《新婚别》、《垂老别》、《无家别》）等传世名作。

从肃宗上元元年（760 年）至代宗大历五年（770 年），卜居蜀中 8 年，漂泊荆、湘 3 年的杜甫，洒落了包括《茅屋为秋风所破歌》、《闻官军收河南河北》、《秋兴八首》、《登高》、《又呈吴郎》、《咏怀古迹五首》等精品的 1000 余首诗篇，其中在成都草堂作 240 余首，在夔州作 430 多首。这一时期的诗占全部杜诗的七分之五，多是绝句和律诗，也有长篇排律。

经历了玄宗、肃宗、代宗三朝的杜甫，亲身感受了大唐从兴盛走向衰败的历史过程，在他留存于世的 1400 多首诗歌中，深刻地反映了安史之乱前后的社会生活，展现了唐朝盛衰交替之际的历史画面，被后世称为“诗史”。不论在叙事还是写景时，杜甫的诗客观描述当时的社会状况，甚至以年月入诗，令后人在千百年后阅读时，仍然能强烈地感受到那个时代的历史气息和生活脉搏，被后人赞誉为“穷极笔力，如太史公记传”。

杜甫为爱国爱民而穷毕生精力，为救国救民而写千首诗篇，在诗圣杜甫的心目中，“国”、“民”二字是至高无上的指令，即使身陷饥寒交迫或人处穷乡僻壤，也从不改变这种信念。在杜甫的琴弦上，为苦难沉重的人民弹出了最真切、深沉和悲愤的音调。在杜甫的大量诗篇中，充满了思家忧国的情怀。在他看来，家和国是一个不可分割的整体，国兴家盛，国衰家败。因此虽然他不断地抨击黑暗的政治和腐败的朝廷，却又深切地关心着国家的命运：

国破山河在，城春草木深。
感时花溅泪，恨别鸟惊心。
烽火连三月，家书抵万金。
白头搔更短，浑欲不胜簪。

（《春望》）

戍鼓断人行，边秋一雁声。
露从今夜白，月是故乡明。
有弟皆分散，无家问死生。
寄书长不达，况乃未休兵。

（《月夜忆舍弟》）

四方漂流的杜甫，又是一片四海为家的云。除巩县故里外，洛阳、长安、成都、夔州都曾是杜甫客居之地。洛阳和长安没有给他留下遗址，而成都、夔州则都为这位意欲“藩篱无限景，恣意买江天”的诗人，保存了他居住过的草堂。

尽管成都草堂也曾有过茅屋为秋风所破的困难处境，但毕竟还算安定的生活，曾给杜甫带来了《绝句四首》、《客至》中所述的少有的愉悦：

两个黄鹂鸣翠柳，一行白鹭上青天。
窗含西岭千秋雪，门泊东吴万里船。

（《绝句四首》其三）

舍南舍北皆春水，但见群鸥日日来。
花径不曾缘客扫，蓬门今始为君开。
盘飧市远无兼味，樽酒家贫只旧醅。
肯与邻翁相对饮，隔篱呼取尽馀杯。

（《客至》）

而当诗人流落到夔州居于另一个草堂时，却难以寻觅到些许欢乐的痕迹了。在时代的煎熬中，诗人以自己的才华与命运抗争，从笔下汲取着奋进的力量。《秋兴八首》、《阁夜》就是这种不屈不挠的奋斗和追求精神的凭据：

玉露凋伤枫树林，巫山巫峡气萧森。
江间波浪兼天涌，塞上风云接地阴。
丛菊两开他日泪，孤舟一系故园心。
寒衣处处催刀尺，白帝城高急暮砧。

（《秋兴八首》之一）

岁暮阴阳催短景，天涯霜雪霁寒宵。
五更鼓角声悲壮，三峡星河影动摇。
野哭千家闻战伐，夷歌数处起渔樵。
卧龙跃马终黄土，人事音书漫寂寥。

（《阁夜》）

杜甫离开夔州在走出了两个用茅草编筑的家以后，就再也没有走进第三个草堂。

当李白的长袖拂过千山万水，从袖间抖落一些诗文，满怀悲愤地走后，杜甫的青衫随之掠过了千家万户。他从衣角洒下一些诗文后，也心情沉重地走了。

在大唐诗空上匆匆地刮过一股风之后，一片云就这样默默地跟着飘走了。后来的大唐诗空也刮过风，也飘过云，但李杜的辉煌时代却不复重现了。元人宋旡的诗《杜工部祠》云：

老病思明主，乾坤入苦吟。
秋风茅屋句，春日杜鹃心。
诗史孤忠在，文星万古沈。
只应忆李白，到海去相寻。

“风”、“云”际会，诗仙李白和诗圣杜甫这两位堪称古代中国最伟大的诗人，携手登上文坛，并肩走进中国历史舞台，成为中国文学史上千载一遇的盛事。

“风”吹“云”散，后人在为杜甫一生的不幸遭际感到愤愤不平的同时，也为他最终未能实现与最尊敬的挚友李白再聚一次的愿望而感到深深的遗憾。

——公死于今六百年，忠精赫赫雷当天（南宋·文天祥《过平原作》）

忠精雷当天

——中唐书法家颜真卿、柳公权

一

盛唐孕育了一位楷书典范、以颜体留于今的杰出书法家颜真卿。

衰唐造就了一位威武不屈、以义烈名于时的报国重臣颜真卿。

一场猝不及防的安史之乱，把李唐王朝搅得天翻地覆。群逆纵逸，势不可当，像一道疯狂飞奔的血河，流过唐朝的历史史册，将近300年的唐史一刀切为两部分，一为盛唐，一为衰唐。同为李姓的两个王朝隔河相望，中间以一座独木桥系连，颜真卿的一生恰好走在这座桥上。

中唐时期杰出的书法家颜真卿（709~784年）字清臣，京兆万年（今西安）人，祖籍琅琊临沂（今山东临沂），为琅琊颜氏后裔，家学渊博。先世随东晋渡江，寓居建康，六世祖颜之推是北齐著名学者、文学家，著有被后世誉为“家教规范”的《颜氏家训》。颜真卿是开元年间进士，登甲科，曾四任监察御史，迁殿中侍御史。因受到权臣杨国忠排斥，被贬黜为平原太守，人称颜平原。由于安史之乱中抗贼有功，入京后历任吏部尚书，太子太师，封鲁郡开国公，故又世称颜鲁公。

像许多古代书画家一样，颜真卿也是宦海中人，但绝非那种庸庸碌碌的充位者，素餐尸位的食禄官。颜真卿是一位口碑很好的清官，在沧海横流的安史之乱中，更显出了他赤胆忠心的忠臣本色。

天宝十四年（755 年），身兼范阳、河东、平卢三镇（今北京及河北、山西、辽宁的一部分）节度使安禄山与另一胡将史思明假传“密旨”，以讨伐杨国忠为号召，纠集兵力 15 万，在范阳起兵发动叛乱。叛军兵锋直指京都长安，沿途郡县官员或开门出迎，或闻风而逃，或被捉杀死，叛军在毫无抵抗的情况下很快到达灵昌（今河南滑县），渡过黄河。

安禄山叛乱的消息传到长安，唐玄宗仓促布置防御。两位名将封常清和高仙芝奉命迎敌，由于统领了一群乌合之众，被打败后退至潼关，为玄宗所杀。大将哥舒翰接着奉命带病出征，坚守潼关，挡住了叛军西进长安之路。大将郭子仪、李光弼投入抗击叛军的战斗，河南、山东一带地方武装也起兵抗战，扼住了叛军南下的道路，使安禄山进退维谷，陷于困难的境地。

然而大好形势却被玄宗所破坏，他听信了杨国忠的谗言，强令守待时机的哥舒翰力不从心地出兵迎敌，结果唐军大败，哥舒翰被部将捉住送降。昏君奸相又一次断送了可能获得的胜利，使本来正在走向山穷水尽的叛军重新看到了希望。六月，叛军通过潼关后向长安进发，为求自保，杨国忠进献幸蜀之策。于是玄宗瞒着朝廷百官，悄悄地带了杨贵妃姐妹、皇子皇孙、内宫近侍及身边宠臣，在禁军护送下向西南蜀郡仓皇出逃。

令唐玄宗、杨国忠等君臣们想不到的是，在声势浩大的叛军铁骑面前，居然有几位地方官员挺身而出，力挽狂澜，勇率民众，孤军御敌，其中就有平原（今山东德县）太守颜真卿和他的堂兄、常山（今河北正定）太守颜杲卿。早在安禄山谋反初露苗头时，颜真卿就已暗中高筑城墙，深挖战沟，招募壮丁，积储粮草，加以防范。叛乱发生后，颜真卿将原来的三千兵扩充到万人，与颜杲卿相约共同抵抗。颜杲卿在安禄山后方讨伐叛军，颜真卿被附近郡县推为联军盟主，统兵 20 万，横扫燕赵，声势大振，使安禄山不敢急攻潼关。

天宝十五年（756年），玄宗之子李亨即位，是为肃宗，颜真卿重新当上了河北招讨使。安禄山利用肃宗调走河北兵力之机，乘虚急攻河北，兵围平覃，颜真卿被迫弃郡。第二年他见到皇帝，被诏受宪部（刑部）尚书，后升职为御史大夫。

德宗兴元元年（784年），淮西节度使李希烈叛乱，一直对颜真卿嫉恨的奸相卢杞心怀叵测，向皇帝推荐年已77岁的太子太师颜真卿前往劝谕叛将。颜真卿以社稷为重，亲赴敌营，面对李希烈的软硬兼施、利诱威逼，丝毫不为之动。李希烈想尽办法，终没能使颜真卿屈服，就派人将其缢杀。闻听颜真卿遇害，三军将士无不痛哭失声。

半年后，李希烈被手下人所杀，叛乱平定，颜真卿的灵柩才得以护送回京，厚葬于京兆万年（今陕西西安）颜氏祖茔。唐德宗痛诏废朝八日，举国悼念，并亲颁诏文，追念颜真卿的一生是“才优匡国，忠至灭身，器质天资，公忠杰出，出入四朝，坚贞一志，拘胁累岁，死而不挠，稽其盛节，实谓犹生”。

忍看英烈成新鬼，怒斥奸相忘旧恩。宋诗人谢薖在《颜鲁公祠堂》一诗中愤慨地说，当年卢杞之父、御史中丞卢奕被安禄山杀害，首级送到平原时，颜真卿见面上有血，不忍用布揩擦，而以舌舔尽，但是这种舐血之情，反被他以怨报德：

常山死守平原拒，公家兄弟声名赫。平原白首列班行，忠义凛凛真严霜。

历事四朝惟一节，当年血舐中丞血。岂知丞相面如蓝，貌虽夷易心巉岩。

老臣何罪死虎口，到今谁为去其衔？

将近半个世纪后，受命于危难之际的南宋宰相文天祥在潮阳五坡岭兵败被俘，于1279年被元军押解北上，途经平原。身为囚犯的文天祥一见平原，猛然想起当年在此起兵讨伐叛军的颜真卿、颜杲卿兄弟，敬仰之情油然而生，写下一首七言古诗《过平原作》：

平原太守颜真卿，长安天子不知名。一朝渔阳动鼙鼓，大河以北无坚城。

公家兄弟奋戈起，一十七郡连夏盟。贼闻失色分兵还，不敢长驱入咸京。

明皇父子将西狩，由是灵武起义兵。唐家再造李郭力，若论牵制公威灵。

哀哉常山惨钩舌，心归朝廷气不慑。崎岖坎坷不得志，出入四朝老忠节。

当年幸脱安禄山，白首竟陷李希烈。希烈安能遽杀公？宰相卢杞欺日月。

乱臣贼子归何处？茫茫烟草中原土。公死于今六百年，忠精赫赫雷当天。

这位抗元英雄以激奋的情感和昂扬的语言，热情洋溢地歌颂颜氏兄弟的历史功绩，赞扬他们是拼死抗敌、力挽狂澜的忠义之士，在先贤面前表明了自己誓死不屈、光昭日月的民族气节和爱国精神。

二

被世代推崇为书法大家的颜真卿，生前在政治生涯中所表现的才略和耿直品格也一向为人称道。他一生秉性正直，笃实纯厚，有正义感，从不阿于权贵，也不屈意媚上。其人生品格可以从他写的一首《咏陶渊明》诗作中窥知一二：

张良思报韩，龚胜耻事新。狙击不肯就，舍生悲缙绅。
呜呼陶渊明，奕叶为晋臣。自以公相后，每怀宗国屯。
题诗庚子岁，自谓羲皇人。手持山海经，头戴漉酒巾。
兴逐孤云外，心随还鸟泯。

颜真卿既是书法大家又是忠烈之士，在古代书法界享有很高的声誉。北宋政治家、文学家欧阳修曾说：“颜公书如忠臣烈士，道德君子，其端严尊重，人初见而畏之，然愈久而愈可爱也。其见宝于世者有必多，然虽多而不厌也。”

官宦之家传到颜真卿时家境已经变穷，因为少时因缺钱买纸笔，颜真卿就用笔蘸黄土水在墙上练字。他的书法初学褚遂良，后来拜于大书法家张旭门下。张旭擅长各种字体，尤精通草书，当时名冠天下。人说名师出高徒，颜真卿满怀希望，期待在名师指点下尽快掌握写字诀窍，一举成名。然而张旭在收徒后只是给颜真卿介绍一些名家字帖，略作指点，让颜真卿临摹。有时带着他去爬山、游水、赶集、看戏，回家后再让颜真卿练字，或在一旁看他挥毫疾书。

几个月过去了，颜真卿觉得一无所获，就壮胆向老师索取学习书法秘诀。张旭告诉他：学习书法，一要“工学”，即勤学苦练；二要“领悟”，即从自然万象中接受启发。颜真卿并不理解老师话中的含义，还要恳求行笔落墨的绝技秘方。张旭以自己学书法的经历为例，耐心地对他开导说：“我是见公主与担夫争路而察笔法之意，见公孙大娘舞剑而得落笔神韵，除了苦练就是观察自然，别的没什么诀窍。”又给颜真卿讲了王羲之教儿子王献之练字的故事，并严肃地对他说：“学习书法要说有什么‘秘诀’的话，那就是勤学苦练。要记住，不下苦功的人，不会有任何成就。”老师的教诲使颜真卿大受启发，在明白了为学之道后，他扎扎实实地勤学苦练，潜心钻研，从生活中领悟运笔神韵，进步很快。

从褚遂良、张旭那里学习笔法，又汲取了“初唐四家”特点，兼收篆隶和北魏笔意，颜真卿终于完成了雄健、宽博的颜体楷书创作过程，树立了唐代的楷书典范，成为中唐时期的书法创新代表人物，也是书史上居承前启后地位的伟人。

历来就有书法如人的说法，颜真卿的书法充分透露了君子的沉着、勇士的刚毅，既有以往书风中的气韵法度，又不为古法所束缚，突破了唐初的墨守成规，自成一体，称为颜体。宋欧阳修评论说：“斯人忠义出于天性，故其字画刚劲独立，不袭前迹，挺然奇伟，有似其为人。”宋朱长文《续书断》中列其书法为神品，并评说：“点如坠石，画如夏云，钩如屈金，戈如发弩，纵横有象，低昂有态，自羲、献以来，未有如公者也。”

在中国书法史上占有特殊地位，唯一能和大书法家王羲之得以在时空呼应并先后辉映的人，就是颜真卿了。颜真卿又被认为是圆笔书法的开创者，与使用方笔的王羲之同对后世产生深远的影响。他的书法，以楷书为多而兼有行草。他的楷书端庄雄伟，气势开张，以《颜世家庙碑》为代表。他的行书遒劲秀挺，神采飞动，以《祭侄文稿》为第一。至于摩崖大家，气势磅礴，以《大唐中兴颂》最著；而至最高境界，表现冲和淡远之韵致者，则推《李玄靖碑》。

颜真卿的书迹众多，据说流传下来的有130多幅。传世书迹有：《东方朔画像赞》，唐天宝十三年十二月立于德州，时年颜真卿46岁；《多宝塔碑》全称《大唐西京千福寺多宝塔感应碑》，天宝十一年（752年）四月二十日建，现藏西安碑林；《颜勤礼碑》全称《秘书省著作郎夔州都督府长史上护军颜公神道碑》，颜勤礼乃颜真卿曾祖父，颜真卿撰并刊立此碑时，年71岁；《颜家庙碑》全称《唐故通议大夫行薛王右柱国赠秘书少监国子祭酒太子少保颜君庙碑铭并序》，唐建中元年（780年）七月立，碑在陕西西安。《争座位帖》亦称《论座帖》、《与郭仆射书》，行草书，是唐广德二年（764年）颜真卿与郭英之书信稿。其余还有《自书告身帖》、《劝学》、《乞米帖》等。

唐代宗大历六年（771年），颜真卿任抚州刺史时，一次在南城县麻姑山的一座古坛附近，看到一些螺蚌壳化石夹在地层中。他认真研究了这一现象，指出这里曾经是海洋，后来才成为陆地的观点，那些化石就是证据。他为此撰写了一篇论文《麻姑仙坛记》（全称《有唐抚州南城县麻姑山仙坛记》），并刻石记之，为颜真卿60多岁时的作品，是颜体代表作之一。欧阳修《集古录》中说："此碑遒峻紧结，尤为精悍，笔画巨细皆有法。"后世赞为"天下第二书"。

安史之乱爆发，河北诸郡迅速瓦解，唯颜真卿的平原郡高举义旗，起兵讨叛。时颜真卿从兄、常山太守颜杲卿派其第三子颜季明与颜真卿联系，联合反叛。颜杲卿与长史袁履谦设计杀死安禄山党羽、镇守土门（今河北井泾）要塞的李钦凑，夺回土门。一时形势好转，颜杲卿派长子颜泉明押送俘虏到长安报捷并请求救援。不料路经太原时为太原节度使王承业截留，王想冒功，拥兵不救。安禄山闻河北有变，派史思明回兵常山。颜杲卿孤军奋战，苦战三日，粮尽矢绝，城破被俘。其三子颜季明等被杀头，颜氏家族死者30余人。颜杲卿被押解至洛阳，英勇不屈，先被断一足，后凌迟处死。

时任蒲州太守的颜真卿，听到这个消息以后，即派颜泉明到常山、洛阳寻找颜季明、颜杲卿遗骸，结果只得到颜季明头部和颜杲卿部分尸骨。为了暂时安葬这些尸骨，颜真卿在极度悲愤的情绪下书写了一篇著名的《祭侄文稿》。《祭侄文稿》为行草书，由于悲痛至极，颜真卿在书写中顾不得笔墨的工拙，故字随书家情绪起伏，纯系精神和平时功力的自然流露，在整个书法史上是不多见的。与王羲之《兰亭序》、苏轼《黄州寒食帖》并列为“天下三大行书”的《祭侄文稿》，是极具史料价值和艺术价值的墨迹原作之一，非常宝贵。

唐大历四年（769 年），著名文学家元结作为参与平定“安史之乱”的中兴功臣，退隐于湖南祁阳的浯溪。退隐后，他悉心研究唐王朝的盛衰历史，撰写了著名的《大唐中兴颂》一文，以为后人警策。内容明颂肃宗中兴，实则总结了“安史之乱”的起因，讥讽了唐玄宗的昏庸误国，对封建统治阶级内部的争权夺利进行了有力的揭露和鞭挞。颂文全篇 333 字，寓意深刻，造语奇警。

大历六年（771 年）三月，颜真卿卸任江西抚州刺史后来到浯溪。元、颜二人既同是平叛功臣，又是志同道合的好友。颜真卿遂将元结的《大唐中兴颂》用楷书书成高宽各 1 丈 3 尺，字径 5 寸的巨幅作品，再由匠人精心摹刊于石壁上。元颂、颜书，加上天工造就的峭岩，石奇、文奇、字奇三者珠联璧合，素有“摩崖三绝”之誉。《大唐中兴颂》作于颜真卿 62 岁时，为其书法艺术成熟的代表作，也是他唯一的大楷作品，在颜书中占有十分重要的地位。历史书法名家都十分推重此碑，苏轼称其“雄季独出”，明王世贞、清杨宾等也称其为“鲁公法书第一”。

三

在颜真卿的行草书作品中，《赠裴将军诗帖》（或称《送裴将军诗》、《送裴将军北伐诗卷》）是最怪诞的一件，诗曰：

大君制六合，猛将清九垓。战马若龙虎，腾凌何壮哉。

将军临八荒，烜赫耀英材。剑舞若游电，随风萦且回。

登高望天山，白云正崔巍。入阵破骄虏，威名雄震雷。

一射百马倒，再射万夫开。匈奴不敢敌，相呼归去来。

功成报天子，可以画麟台。

据记载，唐代裴旻将军武艺高强，素有虎彪猛将之称。一次他率兵北伐时不幸被胡兵包围，危急时，裴旻舞刀于战马上，将四面射来的箭矢挡住，且越战越勇，终于使胡兵们惊恐逃散。后来裴将军升任龙华军使，负责镇守幽州一带。当时的幽州一带多虎患，裴将军射虎为民除害，为当地父老所赞美。裴旻的武艺特别剑术高强，备受百姓称颂，当时他的剑舞与李白的诗、张旭的草书并称为“三绝”；而裴旻舞剑与吴道子作画、张旭书法同时登场表演曾轰动洛阳城，在“一日之中获三绝”的洛阳人莫不欢欣鼓舞。颜真卿曾为裴旻题写《裴将军诗》以赞之，诗中描述的裴旻那股奔雷掣电、奇杰腾跃之势，读之令人油然起敬。

《赠裴将军诗帖》具有两大特点：一是背弃“二王”书风的沉重历史包袱，以极大的勇气开创书法艺术新天地；二是此帖写法怪诞，多体杂融。楷书显得雄强，行草显得奔腾，隶书显得冷静，篆书显得沉着。诸体结合节奏骤变，掷地有声。作品中“多字连带”，粗壮的拙笔与飞游的细丝，在书法中表现武术的律动，时而激越，时而静止，将书法与武术的节奏结合起来，仿佛把人带进了“骏马奔腾，寒光剑闪”的古战场中。

由于此帖与“二王”书风毫不相关，全帖找不到半点“二王”痕迹，这在当时被视为离经叛道之举，也使得书法艺术如日中天之际的颜真卿，不仅没有得到书家认可，甚至连他的名字也未能跻身于唐代著名书法家之列。颜真卿对书法艺术的改革成果是在北宋时期才找到了知音，特别是受到欧阳修、苏东坡和黄庭坚三大家的高度肯定。黄庭坚对他的创新成果倍加赞赏：“回视欧、虞、褚、薛辈皆为法度所窘，岂如鲁公萧然出于绳墨之外。”

在“二王”日月高照、“初唐四家”巍然挡路的情况下，颜真卿不为大师的法度所羁绊，如同在他笔下所赞扬的裴将军那样，孑身一人舞剑于书坛，发出了闪闪光芒。颜真卿在壮年时写出了《东方朔画赞碑》的清雄俊秀，晚年时又写出了《麻姑仙坛记》的奇古壮阔和《大唐中兴颂摩崖》

的豪放恢宏，还写出了《颜勤礼碑》和《颜氏家庙碑》的大气磅礴，而当他向世人献出“笔势雄强健逸，有一掣万钧之力”的《赠裴将军诗帖》时，更使人拍案称奇。难怪苏轼赞扬说：“诗止于杜子美，书止于颜鲁公。”

对《赠裴将军诗帖》真伪之争，众说纷纭。然而随着百余年来一块石刻碑的发现、收藏、遗弃与寻访，似乎使争辩有了一个结论。清代同治年间，莱阳县桃花寨子乡（今属山东莱西市）一个李姓农民在村子南边大沽河崖挖土时，意外挖出了镌刻着唐代大书法家颜真卿名款的《裴将军诗》书法石刻碑。此碑是大理石质，碑面平整光滑，碑上镌刻的诗句完整无损，李姓农民悄悄把这块石刻碑藏于家中。到了清末李姓农民去世，其子曾将此碑上的《裴将军诗》文拓印下来，在集市出售，购买者甚众。但当20世纪三四十年代李姓农民的儿子去世后，《裴将军诗》书法石刻碑便从此不知去向了。

20世纪50年代中期，在莱阳召开的一次文物工作座谈会上，有人回忆起已经遗失的此书法石刻碑，但调查没有获得任何线索。1973年春，在当地进行的第三次文物普查中，文物工作者意外地在桃花寨子乡一位老者口中得到一条重要线索：去世的李姓农民之子后继无人，家产被其近支族人接收了。文物工作者寻根究底，终于找到了其近支族人，也找到了已被垒在猪圈墙上的这块石刻碑。此碑经整理清洗后，碑上镌刻的文字清晰如初，首行镌刻着“裴将军”三字，末尾镌刻着颜真卿的名款。至此，遗失多年的《裴将军诗》书法石刻碑终于水落石出、重新面世了。

《裴将军诗》书法石刻碑出现在莱西，大概与颜真卿曾经出任平原郡太守有关，当时平原郡治所在今山东平原县西南，平原郡的辖区相当于今天的平原、陵县、禹城、齐河、临邑、商河、惠民、阳信等县，唐代天宝至德年间曾经一度改德州为平原郡。但书法石刻碑怎么从山东西北一带南迁至山东东南部的莱西大沽河畔，至今仍然是个谜。

四

颜真卿和唐代另一位以楷书成名的书法家柳公权，被人合称为“颜柳”；二人的书法并称“颜筋柳骨”。

当颜真卿进入古稀之年时，唐朝最后一位大书家柳公权来到了花花世界。柳公权（778~865年），字诚悬，京兆华原（今陕西耀县）人。官至太子少师，故世称“柳少师”。12岁时他就能读诗写文章，并写得一手好字，被称为神童后，不禁扬扬自得起来。一天，柳公权和小伙伴在树下写字时，来了一位卖豆腐脑的老人，柳公权得意地拿着自己写的字，故意问老人自己写得好不好，没想到老人说：“这字写得就像我的豆腐脑一样，软塌塌的，没有筋骨。”柳公权很不服气，硬要老人写个字和自己比比，老人要他第二天进城去看看。

第二天，柳公权来到县城，一进城门就见北街的大槐树上挂了一个幌子，上书“字画汤”三个大字，树下围观了许多人。只见一个没有双臂的黑瘦老者，光着双脚，坐在地上，用左脚压住铺在地上的纸，右脚夹着笔写对联，写得非常好。柳公权看了十分敬佩，要拜他为师，并向其请教写字的秘诀。这位老人才用脚提笔写道：“写完八缸水，染黑一池水，学习别人的长处。”还说：“我生来没有手，用脚写了50多年，现在还差得远呢！”柳公权听了，顿觉醍醐灌顶，从此真正发奋努力，字写得越来越好，名气自然也越来越大。

29岁进士及第的柳公权，本来在地方担任一个低级官吏，后来偶然被唐穆宗看见他的笔迹，十分欣赏赞为书法圣品，就把他召到长安在朝廷任职，其实就是个宫廷书家，那时柳公权已年逾不惑。伺候皇帝当然衣食无愁，但需牢记处处小心行事，就如同越剧《红楼梦》中林黛玉初进大观园时唱的那样：“记住了不可多说一句话，不可多走一步路”。一次穆宗问柳公权用笔之法，柳公权答云：“用笔在心，心正则笔正。”宴乐畋游、荒纵无度的穆宗听后马上变了脸色，以为他是“笔谏”。柳公权究竟是否指桑骂槐，意在“笔谏”并不可知，但他的冒失行为实在危险，好在此事未酿成大祸。

柳公权书法初学王羲之，以后遍阅后人书法，学习颜真卿，融汇自己新意。柳字避开了颜字肥壮的竖画，把横竖画写得大体均匀而瘦硬；又学习了北碑中方笔字斩钉截铁棱角分明的长处，把点画写得好像刀切一样爽利挺秀。他吸收虞世南楷书结体上的紧密，颜真卿楷书结体的纵势，自成结构紧凑、骨力秀挺，洒脱而有法度的书法，创出独树一帜的柳体。

“书贵瘦硬方通神”，柳公权的楷书，较之颜体，则稍均匀瘦劲，故有“颜筋柳骨”之称。柳公权的书法在唐朝极负盛名，民间有“柳字一字值千金”的说法。《旧唐书》说：“当时公卿大臣家碑版，不得公权手书者，人以为不孝。外夷入贡，皆别署货币，曰此购柳书。”宋代朱长文《墨池编》说：“公权正书及行楷，皆妙品之最，草不夫能。其法出于颜，而加以遒劲丰润，自名家。”

柳公权一生书碑很多，传世碑刻有大和三年《李晟碑》（石在陕西高陵）、会昌元年《玄秘塔碑》（石在西安碑林）、《苻嶙碑》（无立石年月，柳碑中最完全者）、敦煌石室藏旧拓《金刚经》、《神策军碑》等。其中《金刚经刻石》、《玄秘塔碑》、《神策军碑》最能代表柳公权的楷书风格。柳公权的行草书有《伏审》、《十六日》、《辱向帖》等，他们的风格仍继承王家风格，结体严谨，潇洒自然。另有墨迹《蒙诏帖》、《王献之送梨帖跋》。

在柳公权早期的书法作品中，《金刚经》留有取法诸家的痕迹，方家认为“有钟（繇），王（羲之），欧（阳询），虞（世南），褚（遂良），陆（柬之）体。今考其书，诚为绝艺，尤可贵也”（《广川书跋》）。因此此帖很具艺术价值，对于研究柳公权楷书的形成过程及发展线索很有帮助。原石碑于宋代已被毁，唯一唐拓本发现于敦煌石窟，现藏于巴黎博物馆。

837 年，60 岁的柳公权书并篆额由王起撰的《冯宿碑》，石碑存西安碑林。其书爽利快健、神采飞扬，是一种向更成熟阶段过渡和发展的“柳体”，似乎在预示一种更为精练的“柳体”即将孕育而出。果不其然，4 年后，《玄秘塔碑》便问世，继而《神策军碑》又出来了，成为千年楷书的典则。《玄秘塔碑》全称《唐故左街僧录内供奉三教谈论引驾大德安国寺上座赐紫大达法师玄秘塔碑铭并序》，唐裴休撰文，柳公权 64 岁时书并篆额。《玄秘塔碑》结字的特点主要是内敛外拓，这种结字容易紧密，挺劲；运笔健劲舒展，干净利落，四面周到，有自己独特的面目。王世贞赞曰：“柳法遒媚劲健，与颜司徒媲美”。

《神策军碑》全称为《皇帝巡幸左神策军纪圣德碑并序》，柳公权书。

唐会昌三年（843 年）立，原碑久佚。此碑是柳公权楷书的代表作之一，较人们熟知的《玄秘塔碑》的书法风格更成熟，更具有特色。结体布局平稳匀整，保留了左紧右舒的传统结构。运笔方圆兼施，运用自如，笔画敦厚，沉着稳健，气势磅礴，典型地表现了柳体楷书浑厚中见开阔的艺术特点。正如岑宗旦《书评》云，柳书“如辕门列兵，森然环卫”，读此碑可以使人加深对“颜筋柳骨”这句话的艺术特征的理解。

凭他的才，凭他的字，也恰好遇上了爱字爱画的皇帝和还算安宁的时代，柳公权的字在唐穆宗、敬宗、文宗三朝一直颇受器重。他官居侍书，久在朝中，仕途通达，享年 80 岁，一共臣事 7 位皇帝，最后以太子少师死于任上。

如许多古代艺术家一样，柳公权也写了一些诗，但收录于《全唐诗》中仅有 4 首，其中两首是应制诗，亦即臣僚奉皇帝命所作、所和的诗，内容多为歌功颂德，毫无文学价值可言。还有两首是七绝，其一题为《题朱审寺壁山水画》的诗云：

朱审偏能视夕岚，洞边深墨写秋潭。

与君一顾西墙画，从此看山不向南。

柳公权写的最出色的一首《阊门即事》却又被《全唐诗》乱点鸳鸯，一女二嫁。《阊门即事》写的是农民被召从军后田园荒芜的情景，诗人在清明登上苏州城楼眺望郊野，本是农家最忙的时节，一眼望去却只看到田园荒芜，青草杂生，原来是青壮农民都应募从军，农村劳动力十分缺乏。诗人在不多的诗句中愤愤地表达了对官府“招募”的不满，寄予劳动人民深切的同情。诗曰：

耕夫占募逐楼船，春草青青万顷田。

试上吴门看郡郭，清明几处有新烟。

此诗收于《全唐诗》卷 479-4 的柳公权名下，但同是这部《全唐诗》中，那位在枫桥夜泊时流着思乡泪低吟“月落乌啼霜满天”诗句的张继名下，竟然也有一首一模一样的《阊门即事》诗，而且后人大多以为该诗的版权应属张继。弦外之音，就是说柳公权是不道德的抄袭者，岂非冤哉！

——李杜泛浩浩，韩柳摩苍苍（唐·杜牧《冬至日寄小侄阿宜诗》）

韩柳摩苍苍

——唐代古文运动领袖韩愈、柳宗元

一

唐宪宗元和十四年（819 年），唐代古文运动的两大旗手韩愈、柳宗元相继遭遇不测。这一年成为大唐中叶文坛上的一个黑色之年。

在这一年，业已坐上高位并正处于青云直上势头中的韩愈，因一份谏疏而惨遭杀身之祸。一向被视为儒学卫道士的韩愈，为谏皇帝在凤翔法门寺劳民伤财地迎展“佛骨”，大胆上疏了《论佛骨表》。此举引起唐宪宗大怒，韩愈差一点被处死。在朝臣裴度等人的救援下，韩愈侥幸地逃过一劫，但被贬谪到八千里之外的潮州（广东）任刺史。赴任当天，韩愈仓促先行，连向家人辞行都来不及。当到达距京都不远的蓝田县时，他的侄孙韩湘赶来同行。此时英雄失路的韩愈，满怀激愤，长歌当哭，吟下了一首大气磅礴的名篇《左迁至蓝关示侄孙湘》：

一封朝奏九重天，夕贬潮州路八千。
欲为圣明除弊事，肯将衰朽惜残年！
云横秦岭家何在？雪拥蓝关马不前。
知汝远来应有意，好收吾骨瘴江边。

韩愈之诗传到京城，被“苦吟诗人”贾岛读到。贾岛为挚友的不幸遭遇深感不平，对韩愈的艰难处境十分关切，特地写了一首感人肺腑的《寄韩潮州愈》诗：

此心曾与木兰舟，直到天南潮水头。
隔岭篇章来华岳，出关书信过泷流。
峰悬驿路残云断，海浸城根老树秋。
一夕瘴烟风卷尽，月明初上浪西楼。

在这一年，长期遭贬、郁郁寡欢的柳宗元客死南荒。当时韩愈从潮州改任袁州正在上任途中，接到了信差飞马疾驰送来的一封急信，打开一看，竟是刘禹锡派人专递的报告柳宗元在柳州病逝的噩耗。韩愈闻讯后不禁潸然泪下，他在到达袁州后接连写了三篇文章悼念亡友，寄托哀思：其一是《祭柳子厚文》，用抒情的笔调，称颂其文才，哀悼其遭遇，悲从心来，直抒胸臆；其二是《柳子厚墓志铭》，用亲切的笔调，表述了一个正直有志的知识分子的人品与才华，在亡友的墓前洒下一掬同情之泪；其三是《柳州罗池庙碑铭》，用敬重的笔调，写出了柳州人民对一个为他们做过一些好事的父母官的敬仰和怀念。对亡友柳宗元的三篇祭文，成为韩愈道德文章的反映和代表。

韩愈是与唐朝中叶文学上的古文运动和思想上的儒学复古运动联系在一起的，作为当时古文运动的领袖和儒学“道统”的继承者，韩愈把两者有机地联系和结合在一起，组织、领导和推动着这两大运动的发展。柳宗元是韩愈倡导的古文运动坚定的支持者和可靠的合作者，以新型的“古文”创作了许多优秀的散文。尽管他与韩愈在政治上有分歧，信仰上亦有差异，但他十分推崇韩愈的为人，坚定站在韩愈一边，讥笑那些攻击韩愈文章的小人，成为韩愈相知相敬、同声同气的密友。

古文运动是出现于唐中叶的一种社会风尚，文学史上的一个复杂现象。这个运动主张继承先秦、两汉散文传统，提出了“文以载道”和

“文道合一”的观点，要求文章具有充实的内容，并做到文从字顺，反对六朝以来追求声律、对仗而忽视内容的骈偶文风。就其解放文体、推倒骈文的绝对统治、恢复散文自由抒写的功能来说，无论对文章的演变或是对艺术散文的发展，古文运动都有不可磨灭的功绩。

正在这个时候，年轻的韩愈来到长安应举，虽然在五六年间三度落第，没能迈入仕进之门，却使他走上了古文运动的道路。当时韩愈已致力于古文的写作，尽管初出茅庐，还不可能成为运动的领导，但已经结识了一批志同道合的师友，其中就有古文运动的先驱者之一的梁肃。在此期间，韩愈还与一位比他年长近20岁的诗人孟郊结成莫逆，他对这位以苦吟著称的诗人十分赏识，认为孟郊可能是继陈子昂、李白、杜甫之后的诗文巨匠，而孟郊则是韩愈文学主张的积极支持者，时人有“孟诗韩笔”之誉。

考取进士之后，依然不得志的韩愈陷入沉寂的幕府生活。但是生活的沉寂并不意味着意志的消沉，已经有了进士身份的韩愈，利用这一生命光阴中的难得空隙，开始勤奋地研究、宣扬儒学，同时严厉地抨击佛、道之学。一个儒学复兴运动就由此应运而生，韩愈成了这一运动的核心人物，在他的周围逐渐聚集了一群有识之士，其中一个年轻人张籍通过孟郊的引见与韩愈认识了。

张籍是个狂热的儒家信徒，他把韩愈看作道德文章的楷模，韩愈也十分看重他的才能，鼓励他进行古文写作并对其加以指导。他们经常在一起探讨儒学方面的问题，也通过书信进行辩论。在一次辩论中，张籍力促韩愈著书立说，使韩愈不禁心动，随后韩愈就写出了一系列自称“扶树教道”的论文，正式领导儒学复古运动。韩愈主张文道合一，因此他将古文运动和儒学复古运动联系在一起，借助于儒学复古运动的旗帜推进了古文运动。

由于政治见解与个人经历的差异，柳宗元并不属于韩愈所属文人群体，而且由于他长期贬谪在南荒之地，离当时的文学中心较远，所以他在古文运动中并没有发挥像韩愈那么大的影响。但是，柳宗元不仅对古文复兴运动的认识和主张与韩愈保持基本一致，而且更以自己独辟蹊径的创作实践，为改变文风开拓了一条新路，也对古文运动作出了独特的贡献。柳宗元在散文的文学成就上，甚至有高于韩愈的地方，尤其是他的山水游记，突破了过去散体文偏重实用、以政治和哲理议论为主的局限，改变了散体文以先秦两汉诰誓典谟、史传书奏为典范的观念，创造了一种更文学化、抒情化的散文类型。他寓言发展成为一种独立的文体，这也是他的一大创造。

以“峻洁”著称、体现出孤高脱俗的人生情调和人格化风格的“柳文”，与以奇崛雄放为特征的“韩文”一道，为号为“古文”而实为新体散文的成功奠定了基础。

二

与唐代的众多诗人和文学家一样，韩愈在仕途上也历经坎坷和挫折，同样有过艰难困苦和生离死别的时候。不过他还称不上一个时乖命蹇的落泊者，至少他最终得到了一个安身立命之所，从而使之可能实现自己的理想。如果说韩愈的一生是在悲喜剧交织中度过的话，那么柳宗元的一生则是以喜剧开始，却以悲剧结束。柳宗元在宦途上曾一度登上显要职位，年纪轻轻就崭露头角。但这种少年得志的舞台节目仅仅上演了几个月，漫长的倒霉岁月就接踵而来了。

韩愈生于唐大历三年（768 年），比柳宗元年长 5 岁。他字退之，河阳（今河南孟县）人。因其郡望昌黎，自称“昌黎韩愈”，故有韩昌黎之称。韩愈出生在一个书香人家，父亲韩仲卿在官场上混得很一般，只当过县尉、县令之类的地方官，但在其文友中却有当时名气甚大的李白、杜甫等人。韩愈在文学和儒学上都受到了父亲的影响和家庭的熏陶，但不幸在 3 岁就成了孤儿，韩愈是由长兄韩会抚养长大的。

韩会在当时不仅有一定的文名，而且在政治上亦颇有地位。然而谁知天有不测风云，由于卷入了政治斗争的旋涡，韩会被远谪于遥远的韶州（今广东韶关），并在两年之后病逝异乡。正如韩愈在后来为其长嫂写的《祭郑夫人文》中所言：“天祸我家，降集百殃”，孤儿寡妇，举目无亲，全家顿时陷入了困境。幸亏郑夫人有主见，当机立断，决定独自携家带口，护送灵柩归乡，总算艰难地保住了一个完好的家庭。

苦难是人生的教科书，少年韩愈在经受了一番突如其来的风浪冲击后，更加发奋读书，几年后就成为精通六经百家之学的名儒。19 岁那年，避难于异乡宜城的韩愈，决心自谋出路，告辞含辛茹苦地将他养育成人的长嫂，孑身一人赴长安“应举并觅官”了。在他随身携带的简单行李中，仅有的财富是一捆书。

客居于长安的五六年中，韩愈先后参加了三次进士考试，均以失败而告终。这是韩愈不能接受和承认的事实，然而现实就是如此残酷。如果不是在偌大的长安城巧遇两个官居高位的人，并幸运地得到他们在经济上的资助，韩愈的处境和命运也许会比杜甫更惨。等到参加第四次进士考试的时候，韩愈终于时来运转了，原因是这一次主持考试的礼部侍郎陆贽，不仅是一个公正贤明的官吏，而且在文学方面也很有造诣。于是在考试副官梁肃的举荐下，韩愈顺利地进士及第，跨进了仕途的门槛。

25 岁进入进士行列的韩愈，怀着激动的心情期盼着朝廷的任命。然而韩愈的思路又一次错位了，他根本没有估计到另一种可能性——取得进士的功名虽然是仕进的前提，但却不是任官的必然。在考取进士的整整 4 年中，韩愈竟未能求得一官半职。尽管他不断地投送诗文给权贵，甚至接连三次向当朝宰相献上了十分恳切的陈诉书，希望能给他一个做官报恩的机会，但是他缺乏强有力的后台，而且当权的官僚又都是一批庸才，怎么能给他安排位置呢？

失望的韩愈不得不选择了一般失意文人所走的求生之路，参加幕府并先后在两个节度使门下担任微不足道的判官。从贞元十二年（796 年）秋到贞元十六年（800 年），在度过了 4 年单调而无聊的幕府生活后，他决定仿效陶渊明，归去来兮，返乡耕读。但是韩愈无法做到也不可能成为陶渊明，他胸怀大志，正在为领导古文运动和掀起儒学复兴运动而养精蓄锐，积极准备，因此不会当遁世的隐士。正在他十分需要职权来推进事业的时候，天降大任，他于贞元十八年（802 年）春得到了朝廷下达的国子监四门博士的任命，一年之后，又被任命为监察御史。至此，36 岁的韩愈才算真正进入长安，步入了政坛。

其实，急于求得官职的韩愈，却并不适应官宦生活。在一种为民请命的责任心和替天行道的正义感驱使下，他在上任伊始就因关中天旱人饥而上书请宽民徭，矛头直指曾经被他恭维并举荐他获任监察御史的权贵李实。这一次贸然出击的后果是相当严重的，唐德宗下诏，将韩愈贬到离长安近四千里之遥的连州（今广东）任阳山令。当中使临门催促启程时，韩愈与病妹、弱妻和稚子在一片悲啼声中道别。在封建朝代中的正直之吏，大概无有不品尝过这种“朝为青云士，暮作白头囚”的人生经历。

时任监察御史的张署亦因劝谏唐德宗减免关中徭赋而同时被谪南方，任郴州（今属湖南）临武令。两位患难之交一路同行，在冬景中出发，于春色中作别，张署到了任地，在衡山之麓留下了，而韩愈还得继续前行至阳山。

分别居于湘、广贬地的两位友人，彼此以诗文来宣泄各自心中被压抑和扭曲的心声。韩愈在一首《答张十一》的和诗中，含蓄委婉地向友人流露了内心的苦衷，同时也勉励友人多加保重：

山净江空水见沙，哀猿啼处两三家。
筼筜竞长纤纤笋，踯躅闲开艳艳花。
未报恩波知死所，莫令炎瘴送生涯。
吟君诗罢看双鬓，斗觉霜毛一半加。

两年之后，新皇帝唐顺宗继位，大赦诏令传来，韩愈和张署亦均遇赦，但被要求到郴州（今湖南）待命。在焦急的期盼之中，任命终于下达了，然而却是一个使他们大失所望的消息：两个贬臣不仅不允许回到长安，而且同被派往江陵府（今属湖北）任小吏，韩愈为法曹参军，张署为功曹参军。在大赦之后仍被阻于京外的这种不公待遇，使两位同在异乡为异客的贬官感到十分激愤。遥遥无期地谪居于荒僻而险恶的环境中，韩愈和张署常以诗酒唱和，共诉衷肠，发出了“天路幽险”、人心叵测、前程难料的深沉感叹。

然而政坛的形势瞬息万变，谁都没想到刚登基八个月的唐顺宗被赶下了台，随着唐宪宗的即位，王叔文集团推行的“永贞革新”彻底流产。一朝天子一朝臣，韩愈、张署因而得以被召回长安，韩愈得到了国子监博士的诏命，又开始了他新一轮的政治生涯。在此后的十年中，韩愈先后任职于长安和东都洛阳，官职几度进迁。元和十二年（817 年），在随从裴度平定淮西藩镇吴元济之乱中，韩愈出了不少参谋策划之力，因而登上了刑部侍郎的高官职位，在他的宦途上呈现出一片光明前景。

好不容易坐上高位的韩愈，没想到因谏迎“佛骨”而惹上大祸，他第二次遭贬谪甚至比第一次更加凄惨。韩愈回想前事，对自己的好管

“闲事”颇觉不值得，感到只有改变自己的脾气和态度，或许还能得到皇帝的谅解并得以生还。于是他在到达潮州后立即写了一封《谢上表》，称颂帝绩，哀求恕罪，并寄送长安敬献宪宗。这封言辞恳切的歌功兼谢罪之信果然产生奇效，宪宗对韩愈的表现颇为满意，决定予以赦免，准备再加重用。但是当韩愈被调到袁州（今属江西宜春）为刺史时，宪宗却被宦官谋害而亡。

新皇帝唐穆宗坐上帝位，韩愈提前被召回长安，诏令为国子监的最高领导人——祭酒，这已是韩愈四进国子监了。不久韩愈转任兵部侍郎，由于在奉命宣抚平息镇州兵变中有功，又被朝廷升擢为吏部侍郎，故史有“韩吏部”之称。但这是韩愈在官宦生涯中的最后一站了，两年之后突发病痛，最终在穆宗长庆四年（824 年）冬与世长辞，终年 57 岁。韩愈死后被追赠为礼部尚书，谥号“文”，又称韩文公。

韩愈走了，他走得比柳宗元潇洒和轻松得多。他毕竟有始有终地走完仕途，幸运地跑到了终点，而他的挚友却没能达到这一步。不过 30 年的宦海浮沉，那种争权夺利、朝荣夕毙，忍气吞声、提心吊胆的日子，也实在使他活得太累了，在荣华富贵的巅峰上乘风而去，应该是最理想的结局了。

始建于唐敬宗宝历元年（825 年）的韩愈陵园，位于孟州市区西 6 公里处。“文起八代之衰，道济天下之溺。”刻在韩愈墓园中祠堂前的这副楹联，是否能够概括和总结韩愈一生的业绩和贡献呢？即便如此，这 12 个字又岂能包含韩愈为此所历经的艰难困苦和生离死别，为此所付出的巨大努力和沉重代价。

三

柳宗元的经历比韩愈简单，遭遇却比韩愈苦难。韩愈两落两起，“善终”于京师；而柳宗元则是一落千丈，一贬不返。

柳宗元，字子厚，河东蒲州（今山西永济）人，生于唐代宗大历八年（773 年）。出身于名门大族的柳宗元，自幼就受到良好的文化熏陶，4 岁即可朗朗诵赋。贞元九年（793 年）登进士第时才 21 岁；三年后他又中博学鸿词科，授集贤殿正字。贞元十九年（803年），柳宗元从蓝田尉被调回京师，擢为监察御史，与韩愈、刘禹锡同事，并结识了名重当世的王叔文。

过了两年，唐顺宗李诵即位，王叔文当权，甚受器重的柳宗元被任用为礼部员外郎，参与革新活动，这时他32岁。不料，风云突变，李诵正月刚继位，八月就逊位，唐宪宗李纯一登基，就立即扼杀了“永贞革新”。当年参加政治变革的“二王八司马”中王丕显病死，王叔文全家被杀。柳宗元、韦执谊、刘禹锡等八人都被贬为司马，时人称为“八司马”。柳宗元初贬邵州刺史，尚未到任，朝廷中他的政敌大概还觉得不解恨，又加贬他为永州（今湖南零陵）司马，这一贬就是10年。

由于仕途蒙难，身为改革派第三号人物的柳宗元，随时面临性命之忧。为了避“灭绝九族”之祸，他在被贬后令河东柳氏分散外迁，秘密传训家人“弃府始徙，盛名勿扬”。而他自己的一家人无法再在长安立足，变卖家产，渡过黄河，隐居到了离祖籍河东不远的历山深处。从此，显赫一时的名门望族河东柳氏，从人们的视野中消失了。

在“永贞革新”的历史风雨中，刘禹锡和柳宗元成了同舟共济的患难之交。把刘禹锡和柳宗元称为中唐政坛上的孪生儿，也许并不过分，这两位唐代著名的唯物主义哲学家和杰出的文学家，他们的政治观点、政治立场和政治生涯竟是如此的相似。虽然柳宗元比刘禹锡晚生一年，但是两人却是一同中进士，一同参加“永贞革新”并同为主将，又一同被远谪南疆。他们在一同走过10年的贬谪宦途后，同时奉诏从各自的贬所朗州和永州回京，而旋即又同时再次被远谪，分任连州刺史和柳州（今属广西）刺史。

两位诗人一同出京，结伴南下，到了衡阳歧路，不得不各赴所任了。面对古道长长，风烟漫漫，前程茫茫，两位莫逆之交无不心事重重，悲愤、凄楚和惆怅的复杂情感，萦绕在各自的心头。在以车马舟旅为交通工具的当时，天各一方，遥隔万里，他们心中自然明白，今日一别，孰知何日重逢？在依依惜别之际，柳宗元写下了充满感情的赠诗：

十年憔悴到秦京，谁料翻为岭外行。

伏波古道风烟在，翁仲遗墟草树平。

直以慵疏招物议，休将文字占时名。

今朝不用临河别，垂泪行行便濯缨。

（《衡阳与梦得分路赠别》）

对柳宗元的临别赠诗，刘禹锡作了深情的回答：

去国十年同赴召，渡湘千里又分歧。

重临事异黄丞相，三黜名渐柳士师。

归目并随回雁尽，愁肠正遇断猿时。

桂江东过连山下，相望长吟有所思。

（《再授连州至衡阳酬柳柳州赠别》）

赠诗酬和，言犹未尽。两位挚友初遭贬谪，一别就是十年，如今再度分手，就更难以预料在再一个十年之后是否还能重聚了。此时他们都已年过不惑，置身于山高水阔的穷乡僻壤，心怀着忧国思乡的无穷心事，今后究竟还能有多少个健康年头呢？也许在这种不祥预感的驱使下，柳宗元又写下了两首赠别诗。在《重别梦得》一诗中，他以充满乐观的憧憬和期望，对友人作了令人心酸的安慰和相约：

二十年来万事同，今朝歧路忽西东。

皇恩若许归田去，晚岁当为邻舍翁。

这是一首强颜欢笑的赠言，对其中的深沉含义，刘禹锡自然心领神会，并在其《重答柳柳州》的答诗中，流露和抒发了一种颇为明显的哀伤和感叹：

弱冠同怀长者忧，临岐回想尽悠悠。

耦耕若便遗身老，黄发相看万事休。

当时在柳宗元脚下的柳州，呈现的是一片恐怖的蛮荒景象，人烟稀少，风俗怪异，百姓亦多未开化或尚未完全开化。柳宗元被贬于此后，决心担负起这一方父母官的职责，教导乡民耕种织布，建造庐舍，制造舟车，特别是制定了解放奴隶的办法。

这个时候，如果他能把世界看得透些——肮脏之地何必恋？把人生想得开些——平淡在外也是福，那么他就不会久久背负着一个固执而沉重的“期盼北返”的包袱。但是他是一个感情执着的人，岁月的长流始终不能冲淡他内心的寂寞和苦闷，“一身去国六千里，万死投荒十二年”的无情遭际也未能让他丢掉幻想。然而幻想只能使他在痛苦中短暂麻醉，却不能慰藉他那颗破碎的心。他一心等待着回京的机会，虽几经努力却终无效果。

两位挚友在当年衡阳歧路分手时的不祥预感，真的成了不幸的事实，4 年之后柳宗元死于柳州任上。当时刘禹锡正扶老母灵柩返洛阳，途经当年与挚友分手之地衡阳时，忽闻柳宗元的噩耗，不禁“惊号大叫，如得狂病”。就在衡阳这一伤心之地，刘禹锡写下了一篇伤心之作《重至衡阳伤柳仪曹》吊唁亡友：

忆昨与故人，湘江岸头别。
我马映林嘶，君帆转山灭。
马嘶循古道，帆灭如流电。
千里江蓠春，故人今不见。

“何人不老，而君早死。何人不达，而君则否！”刘禹锡实在无法接受挚友之死的现实。要知道柳宗元只活了 47 岁，而在他 26 年的仕途生涯中，有 14 年竟是在天之涯海之角的贬谪中度过的。

柳宗元死后，柳州百姓感念他的恩德，把他奉为神明，传闻有人还梦见他已成神灵，因而集资修建了一座罗池庙来祭祀他，并请韩愈撰柳州罗池庙碑，刻石纪念。柳宗元的形象随着时日的延续而逐渐变得高大，变得鲜亮，到了宋代他被追封为侯，破庙也改为柳侯祠了。

柳侯祠后有柳氏衣冠冢一座，花岗岩墓碑上刻有“唐刺史柳宗元墓”字样。祠附近还有“柑香亭”、“罗池”等遗迹，传说是当年柳氏植柑以及和朋友吟咏的地方。柳宗元种柑是真，他对柑橘怀有特殊的深情，曾在柳州“手种黄柑二百株，春来新叶遍城隅”。不过他与朋友吟诗未必为实，至少在柳州这样的荒蛮之乡，那时候大概还难以找到可与之应和相酬的诗友。

四

在唐宋众多的散文家中，不论从古文运动领袖的角度说，还是从本人文学作品的艺术水平言，韩愈坐上第一把交椅当之无愧、众望所归。

以儒学复古运动为主题，韩愈写下了许多笔力雄恣、才气纵横的论文，其中如合称“五原”的《原道》、《原性》、《原毁》、《原人》、《原鬼》，以及《本政》、《守戒》、《争臣论》、《师说》等，都是著名的论政、说道或谈学的篇章。作为古文运动倡导者的韩愈，更是一位杰出的古文家，他以崭新的“古文”，行云流水般地写下了一篇篇体裁迥然不同的散文和记叙文。韩愈在叙事、抒情和议论等文学作品中所取得出色的艺术成就，当然是基于他自己的才华和学问，然而古文运动对文风、文体和文学语言的改革，也为优秀作品的问世创造了许多有利条件。

韩愈在其散文中，淋漓尽致地刻画了不同的人物形象，揭露了各种社会问题，“不平则鸣”是他散文的一个鲜明特点。他从自己怀才不遇的遭际中，深切地感受到天下知识分子的不幸命运，并以一篇篇语言含蓄、寓意深刻和说理透辟的散文为他们鸣不平，充满了强烈的愤世嫉俗的批判精神。在《杂说四·说马篇》中，韩愈以千里马的遭遇，控诉了庸人掌权、能人落野的那种不公的社会现象：

> 世有伯乐，然后有千里马。千里马常有，而伯乐不常有，故虽有名马，祇辱于奴隶人之手，骈死于槽枥之间，不以千里称也。……呜呼，其真无马邪？其真不知马也。

他笔下千里马的典型例子是神童诗人李贺。李贺是韩愈十分赏识的人，但是这样天才竟被封建礼法轻率地扼杀了，一匹千里马也就这样不露痕迹地“辱于奴隶人之手，骈死于槽枥之间”。

除了散文外，韩愈的文学成就还表现于他留存于世的三百多首诗歌。在灿烂的唐诗星空中，他不仅占有显要的一席之地，并且开辟了一个重要的流派，诗风影响着孟郊、贾岛、卢仝和李贺等一批中唐及以后的优秀诗人。

壮阔的画面，神奇的想象，使读者在阅读韩愈的诗篇时，仿佛随着他驾云雾、挟风雷，在天宇中巡视五湖四海，于九霄上俯瞰万山千水。恰如晚唐诗人司空图所评：“韩吏部诗歌数百首，其驱驾气势，若掀雷挟电，撑抉于天地之间，物形奇怪，不得不鼓舞而徇其呼吸也。”在中唐盛行的柔弱浮荡的诗风中，韩诗以其大气磅礴之势、石破天惊之境，带来了一阵闪电和响雷。“韩诗为唐诗之一大变。其力大，其思雄。”（叶燮《原诗》)也许这就是韩愈在诗歌艺术上的独特成就及对唐诗的独特贡献。

在韩愈的笔下，有政治抒情诗，有自然写景诗，有现实摹世诗，还有一些如《左迁至蓝关示侄孙湘》那样朴素动人的近体诗。在这些诗篇中，最能反映韩愈诗风的是他的自然写景诗和某些酬唱诗，代表作品如《南山》、《陆浑火山》等。然而在以一泻千里的笔势和排山倒海的气魄表现奇特的造化之美的同时，韩愈又过于拗中取奇和因难见巧，使得他的诗变得艰涩难懂并因而缺乏美感了。在韩愈的写景诗中最受后人称颂的是他在游洛阳北惠林寺时写下的记游诗《山石》，其中着意捕捉的山色奇景以及精心采撷的妙语佳句，使得一处在常人眼中十分平常的荒山古刹，充满了浓郁的诗情画意：

夜深静卧百虫绝，清月出岭光入扉。
天明独去无道路，出入高下穷烟霏。
山红涧碧纷烂漫，时见松枥皆十围。
当流赤足蹋涧石，水声激激风吹衣。

在历来备受传咏诵的韩诗中，还可以找到他的一些咏春小诗，这些诗歌小品构思新巧，富有奇趣，充分表现了韩愈在艺术上的深厚造诣和独创精神：

新年都未有芳华，二月初惊见草芽。
白雪却嫌春色晚，故穿庭树作飞花。

（《春雪》）

草树知春不久归，百般红紫斗芳菲。
杨花榆荚无才思，惟解漫天作雪飞。

（《晚春》）

天街小雨润如酥，草色遥看近却无。
最是一年春好处，绝胜烟柳满皇都。

（《早春呈水部张十八员外二首》）

诗言志，诗为心声。韩愈喜爱春色，又擅写春色，看来他对春天怀有一种特殊的感情，这种感情不是简单地以客观春色的因素可以一言蔽之的，在韩愈的心中，似乎还有别一种主观因素的驱使。这是一种什么样的主观因素呢？是否是把自己视为一棵冰雪覆盖下的小草，一直在渴望和呼唤春天的到来呢；或者是厌倦了宦海生活，希望在春天来临之际，能到野外去寻春、踏青以及获得一番短暂的闲适和解脱；也许还被一种忧伤人生、忧虑国事的情感所萦绕，从而期盼和等待着人生的春天、国家的春天。

在文学上柳宗元与韩愈相似，主要的成就也表现于“文”，故世有“韩柳”之称。永州10年的贬谪经历，使柳宗元本已具有的朴素的唯物主义世界观得到了升华，也赋予他的文学创作以更强烈的政治内容和现实主义精神。他的《贞符》、《封建论》、《天说》、《蜡说》、《非国语》等许多论说杂文，在后世留下了广泛而深刻的影响。而他的传记散文、游记散文和讽刺寓言，更是古今文化人的圈子里的一大亮点。

千百年来，人们津津乐道于他的有趣寓言《黔之驴》，这篇寓言深刻地讽刺了如同黔驴一般色厉内荏、虚张声势的官僚阶层和社会。还有他的传记名作《捕蛇者说》，这篇短文选择蒋氏三代宁可死于毒蛇也不肯死于苛政的生活事例，深刻地揭示了封建压迫和剥削的重大主题。而人们更对柳宗元的山水小品朗朗成诵，他的山水游记有“精裁密致，璨若珠贝”之誉，在中国文学史上具有特殊的地位。在他的代表作品《永州八记》中所展现的山水丘壑，充满乡情野趣，令人心驰神往，曾被视为唐代古文运动中的典范之作。在他的笔下，大自然中的山是那么峭拔峻洁，大自然中的水是那么清邃奇丽，连生活在大自然中的鱼都具有十足的灵性：

潭中鱼可百许头，皆若空游无所依；日光下彻，影布石上，佁然不动。俶尔远逝，往来翕忽，似与游者相乐。

（《至小丘西小石潭记》）

柳宗元的诗大都是在贬谪期间写的，长期在西南地区的逐客生涯，不能不在他的心灵烙下深深的创伤。因此在他的不少诗作中，不论在冷寂的画面中，或者是宏大的画卷上，都或多或少地洒落了深沉的怅意和委屈的愁思。

他在永州西南荒郊的“愚溪”居所，写下一组《愚溪诗集》。其中的《溪居》一诗，描述了自己独往独来的生活，透露出一种孤寂凄冷的情调，“处连蹇困扼之境，发清夷淡泊之意，不怨而怨，怨而不怨”：

久为簪组累，幸此南夷谪。
闲依农圃邻，偶似山林客。

晓耕翻露草，夜榜响溪石。

来往不逢人，长歌楚天碧。

柳宗元初到柳州时，给同时被复贬至南疆的韩泰、韩晔、陈谏、刘禹锡所写的《登柳州城楼，寄漳、汀、封、连四州刺史》一诗，堪称一首情景交融、动人心弦的杰作：

城上高楼接大荒，海天愁思正茫茫。

惊风乱飐芙蓉水，密雨斜侵薜荔墙。

岭树重遮千里目，江流曲似九回肠。

共来百粤文身地，犹自音书滞一乡。

而在柳宗元的两首写渔翁的著名诗作中，更隐喻了政治失意的孤愤，同时又显示了超然物外的清高：

千山鸟飞绝，万径人踪灭。

孤舟蓑笠翁，独钓寒江雪。

（《江雪》）

渔翁夜傍西岩宿，晓汲清湘燃楚竹。

烟销日出不见人，欸乃一声山水绿。

回看天际下中流，岩上无心云相逐。

（《渔翁》）

韩愈和柳宗元，唐中叶文坛上的两座高峰，一北一南地峭拔挺立，双峰插云，遥相呼应。他们共同掀起了唐代古文运动的浪潮，在这场影响深远的散文变革中建立了不可泯没的功绩。

唐末诗人杜牧用“李杜泛浩浩，韩柳摩苍苍”（《冬至日寄小侄阿宜诗》）诗句，高度评价了古文运动的两大旗手。北宋穆修在《唐柳先生文集后序》则称唐之文章，“自韩柳氏起，然后能大吐古人之文，其言与仁义相华实而不杂。”

毫无疑问，“韩柳”已经成了中国文学史空上的一个绚烂的双子星座，是中国诗文长流中的一座丰碑。

——莫道桑榆晚，为霞尚满天（唐·刘禹锡《酬乐天咏老见示》）

莫道桑榆晚

——中唐诗人白居易、刘禹锡

一

唐宪宗元和十年（815 年），时称江州的九江，一位鼎鼎大名的诗人白居易从北迤逦而行，走到这里就停了下来。这一年，正当白居易官场开始遇挫、官职从左拾遗（皇帝前的谏官）改职为左赞善大夫时，朝廷发生了一件重大命案，宰相武元衡被平卢节度使李师道遣人刺死。一向直言善谏的白居易，对此事深怀不平之心，率先上疏要求“急请捕贼，以雪国耻”，因而得罪了当朝权贵，以僭越言事之罪而被贬为江州司马。

江州远离京城，而司马又是一个可有可无的闲职。斯地斯职，使一个年过不惑却依然血气方刚的斗士，如同一只被关进了樊笼的山鹰，有翼难翔，有声不传。这一迁谪便是四年，也就是 1500 个漫长的昼夜，这种软刀子杀人般的折磨，最终让当年的谏官变得心灰意懒、随遇而安。无奈中，白居易偶尔在“浔阳江头夜送客”之时，听到一位长安故倡弹奏琵琶、诉说身世的故事。

听琵琶女满含幽愁暗恨的一曲仙乐，对琵琶女不幸身世遭遇进行了一番询问，白居易不禁受到深深的触动和震撼。曲曲琵琶，似乎弹拨着他心灵的创伤；声声幽怨，又仿佛倾诉着他仕途的蹭蹬。尽管职位迥异，处境不同，但白居易却深感与这个曾在京城红极一时，而今“老大嫁作商人妇”的琵琶女，同是时乖命蹇，从而悲愤地发出了“同是天涯沦落人”的叹息，甚至视这位混于下三流中的琵琶女为他乡故己，产生了“相逢何必曾相识”的共鸣和感慨。由此他写下了一首脍炙人口的长诗《琵琶行》，在诗的“序”文中曰：

> 元和十年，予左迁九江郡司马。明年秋，送客湓浦口。闻舟中夜弹琵琶者，听其音，铮铮然有京都声。问其人，本长安倡女。尝学琵琶于穆、曹二善才，年长色衰，委身为贾人妇。遂命酒使快弹数曲，曲罢悯然。自叙少小时欢乐事，今漂沦憔悴，转徙于江湖间。予出官二年，恬然自安，感斯人言，是夕始觉有迁谪意。因为长句，歌以赠之，凡六百一十二言，名曰《琵琶行》。

《琵琶行》以其罕见的诗歌题材、生动的写作笔法和巨大的艺术魅力，传诵神州内外，与白居易另一篇著名叙事长诗《长恨歌》一起，同享“童子解吟《长恨》曲，胡儿能唱《琵琶》篇”之誉。

名诗产生了一定的效应，《琵琶行》一诗使白居易任职的“江州”和诗中提及的“浔阳”名声远播：

> 浔阳江头夜送客，枫叶荻花秋瑟瑟。
> 主人下马客在船，举酒欲饮无管弦。
> 醉不成欢惨将别，别时茫茫江浸雨。
> 忽闻水上琵琶声，主人忘归客不发。
> ……

《琵琶行》一问世，和者如流，不绝于后。白居易的挚友元稹首先以一首《琵琶亭》应和：

> 夜泊浔阳宿酒楼，琵琶亭畔荻花秋。
> 云沉鸟没事已往，月白风清江自流。

创作于《琵琶行》前十年的另一首长篇叙事诗《长恨歌》，是白居易的代表作之一。诗人以委婉的叙述和精练的语言，展现了一场发生在安史之乱中唐明皇和杨贵妃之间生离死别的悲剧，一段凡人和仙女生死相恋、缠绵悱恻的爱情故事。白居易在诉说一个重信守诺、忠于爱情却被玩弄和牺牲的女性杨贵妃心中长恨的同时，也谴责了表面上同样十分钟情和怀着长恨的唐明皇，因为正是他的荒淫误国，才导致了一场惨痛的政治悲剧和“此恨绵绵”的爱情悲剧：

在天愿作比翼鸟，在地愿为连理枝。

天长地久有时尽，此恨绵绵无绝期。

从《长恨歌》到《琵琶行》，正是白居易从豪情满怀到壮志消磨的变迁。听琵琶女弹奏一曲琵琶，又为琵琶女吟下一首《琵琶行》，“琵琶”似乎与白居易结下了不解之缘，也成了白居易政治态度和创作生活转变的一个标志。如今业已与白居易墓连成一体的琵琶峰，也成了白居易名作《琵琶行》的一篇导读。

会昌六年（846 年）八月，75 岁的白居易与世长辞。临终前，他遗嘱“不归下邽，葬于香山如满之侧”，希望永远与洛阳的山水为伴。家人依照他的遗嘱，将他葬于香山寺东北约一华里的龙门东山琵琶峰上。白居易的墓是一座用砖护砌的椭圆形坟墓，墓前立“唐少傅白公之墓”石碑。一串系着铁链的栏杆，将整个墓冢围成了椭圆形状，如同当年琵琶女弹奏的一把唐代琵琶——墓道是琵琶的曲颈，栏杆是琵琶的雁柱，铁链是琵琶的琴弦，椭圆形的山顶台地和墓丘就成了琵琶的琴箱。后人以奇特的构思设计了这一座绝无仅有的古墓冢，表明了人们对白居易的崇仰和思念之情，也表明了人们对诗人的代表作《琵琶行》的喜爱之情。

二

白居易，字乐天，祖籍太原，后家迁下邽（今陕西渭南），而他本人却是在唐代宗大历七年（772 年）出生于河南新郑并迁居荥阳的。白居易一生历经代宗、德宗、顺宗、宪宗、穆宗、敬宗、文宗、武宗八代，帝王频繁更替，李唐帝国的运程已衰，统一强盛的好景已成为明日黄花。战乱频发、动荡不安的岁月促进白居易早早成熟，鞭策他奋斗，特别是在十二三岁避乱越中（今浙江）那段时间，颠沛流离的生活经历和民不聊生的沿途见闻，对他后来的创作思想产生了一定的影响。

有志不在年高，少年白居易的行为正好应验了这句古老的格言。白居易自幼聪明过人，十五六岁时就写下了不少好诗妙文，在本地已小有名气。然而他并不以在小地方出名为满足，偏要闯荡到久已慕名的京都长安一试高下。他凭借对自己才能的自信，一到长安就造访文坛前辈顾况。但小小年纪的他，又岂能进入顾老先生的眼帘呢？接到白居易求审的诗稿时，那诗卷卷面上的“太原白居易诗稿”七个大字，就令这位长安名士老大不悦，风趣地以“居易”之名揶揄道：“米价方贵，居亦弗易。”不过顾况毕竟是爱才之人，在读白居易诗稿时，已心中暗暗觉得登门的小子并非等闲之辈。当读到其中一首《赋得古草原送别》诗时，不觉大为惊讶，情不自禁地朗读起来：

离离原上草，一岁一枯荣。
野火烧不尽，春风吹又生。
远芳侵古道，晴翠接荒城。
又送王孙去，萋萋满别情。

诗中的佳句“野火烧不尽，春风吹又生”，赢得老前辈拍手称绝：“道得此语，居亦易矣！”顾况的推崇虽然使白居易名动一时，但他却未能因此在长安“居亦易矣”。在长安居住一段时间后，白居易不得不遗憾地告别京城，开始了艰辛的漂泊羁旅，又一次亲身经受了离乱之苦。在一首《自河南经乱，关内阻饥，兄弟离散，各在一处。因望月有感，聊书所怀，寄上浮梁大兄、於潜七兄、乌江十五兄，兼示符离及下邽弟妹》诗中，白居易倾诉了孤苦凄凉的真实情感：

时难年荒世业空，弟兄羁旅各西东。
田园寥落干戈后，骨肉流离道路中。
吊影分为千里雁，辞根散作九秋蓬。
共看明月应垂泪，一夜乡心五处同。

在人生的道路上，白居易还算幸运，他没有亲历过前辈诗人李白、杜甫那样的困苦遭逢，也不曾品尝过后辈诗人李贺、李商隐那样的辛酸经历。在还不到而立之年时，他就顺利地登上了一条“三十功名”之路。贞元十六年（800 年）29 岁那年，他以第四名进士及第；贞元十八年，他与元稹同举书判拔萃科；次年又授秘书省校书郎。元和元年（806 年）罢校书郎后，他撰《策林》75 篇，登“才识兼茂明于体用科”，授官盩厔县尉，正式步入了政治舞台。县尉是封建王朝统治机构中的卑职小官，对于热衷功名的文人来说，这也是向宝塔形统治集团攀登晋级的第一步台阶。但这也是一个令所有正直善良的人难以接受和容忍的职位，一旦进入这个角色，就必须学会两套本领：对上的奔走逢迎和对下的欺压敛财，这就要求不惜身份为五斗米而折腰。

十年寒窗苦读成才的白居易，没有绕开由台阶式的干部制度设定的人生轨迹。违心地就任于卑职，苦恼地混迹在官场，是对正直人格的扭曲，也是对纯洁心灵的损伤。然而在近两年的县尉任内，身居官僚宝塔机构最底层的白居易，亲身感受了官僚政治的腐败，也同时切实体会到人民生活的疾苦，从而使他文学创作的源泉获得了新的水流。也就是从这个时候起，白居易才开始了实际的诗歌创作，而且很快写出了一些优秀诗篇，其中有脍炙人口的名篇《长恨歌》和著名的讽喻诗《观刈麦》。

不久，白居易被调回长安，从翰林学士升任为左拾遗。这是一个谏官的职位，有机会直接向皇帝进谏，为他治国安邦、施展才能提供了条件。志在反腐肃贪，重振大唐辉煌，是白居易与元稹等好朋友经常谈论的话题，也是他们共同立下的誓愿。如今白居易仿佛有了一种天降我才必有用的良好感觉，希望借现有的职位得以接近皇帝，表达和实现他的政治主张。

此时的白居易正处于意气风发、风华正茂之时。其时他诗兴如潮，写下了大量题为《新乐府》的讽喻诗。他曾说：“又自武德讫元和，因事立题，题为新乐府者，谓之讽喻诗。”在他留存的 170 多首讽喻诗中，《新乐府》占了 50 首，其中的《卖炭翁》、《新丰折臂翁》、《缚戎人》等篇，以叙事的形式，诉说了底层百姓的悲惨遭遇，谴责了皇帝和权贵们对内的随意掠夺和对外的频繁侵略，形象十分生动，寓意极其深刻。另有十首讽喻诗作于长安，白居易在这一组诗的“序”中说：“贞元、元和之际，予在长安；闻见之间，有足悲者，因直歌其事，命为《秦中吟》。”《新乐府》、《秦中吟》和其他如《上阳白发人》、《母别子》等讽喻诗，都是白居易为“救济人病，裨补时阙”的目标而写下的优秀作品。

讽喻诗是白居易在文学艺术上的独创，对其所领导的新乐府运动作出了重大贡献。新乐府是相对于乐府古题诗而言，指用新题材创作然后播之乐曲的诗歌，其创作目的如白居易所言“为君为臣为民为物为事而作，不为文而作”。新乐府诗派继承了现实主义的创作传统，密切联系实际，反映了民间疾苦，丰富和扩大了唐代诗歌的内容和境界。史称“元、白”的元稹和白居易，是新乐府运动中的两面大旗，而白居易在诗歌艺术上的成就及在新乐府运动中的作用又在元稹之上。

白居易的一道道请求皇帝革除弊政的谏疏，招致了以门阀士族和宦官集团为代表的保守势力的怨恨，而他一首接一首不断问世的“讽喻诗”，使“权豪贵近者，相目而变色”，使“执政者扼腕”，使“握军要者切齿”，得罪了大批军政要人。年轻的谏官何尝知道，在封建体制下的“纪检”工作，只不过是悬挂在朝廷上面的一块金字招牌，有职无权的陪衬角色而已，做些欺人自欺的表面文章未尝不可，而如果真的动起真格来，上下还能剩下几个清廉干净的好官？这岂非是挖王朝的根基！

其实当时白居易已经身处逆境，险象环生，然而他仍然书生气十足，对自己所处的状态并不在意，竟然大大咧咧地当面指摘唐宪宗任命宦官为“招讨宣慰使”的错误，使皇帝勃然大怒。虽经说情后幸免处分，但纪检的职位是保不住了，白居易因此被调任为左赞善大夫，并终因年轻气盛，在新职位上仍不能安分守己，落得个被逐出京城、贬谪江州的结局。

5 年之后，先后在江州、忠州任职的白居易，终于被新即位的唐穆宗召回长安。在朝廷期间，他又目睹了政治斗争的旋涡和争权夺利的镜头，今非昔比的白居易对此不仅兴趣索然，而且想了一个退避三舍之策，主动提出了放外任的请求。不久他被任命为杭州刺史，后来又接任苏州刺史。

杭州和苏州的任职，也许是白居易后半生中两次仅有的亮点，他受到两地人民的称颂和爱戴。其实他的政绩主要在杭州，在苏州并没有来得及实现兴修水利的计划。此后白居易又历任秘书监、河南尹、太子少傅等职，但都是以一种无所用心、息事宁人的态度混迹于官场。皇帝需要这种“太平”官，权臣欢迎这种“不管”僚，加上白居易诗名扬天下，当然是用以表现帝国盛世、标榜皇上圣明的生动广告，使得他一帆风顺地在闲职中走过了后半生，直到71岁高龄时，以刑部尚书致仕。4年之后，在醉吟的安逸和幽居的悠闲中，白居易走完了他内心充满矛盾和苦恼的复杂一生。

可喜的是白居易诗中所独具的平易、明朗和流畅的风格一直延续下来。白居易在一生勤奋的文学创作中，不断地展示着他的艺术天才，演绎着一个杰出诗人的人生故事。

朗读他的五绝诗《问刘十九》，在一句满含深情的轻轻问话“能饮一杯无”中，所传递的那种浓浓友情，不能不令人受到深深感动：

绿蚁新醅酒，红泥小火炉。

晚来天欲雪，能饮一杯无？

吟诵他的咏柳诗《杨柳枝词》，那种对永丰柳的痛惜之叹，让人们感悟到了政治腐败、人才被埋没和排斥的现实，不由得为诗人和许多报国无门的有志之士的遭遇发出感叹：

一树春风千万枝，嫩如金色软于丝。

永丰西角荒园里，尽日无人属阿谁？

翻阅他的词作《长相思》，那一个“愁”字，画龙点睛般地点出了思无穷、恨无穷的无穷“闺怨”，怎能不引起人们对“月明人倚楼”的闺中少妇的同情：

汴水流，泗水流，流到瓜州古渡头，吴山点点愁。

思悠悠，恨悠悠，恨到归时方始休，月明人倚楼。

在杭州和苏州任刺史期间，是白居易诗歌创作取得丰硕成果的时期。位于苏州市西20里的天平山乃吴中奇山，山腰依崖建有亭，亭侧有“泠泠不竭”的白云泉，号称“吴中第一水”。白居易以一首七绝《白云泉》，轻描淡写地画下了一幅淡墨山水图。据云，“自白乐天题以绝句”，白云泉“名遂显于世”：

天平山上白云泉，云自无心水自闲。

何必奔冲山下去，更添波浪向人间！

西湖的湖山之美，让白居易留下了不少景中寓情、诗中孕画的佳作，《西湖晚归回望孤山寺赠诸客》，就是这么一幅清新、细腻的山水画。柳湖掩映、夕阳辉照中的“松岛”（孤山）、“莲花寺”（孤山寺）和“道场”（佛殿），本来就充满诗情画意，经白居易一支彩笔的描摹，画面上出现了一幅人们可望而不可即的蓬莱仙境图：

柳湖松岛莲花寺，晚动归桡出道场。
卢橘子低山雨重，栟榈叶战水风凉。
烟波淡荡摇空碧，楼殿参差倚夕阳。
到岸请君回头望，蓬莱宫在海中央。

杭州市民深切怀念这位百年一遇的“贤太守”，永远铭记他整治西湖、宣传西湖之功。为了让后代记住这段史事，他们将湖中一道被白居易喻为“草绿裙腰一带斜”的“白沙堤”改为“白堤”。白沙堤是杭州民众早年兴筑的一项水利工程，在白居易任杭州刺史前业已存在。这条横在粼粼碧波中的锦带，把泱泱湖水分隔为两潭，是白居易在公务之余经常漫步徜徉的处所。他曾以无比喜悦和欢娱的心情，在这里吟下了著名诗篇《钱塘湖春行》：

孤山寺北贾亭西，水面初平云脚低。
几处早莺争暖树，谁家新燕啄春泥。
乱花渐欲迷人眼，浅草才能没马蹄。
最爱湖东行不足，绿杨阴里白沙堤。

“白沙堤”与“白堤”一字之改，却体现了两种含义。这一改实在是巧妙，因为白沙堤的“白”字恰好是白居易之姓，而白居易也的确领导杭州人民修筑过一条白公堤。白公堤早已废弃，杭州百姓为表示对白居易的感谢和怀念，就把白沙堤的工程记到他的功劳簿上了。

在白居易的三千余首存诗中，按他自己编诗的分类，有讽喻、闲适、感伤、杂律四类，他在《与元九书》中解释道：“故仆志在兼济，行在独善……谓之讽喻诗，兼济之志也；谓之闲适诗，独善之义也。”实际上，“兼济”和“独善”思想是互相矛盾的。在白居易一生的创作中，“兼济”占了主导的地位，但在他被贬谪江州、政治上遭到排斥以后，特别当他到了饱食闲居、皈依佛教的晚年，“独善”却影响了他的创作。

情深艺精，雅俗共赏，使白居易的诗得到了广泛的传播，产生了深刻的影响。实际上在白居易在生之时，他就已经目睹了掀起于大江南北的

“白诗热”。他在《与元九书》中兴奋地写道：“自长安抵江西，三四千里，凡乡校佛寺逆旅行舟之中，往往有题仆诗者；士庶僧徒孀妇处女之口，每每有咏仆诗者。”元稹也欣喜地说：“自篇章以来，未有流传如是之广者。”白诗甚至远传日本、高丽诸国，成为国外争相抄写贩卖的珍品，日本天皇就曾手抄多篇并珍藏，而契丹国王对白居易的讽谏集还“亲以本国字译出，诏番臣读之”。

三

以恪守孔孟之道而素称温顺、谦恭、平和的中国文人中，时不时也会冒几个桀骜不驯的硬汉。他们往往通过诗文表现自己对黑暗时代的憎恶和愤恨，并以蔑视的态度对煊赫一时的显要权贵予以无情的嘲讽，从而使平静如水的赞美诗合唱声中，时不时爆发出怒如惊涛的高亢歌声。这种与时局格格不入的不谐之音，总是成为石破天惊的时代领唱。

这是一群优秀的时代“歌手”，也是一群勇敢的时代叛逆。“歌手”和叛逆的身份是不可能同时兼容于社会的，反叛的“歌声”和“歌手”的叛逆行为必然激起统治者的震惊和愤怒，也就注定了叛逆“歌手”的命运——他们要么停止放歌，或改唱赞歌，要么只能在艰难和不幸中终其一生。战国时代的楚大夫屈原、东晋时期的陶潜、唐朝的李白和杜甫、宋朝的陆游和辛弃疾等诗（词）人，莫不为他们的叛逆行为付出了沉重的代价，有的人甚至是搭上了生命。

中国古诗之所以在唐代达到了黄金时代，不仅仅是由于涌现了流星雨般的众多诗人，而且更由于出现了不同地位和身份的时代叛逆。作为唐诗的领唱者，李白和杜甫是两位伟大的叛逆“歌手”，而在中唐时期出现的思想家、哲学家、散文家和诗人刘禹锡，则是继李白、杜甫之后一位最杰出的叛逆诗人。

中唐时期，是盛极一时的李唐王朝江河日下的时代，日渐深重而且无望解脱的社会矛盾，引起了永贞元年（805 年）即位的唐顺宗李诵的严重关注，决心通过改革弊政，重振大唐雄风。顺宗重用力图改革时政的“二王”，即王叔文和王丕，而王叔文又十分器重两个年轻有为的才子刘禹锡和柳宗元，并将二人引进宫中，形成了“二王、刘、柳”为核心的政治改革集团，开始了一场“永贞革新”，其时的刘禹锡和柳宗元都是才过而立之年的少壮派。

祖籍洛阳的刘禹锡，字梦得，在大历七年（772年）生于避乱途中的苏州嘉兴（今浙江嘉兴）。他在22岁时与柳宗元同榜及第，后又中鸿词科；24岁中吏部取士科，授太子校书，从而一步跨入了仕途。一帆风顺地驶入宦海的刘禹锡，在王叔文的重用下，以满腔热情投身于“永贞革新”。初生牛犊，书生意气，渴望建功立业。

然而，在病入膏肓、积重难返的唐朝廷内，宦官和藩镇的势力实在太大了，以至于“永贞革新”只推行了几个月，就成为昙花一现的泡影。永贞之后，革新派集团的八个骨干成员，悉数被贬为僻远州郡的司马，史称“八司马事件”。刘禹锡先被贬为连州（今广东连县）刺史，上任途中又被改贬为朗州（今湖南常德）司马，而他的挚友柳宗元则被贬为永州司马。逐出朝廷，谪居僻壤，并没有使这位37岁的七尺男儿斗志遽衰，血气顿消。刘禹锡没有停止斗争，他不屈不挠地以自己的笔来挑开满天阴霾，揭露当朝群丑。在谪居朗州的10年中，刘禹锡写下了大量政治诗和寓言诗，其中不乏反映中唐时期重大政治事件的诗文，巧妙地披露史家和文人们都讳莫如深的“顺宗内禅”真相的《凄兮吟》诗，就是这一时期所作品。

元和十年（815年）二月，刘禹锡、柳宗元等贬臣都应诏返抵长安。诏还京师，大有一种既往不咎、雨过天晴的味道，不论刘禹锡还是柳宗元，都着实为此高兴了一番。然而，现实的黑暗比文人们的想象还要十倍的可怕，仅仅在长安逗留了短暂的一个月，他们又被排挤出京，并且一个比一个走得更远。永州司马柳宗元改任柳州刺史，朗州司马刘禹锡改任播州刺史。

播州在今贵州遵义之地，唐时被认为是穷乡僻壤的“恶处”。把刘禹锡贬到最远最差的地方，还有一层报复的因素，这次是因诗酿祸，由刘禹锡的一首诗《元和十年自朗州承召至京，戏赠看花诸君子》引起的，诗云：

紫陌红尘拂面来，无人不道看花回。
玄都观里桃千树，尽是刘郎去后栽。

诗人以万人观赏长安玄都观盛开的桃花为题，把千树桃花喻为自他离京后暴发的十年新贵，而那些成群结队地蜂拥而去观花的人，岂非都是趋炎附势之辈！然而尔等小人想过没有：你们这些红极一时的权贵，都是踩着我刘郎的肩膀，才得以爬上高位、飞黄腾达的。如此难堪的戏谑和无情的讥讽，怎能不使手握权柄的高官们大为恼怒？于是公然、蓄意的报复，就降临到刘禹锡的头上。不过，一个手无寸铁的文人，一个身无兵卒的小吏，敢于单枪匹马地在京城对强大的统治集团挑战，哪怕是几句短诗，也足以显示刘禹锡的叛逆性格和斗争精神。

由于御史中丞裴度极力说情，刘禹锡最终由播州刺史改任为连州刺史。在此后的14年中，刘禹锡辗转于巴山楚水之间，从连州到夔州（今重庆奉节）再到和州（今安徽和县）。经历了这么一番大起大落的人生遭遇变迁，经过了十余年不堪回首的迁徙漂流，对于常人来说，即使体魄犹健，也恐怕早已精疲力竭，或许精神都随之崩溃了。如今走到了贬谪生涯中的又一驿站和州，西望长安，仍然浮云蔽日；人贬僻乡，依旧身居陋室。面对这望不到头的茫茫苦海，刘禹锡在想些什么呢？既然权贵们的迫害都无法折服他的斗志，那么偏远的处所和穷窘的情况，就更不可能改变他的壮怀了。在和州住下不久，刘禹锡挥毫写下了一篇千古名作《陋室铭》，以充满诗情画意的艺术手法言志抒怀，向邪恶势力发出了一阵惊天动地的大笑：

山不在高，有仙则名。水不在深，有龙则灵。斯是陋室，惟吾德馨。苔痕上阶绿，草色入帘青。谈笑有鸿儒，往来无白丁。可以调素琴，阅金经。无丝竹之乱耳，无案牍之劳形。南阳诸葛庐，西蜀子云亭。孔子云：何陋之有？

人处逆境，乐观豁达；身居陋室，壮志弥坚；胸怀山水，乐观豁达；面对权贵，刚直不阿。刘禹锡以这种高洁傲然的品格和安贫乐道的情趣，不仅向关心他的朋友们同时也向敌视他的小人们自傲地宣告：虽然这是一座简陋的宅室，然而作为主人的我，却有着美好馨香的品德。这样的陋室，有哪一点比不上诸葛亮居于南阳的草庐和扬子云（西汉扬雄）住在西蜀的茅亭！直至56岁那一年，刘禹锡才终于获准回长安任职。他虽然离开了曾经在艰难中栖身的陋室，但是却将他的“德馨”留于斯地，也将他在这里写下的不朽名作《陋室铭》献给了世人。

回到长安的刘禹锡，当然不会忘记去重访令他骨鲠在喉十余年的祸地玄都观。然而，逝者如斯，旧景不再，玄都观已经失去了昔年的繁盛，桃花也荡然无存，只有菟葵燕麦在春风中摇曳摆动。触景生情，看到艳极一时的桃花在十余年中完全消失，想到不可一世的权贵们也都一个个地树倒猢狲散，倒是当年被排挤出京的“刘郎”，却满面春风地回到京师，重游旧地。谁笑在最后，谁笑得最好，人生的浮沉进退并不是由哪个权臣所能预料和左右的。于是，刘禹锡又以 14 年前所咏的玄都观桃花为题，吟下一首《再游玄都观》，对那些扼杀革新的政敌和迫害革新家的权贵，投以轻蔑的嘲弄和无情的鞭挞：

百亩庭中半是苔，桃花净尽菜花开。

种桃道士归何处？前度刘郎今又来。

这是一个不会对权贵挂免战牌的失败者，也是一个对群丑横眉怒斥并使之望而生畏的胜利者。

四

贬谪是一种不幸，但何尝又不是一种幸运呢？正是由于长达 20 年的贬谪生涯，使刘禹锡得以从社会汲取阅历，从原野汲取思想，从山岭汲取灵感，从而行云流水般地写下了大量精彩的诗文。他的诗文数量之多，成就之高，甚至被誉为中唐的“诗豪”。刘禹锡诗文兼长，诗词皆通。他的哲学著作《天论》，是不可多得的古代唯物主义作品；而他又是中国文学史上第一个按谱填词的人。然而刘禹锡最主要的文学成就还是诗，他的怀古诗和乐府诗历来为人们所喜爱，久传不衰，也难怪清代文学家王夫之将他评为“小诗之圣”。

“小诗之圣”的称号，对于刘禹锡来说，应是当之无愧，他的怀古诗和乐府诗，基本上都是朗朗上口的小诗。刘禹锡在贬谪、东奔西走的那段艰难岁月中，写下了一篇篇沉郁苍凉的怀古佳作，而追忆和嗟叹三国六朝的历史往事，则是怀古诗的主要内容。

夔州是三国时期的蜀地，刘禹锡任职于此时，自然不会放过在这一近水楼台凭吊先贤的机会，特别是一世之雄刘备，更被他认作同宗同族中的光荣。在谪夔期间，刘禹锡瞻仰了蜀先主庙，游赏了诸葛亮的八阵图遗址，并相继写下了歌颂蜀汉君臣的五言律诗《蜀先主庙》和《观八阵图》。评古意在喻今，以蜀汉的兴衰来指点大唐江山，对诗人的这番醉翁之意及良苦用心，也只有他的几个密友能看出来，而对于他所忠告的对象皇帝来说，就只能是对牛弹琴了。

长庆四年（824 年）夏，刘禹锡调任和州刺史。他顺长江东下赴任，途经湖北大冶东面江边的六朝军事要塞西塞山。西塞山既险且峻，状若关塞，是三国时吴国的江防前线。当年晋将王浚率晋军船队自蜀东下灭吴，在此以烈火烧熔吴君孙皓横于江面的千年铁链，直捣吴都金陵，从此西塞山千古传名。来到这一东吴覆辙之地，刘禹锡自然是感慨万千，他从东吴、六朝的亡国之痛联想到始终殷殷于心的唐朝，于是一首豪放而又含蓄的《西塞山怀古》油然而涌：

王濬楼船下益州，金陵王气黯然收。
千寻铁锁沉江底，一片降幡出石头。
人世几回伤往事，山形依旧枕寒流。
今逢四海为家日，故垒萧萧芦荻秋。

到了和州，也就走近了六朝古都金陵，走近了当时的中心。视天下为己任的诗人，当然不会错过这个昔日的历史焦点以及由此产生的热门话题的，不过他并没有以洋洋千余言的叙事诗来大事铺陈，而是向世人捧出了轻描淡写的几首小诗。几束小花，寥寥数语，却成了长鸣于中唐上空的警钟，令世人和后人振聋发聩：

山围故国周遭在，潮打空城寂寞回。
淮水东边旧时月，夜深还过女墙来。

（《金陵五题：石头城》）

朱雀桥边野草花，乌衣巷口夕阳斜。
旧时王谢堂前燕，飞入寻常百姓家。

（《金陵五题：乌衣巷》）

台城六代竞豪华，结绮临春事最奢。
万户千门成野草，只缘一曲后庭花。

（《金陵五题：台城》）

《金陵五题》组诗不仅成了怀古诗中的精品，而且成为千古吟唱的名篇。年过半百的刘禹锡在写这组诗时，不仅倾注了他深挚的情感——他依然在北望长安，系念大唐：唐皇啊唐皇，千万不要重蹈六朝灭亡的覆辙呵！

刘禹锡的怀古诗是沉重的、悲怆的，然而这不是他的全部。在他的诗魂中，如同在他的生命中一样，更有一种乐观、轻松的意味，并且在他的另一类风格迥异而又独树一帜的乐府诗中得到充分的体现。这一首首乐府诗，是刘禹锡在巴山楚水之间吸收和融会民歌的营养而创作的新诗，凝结了他对生活、对艺术和对自然的爱情：

山桃红花满上头，蜀江春水拍山流。
花红易衰似郎意，水流无限似侬愁。

（《竹枝词九首（其二)》）

杨柳青青江水平，闻郎江上唱歌声。
东边日出西边雨，道是无晴还有情。

（《竹枝词二首（其一)》）

九曲黄河万里沙，浪淘风簸自天涯。
如今直上银河去，同上牵牛织女家。

（《浪淘沙词九首（其一)》）

春江月出大堤平，堤上女郎连袂行。
唱尽新词欢不见，红霞映树鹧鸪鸣。

（《踏歌词四首（其一)》）

这是对爱的赞叹，对情的捕捉，对美的探索和对险的感叹。二十余年的浪迹天涯，饱经风霜，使刘禹锡走进了现实，走进了生活，走进了人民，从而使他的创作超越了自我。

挫折促进了成功，磨难孕育了灵感。这一段漫长艰苦的贬谪岁月，对于刘禹锡来说，究竟是幸呢还是不幸？

令刘禹锡感到庆幸和欣慰的，是他在坎坷和孤寂的人生旅途中，有两位心心相印的伴侣先后与之同行，特别是当志同道合的挚友柳宗元去世之后，诗名远扬的白居易又成了他晚年的亲密诗友。

与白居易同龄、同乡而又同样走过坎坷人生路的刘禹锡（梦得），是一个比白居易更勇敢和更坚定的斗士。宝历二年（826 年）十二月，刘禹锡由和州刺史调任洛阳，北返时途经扬州，与因病罢苏州刺史归洛的白居易相逢。同是天涯宦游人，相逢异乡感慨多，白居易在筵席上以《醉赠刘二十八使君》为题，吟下一首为友人鸣不平的诗：

为我行杯添酒饮，与君把箸击盘歌。
诗称国手徒为尔，命压人头不奈何。
举眼风光长寂寞，满朝官职独蹉跎。
亦知合被才名折，二十三年折太多。

刘禹锡回赠了一首《酬乐天扬州初逢席上见赠》的诗，云：

巴山楚水凄凉地，二十三年弃置身。
怀旧空吟闻笛赋，到乡翻似烂柯人。
沉舟侧畔千帆过，病树前头万木春。
今日听君歌一曲，暂凭杯酒长精神。

这是一次两位诗友之间推心置腹的交谈，白居易在诗中对刘禹锡所说的一番话：你也该遭不幸了，因为你的才名太高，不过 23 年的贬谪也实在太过分了！这种感叹中流露的赞叹，同情中袒露的真情，使刘禹锡深为感激，也勾起了他的万千思绪。远离京师 23 年后重登归途，使刘禹锡有一种恍如隔世之感，看到人事皆非，想起故人多逝，他甚至觉得自己仿佛成了两位古人：当年晋人向秀经过亡友嵇康故居时，听不到嵇康悠扬的琴声，却听到邻人的吹笛，于是在悲叹之中他写下了《思旧赋》（即《闻笛赋》）。另一晋人王质进山砍柴，路遇两童子下棋，就站在一旁观看，棋终欲走时，才发现手中斧柄（即“柯”）已经烂掉，原来时间已过去了百年。

自此两位中唐杰出诗人开始了频繁交往和诗歌应和。他们在晚年时又同在洛阳任闲职，政治上壮志未酬，文坛上才气洋溢，又因同患足疾或眼疾，还可称之为同病相怜。两位心心相印的挚友，在一次次的闲饮中留下一曲曲深厚感情的诗篇。老年的白居易，对衰老的来临感到颓然而无奈，但同龄的刘禹锡，却总是显得那么积极、昂扬、老当益壮。因此，在两位著名的老年诗友之间十分频繁的唱和中，多是刘禹锡对老朋友的劝勉和鼓励：

与君俱老也，自问老何如。眼涩夜先卧，头慵朝未梳。
有时扶杖出，尽日闭门居。懒照新磨镜，休看小字书。
情与故人重，迹共少年疏。唯是闲谈兴，相逢尚有余。

（白居易《咏老赠梦得》）

人谁不顾老，老去有谁怜？身瘦带频减，发稀帽自偏。
废书缘惜眼，多炙为随年。经事还谙事，阅人如阅川。
细思皆幸矣，下此便翛然。莫道桑榆晚，为霞尚满天。

（刘禹锡《酬乐天咏老见示》）

两位杰出的诗人互慰互勉，结伴同行，沿着黄河，迎着晚霞，走向生命的终点。不过他们生前唱和的诗题并非总是“老”和“病”，也有不少相当清新和隽永的诗文，一曲春词就吟出了他们的另一种心情和性格：

低花树映小妆楼，春入眉心两点愁。
斜依栏杆背鹦鹉，思量何事不回头？

（白居易《春词》）

新妆宜面下朱楼，深锁春光一院愁。
行到中庭数花朵，蜻蜓飞上玉搔头。

（刘禹锡《和乐天春词》）

一样遭际一样才，飞燕同来不同归。会昌二年（842 年）七月，71 岁的刘禹锡先于他的诗友走了。闻得噩耗，白居易老泪纵横，不胜悲恸，他悲吟道：“四海齐名白与刘，百年交分两绸缪。同贫同病退闲日，一生一死临老头。”在他的晚年，刘禹锡像一抹晚霞，映红了他生命的余晖；又像一窗幽篁，荫翳着他枯干的余年，使他变得生气盎然。在创作艺术上，虽然白居易的文名略高于他的诗友，但他却十分推崇刘禹锡。在《刘白唱和集解》中，白居易写下了这样的评语：“刘梦得诗豪者也，其锋森然，少敢当者。”

刘禹锡死后被追封为户部尚书，成为朝廷慷慨赐予他的姗姗来迟的荣誉。

——凄凉宝剑篇，羁泊欲穷年（唐·李商隐《风雨》）

羁泊欲穷年

——晚唐诗人李商隐、杜牧

一

唐朝是诗歌的黄金时代，长安是诗人的苦乐世界。

京都长安是大唐王朝的中心，众多诗人相聚于此，在这里留下诗文如流，佳话似漪。其中最使长安记忆犹新的是先后来到这里的两代“李杜”：前辈的李白和杜甫，后继的李商隐和杜牧。

在晚唐诗坛齐名的后起之秀李商隐和杜牧，均以律、绝见长，亦都擅长借古喻今的咏史诗，史称“小李杜”，以别于李白和杜甫的并称。小李杜中的李商隐和前辈李白、杜甫一样，都是暂时客居于京师的外地人，唯有杜牧是土生土长的长安人。

李商隐生活在晚唐时期的元和八年至大中十二年（813~858年），字义山，号玉溪生，怀州河内（今河南沁阳）人。他出身于没落的小官僚家庭，9岁时父亲病故，于是奉丧随母返回郑州。处境的寒微，生活的艰难，鞭策着他奋发苦读，以期从仕进求出路。然而，书生意气的李商隐怎能想到，此时的大唐王朝已是内忧外患，朝廷内牛（僧孺）、李（宗闵）两党势不两立，迭为进退，社会危机重重。19 岁的李商隐，以文才见知于牛党要人令狐楚，引为幕府巡官。25 岁时李商隐登进士第，翌年投奔于李党的泾原节度使王茂元幕下，并娶王之小女王晏媄为妻。岂料这一桩婚事竟使他从此陷入党派倾轧的夹缝中，受到牛党令狐绹等人的鄙薄和排斥。

从开成三年（838 年）到会昌六年（846 年），李商隐三试吏部，两入秘省，曾不断谋求仕进以效力朝廷。但是，一次又一次的挫折迎面而来，使他如逆舟行水，力不从心。进入唐宣宗大中时期后，政治变得更加黑暗和腐败，李商隐也更谈不上出头之日了。政治上穷途困顿，生活上漂泊无定，此时的李商隐奔波于四川、广西、广东和江苏的徐州等地，充任幕僚等俗吏，过着寄人篱下的生活。

在郁郁不得志的一生中，给李商隐带来温暖和欢乐的是他的爱妻王氏及他们的娇儿衮师。李商隐在与王氏结婚后，虽然政治上屡屡遭挫，经济上也不时捉襟见肘，使他自己常感内疚和不安，而伉俪之情却一如既往，甚至愈趋深挚。在这样一个贫寒但却温馨的小家庭中，俊美灵秀的儿子给这对恩爱夫妻带来了快乐。

大中五年（851 年）七至九月间，李商隐幕居东蜀，落拓困顿。在一个秋夜，他独坐灯前，给长安的王氏复信。凭窗遥望，愁思悠长，巴山夜雨，平添凄凉。淅沥秋雨叩打着寂寞的心灵，激起了他对故地和爱妻的神往和思念，而吟出一首优美的抒情短曲《夜雨寄北》：

君问归期未有期，巴山夜雨涨秋池。

何当共剪西窗烛，却话巴山夜雨时。

其时王氏已殁，但因交通阻塞和信息不灵，李商隐却未能知晓。相濡以沫 12 年的妻子溘然长逝，使李商隐失去了一个最坚定和可靠的精神支柱，对他的人生道路来说不啻是雪上加霜，怀念亡妻的悲怆之情一直萦绕心头。在丧葬和痛悼爱妻后，李商隐又步履蹒跚地离家南行，浪迹天涯，到巴蜀的梓州做幕僚，这实际上是李商隐晚年在外任职的最后一站了。

大中九年（855 年）冬，李商隐终于有了北上任职的机会，自梓州返回长安，在一个小职位上干了两年，于大中十二年（858 年）罢职回到他的第二故乡荥阳（今河南郑州）闲居。有人说，人生的轨迹像一个圆，李商隐的人生路程，基本上圆了这一轨迹，因为他是在郑州长大而且从这里出发走上仕途的。回到郑州后不久，年仅 46 岁的李商隐在穷愁潦倒中，寂寞地走完了其人生旅途。

在李商隐的官宦生涯中，不曾有过如火如荼的岁月，不曾有过惊天动地的建树。他没有碰上白居易、元稹那样的机遇，得以跻身于“高干”的行列，凭借手中的权力，能在任做一些实事和好事。他也没有赶上刘禹锡、柳宗元那样的时代，随他们一道参加以王叔文为首的政治革新，虽然因失败而遭贬谪，但却留下了一份名垂青史的光荣。

其实，并非李商隐缺乏政治抱负和才能，只是生不逢时，腐朽的晚唐政局不容他登台献技，而且连温饱也难以得到保障，成为富国中的贫民。幸运的是，李商隐与那些被晚唐政治所遗弃的同代诗人李贺、杜牧、温庭筠，都没有屈从于命运，而是一个个从逆境中奋起，用自己的笔杆子开辟了新的人生道路。他们都成功了，成功的终点不是在政坛，而是在文坛，当然在他们成功的背后，是穷，是愁，是痛苦，更是悲愤。

文人的敏锐和犀利，总是自觉或不自觉地给统治者制造麻烦，让统治者感到难堪和不安，当然文人自身也往往要为此付出代价。李商隐也是一个关注时局、热衷政治的诗人，在他留存于今的 600 首诗中，各种政治诗就占了六分之一，特别是其中的咏史诗，借古讽今，举史喻世，佳作颇多。在这些诗中，他对历代求仙贪色的败国之主和亡国之君如周穆王、陈后主、隋炀帝、唐玄宗等，逐一予以大胆的揭露和辛辣的嘲讽。

他借《瑶池》一诗告诫那些贪生怕死的帝王们，连周穆王也没有因得遇仙人而长生，你们的仙丹又能起多大作用呢：

瑶池阿母绮窗开，黄竹歌声动地哀。

八骏日行三万里，穆王何事不重来？

他的著名咏史诗《贾生》，以前席问鬼之事借题发挥，独辟蹊径，深刻地揭示了当朝皇帝重鬼神、轻黎民和不识贤的昏聩本性：

宣室求贤访逐臣，贾生才调更无伦。

可怜夜半虚前席，不问苍生问鬼神。

他有一首《咏史》诗，抒发了对金陵六朝兴衰的感叹，指出“龙盘”之险不足为凭，它既没有保住六朝，也同样挽救不了大唐王朝衰亡的颓势：

北湖南埭水漫漫，一片降旗百尺竿。

三百年间同晓梦，钟山何处有龙盘？

他在兼咏六朝齐、梁两代的《齐宫词》中，重提齐、梁史事，正是为了对当朝的唐代皇帝敲响警钟：

永寿兵来夜不扃，金莲无复印中庭。

梁台歌管三更罢，犹自风摇九子铃。

他作《隋宫》一诗，勾画了隋炀帝乘兴南游时，所表现出来的那种无所顾忌和为所欲为的淫威性格及行为：

乘兴南游不戒严，九重谁省谏书函？

春风举国裁宫锦，半作障泥半作帆。

他在又一首优秀咏史诗《马嵬》（其二）中，将批判的笔锋直指唐玄宗：

海外徒闻更九州，他生未卜此生休。

空闻虎旅传宵柝，无复鸡人报晓筹。

此日六军同驻马，当时七夕笑牵牛。

如何四纪为天子，不及卢家有莫愁？

对于重女色、好鬼神的封建帝王来说，李商隐的咏史诗大概根本到不了他们的案前，那些善于投其所好、惯于报喜不报忧的宠臣和内宦们，是不会让主子听到来自民间的呼声的，连文人微弱的呐喊声也一概拒之门外。但也许这是一件好事，倘若这些不大中听又咬文嚼字的讥讽诗句，传入皇帝的“龙”（或“聋”）耳，再加上有人煽风点火，就很可能会真得惹出大麻烦。

李商隐的咏史诗是辛辣的，也是沉重的，更是永恒的。

二

在李商隐写出的大量优秀诗篇中，约20篇没有标题的“无题”诗，写得十分出色而给后人留下了一笔宝贵的文学遗产。

这类“无题”诗，一如李商隐一贯的诗风，典雅华丽，隐晦婉约，使人们不易把握，难以解题。然而，这一首首“无题”诗，却以其新奇的构思、丰富的联想、生动的语言、优美的意境，表达了诗人深沉绵邈和执着不渝的爱情，成为深受后人喜爱并千古吟咏的抒情诗。无题的诗篇，留给读者的是不尽的思索；如同白居易笔下“此时无声胜有声”的无声琵琶，给听众留下了无限的遐想。

一个美好的春夜，星辉熠熠，和风习习，一对情人在“画楼西畔桂堂东”激动地相见，度过了一刻千金的幸福和难忘的良宵。然而这一个短促的夜晚倏然而逝，留给情人的是昨夜的记忆和今宵的惆怅。不知道这美好的一幕和感伤的一幕，究竟是李商隐的亲身经历，还是他的客观见闻，使他的《无题二首》（之一）中留下了如此生动而深刻的记忆：

昨夜星辰昨夜风，画楼西畔桂堂东。
身无彩凤双飞翼，心有灵犀一点通。
隔座送钩春酒暖，分曹射覆蜡灯红。
嗟余听鼓应官去，走马兰台类转蓬。

尽管断续的跳跃，虚实的变幻，使诗意变得朦胧而艰涩，但李商隐笔下的名句“身无彩凤双飞翼，心有灵犀一点通”，依然令人倾倒。有一首优美动听的苏联歌曲，也许可以作为这首《无题》诗的诠释，这首名曲就是“莫斯科郊外的晚上”。情天孽海，心有灵犀，对于爱情这一永远不会褪色的鲜亮话题，中国古代的李商隐和苏联现代的马都索夫斯基（“莫斯科郊外的晚上”词作者)，心领神会地填下了同样的答语。

李商隐写下了一篇又一篇题为《无题》的爱情诗，诗是那么地美丽，如同春日翩飞的彩蝶；爱是那么地深沉，就像夏夜偎依的鸳鸯；情是那么地惆怅，宛似晚秋南翔的大雁。在《无题四首》(其一和其二)中，李商隐先以一场春梦为主线，抒写了一个男子苦苦思念远隔天涯的恋人之情，继而又以一片春光为背景，叙述了一个深闺淑女渴望爱情而得不到的痛苦和悲愤：

来是空言去绝踪，月斜楼上五更钟。
梦为远别啼难唤，书被催成墨未浓。
蜡照半笼金翡翠，麝熏微度绣芙蓉。
刘郎已恨蓬山远，更隔蓬山一万重！

飒飒东风细雨来，芙蓉塘外有轻雷。
金蟾啮锁烧香入，玉虎牵丝汲井回。
贾氏窥帘韩掾少，宓妃留枕魏王才。
春心莫共花争发，一寸相思一寸灰。

将李商隐的爱情诗从艺术上推到登峰造极高度的，是他的又一首《无题》诗：

相见时难别亦难，东风无力百花残。
春蚕到死丝方尽，蜡炬成灰泪始干。
晓镜但愁云鬓改，夜吟应觉月光寒。
蓬山此去无多路，青鸟殷勤为探看。

这首诗把时间放在春风乏力、百花萎谢的暮春季节，诗中叙述了一对情侣在匆匆相见之后又无奈地依依惜别的情景。别时的伤感令人黯然神伤，而别后的思念，更是让人愁肠寸断。春蚕到死方停止吐丝，蜡炬成灰才不流烛泪。李商隐以如此形象的比喻，表述了对情人至死不渝的至爱之思和终身不已的别离之恨，为后人留下了一曲描写忠贞爱情的千古绝唱。且不论这一绝唱是否就是李商隐本人的切身之感，还是对他人经历的有感而发，时隔300年后，却在南宋大诗人陆游与前妻唐婉之间得到了最真实和生动的验证。

爱情是人类社会和生活中的永恒课题和不衰旋律，要写它和唱它似乎不难，但要将它写好和唱好就大不易了，而倘要写成绝唱和唱成金曲，这样的人，就真的是凤毛麟角了。历数中外诗作名家，李商隐足以称得上是一位写情诗的大家。在写爱情诗方面能达到李商隐这样水平和造诣的诗人，古今中外恐怕也只有数得出的几个，其中海涅的浪漫主义抒情诗，可称得上是西方后辈对东方先贤的山谷回音。

爱情无所不在，到处都有，然而要使爱情酿成长留人间的诗，开出永不枯萎的花，必须在细腻观察和浪漫想象的基础上，形成作品的独创性。生活中的爱情本来就姹紫嫣红、多姿多彩，陈词滥调和千篇一律的创作当然是不可能传世的。当人们朗读李商隐和海涅的诗作时，热恋者感到的是一种享受，失恋者感到的是一种慰藉，老年人感到的是对过去的回味，年轻人感到的是对未来的期盼。能够使爱情充满了如梦似幻的诱惑，能够让艺术具有荡气回肠的力量，这或许就是李商隐（和海涅）的诗得以不朽的原因。

蓬山远隔，身无飞翼，相见时难，相思成灰。在李商隐的《无题》爱情诗中，写的是令人伤感不已的失意爱情。后人认为，在李商隐笔下爱情的失意中，实际上隐隐约约地融入了自己人生的失意、身世的不幸。

像无题诗和爱情诗一样，在李商隐的咏怀诗和写景诗中，还流淌着一股感时伤世的暗流，其中不少诗文脍炙人口，传咏至今，素受人们喜爱并常为后人所引用：

深居俯夹城，春去夏犹清。
天意怜幽草，人间重晚晴。
并添高阁迥，微注小窗明。
越鸟巢干后，归飞体更轻。

（《晚晴》）

身世沉沦，岁月蹉跎，李商隐面对晚晴夕晖，既有欣慰、珍重之感，更有惋惜、怅惘之叹。如果说在这首诗中还能感受到李商隐的一些喜悦之情外，那么在他晚年羁泊异乡期间写下的另一篇《风雨》诗，则成为他回眸平生、空怀壮志、为天生我才有何用而抒发的一曲慷慨不平的悲歌：

凄凉宝剑篇，羁泊欲穷年。
黄叶仍风雨，青楼自管弦。
新知遭薄俗，旧好隔良缘。
心断新丰酒，销愁斗几千？

受到历代文人激赏并引起广泛共鸣的一首诗，是李商隐对自己内心矛盾的心态写照和心灵独白的七绝诗《嫦娥》：

云母屏风烛影深，长河渐落晓星沉。
嫦娥应悔偷灵药，碧海青天夜夜心。

屏冷烛残，夜尽星沉，幽居月宫的嫦娥，面对青天孤月，度过了一个个寂寥清冷的不眠之夜。窃食灵药为的是超脱尘寰，然而又因独居九霄，孤寂难忍，不禁悔偷灵药。嫦娥的苦闷心情，也正是李商隐追求高洁却又不堪落寞的矛盾心理。在不甘于随波逐流但又难以忍受孤芳自赏的矛盾和困惑中，李商隐踽踽独行，走到了凄凉的晚年。最终，他仍不甘心一生的失败，于是登上乐游古原，发出了略带悲壮的沉重呼声：

向晚意不适，驱车登古原。
夕阳无限好，只是近黄昏。

（《乐游原》）

一代才子郁郁消逝，一颗文星寂寂陨落，怎能不引起后人的感叹和不平。唐诗人崔珏听闻李商隐之死，不禁悲从心来，潸然泪下：

虚负凌云万丈才，一生襟袍未曾开。
乌啼花落人何在，竹死桐枯凤不来。
良马足因无主踠，旧交心为绝弦哀。
九泉莫叹三光隔，又送文星入夜台。

（崔珏《哭李商隐》其二）

诚如诗人所言，李商隐的逝去，为与日、月、星“三光”隔绝的冥冥九泉，送去了一颗光芒四射的文曲星。

也许我们可以这样评述：就李商隐的个人遭遇而言，当是生不逢时；然而就李商隐对时代的贡献而言，却是生逢其时。

三

使李商隐感到孤单的是，在污浊的宦海和寂寞的诗坛上，他似乎并无知心朋友。因此，当同代杰出诗人杜牧来到长安就任司勋员外郎时，不仅成为时在长安任职的李商隐所推崇的诗人，而且由于同声相应，同气相求，他把杜牧视为诗坛知音。他对这位仰慕已久的诗人极表关切，在为之写的《赠司勋杜十三员外》一诗中，深情地劝勉诗友：

杜牧司勋字牧之，清秋一首杜秋诗。
前身应是梁江总，名总还曾字总持。
心铁已从干镆利，鬓丝休叹雪霜垂。
汉江远吊西江水，羊祜韦丹尽有碑。

当时李商隐正在吟诵杜牧的诗作，对他的艺术成就甚为推崇，以《杜司勋》一诗对杜诗作了热烈赞扬，其中也寓寄了对自己身世孤孑、“短翼差池”，空怀壮心而不遇的感慨：

高楼风雨感斯文，短翼差池不及群。
刻意伤春复伤别，人间唯有杜司勋。

杜牧字牧之，京兆万年（今西安）人。生于唐德宗贞元十九年（803年），比李商隐年长 10 岁。杜牧是宰相、史学家杜佑之孙，他从小就敬仰祖父，并在祖父的影响和家庭的熏陶下博览书史，如他在《上李中丞书》中自述得那样，自己研究过“治乱兴亡之迹，财赋兵甲之事，地形险易远近，古人长短得失”。然而这个“一门朱紫，世代公卿”而煊赫一时的门庭，却随着祖父逝世和父亲早故而破落了。更不幸的是，英俊饱学的杜牧胞弟杜顗，在中第入仕后不久即因目疾而失明。杜牧不遗余力地治疗兄弟之疾及供养其余生，耗尽了巨大的精力和财力。

经济拮据不应该成为杜牧在仕途飞黄腾达的障碍，横在他前行路上一堵真正的“墙”，是朝廷中激烈的牛、李党争。唐朝后期，轮流坐上相位的李德裕和牛僧孺互为政敌，两个朋党间争权夺利，使包括杜牧和李商隐在内的文人陷于党争的夹缝，为究竟站在哪一边而首尾鼠端，进退维谷。何况不管哪一方也无意重用这些有才有识之士，他们过于率直、刚正和清高，在朋党看来，这些成事不足、败事有余的书生，不可能成为他们名利场上真正的合伙人。风流倜傥而又不肯趋炎附势的杜牧，自然不能为朋党所容纳和擢用，使他只能沉埋于下僚之列。

从26岁致仕到50岁去世的二十多年间，杜牧三为幕府吏，四放刺史，四任朝官。枉为公卿子弟，空怀满腹经纶，他一生既未能出将入相，也无缘建功立业。前后“十年为幕府吏，每促束于簿书宴游间”的杜牧，虽然在政治上无多大长进，但在文学创作方面却收获颇丰，在外放之地扬州和宣州留下了很多美妙的诗篇：

雨过一蝉噪，飘萧松桂秋。
青苔满阶砌，白鸟故迟留。
暮霭生深树，斜阳下小楼。
谁知竹西路，歌吹是扬州。

（《题扬州禅智寺》）

六朝文物草连空，天淡云闲今古同。
鸟去鸟来山色里，人歌人哭水声中。
深秋帘幕千家雨，落日楼台一笛风。
惆怅无因见范蠡，参差烟树五湖东。

（《题宣州开元寺水阁阁下宛溪夹溪居人》）

南陵水面漫悠悠，风紧云轻欲变秋。
正是客心孤回处，谁家红袖凭江楼？

（《南陵道中》）

对于正值年富力壮、风华正茂的杜牧来说，这十年百无聊赖的幕僚经历，不啻是一场消磨人生意志的噩梦。在这十年中，杜牧在流连醉酒之余，或登临先贤遗址以吊古，或滞留青楼歌馆以行乐。其实杜牧并不甘心于沉湎酒色，虚度年华，但是空怀壮志，却又无用武之地，只能以这种自暴自弃的消极方式来打发难捱的岁月。开成四年（839 年），杜牧终于被召回京城就任左补阙、史馆修撰之职，时年 37 岁。离宣城赴京前夕，杜牧写了一首《自宣城赴官上京》诗，流露了既希望回京有所作为但又不愿寄身宦海的矛盾心情：

潇洒江湖十过秋，酒杯无日不淹留。
谢公城畔溪惊梦，苏小门前柳拂头。
千里云山何处好，几人襟韵一生休？
尘冠挂却知闲事，终把蹉跎访旧游。

十年春秋，放浪形骸，留在杜牧心中的却是痛苦的记忆和醒悟后的感伤。因此当后来回忆这场“扬州梦”的时候，杜牧写下了一首“繁华梦醒，忏悔艳游”的《遣怀》诗：

落魄江湖载酒行，楚腰纤细掌中轻。
十年一觉扬州梦，赢得青楼薄幸名。

杜牧外放任刺史的时间先后约为九年。在会昌二年（842 年）后连续七年任黄州（湖北黄冈）、池州（安徽贵池）、睦州（浙江建德）刺史，又于大中四年（850 年）回京后自请外任为湖州刺史。虽然在这些地方任官时间并不长，但杜牧以其对州民的关心和自己的才干，都留下了政绩，特别在黄、池州任内成绩尤其突出。同样是怀才不遇，报国无门，比起同辈的李商隐和前辈老李杜来，杜牧已经算幸运了，他毕竟获得了做地方官的机会，得以亲历基层并亲手为百姓办一些好事。

走南闯北，见多识广，给了杜牧另一个也许连他自己也没有料到的机会，而正是这一机会，得以使他蜚声诗坛，留名千古。杜牧在几任地方官时，既做事，又作诗，走马上任一路行，笔头生花一路诗。诗首先写的自然是景，杜牧又是写景高手，特别是他的七绝更具特色，而且往往在景中寓情，从而给后人留下了连篇佳作。

古称齐安郡的黄州，是杜牧外放宦旅中的第一站。“黄州在大江之侧，云梦泽南，古有夷风，今尽华俗”，虽然生活孤寂，但杜牧在这里却也得到了另一种享受。对于大自然的慰藉，杜牧心领神会，以多首好诗作了回答：

两竿落日溪桥上，半缕轻烟柳影中。
多少绿荷相倚恨，一时回首背西风。

（《齐安郡中偶题二首》之一）

菱透浮萍绿锦池，夏莺千啭弄蔷薇。
尽日无人看微雨，鸳鸯相对浴红衣。

（《齐安郡后池绝句》）

诗是心绪的寄托，而景则是灵感的渊薮。在池州和睦州，杜牧又接连写下了一系列各具特色的诗篇：

萧萧山路穷秋雨，淅淅溪风一岸蒲。
为问寒沙新到雁，来时还下杜陵无？

（《秋浦途中》）

州在钓台边，溪山实可怜。
有家皆掩映，无处不潺湲。
好树鸣幽鸟，晴楼入野烟。
残春杜陵客，中酒落花前。

（《睦州四韵》）

对于杜牧来说，在三段仕途生涯中，在朝为官的时间是最短暂的，前后断断续续地加起来还不足八年。他在朝中曾先后任监察御史，左补阙、史馆修撰，司勋员外郎、史馆修撰，考功郎中、知制诰等职，官终中书舍人。每一次入朝，杜牧都是满怀欣喜和充满希望，尤其是大中二年（848年）九月重阳赴京就任司勋员外郎时，他以为就此可以大展宏图、实现平生之愿了，于是不免喜形于色，对提擢他的新任宰相周墀当然感激涕零，上书谢恩。

然而期望愈高，失望也愈大。杜牧处于无所作为的闲散环境之中，谈不上施展抱负，当了不到一年司勋员外郎后，决定手持旌麾，远去江海，出守外郡，被派任吴兴（今浙江湖州）刺史。在离京赴任前夕，他来到乐游原，登高纵目，西望唐太宗归葬的昭陵。从眼前看似繁华而实际颓势尽显的家国，想到自己无能为力的境况，不禁对这位知人善任的明君产生了缅怀之情，写下《将赴吴兴登乐游原一绝》：

清时有味是无能，闲爱孤云静爱僧。

欲把一麾江海去，乐游原上望昭陵。

然而当杜牧在外面转悠了一大圈，于大中四年（850 年）回到京城的时候，眼中的长安已成了一个繁花似锦的世界：大道平坦如练，曲江水碧柳舞，穿着华丽的少年和仕女们尽情游春，风流的皇帝更是不忘趁大好春光经由夹城前往南苑游赏。在惊叹长安繁盛之余，杜牧深感唯有自己如同一箪食、一瓢饮的孔门高足颜回，独居陋巷，与周围日高春暖、紫陌红尘的环境格格不入。不过在杜牧眼里，这种虚假的繁荣，并不是真正的盛世，倒更像衰朝的回光返照。似有所感，托物起兴，他举笔写下《登乐游原》：

长空澹澹孤鸟没，万古销沉向此中。

看取汉家何事业，五陵无树起秋风。

孤鸟远飞，消逝于澹澹长空，万古盛世，也如同孤鸟一般，湮没在茫茫旷野之中。汉家五陵自兴至废，不正是大唐帝国由盛而衰的信号！

唐宣宗大中六年（852 年），杜牧在家乡的樊川别墅抑郁地终其一生。

四

试想对一个被宰相牛僧孺吹嘘的“太平”盛世、“小康”景象，针锋相对地以“夷狄日开张，黎元愈憔悴”的真实状况予以讽刺的杜牧，怎么能为统治者所容呢？他和前辈及同代诗人一样，毫无例外地不被京城所欢迎。

朝廷不容，壮志难酬，只落得满腹忧愤，宦游四海。杜牧所能做的就是以诗论史，以文警世。于是咏史成了杜牧的嗜好，咏史诗也成了杜牧诗歌中不同凡响的艺术成就之一，而他独辟蹊径的论史绝句甚至被称为“二十八字史论”。

杜牧经过骊山华清宫时，想起唐玄宗在这座豪华行宫中纸迷金醉，寻欢作乐，为了博得杨贵妃一乐，不惜遣专使骑驿马，自千里之外风驰电掣般地传送她所喜爱的新鲜荔枝。而在“安史之乱”山雨欲来的危险时刻，他轻信渔阳探使谎报的军情，依然耽溺于一曲霓裳，终于在轻歌曼舞中丢了中原。大唐王朝也从此由盛变衰，江河日下，再也无法重振雄风了：

长安回望绣成堆，山顶千门次第开。
一骑红尘妃子笑，无人知是荔枝来。

（《过华清宫绝句三首》其一）

唐玄宗死后，他用以举行盛典以及庆贺自己生日“千秋节”而举行盛大歌舞活动的勤政楼，很快就变成紫苔丛生、人迹罕至的荒芜之地。路经遗址的杜牧，从眼前萧索凄凉的景象中若有所思，在为此写的咏史诗《过勤政楼》中，隐含着对晚唐政局的忧虑：

千秋佳节名空在，承露丝囊世已无。
唯有紫苔偏称意，年年因雨上金铺。

议论独特，是杜牧咏史诗的一大特色，在他过乌江亭时写下的《题乌江亭》诗，特别是路经著名的三国古战场赤壁所写的《赤壁》一诗，都蕴含了他独到的深刻见解：

胜败兵家事不期，包羞忍耻是男儿。
江东子弟多才俊，卷土重来未可知。

（《题乌江亭》）

折戟沉沙铁未销，自将磨洗认前朝。
东风不与周郎便，铜雀春深锁二乔。

（《赤壁》）

写景小诗，是杜诗的一大特色。杜牧本来就具有梦笔生花的才华，当他从宦游四海的困顿中，找到柳暗花明的诗境时，就以独善其美的观察、别出心裁的联想和妙手偶得的佳句，编织出一幅又一幅美妙无比和魅力无穷的艺术作品。在杜牧的笔下，有的诗堪称千古绝唱：

清明时节雨纷纷，路上行人欲断魂。
借问酒家何处有，牧童遥指杏花村。

（《清明》）

远上寒山石径斜，白云生处有人家。
停车坐爱枫林晚，霜叶红于二月花。

（《山行》）

烟笼寒水月笼沙，夜泊秦淮近酒家。
商女不知亡国恨，隔江犹唱《后庭花》。

（《泊秦淮》）

擅景善史，是杜诗内容上的特点；而运用数字于诗歌，又是杜牧对唐诗的创新。一个个枯燥乏味的数字，在杜牧的魔笔下，变成了一串串精彩诗句，脍炙人口，流传千古。在赠别一位相好歌伎的诗中，杜牧未用一个“美”字，却以“十三余”、“二月初”、“春风十里”的一组数字，形容了这个芳龄十三、豆蔻年华的女孩，在扬州的十里长街，艳压群芳，俨如花魁：

娉娉袅袅十三余，豆蔻梢头二月初。
春风十里扬州路，卷上珠帘总不如。

（《赠别二首》其一）

杜牧在出任黄州时写下的一首小诗，以“七十五长亭”之数，暗喻黄州与长安之间“七十五驿亭”（约2200里）的遥远距离，抒发了宦游人在苍茫暮色中的思乡之情：

呜轧江楼角一声，微阳潋潋落寒汀。
不用凭栏苦回首，故乡七十五长亭。

（《题齐安城楼》）

扬州给杜牧留下了美好的回忆，杜牧也为扬州留下了多首优美的诗篇，其中最著名的一首诗，就是《寄扬州韩绰判官》。在这一杰作中，他以一则二十四美人吹箫于桥上的美丽传说与“月明桥上看神仙”的迷人夜景为素材，用“二十四桥”的数字编织了令百代后人神往的月夜良宵：

青山隐隐水迢迢，秋尽江南草未凋。

二十四桥明月夜，玉人何处教吹箫。

千百年来为世人赞不绝口的杜牧名篇《江南春》，以“四百八十寺”古老而庄严的屋宇，来映衬莺啼花红、水秀酒浓的江南春色，将读者带进了一个风光旖旎的佛国天地、桃源世界：

千里莺啼绿映红，山村水郭酒旗风。

南朝四百八十寺，多少楼台烟雨中。

在古体诗成为冷门的年代里，杜牧在律诗这一体裁中独树一帜。最为人们瞩目和赞赏的还是他的大量绝句，流传于世的160余首七绝和30余首五绝，以其创作题材之丰富多彩，艺术风格之绚丽多姿，为灿烂的唐代诗空描摹了新的靓丽。明代文学家杨慎以杜牧与王昌龄、李白、刘禹锡并举，誉之为绝句“大家”；而清代诗人和诗论家王士祯，则认为“牧之、义山七言绝句，可称晚唐神品”。

的确，杜牧的绝句“神”了，杜牧的绝句也“绝”了！难怪李商隐读罢杜牧的诗，情不自禁地发出赞叹：人间唯有杜司勋！但“绝”的不仅是诗，还有杜牧的散文。

由于无缘进入茅坤的《唐宋八大家文钞》，使得唐宋两位优秀诗人杜牧和陆游的散文成就，或多或少地被看轻了，实在是一种遗憾。不过在茅坤之后的几位文史学家，都高度评价了杜牧在散文上的成就。全祖望曾在《杜牧之论》中说：“杜牧之才气，其唐长庆以后第一人也！读其诗古文词，感时愤世，殆与汉长沙太傅相上下。”洪亮吉也在《江北诗话》中说：“有唐一代，诗文兼擅者，唯韩、柳、小杜三家。”又云：“诗文并可独到，则昌黎之外，唯杜牧之一人。”

在数量几近百篇的杜牧散文中，从体裁言有论、书、启、序、传、记、铭、状等；就内容说有叙述其文学思想者，表达他反佛道迷信主张者，颂扬对国家和民族安定团结作出贡献的功臣者。尤其是探究藩镇割据和论述外侮入侵的文章，更体现了杜牧致力于经世济时之学所积累的丰富学识，以及所熟谙的兵书韬略，从而受到编撰《资治通鉴》的北宋史学家司马光的赞赏。司马光甚至将杜牧的《罪言》、《原十六卫》、《战论》、《守论》、《注孙子序》、《上李司徒相公论用兵书》六文的要点摘入《资治通鉴》，足见其重视之甚。

杜牧的散文中，有三篇独特的散文短赋，其中最出色的一篇《阿房宫赋》，是他23岁时的作品。这篇短赋一出，杜牧名动京师，因而被主考官崔郾取为第五名进士。在这篇赋中，杜牧以比喻和夸张的手法，深刻地揭露了帝王们穷奢极欲的腐化生活，谴责了他们对民众为所欲为的专制统治。忧国忧民的杜牧有感于唐敬宗的大起宫室，写下了这篇以秦喻唐、借古讽今的《阿房宫赋》。历史是映照前朝的镜子，杜牧在赋中对唐王朝发出了警告——应以秦之滥用民力而自取灭亡为鉴，须知亡秦者正是秦国帝王自己：

> 灭六国者，六国也，非秦也。族秦者，秦也，非天下也。嗟乎！使六国各爱其人，则足以拒秦。使秦复爱六国之人，则递三世可至万世而为君，谁得而族灭也？秦人不暇自哀，而后人哀之；后人哀之而不鉴之，亦使后人而复哀后人也。

愈是深入地研究历史，对历史在现实世界的重演也愈清楚、敏感和担忧——这就是诗人、散文家杜牧的所见所感！杜牧怀着一颗忧国之心、爱民之心，关注着朝政，关心着时局。他写了《阿房宫赋》，希望以秦之亡的史实来提醒和忠告唐敬宗。然而在帝王心中的秤盘上，这种书生之见和小吏之言，究竟能够占有多少分量呢？时局依然如故地在皇帝的指挥棒下按既定的路线运转，“秦人不暇自哀”而“后人哀之而不鉴之”的悲剧故事也一成不变地接续和演绎着。文人之叹被扔进了诗的河，书的海；书生之哀也化作为天上云，山中雾。

杜牧曾经以一首《秋夕》小诗，为孤独地生活于宫中的失意宫女画了一幅秋夜图，洒下一掬同情之泪：

银烛秋光冷画屏，轻罗小扇扑流萤。

天阶夜色凉如水，坐看牵牛织女星。

反复观看，仔细思忖，也许不难发现一个隐藏在蒙娜丽莎画像后的秘密——画中的寂寞宫女不正是杜牧自己和诗友李商隐的写照吗？不正是前辈李白和杜甫的背影吗？

——想佳人妆楼望，误几回、天际识归舟（宋·柳永《八声甘州》）

天际识归舟

——北宋词人柳永、李清照

一

寒蝉凄切，对长亭晚，骤雨初歇。都门帐饮无绪，留恋处、兰舟催发。执手相看泪眼，竟无语凝噎。念去去、千里烟波，暮霭沉沉楚天阔。

多情自古伤离别，更那堪冷落清秋节！今宵酒醒何处？杨柳岸、晓风残月。此去经年，应是良辰好景虚设。便纵有千种风情，更与何人说？

第一次和柳永邂逅，是由这首《雨霖铃》词引导的。那是在中学的语文课堂，当念到这首情感凄美、词语清丽的宋词时，仿佛在公园漫步之际，猛地抬头，见到一位绝色佳人亭亭玉立于我的面前，不禁惊呆了。这篇美文，把一对依依惜别的恋人安排在一个凄清的环境中，目望千里烟波，耳闻兰舟催发，泪眼相看，无语凝噎。全文从头到尾 103 字，情景交融，展示了催人心酸的一幕；生离死别，抒尽了“相见时难别亦难”的不尽怅意。

于是，我记住了一个陌生的名字——柳永。后来又读到柳永的一些词，特别是以绍兴、杭州为背景的两篇佳作《夜半乐·冻云黯淡天气》和《望海潮·东南形胜》。自此，柳永不仅跻身于我脑海中的像欧阳修、苏轼、秦观、周邦彦、李清照等大词人之列，而且越来越清晰地在我心目中树立起一个才子词人的形象。

一生坎坷，冤哉！一生风流，幸哉！一生潦倒，悲哉！一生风光，荣哉！——这就是我在后来阅读柳永的词作中逐渐认识的柳永。

北宋著名词人柳永（约987~1053年），字耆卿，初名三变，字景庄，排行第七，又称柳七，崇安（今福建崇安）人。柳永出生于仕宦家庭，其父柳宜是南唐降臣，入宋后官至工部侍郎。柳永自幼饱读诗书，自恃满腹经纶，狂傲自负。年轻时来到汴京考科举求功名的他，并不满足于登进士第，“定然魁甲登高第”（《长寿乐》），对殿试头名状元志在必得，却没想到初战遭到铩羽，落第了。于是，满腹牢骚的柳永就信手写下《鹤冲天·黄金榜上》一词，以抒发心中的不平：

> 黄金榜上，偶失龙头望。明代暂遗贤，如何向？未遂风云便，争不恣狂荡？何须论得丧！才子词人，自是白衣卿相。
>
> 烟花巷陌，依约丹青屏障。幸有意中人，堪寻访。且恁偎红倚翠，风流事，平生畅。青春都一饷。忍把浮名，换了浅斟低唱！

这首词惊动、得罪了当朝皇帝宋仁宗。堂堂大宋皇帝，对区区小民的一时负气之言，竟然耿耿于怀。后来柳永再次应试，本已中试，不料“临轩放榜”的宋仁宗，看到柳三变（柳永原名）的名字，想起他在《鹤冲天》词中“忍把浮名，换了浅斟低唱”的句子，就说：“且去浅斟低唱，何要浮名！”皇帝轻轻动了动嘴皮，柳永就被黜落了，他的人生路上也因而出现了一次重大波折，铸就了他一生辛酸。

仁宗景祐元年（1034年），已经47岁的柳三变改名柳永后终于考取进士，被任为屯田员外郎的小官，也就是工部的助理。这是他一生中的最高官职，在北宋著名词人中，他大概是官职最低的一个。仕途之缘尚未终了的柳永，迎来了一个时来运转的良机。仁宗年间，天上出现了老人星，皇帝以为是祥瑞，当时被推荐献词应制的柳永，走笔写成《醉蓬莱慢》一词。当仁宗一看开头有“渐”字就不高兴，后来看到下面的“宸游凤辇何处”语句，与御制的真宗挽词暗合，更感到不快，接着又看到“太液波翻”，更加生气：“为什么不说波澄呢？”遂把原词掷地。当朝宰相衔恨柳永，趁机参劾，说柳永在近作《西江月》中说：“我不求人富贵，人须求我文章。风流才子占词场，真是白衣卿相。”于是仁宗御笔批了四句道：“柳永不求富贵，谁将富贵求之？任作白衣卿相，风前月下填词。”

官场失意，情场得意，本也符合祸福相依的常理。通往宦海的独木桥被皇帝无端地拆除了，逼着这位“浅斟低唱”、“怪胆狂情”的才子，堂而皇之地闯进了大人君子们向往而不敢往的烟花柳巷。凭着自己的一片痴情，一腔才华，埋头去写“淫冶讴歌之曲”即世俗喜爱的风流曲调，坦荡地做起了致力于词作的“才子词人”，成为北宋专力写词的第一人。

流连于花街柳巷，宿眠在秦楼楚馆，柳永一步步走近下层的歌女舞伎，向她们传递着真情。独步于大宋词坛，另辟着词曲蹊径，柳永一笔笔掀开词史新的篇页，用自己传神的妙笔，演绎着传奇般的故事。生活在汴京的名妓，无不敬慕柳永，以能求得一见为荣。若有不认得柳七者，众人都笑她为下品，不列妹妹之数。所以妓家传出几句口号，道是：“不愿穿绫罗，愿依柳七哥；不愿君王召，愿得柳七叫；不愿千黄金，愿中柳七心；不愿神仙见，愿识柳七面。”

柳永沉沦得如此潇洒，足以让一切道貌岸然的权贵、豪绅和儒家夫子瞠目结舌。柳永风流得如此超脱，也足以使一切权势下的情色和金钱上的肉欲黯然失色。

多情词人柳永放浪多年，一生穷愁潦倒，老来身心俱伤，最终死在名妓赵香香家。他既无家室，也无财产，死后靠谁来料理后事呢？谢玉英、陈师师一班名妓感念他的才学和情痴，一起凑钱为他安葬，在冯梦龙笔下留下了一段“群妓合金葬柳七”的佳话。后人有诗题柳墓云：

乐游原上妓如云，尽上风流柳七坟。

可笑纷纷缙绅辈，怜才不及众红裙。

直到瞑目谢世，柳永在众多歌伎——众多“粉丝”心目中的地位依然如旧。以一手绝妙好词征服歌伎、掩盖汴京、唱遍全国的柳永给众多歌伎留下了深刻印象。

坎坷而潦倒的词人，却又是一位尽享风流之人。柳永的葬地成了数家争夺之说。于是襄阳南门外、枣阳县花山、仪征县西仙人掌都出现了柳永墓。清代诗人、史学家赵翼认为襄阳、枣阳的柳墓可能是真的，并感叹道：“一邱两地各争高，只为填词绝世豪。”

这种情况让人想起后人争夺诸葛亮的茅庐和杜甫的墓地。柳永也好，诸葛亮和杜甫也好，他们在不同领域做出了历史贡献，应该赢得后人的千古崇奉。

二

北宋初年，京都汴京灯红酒绿、莺歌燕舞，日益展现出一派繁华景象，新兴市民阶层迅速形成，都市通俗文艺也得到相应发展。时代不再满足于文人笔下刺绣的锦缎，骚客案上摆放的花瓶，市民文化呼唤着新一代文化巨人；青楼市场蓬勃兴起，急需全力为之服务和献身的文学大家。这时柳永出现了，这位曾经企图投身政治却不幸被拦在红墙之外的才子，不屑地甩一甩衣袖，甩走两袖俗气和一身晦气后，转身走向市井深处，扎进市民堆里。

时代促使柳永走出逼仄的胡同小巷，来到蓝天白云下的社会空间。他经常混迹于歌楼妓馆，曾一度流落为都市浪子，应歌伎的约请作词，供她们在茶坊酒馆、勾栏瓦肆里为市民大众演唱。这种为上层文人所嗤之以鼻的生活方式，却使柳永逐渐了解和熟悉在社会底层的歌伎和市民大众的生活及心态。在与歌伎的深入交往中，柳永对她们有了较真挚的感情。他不由自主地改变了文人词的创作路数，自觉不自觉地不断突破词的体制、内容和风格，着力满足大众的审美需求，表现平民的生活情趣。

柳词首先触及的是世俗女子的爱和愁。在正统文人的诗词中，不管王昌龄的《闺怨》，还是温庭筠的《望江南》，或是晏殊的《蝶恋花》，深闺女性对爱情的追求总是羞羞答答、欲说又休，怀远少妇对夫君的思念也只停留于独上高楼，望远相思，甚至宋人的词比唐人的诗更显得含蓄、委婉、文雅。而当柳永这位离经叛道、不拘一格的词人闯入这一领域时，将词的背景从上流社会带到市井勾栏，把词的主角由闺阁仕女转为歌伎舞女。他的笔也就不幸地搅乱了一个风流蕴藉、墨守成规的平静词坛。在词史上，柳永可能是第一位把笔端伸向平民妇女内心世界的词人。他蕴含爱心，满怀同情，力图通过他的词为她们诉说心中的苦闷幽怨，为她们坦陈对平等自主的爱情的渴望。在《定风波·自春来》一词中，柳永以一种代言体的方式为被侮辱和损害的下层女性说话，他说道：

自春来、惨绿愁红，芳心是事可可。日上花梢，莺穿柳带，犹压香衾卧。暖酥消，腻云亸，终日厌厌倦梳裹。无那！恨薄情一去，音书无个。

早知恁么，悔当初、不把雕鞍锁。向鸡窗，只与蛮笺象管，拘束教吟课。镇相随，莫抛躲。针线闲拈伴伊坐。和我，免使年少，光阴虚过。

这首词以一个天真无邪的少妇（或妓女）口吻，表现了她和恋人分别后的相思之情，抒发了被情人抛弃后的一腔闺怨。柳永词中的女子，痛快率直地坦陈心中对平等自在爱情的渴望，表现出真挚的感情、热烈的追求和泼辣的性格。词中所展示的，既是一个女性的个别境遇，又是一种普遍的社会现象。

在存世的206首柳词中，约有半数以上直接涉及男女情事，三分之一则是描写青楼歌伎姣好体态和洞房深处云雨欢愉的“艳词”，足见柳词之“俗”。唯其“俗”才使人感到“真”，唯其“真”才能为市民阶层所欢迎和喜爱。但柳永却也因此成为上层文人和士大夫阶层的排斥对象。贵为当朝宰相的晏殊，自己的创作亦多男欢女爱、春愁闺思，与柳永堪称同为北宋词坛婉约派词的领军人物。但就是这个晏殊，却容不得柳永的轻狂，对柳词表示了极大的轻蔑和不齿。

柳永另一首《锦堂春·坠髻慵梳》，写得更俗、更真，也更透彻：

坠髻慵梳，愁蛾懒画，心绪是事阑珊。觉新来憔悴，金缕衣宽。认得这疏狂意下，向人诮譬如闲。把芳容整顿，恁地轻孤，争忍心安。

依前过了旧约，甚当初赚我，偷翦云鬟。几时得归来，香阁深关。待伊要、尤云殢雨，缠绣衾、不与同欢。尽更深、款款问伊，今后敢更无端。

出现在词中的那个市井女性，更加泼辣、傲气、不拘礼法，她对负约不归的郎君埋怨和数落，计划等他回来时软硬兼施地加以惩治，要他悔过认错，还要保证今后不敢再造次。这类词诚然不能为晏殊等道貌岸然的士大夫所容，但却赢得了市民的喜爱。

柳永十分同情被遗弃的或失恋的平民女子，用自己的词作诉说了她们心中“可惜许枕前多少意，到如今两总无始终。独自个、赢得不成眠，成憔悴”（《满江红·万恨千愁》）的痛苦。对于下层妓女的不幸和从良的愿望，柳永更是赋予了极大的关心和同情。他和她们同样为“一生赢得是凄凉。追前事、暗心伤”（《少年游》）；他为她们祈祷，希望她们能够最终有一个“万里丹霄，何妨携手同归去。永弃却、烟花伴侣。免教人见妾，朝云暮雨”的归宿(《迷仙引》)。柳永在秦楼楚馆和妓女们相遇相识，与她们相知相爱，和她们心灵相通。在一个普遍不拿妓女当人的时代，却有柳永这位大文人把她们看成自己的朋友，不仅为她们的辛酸遭遇大声疾呼，而且自愿地创作供她们用以演唱而挣钱的新词。

柳永的这种思想感情显然来自于城市平民的意识。由于仕途蹉跎，又具有放荡不羁的性格，在时代风尚的影响下，迷恋于歌舞酒色，与歌伎乐工厮混。这种境遇冲淡了他身上的士大夫气息，在青楼中找到了理想归宿，并将红粉知己作为抒发情感的寄托。纸醉金迷、消磨锐气的时代孕育和催生了柳永的才情，而众多歌伎的多才多艺又按动了词人灵感的开关。

在市民意识的驱使下，柳永又涉足另一片前人从未触及的领域——城市生活。在他之前的文人诗词中，山川原野、溪涧林泉是取之不尽的主题，李、杜、王、孟的“孤帆远影碧空尽，唯见长江天际流”、“星垂平野阔，月涌大江流”、“明月松间照，清泉石上流”、“绿树村边合，青山郭外斜”成为了诗史中永恒的经典和不能逾越的高山。然而柳永凭着自己对都市生活的迷恋，对市井风情的流连，挥笔写下了多篇描绘都市繁荣华丽景象的词作。

他为杭州写了《望海潮》，为成都写了《一寸金》，为汴京写了《破阵乐》、《透碧宵》、《倾杯乐》，为苏州写了《木兰花慢》、《瑞鹧鸪》，为洛阳、益州、扬州、绍兴、金陵都写过作品。在这些词中，柳永竭尽对繁华的赞美、对欢闹的渲染、对风流的期慕和对奢靡的夸耀之能事，使文学史上突然出现了一类主题、内容、风格迥异于过去的作品。其中以写杭州城市景象和西湖风光为主题的《望海潮》，不仅成了宋词中的千古名篇，而且也成了古都杭州的传世金曲：

东南形胜，三吴都会，钱塘自古繁华。烟柳画桥，风帘翠幕，参差十万人家。云树绕堤沙，怒涛卷霜雪，天堑无涯。市列珠玑，户盈罗绮，竞豪奢。

重湖叠巘清嘉，有三秋桂子，十里荷花。羌管弄晴，菱歌泛夜，嬉嬉钓叟莲娃。千骑拥高牙。乘醉听箫鼓，吟赏烟霞。异日图将好景，归去凤池夸。

柳永南下做客杭州，看到这座风景秀丽、市廛繁华的东南名都，词人精神为之一振，灵感油然而生，随即挥洒了这一首豪放博大的《望海潮》。据说柳永去杭州时，他的老朋友孙何当时任两浙转运使，驻节杭州。府第森严，欲见不能，柳永遂作此词请名妓楚楚在孙何的中秋晚宴上高歌。孙何因此方知友人在杭，立即请柳永赴宴。

这首词全面描摹了杭州城的人物风情，既有西子湖的美景和钱江潮的壮观，又有杭州的繁华富庶和十万人家的不同生活方式。词人用饱蘸激情而又带有夸张的笔调，涂写出一幅幅优美壮丽、生动活泼的画面。《望海潮》一词广为流传，一直传到北方金国君主完颜亮的耳中，使他“欣然有慕于‘三秋桂子，十里荷花’，遂起投鞭渡江之志”。直到今天，《望海潮》牵动人心的艺术感染力，依然余音不绝于耳，伴随着三秋桂子、十里荷花，永远萦回在西湖的明山丽水之间。

在《望海潮》一词中，柳永运用了长调词适于铺叙、层次丰富、变化多端的特点，为后人在词中融抒情、叙事、说理、写景于一体，容纳更复杂的内涵，开拓了新的思路。这种特点也体现在他的名作《八声甘州》、《雨霖铃》中，这两首词是柳永感慨人生失意、抒写羁旅行役之思的代表作，词人把自己的辛酸遭遇和凄凉心境，以及自己的狂放性格和郁郁不得志的心中块垒，都寄托在山村水驿、川林溪石、夕阳风雨的描绘中。

对潇潇暮雨洒江天，一番洗清秋。渐霜风凄紧，关河冷落，残照当楼。是处红衰翠减，苒苒物华休。惟有长江水，无语东流。

不忍登高临远，望故乡渺邈，归思难收。叹年来踪迹，何事苦淹留？想佳人妆楼颙望，误几回、天际识归舟。争知我，倚阑干处，正恁凝愁！

（《八声甘州》）

一方面是词人登高望远，关河冷落，夕阳残照，而故乡却邈渺不可见，愁思难抑；另一方面是思妇凝眸眺望，多次将远处来的船误认作良人归舟，情思恍惚。风雨羁旅，正值悲秋天；良人暌隔，更添相思愁！

将羁旅行役与爱情相思交织在一起的另一首佳作，是柳永词中最长的词调之一、长达140余字的《夜半乐》。这首词的写法与《雨霖铃》有所不同，它集中描写词人与良人别后的所历所见和自身的凄苦心境。词中对绣阁的怀恋，对神京的遥望，不仅反映了词人“浪萍难驻”的飘零身世，同时也反映了他宦途失意后的不满心情。

冻云黯淡天气，扁舟一叶，乘兴离江渚。渡万壑千岩，越溪深处。怒涛渐息，樵风乍起，更闻商旅相呼，片帆高举。泛画鹢、翩翩过南浦。

望中酒旆闪闪，一簇烟村，数行霜树。残日下、渔人鸣榔归去。败荷零落，衰杨掩映，岸边两两三三，浣沙游女。避行客，含羞笑相语。

到此因念，绣阁轻抛，浪萍难驻。叹后约、丁宁竟何据！惨离怀、空恨岁晚归期阻。凝泪眼、杳杳神京路。断鸿声远长天暮。

戏谑地打着“奉圣旨填词”的柳永，以“白衣卿相”的身份，在“烟花巷陌”“浅斟低唱”，一曲新歌一曲词，一步步地实践着自己的理想。仁宗皇帝不仅未能阻拦住柳词的洪水激流，而且这一拦倒反让这股大水漫出狭窄的河床，涌到广袤的田野。歌肆乐坊的酸甜苦辣演绎了词人的精彩人生，文化苦旅的风霜雪雨铺设了宋词的一道新风景线。将错就错，造就了柳永的辉煌，为中国文学增添了新的亮点。

作为一位在文坛上少见的具有独立品格和鲜明个性的词人，柳永在词史上有着重要的地位和贡献。他独辟蹊径、我行我素地挥洒着不受晚唐五代“宫体”束缚、继承唐代民间的长调，大力制作慢词，奏新腔、谱新词，把词的创作推到了一个新高度、新阶段。

对旧事物的革新，对新道路的开拓，不仅需要大无畏的勇气，而且还需要大海般的胸怀。由于柳永这位专业作词的词人的出现，使宋词发生了叛逆般的变化，因此在他背后有各种各样甚至截然相反的议论、评述，都是不足为奇的。他把皇帝的“圣旨”也视为儿戏，当然更不会在乎任何风言风语甚至恶言恶语了。

在风流中尽情施展自己才华的柳永，他的词“天下咏之”，他的词“传播四方”，“凡有井水饮处即能歌柳词。”在中国文学史上，有几个文人能拥有像柳永那么众多的“粉丝”呢！

柳永是整个北宋时期最优秀的词人之一，是中国文学史上一流的才子之一。

三

女词人李清照十分欣赏柳永，以一句妙联评价说：“露花倒影柳三变，桂子飘香张久成。”而李清照本人则受到另一句妙联的评价，联曰：“大河百代众浪齐奔淘尽万古英雄汉，词苑千载群芳竞秀盛开一枝女儿花。”这是现代著名诗人臧克家为李清照纪念堂题写的对联。

我与李清照相遇相识也是通过中学语文，那是两首寥寥数语却传咏千载的《如梦令》：

常记溪亭日暮，沉醉不知归路。
兴尽晚回舟，误入藕花深处。
争渡，争渡，惊起一滩鸥鹭。

昨夜雨疏风骤，浓睡不消残酒。
试问卷帘人，却道“海棠依旧”。
“知否？知否？应是绿肥红瘦。”

酒醉，花美，归舟晚，鸥鹭惊；雨稀，风急，花凋零，人担心。两首记游赏之小品，使一个快乐无忧而又多情善感的闺中少妇形象跃然纸上。

然而历史突然翻过一页，使一个曾经幸福地躺在丈夫的怀抱中做着甜梦的俏佳人，仿佛瞬间被甩到了家破人亡的万丈沟壑。国亡家破，李清照再也唤不回当年醉酒争渡的情景，再也提不起当年惜春爱花的兴致。“问君能有几多愁？恰似一江春水向东流”，从此她驶入了一条无穷尽、不断流的“愁”河。一曲《声声慢》，倾诉了她一腔无限痛楚抑郁之情。

从《如梦令》到《声声慢》，从多情善感到愁肠百结，李清照在一生创作的约 80 篇诗词中，文风的转变是显而易见的。在她的作品中，既可以读到“人比黄花瘦”的孤寂，也可以见到“载不动许多愁”的悲苦，甚至还能看到“生当作人杰”的豪迈。

“文有李清照，武有秦良玉”。一个深居闺阁的女裙衩，何以被尊为婉约宗主？“词压江南，文盖塞北”。一个命运多舛的独行者，何功何绩而被誉为“词国皇后”？

李清照生于北宋元丰七年（1084 年），济南章丘人。别号易安居士，又名李易安。就像李贺的天赋是与生俱来的一般，李清照是位天生的才女。她生在一个爱好文学艺术的士大夫家庭，自幼生活优裕，工书能文，通晓音律。她又嫁了一个好男人，夫君赵明诚不仅是官宦之子，还是金石学家、文物收藏鉴赏大家及古文字研究家。更难得的是，除了伉俪情深外，他们二人更是珠联璧合，共有诗词琴棋的雅兴自不必说，金石书画又成为共同所好，他们一起倾心研究、整理。

在快乐无忧的少女时代，李清照像春天的柳絮那样自由戏耍，像映日的荷花那样张扬青春。无论是“误入藕花深处”，或者是“浓睡不消残酒”，都显示了她活泼开朗、不拘旧礼的个性。不过李清照毕竟是大家闺秀，因此在她的身上和她的词中，又总是散发着文雅、高贵的气度。她的早期作品《浣溪沙》，通过暮春风光和闺室景物的描绘，抒写了林黛玉式惜春留春的哀婉心情：

淡荡春光寒食天，玉炉沉水袅残烟，梦回山枕隐花钿。

海燕未来人斗草，江梅已过柳生绵，黄昏疏雨湿秋千。

对爱情的热烈追求，对自由的强烈渴望，是所有少女的共性，李清照概莫能外。从李清照另一首早期作品《点绛唇》中，可以想见一位不平常的来客——一位翩翩美少年的到来，让刚荡完秋千的她害羞回避，但又忍不住“倚门回首，却把青梅嗅”，以极精湛的笔墨描绘了天真妩媚、憨态可掬的少女形象和微妙心理：

蹴罢秋千，起来慵整纤纤手。露浓花瘦，薄汗轻衣透。

见客入来，袜刬金钗溜。和羞走。倚门回首，却把青梅嗅。

李清照与赵明诚这对有情人喜结鸾俦，颇有点像传说中秦观在岳庙与苏小妹见面的情节，不过秦观是偷窥，而赵明诚则是偶遇。一个元宵之夜，20岁的太学生赵明诚与李清照之兄李迥同去相国寺观赏花灯，与正在那里的李清照相识。赵明诚对李清照的才华早已领教并赞赏不已，此时一见更生爱慕之意，回家后委婉地向父亲谈及此事，两家门当户对，自然一谈即成。小两口在婚后以收集金石字画作趣，才子佳人谱写了一段佳话。

然而“易安结缡（婚）未久，明诚即负笈远游。易安殊不忍别，觅锦帕书《一剪梅》词以送之”（元·伊世珍《琅嬛记》）。《一剪梅》作于李清照与赵明诚婚后的第三年，那年她芳龄二十。词中倾注了自己独居生活的孤独寂寞，切切诉说着对丈夫的思念，日夜盼望他早日归来的急切心情：

红藕香残玉簟秋，轻解罗裳，独上兰舟。云中谁寄锦书来？雁字回时，月满西楼。

花自飘零水自流，一种相思，两处闲愁。此情无计可消除，才下眉头，却上心头。

一个倚楼怀人的寂寞少妇，一种挥之不去的无尽相思，似乎成为白居易这首《长相思》在词义上的诠释和情感上的深化：

汴水流，泗水流，流到瓜洲古渡头，吴山点点愁。

思悠悠，恨悠悠，恨到归时方始休，月明人倚楼。

从春到秋，“佳节又重阳”；从昼到夜，“半夜凉初透”。每逢佳节倍思亲，李清照与王维一样同在重九节思亲，而她之所思更是一位志趣相投、琴瑟和谐的夫君。于是便写了一首著名的《醉花阴》词寄给赵明诚，通过悲秋伤别来抒写词人的寂寞与相思情怀：

薄雾浓云愁永昼，瑞脑销金兽。佳节又重阳，玉枕纱厨，半夜凉初透。

东篱把酒黄昏后，有暗香盈袖。莫道不消魂，帘卷西风，人比黄花瘦。

赵明诚读了此词后赞叹不已，他闭门谢客，废寝忘食三天，想写出一首超过李清照的词。最后他将50首词叫人评鉴，其中夹杂着李清照的词，谁知友人陆德夫品味后说：“只三句绝佳。”赵明诚忙问是哪三句，友人答：“莫道不消魂，帘卷西风，人比黄花瘦。”赵明诚听后不禁哑然，由此更钦佩妻子的才学。

大观元年（1107年），赵父遭陷罢官后去世，李清照和夫君屏居青州（今属山东潍坊）12年，他们把全部的精力放在金石、字画和古玩研究上，共同校订整理《金石录》。

四

“靖康之难”后等待着李清照的是她生命中的黑色续篇。

建炎元年（1127年）三月，赵明诚因奔母丧先南下金陵，出任江宁（今南京）知府，并与李清照相约，在她返回青州整理金石文物后南下会合。但当李清照载书十五车南渡江宁不久，青州兵变，家业被毁，数十年收藏的金石古玩字画除少数得以残存外，均被付之一炬。这场祸祟似乎是未雨绸缪，宣告了李清照人生灾难的肇起。

建炎三年（1129 年）二月，御营统治官王亦叛乱，赵明诚借绳子从城墙上逃跑。叛乱平定后，做了一年江宁知府的赵明诚也因此被朝廷革职。丈夫临阵脱逃的行为，让李清照实在无法接受和原谅，恩爱夫妻在无言的隔阂中走到了尽头。赵明诚被撤职后，夫妇二人沿长江而上向江西方向流亡。当行至乌江时，站在项羽兵败自刎的地方，李清照追思西楚霸王，心又回到了那个楚汉相争的年代。联想项羽的不屈精神和凛然正气，更加痛恨宋朝君臣苟且偷安的行径，她面对浩浩江水，信口吟诵了一首《夏日绝句》：

生当作人杰，死亦为鬼雄。

至今思项羽，不肯过江东。

巾帼羞煞须眉，听着李清照掷地有声的金石之声，赵明诚为自己的懦怯行为深感惭愧和自责。不久赵明诚迁知湖州，在独赴建康（南宋改江宁为建康）时不幸染疾而亡，将一个孤独无助的未亡人抛在人生地不熟的江南。大约在建炎某年春天，心情愁苦的李清照睹物思人，泪下千行，写下一首古代少见的追悼亡夫赵明诚之词：

藤床纸帐朝眠起，说不尽、无佳思。沉香断续玉炉寒，伴我情怀如水。笛声三弄，梅心惊破，多少游春意。

小风疏雨萧萧地，又催下、千行泪。吹箫人去玉楼空，肠断与谁同倚？一枝折得，人间天上，没个人堪寄。

（《孤雁儿・世人作梅诗》）

国破山河在，夫亡家庭散，46 岁的李清照从此孤苦无依地踽踽独行。在宋室南迁于临安之后，她一直过着颠沛流离的生活。她在后半生中，足迹凌乱地散布于洪州（今南昌）、台州、温州、越州（今绍兴）、衢州、金华、临安等地。令她痛心疾首的是，她随行所带的珍贵古籍文物几乎散失殆尽；令她心力交瘁的是，她必须为丈夫生前的清白而辩诬，并为此耗尽资财；令她怒火中烧的是，她再嫁的男人张汝舟，竟是一个伪君子、真骗子；令她愁肠九转的是，她已渐入暮年，枕边无夫，膝下无子，连个亲戚的影子都没有，孤零零地独自守着一座小小院子。还有一件令她悲从中来的事：一孙姓朋友之女，正值豆蔻年华，极为聪颖。一日李清照对她说，我老了，愿将平生所学授予你。不料此女不假思索，脱口说道：“才藻非女子事也。”李清照听此言真不啻当头棒喝——悲哀啊悲哀！原来自己的才情竟如此被蔑视，而自己毕生的创作也竟如此分文不值！

身世之悲，家国之愁，独坐愁城的李清照，在其作品中也是愁云惨淡。这种她载不动的愁，她说不尽的愁，渗透在其后期代表作《声声慢》、《武陵春》和《永遇乐》的字里行间：

寻寻觅觅，冷冷清清，凄凄惨惨戚戚。乍暖还寒时候，最难将息。三杯两盏淡酒，怎敌他晚来风急？雁过也，正伤心，却是旧时相识。

满地黄花堆积，憔悴损，如今有谁堪摘？守着窗儿，独自怎生得黑。梧桐更兼细雨，到黄昏，点点滴滴。这次第，怎一个愁字了得！

（《声声慢》）

家国不存，丈夫长逝，金石书画全部散失，自己流落异地。在无边落木萧萧下、不尽愁思滚滚来的境遇下，饱经离乱的李清照写下了南渡后的名篇之一《声声慢》。词中诉说了夫君死后的悲伤愁苦之心、痛楚抑郁之情，也寄托了极其深沉的家国之思。

风住尘香花已尽，日晚倦梳头。物是人非事事休，欲语泪先流。

闻说双溪春尚好，也拟泛轻舟。只恐双溪舴艋舟，载不动许多愁。

（《武陵春》）

绍兴四年（1134年），李清照卜居金华，次年春作《武陵春》词。物是人非，往事如烟，诉不尽内心的忧伤，拨不开眼前的愁云。作者在词中抒发了家破之苦，国亡之恨，愁绪如麻，悲不自胜的心情。

在一个元宵佳节，花灯满城，香车宝马共喧阗，直把杭州作汴州。晚年独居临安的李清照，面对灯红酒绿，不免抚今思昔，曾经在汴京风风光光地度过多年元宵节的她，而今却只能在隔帘笑语声中聊温旧梦。故国之思、流离之感油然而生，遂吟下一首蕴含着几多人生感慨的《永遇乐》。

满腹辛酸，一腔凄怨，何等的悲凉！难怪南宋著名词人刘辰翁每诵此词必会“为之涕下”：

落日溶金，暮云合璧，人在何处？染柳烟浓，吹梅笛怨，春意知几许？元宵佳节，融和天气，次第岂无风雨？来相召、香车宝马，谢他酒朋诗侣。

中州盛日，闺门多暇，记得偏重三五。铺翠冠儿，捻金雪柳，簇带争济楚。如今憔悴，风鬟雾鬓，怕见夜间出去。不如向、帘儿底下，听人笑语。

李清照被称为“宋代最伟大的一位女词人，也是中国文学史上最伟大的一位女词人”，独享“千古第一才女”美誉。她擅长书画，通晓金石，精通诗词，形成了自己独特的艺术风格——“易安体”。她曾著有《易安居士文集》、《易安词》等作品，但久已不传。现存诗文集为后人所辑，有《漱玉词》1卷、《漱玉集》5卷。

她用无泪的词句倾吐心声，用无力的声音控诉时代，将“语尽而意不尽，意尽而情不尽”的婉约风格发挥到了极致，赢得了婉约派词人“宗主”的地位。而出现于词作中笔力横放、铺叙浑成的豪放风格，又使她在宋代词坛上独树一帜，对辛弃疾、陆游以及后世词人都有较大影响。后人将李白词、李煜词、李清照词称为“词家三李”，李清照词既有李白词的婉约特色，又有李煜词的恣放特点，为词体发展做出了新的贡献。

国破我心碎，人醉我独醒。李清照至死都不迷醉，依然冷眼看天下，为国悲，犹自伤心吟愁词，为己叹。“才气昂然写相思之忧；出水芙蓉洒千古之愁。”尽管李清照的“愁”词并没有哭醒昏昏帝王，但倾倒了芸芸众生。

宋高宗绍兴二十六年（1156年），李清照走完了艰难苦恨的一生，享年73岁。她的尸骨或许就地留在杭州西子湖畔，与孤山上的闲鹤香梅为伴，而夫君赵明诚的遗骨则可能一直掩埋在建康城的郊野。大概担心孤魂难以在异乡安息，于是后人就把她作为藕花神祀，供奉于济南大明湖畔的藕神祠。“归去来兮！”济南人热烈欢呼泉城女儿归来，祠内楹柱有一对联曰：

是耶非耶，水中仙子荷花影；

归去来兮，宋代词宗才女魂。

2007年8月，台湾著名诗人余光中在80岁高龄时，写下一首新诗《藕神祠——济南人在大明湖畔为李清照立藕神祠》，哀悼他敬仰的女词人李清照：

……

莲子虽心苦，藕节却心甘
情人遗憾，用诗来补偿
历史不足，有庙可瞻仰
你是济南的最爱，藕神
整面大明湖是你的妆镜
映照甜蜜的哀愁，高贵的美
藕断千年，有丝纤纤
袅袅不绝，仍一缕相牵
恰似黑瓦红扉的藕神祠前
四足铜炉的香烛迎风
仍牵动所有祷客的思念

——但愿人长久，千里共婵娟（宋·苏轼《水调歌头》）

但愿人长久

——北宋词人、诗人、书画家苏轼

一

“噫吁嚱，危乎高哉！蜀道之难，难于上青天。”

大诗人李白仰天一声长叹，让多少对蜀地引颈相望者，自此对蜀道望而却步。

蜀道难之言的确不假，不过擅以“白发三千丈”来形容“愁思”的李白，恐怕也有点太夸张。倘若从蜀道一进一出犹如登上两次天，何以有那么多汉代文士平安走出蜀地，又有那么多唐朝诗人轻松走进蜀地？

蜀地自古文运昌盛，诞生于蜀地的西汉辞赋家司马相如、王褒和文学家、哲学家扬雄等，一个个都曾以雄辩的文笔，写下了大气磅礴的辞赋诗文。自古以来，氤氲文气就一直回旋荡漾于蜀中山水，恰如苏轼所言：“独吾州之士，通经学古，以西汉文词为宗师。”

瞄准这一块沃土，跟随这一片文气，唐代诗人王勃、卢照邻、高适、岑参、李白、杜甫、白居易、刘禹锡、元稹、李商隐、韦庄以及画家吴道子接踵而来，在蜀中游历或定居，并且留下了许多流芳百世的华美诗文。青年时代浪迹蜀中、漫游山水的李白，在这里写下了“峨眉山月半轮秋，影入平羌江水流”这样意境空灵的诗篇；而杜甫也将自己晚年中的近十年岁月交给了四川，留下了一声声像“出师未捷身先死，长使英雄泪满襟”这样的悲壮吟唱。

西蜀文风深刻地影响着苏门父子，在江山如画的巍巍峨眉山下和清清岷江畔，一时走出了三位文豪，一代人杰。著名文学家苏洵（老泉）、苏轼（东坡）、苏辙（颖滨）父子三人的出现，在巴蜀的诗文长河中，又掀起了一阵空前的巨浪。北宋年间的一门三苏是继汉魏时期的一门三曹之后，又一个在中国文学史上赢得千古艳羡的佳话。上下纵距千年，东西横隔万山，先后出现于神州大地上曹、苏两家三星共聚、父子同辉的文学奇缘，也堪称古今中外之奇观了。

中国古代文坛上的三位大家苏洵和苏轼、苏辙父子，在北宋真宗和仁宗年间先后诞生于四川的小城眉山。苏洵在庆历中因举进士不第，归乡后愤而尽焚前作，从此闭门攻读，终于精六经、通百家，尤其精于《孟子》和《战国策》，并且“下笔顷刻千言”。其子苏轼、苏辙兄弟幼时都受到家庭文风的熏陶，不仅有父亲的启蒙，而且母亲程氏还亲课诗书。因此苏轼在少年时即博通经史，而苏辙的诗文风格及政治态度更受到苏轼的影响。

嘉祐元年（1056年）初，苏洵带着20岁的苏轼和18岁的苏辙，一起赴京师开封应试，并以文章晋谒文坛领袖、翰林学士欧阳修。在读罢三苏之文后，欧阳修大为赞赏，特别对苏轼的文章更是拍案叫绝：“读轼书，不觉汗出。快哉！快哉！老夫当避路，放他出一头地也。可喜！可喜！”还说：“一日父子隐然名动京师，而苏氏文章遂擅天下。”不负前辈所望，眉山三苏果然后来居上，成绩斐然，成为北宋古文运动的中坚力量，同被列于唐宋八大家之中。而在宋代文坛独占鳌头、在中国文学史上堪称一流大家的则是苏轼。

苏轼（1037~1101年）字子瞻，一字和仲，自号东坡居士。自幼受教于父母，博览群书，汲取了博大精深的文化遗产，有深厚的古文功底，因而具有多方面的文学才能，在诗、词和散文诸方面都取得了极大成就。他的创作笔力纵横，挥洒自如，文学作品中总是散发着浓厚的书卷气，作品用典之广、取材之博、形式之多样化，几乎达到了前无古人的程度，从而也造就了以他为代表的宋代诗文风流特色。才华横溢的苏轼不仅具有多方面的文学才能，而且还擅长书画，是书画理论家，是中国古代艺术史上罕见的全才。

然而在宦途上，苏轼却从未得到过老天的眷顾。在他生活的时期，北宋王朝已逐渐形成了积贫积弱的局势，社会矛盾不断激化，政治危机也急剧发展。仁宗年间，雄心勃勃的范仲淹出任参知政事后，推行了一场大规模的革新，史称“庆历新政”。在这次改革失败 25 年后，新上任的参知政事王安石大刀阔斧地发起了一场更大的改革，同样遇到了保守势力的倾力顽抗。改革和反改革势力之间展开反复而剧烈的较量，正在宦海中的苏氏兄弟也卷入了这场险恶的政治斗争，从而于无意之中给自己铺设了一条荆棘丛生的人生之路。就像李亚伟在他的诗《苏东坡和他的朋友们》中所描述得那样：

他们这样骑着马

在古代彷徨的知识分子

偶尔也把笔扛到皇帝面前去玩

提成千韵脚的意见

有时采纳了，天下太平

多数时候成了右派的光荣先驱

年轻的苏轼在云谲波诡的政治斗争中，站到了反对改革的旧党一边。由于身受朝中的压力，他自请外任，先后在杭州、密州、徐州、湖州等地当地方官。中年时又因写诗讽刺新法被捕解京，入御史台狱，即当时震惊朝野的“乌台（御史台）诗案”，虽经多方说情后幸免于难，但出狱后仍被贬为黄州团练副使。旧党上台后他奉召回京，做过翰林学士兼侍读、龙图阁学士等官。后又因不满旧党的报复行为，复请外调，出知杭州、颍州、扬州、定州等地。尔后新党再度执政，苏轼横遭报复，被远谪至岭南的惠州和儋州等地。

徽宗即位时，苏轼赦还常州，此时他已进入了风烛残年。当他北归途经润州（镇江）时，在金山寺看到其好友、北宋名家李公麟所绘的东坡像，回顾一生，心潮难平，在无限感慨中写下一首《自题金山画像》的短诗：

心似已灰之木，身如不系之舟。

问汝平生功业，黄州惠州儋州。

这样，一代艺文巨人以四句自嘲而又自豪的戏言，对自己一生的功业做了切中肯綮的评价。两个月后苏轼病逝常州，这首诗竟成为诗人的自挽之词。

苏轼死后，“吴越之民，相与哭于市，其君子相吊于家，讣闻四方，无贤愚皆咨嗟出涕。”苏轼的门生故友们写了许多哀悼的诗词，与苏轼兄弟友谊甚笃的诗人张舜民，写下了一篇感情深沉的《苏子瞻哀辞》，诗云：

石与人俱贬，人亡石尚存。

却怜坚重质，不减浪花痕。

满酌中山酒，重添丈八盆。

公兮不归北，万里一招魂。

张舜民与苏轼同朝为僚，同为新法的反对派，又一同经历了贬斥复召归、而后再度远谪的遭遇。当苏轼遇赦北归常州时，张舜民出知在他曾当过知州的定州。苏轼知定州期间曾得一墨石，他将石盛在一个大盆中，激水于上，并名其室为雪浪斋。张舜民重新葺治此斋，并将丈八大盆复原，正准备把这一切写诗告诉苏轼时，不料得悉他病逝的噩耗。石尚存，斋已修，然而它们先前的主人却已变成万里之外的诗魂了。

物存人亡，睹物思人。一代文豪苏轼悲怆西归，望着他远逝的背影，想着他坎坷的一生，成千上万个像张舜民一样深切地爱戴和敬重苏轼的人，都含着泪为他送行，为他哀悼，尽管这一切都已经迟了。

二

苏轼是诗人，也是词人，又是散文家，一个在中国古代文学史上千载难遇的全才。

他的诗清新豪健，奔放浪漫，可与唐代的“李杜”相比，时人将他与江西诗派宗主黄庭坚并称“苏黄”；他的词博大精深，跌宕磊落，以首创豪放词派而传世，后人将他与南宋爱国词人辛弃疾并称“苏辛”；他的散文纵横豪迈，天马行空，上追中唐古文家韩愈，同北宋文学家欧阳修并称“欧苏”。《宋史·苏轼传》对苏轼的诗文风格、文学成就及其在中国文学史上的地位，作了如下的评述：

> 轼尝自谓作文如行云流水，初无定质，但行于所当行，止于所不可不止，虽嬉笑怒骂之辞，皆可书而诵之。其体浑涵光芒，雄视百代，有文章以来，盖亦鲜矣。

在留存至今的四千多首苏轼诗中，既有多与反对新法有关的“悲歌为黎元”的描述，也有对帝王权贵们贪婪残暴行为的批判，更多的还是在对乡土的怀念、亲友的倾诉及自然景物的歌咏中，抒发情怀、寻求排遣和思索人生。苏轼往往能凭借自己对事物特有的敏感性和细微的观察力，迅速地捕捉到一时所见的特征，并十分随意地予以轻描淡写，从而点染成新鲜的形象，或描摹出生动的图景。他的诗无论写景咏物，都不是停滞于物象，常常于神思驰骋中翻空出奇，突发异想，将现实世界带入富有浪漫主义色彩的梦幻之中：

> 水光潋滟晴方好，山色空蒙雨亦奇。
> 欲把西湖比西子，淡妆浓抹总相宜。
>
> （《饮湖上初晴后雨二首》其二）

冬尽春至，季换景变，对这种年复一年、司空见惯的现象，如何能推陈出新？出现在苏轼笔下的画面，并不是一幅万紫千红、春色满园的山水大画，而是一幅俯拾即是、人尽皆知的田野小景，不仅令人感到生意盎然，而且更觉得情趣融融：

竹外桃花三两枝，春江水暖鸭先知。

蒌蒿满地芦芽短，正是河豚欲上时。

（《惠崇春江晚景二首》其一）

贬谪黄州是苏轼一生中遭遇的重大挫折，在他黄州的居所旁有满山杂花，其间有一株高洁美丽的海棠。对这株幽居独处的海棠，当地人并不以为贵，却为远贬僻乡的苏轼视为知己，数酌花下，为之赋诗，由花及人，含意深远：

东风袅袅泛崇光，香雾空蒙月转廊。

只恐夜深花睡去，故烧高烛照红妆。

（《海棠》）

苏轼的一首《题西林壁》诗，出新意，寄妙理，向来被认为是山水诗中的杰作，也是哲理诗中的精品。其时他由黄州改任汝州，在赴任途中登庐山游览时写下这首脍炙人口的诗篇，深刻形象地揭示了一条“当局者迷”、“旁观者清”的客观真理：

横看成岭侧成峰，远近高低各不同。

不识庐山真面目，只缘身在此山中。

对词的突破和创新，是苏轼在中国文学史上的一大贡献，他以自己的三百多首作品，使词从“樽前”、“花间”的传统樊篱中摆脱出来，走向广阔的社会人生，从而创造了豪放词派。传诵千古的《水调歌头·明月几时有》和《念奴娇·大江东去》，代表了苏词的豪放风格：

明月几时有？把酒问青天。不知天上宫阙，今夕是何年。我欲乘风归去，又恐琼楼玉宇，高处不胜寒。起舞弄清影，何似在人间。

转朱阁，低绮户，照无眠。不应有恨，何事长向别时圆？人有悲欢离合，月有阴晴圆缺，此事古难全。但愿人长久，千里共婵娟。

这首苏词代表作之一《水调歌头》，历来都是推崇备至。南宋胡仔在其所著的北宋诗歌发展史《苕溪渔隐丛话》中，认为此词是最好的一首写中秋的词。词人仿佛是在与明月的对话中探讨着人生的哲理，同时借助美好千里明月，表达他对亲人的思念和祝福。全词意境豪放而阔大，情怀乐观而旷达，风格浪漫而潇洒，语言优美而流畅，九百年来传诵不衰。

大江东去，浪淘尽，千古风流人物。故垒西边，人道是，三国周郎赤壁。乱石穿空，惊涛拍岸，卷起千堆雪。江山如画，一时多少豪杰。

遥想公瑾当年，小乔初嫁了，雄姿英发。羽扇纶巾，谈笑间，樯橹灰飞烟灭。故国神游，多情应笑我，早生华发。人生如梦，一樽还酹江月。

《念奴娇》是苏词又一篇代表作，是苏轼贬官黄州后的作品。尽管如同孤雁般地蜗居于僻壤小城，也如僧侣那样流露出超然出世的思想，但苏轼却没有消极遁世，依然怀着治世立业的雄心，旺盛的诗意依然在胸中燃烧。他站在黄州赤壁江岸上，挥舞宽大的衣袖，指挥滚滚江水高歌一曲“大江东去，浪淘尽，千古风流人物”，向天地间发出对未来和理想的呐喊。在他的笔下，出现了一个年轻有为、气概豪迈、指挥若定、文采风流，而且春风得意、江山美人兼得的儒将，那就是他心中十分仰慕的英雄周瑜。

贬谪生活并没有击垮苏轼，千里逆风反而成就了一代襟怀旷达的文学家、艺术家。正是这种豪放的性格和乐观的情绪，使苏轼即使在贬居黄州备受艰辛和冤屈的折磨之时，仍能潇洒地游寺赏景，并高唱一曲《浣溪沙》：

山下兰芽短浸溪，松间沙路净无泥，萧萧暮雨子规啼。

谁道人生无再少？门前流水尚能西，休将白发唱黄鸡。

其实，豪放派词人苏轼写的爱情词，也体现了婉约派词人那种抒情的词风。就数量来说，这种婉约词更多于豪放词。然而较之以真挚和细腻见长的传统婉约词，在苏轼写的婉约词中，更多了一种凝重、淳厚和旷达：

花褪残红青杏小。燕子飞时，绿水人家绕。枝上柳绵吹又少，天涯何处无芳草。

墙里秋千墙外道。墙外行人，墙里佳人笑。笑渐不闻声渐悄，多情却被无情恼。

（《蝶恋花》）

被列为“唐宋八大家”之一的苏轼，不仅是政治和历史论文的写作高手，更是山水和情感散文的写作大师。他的论文如《上神宗皇帝书》、《留侯论》、《贾谊论》、《晁错论》等，写得明晰透辟，雄辩滔滔；而以《石钟山记》、《前赤壁赋》和《后赤壁赋》等写景言情的散文，则波澜迭出，魅力无穷，显示了他高度的艺术才能。

元丰六年十月十二日，夜。解衣欲睡，月色入户，欣然起行。念无与为乐者，遂至承天寺，寻张怀民。怀民亦未寝，相与步于中庭。

庭下如积水空明，水中藻荇交横，盖竹柏影也。何夜无月？何处无竹柏？但少闲人如吾两人耳。

（《夜月寻张怀民》）

这是苏轼对一个生活片段的记述，他用最简洁和精练的文字，讲述了发生于某个月夜的一件小事。然而正是在这种不经意之中，苏轼却淡淡地述说了一种情调，抒发了一种感情，由此也足见这位古代散文大家对语言灵活自如的驾驭能力。李亚伟在他的《苏东坡和他的朋友们》的诗中，说苏轼（推而广之到三苏或其他杰出的古文人）驾驭诗文的娴熟程度已炉火纯青：

古人宽大的衣袖里
藏着纸、笔和他们的手
他们的咳嗽
也像七律一样整齐

他们鞠躬
有时著书立说，或者
在江上向后人推出排比句
他们随时都有打拱的可能

苏轼，一个在中国古代历史和文学史上不可多得的诗人、词人和散文家。

“大江东去，浪淘尽，千古风流人物。”苏轼在赤壁凭吊古迹时曾经发出了深沉的感叹，但是大浪却冲不走他的诗、词和散文。苏轼是永恒的。

三

苏轼是画家，也是书法家，又是书画理论家。

他文名太大，响雷掩盖了鼓声；他文采夺目，明月使星光黯淡。常人并不太了解这位盖世无双的大才子在书画艺术上的深厚功力，有人还贬低他在书画上的造诣。然而这位在历代历朝受到文人景仰的偶像人物，其书画作品不论是在北宋年间还是在后世，都以非凡的艺术魅力映照艺坛，受到人们的热烈追捧。

北宋末年，宋徽宗曾下令各地焚毁苏轼的所有作品，禁止流传。其实古今中外统治者对文化精品的禁锢不仅没有起作用，反而促进了它的传播，扩大了它的影响。禁束的结果使苏轼成为人们狂热膜拜的圣人，存留下来的书画作品也变得价值倍增，成为达官显贵们争相收藏的珍品。苏轼去世没多久，他的墨迹就已一字千金，而这股崇苏购字潮延续到南宋依然不衰。据说苏轼在被贬儋州时，途经南安，曾在一寺庙墙上画了《竹石图》。南宋宰相韩胄到此，地方官员把整面墙凿下来，作为礼物献给他。韩胄大喜过望，将此墙置放在自家阅古堂。后来韩胄被朝廷杀头抄家，这堵墙被发现，又被转送到秘书省收藏。

千年易过，斯人已逝。被多舛的命运折磨得疲惫不堪的苏轼，两手空空地离开了人世，留下了他超凡的人格魅力和优秀的书画作品。苏轼的书画艺术不仅与他不朽的诗文词赋熔于一炉，而且更与其人格融于一体。他的画意、书境和他的诗情、词界一样，无不是个人人格和心灵的坦率直白，已经超越了艺术本身的含义，也不能用单纯的审美对象来诠释和理解。

说不清是艺术找到了苏轼这样的知己，还是苏轼主动走进了艺术的圈子。总之，在逼仄的小天地里，文学的宣泄不够用了，聪明的苏轼注意到并运用了另一种形象的表现手段，那便是书法和绘画。苏轼有坚实的书法功底，曾遍览晋唐诸家。他的书法早年学过“二王”，中年努力汲取颜字的养分，深受唐代颜真卿的革新书体影响，但又跨越唐代直追魏晋遗韵，晚年继续学唐代李北海，因而融汇雄健与清逸于一体，形成丰润、雄健、朴拙、丰富多变的新书风，显现了端庄、流丽、刚健、婀娜的鲜明个性特点，被宋代大书法家黄庭坚赞誉为“国朝善书，自当推为第一”。苏轼长于行书、楷书，笔法肉丰骨劲，跌宕自然，同蔡襄、黄庭坚、米芾并称为“宋四家”。传世书迹有《赤壁赋》、《答谢民师论文帖》、《洞庭春色》、《中山松醪二赋卷》等。

苏轼撰诗并书的《黄州寒食诗帖》（简称《寒食帖》），是其书法作品中的上乘之作，写于被贬黄州第三年的寒食节。谪居黄州的近5年间，是他最艰难的日子，精神上的寂寞苦恼，郁郁不得志，生活上的穷愁潦倒，寂寂无欢乐，遂作了两首五言诗：

自我来黄州，已过三寒食。年年欲惜春，春去不容惜。
今年又苦雨，两月秋萧瑟。卧闻海棠花，泥污燕脂雪。
暗中偷负去，夜半真有力，何殊病少年，病起头已白。

春江欲入户，雨势来不已。小屋如渔舟，蒙蒙水云里。
空庖煮寒菜，破灶烧湿苇。哪知是寒食，但见乌衔纸。
君门深九重，坟墓在万里。也拟哭途穷，死灰吹不起。

这两首遣兴诗，借景抒怀，感时惜春，抒发了苏轼因仕途的失意及对政局渺茫的心情，字里行间充溢着抑郁苍凉的气氛和苦闷孤独的情调。在苏轼三千多首诗词中，这两首诗称不上上乘之作，然而当诗人换用书法艺术形式来表达的时候，在他笔下出现的意蕴丰厚的书法意象，使诗文与书法意笔交融，起伏跌宕，给人一种浑厚空灵、雄视天下的感觉。

诗人通过他的作品，仿佛拨动着如泣如诉的琴弦，弹奏着一曲郁愤、幽怨的古琴曲，不禁令人想起《琵琶行》中的诗句：“弦弦掩抑声声思，似诉平生不得志。低眉信手续续弹，说尽心中无限事。”而字形的欹侧，忽横忽斜，似在极力控制心中的怨气；那几笔长竖直拖，更似几声长长的叹息之声。《黄州寒食诗帖》在书法史上影响很大，元代鲜于枢把它称为继王羲之《兰亭序》、颜真卿《祭侄文稿》之后的“天下第三行书”。北宋诗人、词人、书法家黄庭坚为该帖跋云："东坡此诗似李太白，犹恐太白有未到处。此书兼颜鲁公、扬少师、李西台笔意，试使东坡复为之，未必及此。"他在《题子瞻书诗后》一诗中对苏轼的书法赞道：

诗就金声玉振，书成蚕尾银钩。
已作青云直上，何时散发沧洲。

苏轼的书法艺术曾统领一世，风行百代，基本上笼罩和引领了宋代书法。这不仅因为他一变东晋的冷峻、唐代的严谨和五代的衰靡，形成了以抒发文人情性的天真烂漫新书风，而且更因为他无可比拟的诗、词、书、画综合艺术素养，从真正意义上开创了文人书画的先河，并第一次阐述了文人书画的理论。这或许是同代及后代其他书法家所不能企及的原因。

在绘画方面，苏轼从未受过系统的训练，但依靠其书法功力，凭借其心有灵犀和超乎常人的天赋，也能照样画出佳品。他善画竹石，学其表哥、人称"文湖州"的北宋书画家文同，而又自具风格，故有"东坡虽是湖州派，竹石风流各一时"（《次韵子由题憩寂图后》）之句。他作画不多，仅偶作小画，但本着自身的胸襟、人品和学识，"更能遇物写形似"，"眼入毫端写竹真"，作品自然卓荦不凡。黄庭坚对自己敬佩的文友之画予以很高评价，在他的作品上写下多篇题画诗，称赞他以文章名于世，虽非专业画师，画出的枯枝却也具有非同一般的笔力：

风枝雨叶瘠土竹，龙蹲虎踞苍藓石。
东坡老人翰林公，醉时吐出胸中墨。

（《题子瞻画竹石》）

折冲儒墨阵堂堂，书入颜杨鸿雁行。
胸中元自有丘壑，故作老木蟠风霜

（《题子瞻枯木》）

海内文章非画师，能回笔力作枯枝。
豫章从小有梁栋，也似郑公双鬓丝。

（《题子瞻寺壁小山枯木二首》其一）

四

苏轼政治上的最大政绩在杭州，而杭州城史的最大亮点就是苏轼。

熙宁四年（1071 年），苏轼带着失意，悻然来到杭州，任职通判。这位具有“大江东去，浪淘尽，千古风流人物”博大胸怀和磅礴气势的文豪，在政界也是拿得起、放得下的人。苏轼早就听说杭州湖山之美，一到杭州，湖水的盈盈眼波，山峦的黝黝黛眉，使他忘却了官场的权斗，驱散了心头的阴霾。踏破铁鞋无觅处，没想到峰回路转，千里逆风竟鬼使神差地把他送到了世上桃源。于是，心花怒放的苏轼，写下了一篇篇对西湖的赞歌：

山与歌眉敛，波同醉眼流。游人都上十三楼。不羡竹西歌吹、古扬州。

菰黍连昌歜，琼彝倒玉舟。谁家水调唱歌头。声绕碧山飞去、晚云留。

（《南歌子·游赏》）

苏轼对西湖的感情之深，也许只有白居易能与之比拟。他在杭期间，往往是在西湖边上处理公务，而公务之余的游览、宴饮，更是夜夜不离湖，甚至如他在《夜泛西湖五绝》中所述，竟陪伴西湖月色共同度过一个良宵，真是爱到了痴的程度。杭州回馈给苏轼的，不仅仅是望不尽、看不够的湖光山色，而且特地向这位大自然的亲密朋友，赏赐了美丽西湖中罕见的奇妙瞬间，平静浙江中少有的壮丽场面，从而使苏轼的诗词中出现了一个风雨变幻、神秘莫测的情趣世界：

黑云翻墨未遮山，白云跳珠乱入船。
卷地风来忽吹散，望湖楼下水如天。

（《六月二十七日望湖楼醉书五绝》其一）

放生鱼鳖逐人来，无主荷花到处开。
水枕能令山俯仰，风船解与月徘徊。

（《六月二十七日望湖楼醉书五绝》其二）

在杭州虽有山水之乐，但这还不是苏轼的主要心愿。他是个为民干实事的人。第一次任职杭州，苏轼是个通判，这个职位是难以施展才能和有所作为的。幸运的是，杭州知州陈襄，与向有“政虽无术，心则有民”志向的苏轼一拍即合。他们在杭州共事两年多，同心协力，组织治蝗，赈济饥民，浚治六井，奖掖文学后起之秀。两位同在杭州为僚的诗酒朋友，在同被贬谪的逆境和共为人民办事的相处中，结下了深厚的友谊。

陈襄任期届满他调，走后不久，就该轮到苏轼整理行装了。然而苏轼并未忘记一个行政长官应有的责任和感情，使他念念不忘的是有一件大事始终未曾启动：他在欣赏湖景时，对西湖的状况进行了考察，湖中葑草填塞，先人兴修的水利工程将渐渐湮没，为此他暗暗着急。正当苏轼下决心开浚西湖之际，朝廷来诏命让他转迁密州。接旨之后，苏轼不禁惋惜地叹道：“不能遂吾志矣！倘与西湖有缘，除非再来。”

不知是缘，是命，还是精诚所至的感动，苏轼真的又回到了杭州，而且这次当的是作为第一把手的刺史。天从人愿，苏轼这下子可以在杭州做一番事业了。因此，尽管这次他还是被朝廷权臣打发出京的，但却不以为不悦，倒是十分欣喜，说：“吾昔日未了之愿，今者可以完矣。”

元祐四年（1089 年），苏轼到了杭州，一到任就去看西湖。他痛心地看到，阔别 16 年，葑田已扩大到湖面之半，“葑合平湖久芜蔓，人经半岁尚凋疏”，为此深感忧虑和焦急。这年杭州先是大旱，又继以大涝、饥荒疫病一齐袭来。苏轼一面上书朝廷，请求减税；一面打开官仓，减价平粜；同时提出官库中的余钱，加上自己捐的俸禄，用以设立病房，延请良医，置买药物，救济灾民，终于带领杭州民众度过了灾荒。

灾荒的教训，更使苏轼下决心治湖。他通过考察调研，找到了水旱之患的根源均在于丛生的葑草，如再不除葑田，西湖将在 20 年内湮于一旦。西湖一废，杭州淡水之源六井也将枯竭，居民没法生活，城市亦将不存。警钟声声，形势逼人，苏轼认为事不宜迟，必须立即整治西湖。他向宋哲宗呈上一份奏议《杭州乞度牒开西湖状》。其中说道：

杭州之有西湖，如人之有眉目，盖不可废也。唐长庆中，白居易为刺史。方是时，湖溉田千余顷。及钱氏有国，置撩湖兵士千人，日夜开浚。自国初以来，稍废不治，水涸草生，渐成葑田。熙宁中，臣通判本州，则湖之葑合，盖十二三耳。至今才十六七年之间，遂湮塞其半。父老皆言十年以来，水浅葑合，如云翳空，倏忽便满，更二十年，无西湖矣。使杭州而无西湖，如人去其眉目，岂复为人乎？

苏轼的报告得到朝廷批准后，即组织20万民工，择吉动工。丛生的葑草太多，把它们堆积到什么地方呢？一个极妙的办法就是将这些葑草和淤泥取出来，填筑一条沟通南北的长约五里余的堤，将湖一分为二，西为里湖，东为外湖，这样既除去了葑田，又方便了行人和游客的南北往来。为了通水利以便游舫往来，堤上建造了六座桥，依次命名为映波、锁澜、望山、压堤、东浦、跨虹。为了防湖泥淤积，苏轼在湖水最深处立下三座石塔作为标志，规定三塔之内不准种菱植藕；三塔之外，募人种菱收息，以偿修湖之费。当时正值饥荒之后，百姓闲居无事，听说太守兴修水利，为民造福，无不踊跃投入，加上又有钱米日给，更是蜂拥而来，掘挖挑筑，不数月就完成了工程。

除尽葑草、挖深了湖床后，苏轼又一鼓作气，挖深杭州的茅山、盐桥二河，令茅山一河专受江潮，盐桥一河专受湖水。又造堰闸作湖水蓄泄之限，从而做到了湖水不入市，六井不受淤泥之害。至此，苏轼看到大功告成，宿志已遂，从此五谷丰登，民康物阜，心中好不高兴，这是苏轼期待多年的一天。

水利工程竣工之后，苏轼趁热打铁，又组织民众在湖堤的两旁，遍植桃柳芙蓉，以卫护和加固堤岸。后来，杭州知州林希，题下了“苏公堤”，以此命名湖堤。

青红一线界沙堤，日日香风逐马蹄。
三月桃花无浪起，六桥柳色有莺啼。
官亭飞盖春相接，酒舍收旗晚自迷。
游子岂知坡老意，两山长拥夕阳西。

（宋·董嗣杲《西湖百咏苏公堤》）

苏堤使西湖锦上添花，从此，一泓碧水的西湖湖面上，又多了一道亮丽的风景线。但见晓雾暮霭中，红桃绿柳，金镶玉嵌，分外妖娆；不论晴雨明晦，湖光山色，步换景移，妙不可言。尤其当春浓湖堤、和风戏柳的季节，湖堤更变得几树啼莺、一路醉意，被称为“苏堤春晓”。清康熙皇帝游湖，将此景列为“西湖十景”之首，并在望山桥南立有“苏堤春晓”御碑亭。而当远眺湖堤，烟水空漾，柳色如烟，又成为“六桥烟柳”的胜景。苏堤胜景，历代始终不衰。南宋诗人吴唯信曾写下歌咏清明时节游人到西湖踏青的优美诗篇《苏堤清明即事》：

梨花风起正清明，游子寻春半出城。
日暮笙歌收拾去，万株杨柳属流莺。

元人尹延高也在《苏堤春晓》中咏赞：

翰苑仙人去不还，长留遗迹重湖山。
一钩残月莺呼梦，诗在烟光柳色间。

苏堤与白堤一起，筑在西湖中，也长驻在杭州人民的心中。苏堤造福人类，历史也记住了苏轼。

苏轼疏浚西湖、建造湖堤后，在湖中又建三座石塔，名为三潭。三潭毁于明初，后又移建，并在原三塔处用湖泥堆积成绿洲，洲上建造一座九曲桥，构成了“湖中有岛、岛中有湖”的园林奇景。而在洲边亭亭玉立于湖面上的三塔，塔腹中空，各塔有五个孔眼，内外相通。每逢月夜，特别是中秋佳节，在塔内点上灯烛，烛光透过孔眼，与月光、湖光相融，形成迷人的“三潭映月”，成为赏月胜景。尽管“三潭映月”非苏轼亲自所为，但却源自他的三塔，也是他在兴修水利时，为杭州民众留下的一份宝贵的副产品。

杭州百姓感念苏轼为他们做的好事，纷纷杀猪宰羊，慰问和酬劳这位贤太守。苏轼对父老们的一片真情十分感动，觉得却之不恭，于是就想出了一个与民同庆的办法，他以独特的烹调方法，把收到的生肉烧制成香酥不腻、肉色红艳的熟肉，然后切成许多小块分赠给全城百姓。这道佳肴成为流传至今的杭州特色菜，人们就叫它“东坡肉”。

为官一时，常常被误以为是一种显赫，一种辉煌；其实这种经历往往是机遇的孪生兄弟，因为夸大了这种经历的含金量，不仅有意无意地欺骗了自己，而且也于不知不觉中引导他人进入误区。更何况时局多变，人事孰料，福和祸两个极端，又常常会置换于瞬息之间。真正的显赫与辉煌，在于充分珍惜和利用这短暂的为官一时，为历史多涂抹一层绚丽，为时代多映照一点璀璨。扎根于西湖中的白堤和苏堤，不正是这种显赫和辉煌的象征吗?

苏轼的一生，像一匹被无情鞭笞着的骏马，不停地奔波迁徙，跑遍了大半个中国。在二度驻足杭州时，西湖给他带来了极大的欣喜，这片多情的湖留给他一方用武之地，使他充分施展了治国安民的才能，又让他在这里挥洒才情，尽显风流。那时的杭州百姓当然不可能知道，他们所爱戴的风流太守，是带着伤痕来到西湖的，即使在游赏西湖时，脊梁上仍压着沉重的政治包袱。他的种种风流行为，不过是一种寻求自我解脱的苦中作乐。然而，无论如何，西湖终究给了这位豪爽、潇洒的大诗人以短暂的欢乐。

在第二次离开杭州以后，苏轼再没机会回来探望西湖。但是，西湖却留下了苏轼，留下了他的形象之躯“苏堤”，留下了他的心灵之声“苏诗”。

——自许封侯在万里。有谁知？鬓虽残，心未死（南宋·陆游《夜游宫·记梦寄师伯浑》）

鬓残心未死

——南宋爱国诗人陆游

一

爱是永恒的，古今中外概莫能外。既然有至死不渝的永恒的爱，就会有传诵千年的永恒的爱情诗。

在中国漫长的封建时代，男女授受不亲，禁欲、禁爱、禁谈情。不过还是有一些大胆的文人敢闯禁区，写下了不少感人至深的情歌爱曲。诸如“两情若是久长时，又岂在朝朝暮暮”、“身无彩凤双飞翼，心有灵犀一点通”、“月上柳梢头，人约黄昏后”、“天长地久有时尽，此恨绵绵无绝期”等精彩绝伦的爱情诗句，意境含蓄，情意深长，回味无穷。

与多数没有特定对象的朦胧爱情诗相比，另有一些记叙夫妻情笃、追念伉俪情深的经典诗歌，尤其是那些悲悼恩爱夫妻不到头的诗歌，委实令人心碎。号称美男子的西晋文学家潘岳（潘安）在其爱妻杨氏死后一周年时，写了三首堪称杰作的《悼亡诗》，开了“悼亡诗”为悼念亡妻专门诗篇的先河。唐诗人元稹与爱妻韦丛举案齐眉，相敬如宾，传颂当时。在爱妻病故后，他先后写了33首悼亡诗，尤其是为后人推为爱情诗中精品的《离思五首》、《遣悲怀三首》，那一种“曾经沧海难为水，除却巫山不是云”的炽热之爱，那一种“诚知此恨人人有，贫贱夫妻百事哀”的挚爱之情，把两个人的爱情世界推到了新的高度。宋苏轼对爱妻的深厚感情，也堪称世间楷模。他在妻子王弗死去十年后的一个晚上，见她“夜来幽梦忽还乡，小轩窗，正梳妆。相顾无言，惟有泪千行”，梦醒之后以一首真挚动人的悼亡词“江城子”，表达了对亡妻的拳拳不了情——“十年生死两茫茫，不思量，自难忘……料得年年断肠处，明月夜，短松冈。”

同样令人心酸唏嘘的，还有那些泣诉劳燕分飞各西东的诗歌，汉乐府诗歌《孔雀东南飞》、曹植的《洛神赋》和陆游（唐婉）的《钗头凤》，一篇篇都催人泪下。陆游和唐婉联手谱写的两首《钗头凤》，哀怨地诉说了棒打鸳鸯、夫妻生别后十年中，郁积在他们内心的痛楚和绝望。他们那撕心裂肺的哭喊，他们那泣不成声的咏叹，通过时空隧道从八百年前的沈园传了过来。多少读者的泪，就在这一时刻夺眶而出，多少读者的心，就在这一时刻碎成两瓣。听说后来还有人写了题为《不进沈园》的文章，怕亲身面对这场爱情悲剧。

不进沈园只不过是一种感情的表示，却并非明智之举，因为要了解陆游和走近陆游，首先就得走进沈园。沈园原名沈氏园，原是越中大族沈氏的私家园林，自宋代建成后不久就成为一处令人神往的江南名胜、天下名园。历经近千年的沧桑变迁，沈园也早已衰颓，自20世纪80年代以来，经地方政府的大力整治，一座错落有致地排列着亭台楼阁、柳杨花草、石桥碧池、假山叠石的江南名园，又重现于历史文化名城。

沈园最令游客注目的，则是题在粉壁上的两阕《钗头凤》。这是陆游和他毕生思念的前妻唐婉含泪和唱的词，其一为陆游所写：

红酥手，黄滕酒，满城春色宫墙柳。东风恶，欢情薄，一怀愁绪，几年离索。错，错，错！

春如旧，人空瘦，泪痕红浥鲛绡透。桃花落，闲池阁，山盟虽在，锦书难托。莫，莫，莫！

其二为唐婉所和：

世情薄，人情恶，雨送黄昏花易落。晚风干，泪痕残。欲笺心事，独倚斜栏。难，难，难！

人成各，今非昨，病魂常似秋千索。角声寒，夜阑珊。怕人寻问，咽泪装欢。瞒，瞒，瞒！

两阕名作，演绎了一段凄婉的沈园情梦，泣诉着一桩辛酸的古人旧事。

对于陆游来说，这段让他饮泣吞声的往事总是萦回在他眼前，他为此遗恨一生。而对于唐婉来说，她更因这段肝肠寸断的往事“怕人寻问”而“咽泪装欢”，强饮着这杯本不应属于她的苦酒。

陆游是南宋著名的爱国诗人，被称为“小李白”。然而让陆游这位诗人的名声锦上添花的，就是他这一段沈园情梦，他这一首《钗头凤》的绝唱。大概没有哪一首爱情绝唱能像《钗头凤》流传那么广，大概也没有哪一个古人的爱情之梦有陆游那么长。

绍兴十四年（1144年），年当弱冠、英俊倜傥的陆游，和同郡唐氏士族的大家闺秀唐婉喜结连理。情投意合的一对年轻夫妻怎么也没想到，他们的美满姻缘却无端地遭到陆母的嫉恨。据史载陆母恐陆游儿女情长而惰于学，数次遣妇，在百般劝谏和哀求而毫无作用的情况下，陆游痛苦地屈从了，酿下了一杯终生喝不完的苦酒。别离后，唐婉迫于父命别嫁赵士程，陆游也按母之择另娶王氏为妻。

十年之后的一个春日，陆游在出游于家乡禹迹寺南的沈家花园时，与偕夫同游的唐婉不期而遇，愁目相视，悲喜交集。惆怅不已的唐婉在征得丈夫同意后，遣僮置酒肴款待陆游，聊表抚慰之情。陆游见人感事，情不自已，在微醉之后，信手取笔，在沈园壁上题了那一首声情凄切、荡气回肠的《钗头凤》词。

法国作家巴尔扎克曾深有感触地说：“一封信代表一个灵魂，等于口语的忠实的回声，所以敏感的人把信当作爱情的至宝。”唐婉含泪读着陆游的词，她透过写着《钗头凤》的墙壁，看到了陆游忠诚贞洁的爱情。陆游的词使她悲痛眷恋的内心世界又一次掀起情感的波澜，遂和泪应和了又一首情感哀怨、意境凄怆的《钗头凤》词。巨大的痛苦无情地摧残了一颗善良而脆弱的心，不久唐婉便忧郁而亡。

两阕《钗头凤》所谱写的爱情诗篇，交织着无穷的爱和恨，延续了一生的痛与悔。就这样，陆游和唐婉以短短的120个字，合著了一部情天爱海、忠贞不渝的爱情悲剧，这部短剧堪与另一首爱情悲剧长诗《孔雀东南飞》在历史的长空双峰插云。

这部爱情悲剧并没有因唐婉去世而戛然落幕，晚走的陆游依然执着地谱写着它的续集。

此后，陆游北上抗金，又转川蜀任职，几十年的风雨生涯，依然无法排遣诗人心中的眷恋。他63岁那年，“偶复来菊缝枕囊，凄然有感”，又写了两首情辞哀怨的《菊枕诗》：

采得黄花作枕囊，曲屏深幌闷幽香。
唤回四十三年梦，灯暗无人说断肠！

少日曾题菊枕诗，囊编残稿锁蛛丝。
人间万事消磨尽，只有清香似旧时！

绍熙三年（1192年），68岁的陆游来到沈园，旧地重游。虽然园已易主，但当年题墨犹在。阅读旧作，能不凄然？何况时值深秋，人近黄昏，往事已成断梦残云，他也只能无奈地消除过去的妄念，向神龛寻求解脱了。怀着怅然的心情，陆游写了一首七律《禹迹寺南有沈氏小园，四十年前尝题小阕壁间。偶复一到，而园已易主，刻小阕于石，读之怅然》：

枫叶初丹槲叶黄，河阳愁鬓怯新霜。
林亭感旧空回首，泉路凭谁说断肠。
坏壁醉题尘漠漠，断云幽梦事茫茫。
年来妄念消除尽，回向神龛一炷香。

庆元五年（1199年），75岁的陆游再游沈园。这时候唐婉已香消玉殒44年之久，但陆游的缱绻之意却反而随着岁月的流逝加深了。他努力追忆着深印在脑海中那惊鸿一瞥的一幕，在荷花池畔题下《沈园二绝》：

梦断香消四十年，沈园柳老不吹绵；
此身行作稽山土，犹吊遗踪一泫然。

城上斜阳画角哀，沈园无复旧池台；
伤心桥下春波绿，疑是惊鸿照影来。

愈是在黄昏日暮的天假之年，陆游愈是怀念旧日，思念伊人。开禧元年（1205年），陆游又一次赋下记咏沈园、追念唐氏的《十二月二日夜梦游沈园二绝》诗，当时他已届81岁高龄：

路近城南已怕行，沈家园里更伤情；
香穿客袖梅花在，绿蘸寺桥春水生。

城南小陌又逢春，只见梅花不见人；
玉骨久沉泉下土，墨痕犹锁壁间尘。

随着人生的路程愈来愈短，陆游深感来日虽无多，而怀念却无期。他一次次提起已显得沉重的羊毫笔，平静而坚定地表达了珍藏于心底的至死不衰的爱情：

城南亭榭锁闲坊，孤鹤归飞只自伤。
尘渍苔侵数行墨，尔来谁为拂颓墙？

（《城南一首》）（82岁作）

沈家园里花如锦，半是当年识放翁。
也信美人终作土，不堪幽梦太匆匆。

（《春游四首》之三）（84岁作）

陈衍在《宋诗精华录》中评曰：“无此等伤心之事，亦无此等伤心之诗。就百年论，谁愿有此事？就千秋论，不可无此诗。”陆游与唐婉在沈园留下的诗、留下的爱和留下的梦，赋予沈园一种特有的文化情调和魅力。

陆游的爱情悲剧流传千年，他的伤心诗篇诵咏百代。缅怀斯人，追溯往事，每一个走进沈园的游客都会驻足伤心桥上，向下观望，总希望在春波池中能看到陆游与唐婉的合影。

二

一个笼罩在封建礼教浓厚阴影下的家庭，编织了一段遗恨人间的爱情悲剧；而一个充满了浓郁书香气息的官宦家庭，却又书写出一部响彻云霄的爱国诗章。

两个影响千载的大写“爱”字，都出现在山阴陆氏之家。陆家是一个世家大族，从陆游高祖陆轸通过科举走上仕途后，祖父陆佃、父亲陆宰均为官僚兼学者的人物。陆宰又是著名的藏书家，计有藏书13000余卷之多。出身于这样一个有文学传统的官僚地主家庭，使陆游不仅自幼就受到华夏文化的滋润，而且受到民族意识的熏陶。

这种滋润和熏陶，最先也是最直接地来自陆宰。陆宰当过京西路转运副使，在靖康元年（1126年）金兵南侵前后被免职，带着家眷南归故乡，虽然侥幸地逃过了那一场“靖康之难”的大劫，但北宋王朝覆灭的耻辱，却深深地铭刻在这个怀有民族自尊感的士大夫心中。与陆宰往来的也都是一些爱国名士，他们在陆游家里“相与言及国事，或裂眦嚼齿，或流涕痛哭，人人自期以杀身翊戴王室；虽丑裔方张，视之蔑如也”。这样一群社会名流和这样一种家庭氛围，给陆游的幼小心灵以深刻的刺激和影响。

陆宰着意将儿子培养成为一个朝廷栋臣，期望他为抗金复国建功立业。陆游的人生道路也正如他所愿，陆宰并没有教会儿子如何成功地走好宦游之路，然而却把陆游正确地引上了文学之旅。当一个腐朽的朝代葬送了一位守疆大将的时候，一个屈辱的时代却催生了一位爱国诗人。

在那个山河破碎、民族危亡的年代，一条淮河将神州大地分隔为宋、金两个世界。面临着隔江对岸的金兵那一番金戈铁马的阵势和剑拔弩张的气势，南宋京师临安城内却呈现一派“山外青山楼外楼，西湖歌舞几时休”的太平盛世景象。

直面这群苟安乞和的君臣，身处这个麻木不仁的世界，与陆宰一样经历过“靖康之难”的曾几、陈与义、张元幹等正直文人，以他们的诗、词发出了抗金爱国的高亢呐喊。连以抒写爱情见称的杰出女词人李清照，也在其作品中表现了强烈的爱国思想。而一些不以文学为业的朝廷主战派如李纲、赵鼎、胡铨，特别是民族英雄岳飞，都留下了慷慨激昂的爱国篇章。在这些前辈诗人词客中，深为陆游仰慕的南宋初期诗坛领袖曾几曾经客居绍兴并造访陆宰。大诗人从天而降，来到面前，使陆游喜出望外，而正是曾几这位江西派大师，将这一诗派的艺术技巧传授给了陆游，使陆游在诗歌创作方面获得了基础。

随着陆游及其同辈诗人杨万里、范成大及稍后的词人张孝祥、辛弃疾、陈亮、刘过等登上文坛之后，组成了一支阵容强大的合唱队，和着长江的惊涛，发出了令时代震悚的声声怒吼。分别在诗人、词人合唱团中领唱的陆游和辛弃疾，唱出了激越昂扬的时代最高音。

陆游字务观，号放翁，宋徽宗宣和七年（1125 年）生于越州山阴（今浙江绍兴）。生活在一个充满忧患的年代，陆游在人生道路上接二连三地遭到风浪的袭击。爱情悲剧首先摧毁了他的幸福生活，仕途风波又阻塞了他的美好前程。绍兴二十三年（1153 年），29 岁的陆游胸有成竹地到临安应考，在省试中不出所料名列榜首。然而在第二年复试时，却因他名列于权相秦桧的孙子之前，更因“喜论恢复”的爱国言辞而被无辜除名。陆游只好无奈地退居家乡养精蓄锐，直到几年后秦桧死去，他才得以被起用，任福州宁德县主簿。不久他被调回临安任职，后来做过枢密院编修，和范成大、周必大等人一起，担任文字方面的工作。

1163 年宋孝宗即位后，局势出现了转机，在南宋这个怯懦、窝囊的小朝廷中，主战派一时占了上风，力主北伐的张浚也当上了右丞相兼枢密使。但是朝中无大将，即使当时有辛弃疾、陆游那样的将相之才，也只能“辱于奴隶人之手，骈死于槽枥之间”。北伐的失利比预想得要快得多，随着隆兴和议的签订，张浚的高位也不可避免地丢了。不久前颇受张浚器重而刚刚调任隆兴府通判的陆游，被扣上了“结交台谏，鼓唱是非，力说张浚用兵”的罪名，罢黜归乡。

正值年富力强之际就被迫闲适的陆游，寓居在家乡的镜湖三山乡间，不仅生活上处于“十月霜风吼无边，布裘未办一铢绵”的穷困处境，而且心中更充满了一种“慷慨心犹壮，蹉跎鬓已秋”的悲凉。然而在一生中都“位卑未敢忘忧国”的陆游，依然关注着“人材衰靡方当屡，士气峥嵘未可非”的时局，依然期待着东山再起去前线抗金的那一天到来。

在一个月明之夜，陆游出外闲游，古朴农村的民风民俗满目可见，山阴道上的好山好水扑面而来。而当他从山穷水尽的自然景色中突然见到一片绝处逢生的崭新天地时，耳目顿时感到一新，精神不禁为之一振，思想也随之豁然开朗，遂吟下著名的田园观光记游诗《游山西村》：

莫笑农家腊酒浑，丰年留客足鸡豚。
山重水复疑无路，柳暗花明又一村。
萧鼓追随春社近，衣冠简朴古风存。
从今若许闲乘月，拄杖无时夜叩门。

并不被人认作山水诗人的陆游，凭借着他对国家、对家乡、对农家父老的一片爱心，凭借着他哲人的洞察力、画家的白描法和诗人娴熟的写作技巧，时而也能创作出绝不亚于一流山水田园诗人所创作的诗篇，《游山西村》就是一首令人久读不腻、咏而不忘的佳作。评论家爱将陆游的这首诗与唐代山水田园诗派代表诗人孟浩然的“故人具鸡黍，邀我至田家”的《过故人庄》相比。的确，在唐宋两大朝的无数灿灿诗篇中，《游山西村》与《过故人庄》这两首诗，堪称珠联璧合的农村乐章姐妹篇。

在家乡山阴一住就是五年，直到46岁时陆游才终于得到出任夔州（今四川奉节）通判的机会。乾道六年（1170年）中，陆游从山阴起程，沿长江西上入蜀，开始了他毕生难忘的川、陕宦游和军旅生活。万里赴蜀，舟经黄州（今湖北黄冈），见赤壁而追念三国英雄，船过荆州（今湖北江陵），望郢都而感叹屈原之恨，一路上写下了《黄州》、《哀郢二首》等诗篇。

乾道六年年底，陆游到达夔州，一年多后，应四川宣抚使王炎之聘，赴南郑（今陕西汉中）入幕襄理军务。来到汉中这一抗金前线之地，面对萧萧边关，耳听声声笳鼓，陆游的兴奋之情溢于言表。他在这里度过了难忘的“从戎驻南郑”、“射虎南阳草”、单骑走要塞、卫戍大散关的戎马生涯，第一次实现了“上马击狂胡，下马草军书”的愿望和志向，也更坚定了驱逐金军、收复中原的信心和决心。在从军后第二年即乾道九年陆游供职嘉州（今四川乐山）时，写下了一首借咏刀以言志的激昂慷慨的七言歌行体《金错刀行》：

黄金错刀白玉装，夜穿窗扉出光芒。丈夫五十功未立，提刀独立顾八荒。京华结交尽奇士，意气相期共生死。千年史册耻无名，一片丹心报天子。尔来从军天汉滨，南山晓雪玉嶙峋。呜呼，楚虽三户能亡秦，岂有堂堂中国空无人！

就在这一年冬，陆游由南郑调回成都，途经剑门山，在途中写下了广为传诵的名作《剑门道中遇微雨》，隐喻着一种自己不甘以诗人身份而终老的心情：

衣上征尘杂酒痕，远游无处不销魂。

此身合是诗人未？细雨骑驴入剑门。

几经调动后，陆游于淳熙二年（1175 年）再回成都。其时他的诗文知己范成大也以四川制置使的官职就任于此，旧友异乡相聚，常在一起饮酒酬唱。豪放不羁的陆游，由于抗金的抱负与个人的事业都遭受挫折，经常借酒浇愁，放浪形骸。他的行为被一些人讥为“不拘礼法，恃酒颓放”，并因而被罢去知嘉州的官职。无官一身轻，陆游索性自号“放翁”，并以“名姓已甘黄纸外，光阴全付绿樽中。门前剥啄谁相觅，贺我今年号放翁”之诗解嘲和表示对抗、蔑视的态度。从此“放翁”便和他的诗名同著于世。然而放翁在外表上的旷达颓放，饮酒寻乐，却掩盖不了诗人内心的忧患、悲愤和感叹：

和戎诏下十五年，将军不战空临边。朱门沉沉按歌舞，厩马肥死弓断弦。

戍楼刁斗催落月，三十从军今白发。笛里谁知壮士心，沙头空照征人骨。

中原干戈古亦闻，岂有逆胡传子孙？遗民忍死望恢复，几处今宵垂泪痕！

这一首沾着血风、掺着泪雨的《关山月》，写在南宋朝廷下达与金议和的诏书将近 15 年之际。十五个春秋的期待，十五年昼夜的呼唤，然而等来的只是“朱门沉沉按歌舞，厩马肥死弓断弦”的痛心景象。朝廷文恬武嬉，君臣不思收复，使诗人在这不堪回首的15年逝去的时候，抚事伤时，悲愤难平。《关山月》一诗集中体现了陆游一生的政治主张。

在川陕住了9年后，陆游于淳熙五年（1178年）正月被孝宗召回临安。在成都期间及东归路上，他谒杜甫草堂，游武侯书台，访屈原祠，登赏心亭，用篇篇诗文倾诉自己内心的独白，与先贤进行着神人之间的心灵交流。

川陕9年是陆游人生的第二阶段，也是他创作上收获最多的时期。山川雄伟、民俗豪放的西部雄风，习箭刺虎、戍边巡关的军旅壮举，欲战不能、壮志难酬的感情波澜，这一切都给陆游的灵感中注入了新的内容，从而使他在这期间的诗歌创作获得了巨大的成就。陆游自己也觉得这一时期使他“诗家三昧忽见前”，豁然开朗，他珍视这个时期，并将全部诗作题名为《剑南诗稿》。

《剑南诗稿》的问世，无疑为南宋文学史上竖立了一块丰碑。

三

54岁的陆游离川东归后，由于诗名日盛，受到孝宗召见，但他并未得到什么重用，只派他到福州、江西去做了两任提举常平茶盐公事。在江西任上，当地发生水灾，他“草行露宿”，不辞辛劳，亲到灾区视察，因在江西开义仓赈济灾民，反而被扣上“擅权”的罪名而罢职还乡。

家乡永远是远归游子的避风港，对于陆游这位爱国诗人，家乡更是日夜为他敞开着大门，因为他是随时都可能被贬黜还乡的。在家赋闲的陆游，从镜中看到了自己志未酬却鬓先斑，不禁追忆起任职“瓜洲渡”和“大散关”时跃跃欲试北伐抗金的情景，他那一颗爱国之心依然闪亮着火花，渴望着干出一番与写《出师表》、北伐曹魏的诸葛亮相伯仲的伟业。在他写的名作《书愤》的字里行间，就涌动着这一股始终不泯的壮志豪情：

早岁那知世事艰？中原北望气如山。
楼船夜雪瓜洲渡，铁马秋风大散关。
塞上长城空自许，镜中衰鬓已先斑。
《出师》一表真名世，千载谁堪伯仲间？

蛰伏6年之后，已经62岁的陆游终于被起用为严州（今浙江建德）知州。他应诏赴京，住在临安西湖边上的一家客栈，待命觐见宋孝宗，等了一些时日，也听不到诏见的音讯。政局昏暗，世态炎凉，皇帝的眼里固然看不见一个怀着赤胆忠心的臣民，而偌大的京城竟然也容不下一个渴望有所作为的诗人。寂寞品茶，消磨时光，陆游在百无聊赖中写了一首风格清新的七绝《临安春雨初霁》：

世味年来薄似纱，谁令骑马客京华？
小楼一夜听春雨，深巷明朝卖杏花。
矮纸斜行闲作草，晴窗细乳戏分茶。
素衣莫起风尘叹，犹及清明可到家。

据说此诗传入宫中，“小楼一夜听春雨，深巷明朝卖杏花”的诗句甚得孝宗欣赏。但燕雀焉知鸿鹄之志，孝宗并不了解诗人陆游的宏大抱负，竟叮嘱他到严州后，“职事之暇，可以赋咏自适”。新职并非陆游所期，但他在任上还是“忧民怀懔懔，谋己耻营营”地勤勉从政，为民办事，得到了乡民的衷心爱戴。在严州任职期间，大概受到孝宗叮嘱的提醒，陆游曾将历年所作诗文特别是早年的作品严加删选，共得2500余首，刊刻为《剑南诗稿》20卷。此书行世后，深得当时文坛赞誉。

严州任满后，陆游于淳熙十五年（1188年）卸职还乡。其后他又两度在朝担任无足轻重的官职，最后又因连上奏章，不失时机地谏劝朝廷又是“力图大计，宵旰勿怠”，又是“救民之贫，莫先于轻赋”，使权贵生气，让皇帝心烦。于是他再遭弹劾，以“嘲咏风月”的罪名再度罢官。不屈服于淫威的陆游对此非常愤慨，“遂以‘风月’名小轩，且作绝句”，表示还要继续“嘲弄”。

此后，陆游长期蛰居山阴农村，在僻静幽雅的环境和清苦贫寒的生活中度过了晚年。在孤单寂寞的在野生活中，他“身杂老农间”，与乡民亲切交往，为他们治病施药，加深了对农村生活的理解，也增进了与下层人民的感情。在夕阳落日的人生岁月里，他游山水，在大自然中寄托自己的情怀；赋诗作词，在“万卷古今消永日，一窗昏晓送流年”中排遣自己的愁思。

孤单的感觉可以被驱散，寂寞的心态也可以被化解，但是陆游那一腔“诸公尚守和亲策，志士虚捐少壮年”的感愤，“公卿有党排宗泽，帷幄无人用岳飞”的忧虑，却始终萦绕和困扰着他的拳拳之心，而他期望抗金北伐的热情更是始终不减。一曲《诉衷情》，倾吐了这位爱国老人的不平静心情：

当年万里觅封侯，匹马戍梁州。关河梦断何处，尘暗旧貂裘。

胡未灭，鬓先秋，泪空流。此生谁料，心在天山，身老沧洲！

“心在天山”而却没有到过北方的陆游，常常将心比心，以自己的心情去想象和推测中原遗民的心情，并俨然作为他们的代表向醉生梦死的当权者们发出声声责问。酷暑刚退，秋夜欲曙。惦念着胡尘里遗民而忧心忡忡的诗人夜不成寐。他步出篱门，写成《秋夜将晓出篱门迎凉有感二首》，其一为：

三万里河东入海，五千仞岳上摩天。

遗民泪尽胡尘里，南望王师又一年！

孤村寒夜，狂风暴雨。身处逆境中的诗人并没有哀叹自己的处境，而是做着一个在风雨中戍守西北边疆的梦。他在梦醒后写的《十一月四日风雨大作二首》（其二）诗中，唱出了一曲悲壮的战歌：

僵卧孤村不自哀，尚思为国戍轮台。

夜阑卧听风吹雨，铁马冰河入梦来。

这种悲愤忠烈的爱国之情一直在陆游心灵中激荡，常常撩起他多彩多姿的梦。只有在梦里他才能勇敢地横刀跃马，冲锋陷阵，英勇杀敌；也只有在梦里他才能欣喜地看到宋军打到北方，赶走金兵，收复失地。为此他根据记忆记下了一连串的梦，写下大量抒发爱国主义激情的记梦诗。瞧！一阕《夜游宫·记梦寄师伯浑》又记下了一个遥念关河、誓死收复失地的梦：

雪晓清笳乱起，梦游处、不知何地。铁骑无声望似水。想关河：雁门西，青海际。

睡觉寒灯里，漏声断、月斜窗纸。自许封侯在万里。有谁知，鬓虽残，心未死！

悠悠愁思，记下了千古遗恨；耿耿忠心，留下了千古芳馨。

正是在这种心情的驱使下，年届耄耋的陆游同意在嘉泰、开禧年间又一次复出，并为当时主战的权臣韩胄写了一些颂扬文字。尽管韩胄的人品多受指责，也有些连累了陆游的名声，但毕竟在北伐抗金这一点上，陆游与韩胄是一致的。谁知斯人之心呢？设身处地，也许就少一点求全责备的声音了。

理想一次又一次地破灭，祈望只不过是无望的梦想，直到陆游去世，他也没有盼到北伐胜利的那一天。嘉定二年底（1209 年 1 月），85 岁的陆游一病不起。一辈子不甘于碌碌无为的诗人，在临终前仍念念不忘祖国统一大业，并为此留下了一首光耀百代的《示儿》诗：

死去元知万事空，但悲不见九州同。

王师北定中原日，家祭无忘告乃翁。

四

对理想的不懈追求和对生活充满憧憬，构成了陆游爱国爱乡的完整灵魂，也成为贯穿 9300 余首陆诗中的主旋律。陆游在一生中饱经风霜，备受创伤，但不管任何情况下，他总是毫不畏惧，毫不退却，并因此也常以梅花比喻自己。陆游多次咏颂骨沁幽香、气傲寒雪的梅花，特别是咏梅杰作《卜算子 · 咏梅》，充分表明了他的高洁品格和坚贞傲骨：

驿外断桥边，寂寞开无主。已是黄昏独自愁，更著风和雨。

无意苦争春，一任群芳妒。零落成泥碾作尘，只有香如故。

渴望和悲愤伴随陆游走过一生，在他的心中既充满了奋进的激情，也蕴含着无奈的愁绪。两种感情不时在他的心中进行碰撞，激起不平和痛苦的心潮，从而使他诗中的自然景象和生活场景也时而染上悲凉的色彩。但是这并不损伤陆游的形象，反而从另一个角度说明了这一历史人物及其作品的真实性。

陆游的诗继承了屈原以来前代诗人忧国忧民的优良传统，并立足于自己的时代、运用自己的技巧而作了出色的发挥，有人将他和杜甫媲美并誉之为“可称诗史”并不为过。另外，陆游也时而露峥嵘，在诗中驰骋其丰富的艺术想象，表现了思飘云外的浪漫风韵，因此他又有“小太白”的美誉。不过陆游的这类诗作仍带有强烈的现实色彩，是对现实理想得不到满足的一种反激。

在南宋的“中兴四大诗人”中，尤袤是成就相对较小的一位；杨万里和范成大在题材方面各有所重，在风格方面也各有所长；而“四大诗人”中的代表陆游，却以更广泛的题材、更多彩的风格、更老练的技巧和更丰富的数量，取得了更显著的成就。陆游的诗中始终表现出一种激烈而深沉的民族情感，更是其他三位诗人所不及。因为陆游的诗真切地反映了在那山河破碎、民族危亡的年代人们的普遍心愿，因此后人甚至认为他更胜似苏轼。清代文、史学家赵翼在《瓯北诗话》中做过这样的评论：“宋诗以苏、陆为两大家，后人震于东坡之名，往往谓苏胜于陆，而不知陆实胜苏也。”现代革命家周恩来也认为：“宋诗陆游第一，而不是苏东坡。陆游的爱国性很突出，陆游不是为个人而忧伤，他忧的是国家、民族，他是个有骨气的文人。”

于是，陆游的名字成了一个民族的光荣，陆游的诗词也成了一个时代的光彩。于是，每当国运衰微、民族垂亡的时刻，爱国的文人们就会情不自禁地想起陆游，拜读陆游的诗作，热烈地歌颂陆游的斗争精神。南宋末年爱国诗人林景熙的一首《题陆放翁诗卷后》诗，追溯了陆游一生中的挚爱和遗恨，更因“乃祖”的地下之灵仍在期待的“九州同”，已为元朝而非宋朝统治者所实现，而为先贤洒下了一掬伤心泪：

天宝诗人诗有史，杜鹃再拜泪如水。龟堂一老旗鼓雄，劲气往往摩其垒。

轻裘骏马成都花，冰瓯雪碗建溪茶。承平麾节半海宇，归来镜曲盟鸥沙。

诗墨淋漓不负酒，但恨未饮月氏首。床头孤剑空有声，坐看中原落人手。

青山一发愁蒙蒙，干戈况满天南东。来孙却见九州同，家祭如何告乃翁！

到了晚清，历史又走到一个丧权辱国的时期，维新派领袖梁启超再次翻阅陆游的诗，感慨万千。他一气呵成写了四首《读〈陆放翁集〉》诗，以诗句讴歌了这位伟人，其诗之一为：

诗界千年靡靡风，兵魂消尽国魂空。

集中十九从军乐，亘古男儿一放翁。

文人以吟诗的方式追念放翁，人民以建祠的方法铭记诗人。今日中国尚存有两个陆游祠（纪念馆），除绍兴的沈园内建有一个外，在因景色艳丽如彩画而得名的四川崇州市罨画池，还有另一个陆游祠。1173 年春至 1174 年，陆游曾两度任蜀州（今崇州市一带）通判，罨画池也因陆游在此流连既久、对此间景物感情又深而成胜迹。罨画池已成为第五批全国重点文物保护单位，与浙江绍兴陆游故居齐名海内外。

嘉庆十七年（1812 年）仲春，一座重修的杜甫草堂在成都落成，当地官员均前往祭拜杜公。在瞻仰杜甫塑像后，户部员外郎杨芳灿转身对四川布政使方积说："方大人，以老朽的愚见，这工部祠内，应加塑渭南伯陆公放翁，以配享杜公。"有一个自恃博学的幕僚忍不住问道："松公此举，理由何在？"杨芳灿从容答道："因杜公与放翁的心迹相同。二公都在四川做过官，都有忧愤的诗心，报国的大志，且放翁十分推崇怀念，他那'亦知此老愤未平，万窍争号泄悲怒'的诗句，真可谓杜公的异代知音啊！""至于二公忧民忧国，每饭不忘，至死不衰，怀着悲愤的心情与世长辞的大节亦无不同。故而以放翁配享于工部祠是放翁之幸，也可慰少陵在天之灵啊！"

自此，两位学习杜诗并取得卓越成就的宋代诗人陆游和黄庭坚，被后人分别塑像，一同配享于工部祠内，分列于塑像的两侧。殿廊上还配放了一副楹联："荒江结屋公千古，异代升堂宋两贤。"

为了争得陆游的一点遗迹，不久前在杭州又出现一桩公案。在波及全国城乡的拆房建楼风潮中，杭州这座昔日的南宋都城也被卷入其中，城内有一座位于当年临安城砖街巷、现在杭州孩儿巷的 98 号古宅，也被圈上"拆"字而判了死刑。倘若是等闲之辈的古宅倒也罢了，"七老八十"的古董占着大片地皮，影响"经济效益"和"政绩工程"，存之无益，弃之无憾，但是这座古宅竟与爱国诗人陆游有因缘关系。据史料记载，南宋诗人陆游在“小楼一夜听春雨，深巷明朝卖杏花”名句中所写的风物，正是以孩儿巷为原型，而诗中所咏之小楼却又正是98号古宅。

专家呼吁，杭州市中心虽然寸土寸金，也应有“陆游小楼”的容身之地。中华先祖为炎黄子孙留下的宝贵遗产，其价值绝不是商贾们以“寸土寸金”的算式能估量的。

——而今识尽愁滋味，欲说还休（南宋·辛弃疾《丑奴儿·书博山道中壁》）

识尽愁滋味

——南宋爱国词人辛弃疾

一

翻开南宋小朝廷150年的古老影集，首先映入眼帘的就是庸君佞臣的丑陋形象，扑鼻而来那股历史狐臭，闻之顿时感到恶心。好在随即走来了一个个剑胆抗金的英雄和矢志复国的文豪，当他们的高大形象登上历史舞台后，人们的精神又不禁为之一振。

在宋高宗赵构、奸相秦桧、贾似道等群丑面前，巍然屹立着两座雄伟的高山——以岳飞为代表的抗敌将领和以陆游为领唱的爱国文人，他们分别以剑和笔挥写了民族气节和爱国精神的赞歌。在继之而起的南宋名士豪杰中，文可与陆游进行“鬓虽残，心未死”、“但悲不见九州同”唱和，武又能随岳飞一起跃马横刀、驰骋杀敌者，大概只有辛弃疾一人了。

高宗绍兴十年（1140年）年终时，曾经令来犯之敌闻风丧胆的南宋抗金主将岳飞，带着“待从头，收拾旧山河，朝天阙”的未酬壮志，带着满腔难以言状的冤屈和悲愤，惨死于南宋昏君和奸相的手中。十年之后，又一个噩耗如一片乌云飘遍江南的上空：被尊为“挽强驰射，勇冠三军”的“万人敌”、南宋抗金名将韩世忠忧病而死。

两位曾经以身躯阻挡着金军铁骑南犯的英雄倒下了，然而在又一个十年之后，第三位抗金英雄辛弃疾勇敢地站了起来。他以一段传奇式的经历向世人宣告，一个新的抗金收复大业的中流砥柱已经出现于南宋。

高宗绍兴三十一年（1161 年），济南人耿京聚众数十万奋起抗金，时年 22 岁的辛弃疾也揭竿而起，率 2000 人的队伍投奔耿京，为掌书记。他在义军中力劝耿京“决策南向”，并于次年正月，受耿京的委派，作为代表之一赴建康（今江苏南京）面见宋高宗。在完成使命返回山东途中，辛弃疾等人得知耿京被降金的叛徒张安国杀害，便立即率领 50 名骑兵，直奔济州（今山东巨野）拥有 500 万之众的金兵营地，将张安国生擒劫出金营，并号召耿京旧部反正。随后，他率众长驱渡淮，押解张安国至建康斩首。

壮岁旌旗拥万夫，锦襜突骑渡江初。燕兵夜娖银胡簶，汉箭朝飞金仆姑。

追往事，叹今吾，春风不染白髭须。却将万字平戎策，换得东家种树书。

这首《鹧鸪天·壮岁旌旗拥万夫》词作于辛弃疾的晚年，当时他正在家中闲居。正如词之序所言：“有客慨然谈功名，因追念少年时事，戏作。”词人在词的上阕追忆了青年时代这一段非凡壮举，显示了自己当年的非凡胆略。那时候“壮声英概，儒士为之兴起，圣天子一见三叹息”，辛弃疾因此名重一时，宋高宗将他委任为江阴签判。从此，辛弃疾便在南宋留下了，在他的心中燃起了收复中原的强烈希望。下阕则回到现实，以悲凉的笔调叙述如今廉颇已老，废置闲居，因而感叹深沉。但字里行间依然渗透着词人伤心蒿目、壮心不已的精神。

中国文学史上，辛弃疾是一个极具特色的词人。他不仅是一位被称为“大声鞺鞳，小声铿鍧，横绝六合，扫空万古”（刘克庄《辛稼轩集序》）

的著名爱国词人，而且还是一位“壮岁旌旗拥万夫，锦襜突骑渡江初”的优秀爱国将领，这是一般封建社会的文人所不能企及的。

辛弃疾字幼安，号稼轩，生于1140年。他是历城（今山东济南）人，家乡在济南小清河畔的遥墙镇。涌流着“七十二泉”的济南，不仅是闻名古今的泉城，而且因其南倚千佛山、北拥大明湖，被誉为齐鲁山水之甲。千佛山以满崖佛龛和一座唐代古寺而著称，大明湖更以绿柳环岸、莲荷映日的一湖烟波而名满天下，引来历代无数名士到此赏景吟诗。唐天宝四年（745年），正与李白一起漫游齐鲁的杜甫，在大明湖陪北海太守李邕参加宴会时，吟下一首《陪李北海宴历下亭》诗，诗中有“海右此亭古，济南名士多”之句。名人、盛事、佳句，为泉城留下了一段记忆、一曲佳话。后来清人刘凤浩写下的一副名联：“四面荷花三面柳，一城山色半城湖”，更被视为大明湖和济南城的金字招牌。

名人为名城增光生辉，引来更多名人。明清之际的思想家、考古学家和爱国诗人顾炎武在明亡后四处漂泊，来到济南。当他徜徉大明湖畔时，首先想起的就是当年被迫离开家乡而至死未能踏上归途的辛弃疾（谥号忠敏），不禁老泪纵横，怜人自怜，咏下《济南》一诗：

湖上荷花岁岁新，客人时序自伤神。
名泉山地环岩郭，急雨连山净火旻。
绝代诗题传子美，近斯文人数于鳞。
愁来独思辛忠敏，老泪无端痛古人。

名人在名城雁过留声，名城让名人风采长驻。近年来，济南历城区政府在遥墙镇四风闸村，修复了辛弃疾故居，兴建了辛弃疾纪念馆。为了让这位杰出的爱国诗人享受湖光山色，也为了便于四方游人瞻仰、凭吊先贤，1961年济南地方政府又在大明湖南岸建立了一座辛稼轩纪念祠，由李鸿章祠（1940年建）改建而成。门额“辛稼轩纪念祠”为陈毅题书。厅前抱柱为郭沫若所题的楹联，上联评辛弃疾继承苏轼豪放词派风格，开一代词风；下联赞辛弃疾希望南宋小朝廷收复失地，矢志抗金兵：

铁板铜琶，继东坡高唱大江东去；
美芹悲黍，冀南宋莫随鸿雁南飞。

相比之下，坐落于铅山县陈家寨阳原山的辛弃疾墓就没有那样的福分了。1181 年春，辛弃疾来到上饶铅山，开工兴建早就计划中的带湖新居和庄园，安置家人定居。按照带湖四周的地形地势，他亲自设计了“高处建舍，低处辟田”的庄园格局，并对家人说：“人生在勤，当以力田为先。”因此，他把带湖庄园取名为“稼轩”，并以此自号“稼轩居士”。在当年农历十一月受弹劾罢官之后，带湖新居正好落成，辛弃疾遂回到上饶，开始了他中年以后的闲居生活，在铅山度过了十余载暮年时光并终老于斯，他在这里填成了《稼轩长短句》中许多辞章。

辛弃疾墓建于宋理宗绍定年间（1228～1232 年），其侧驿路旁有稼轩先生神道金字碑。原碑毁墓残，连清代辛弃疾后裔在墓前立的新碑亦已斑驳陆离。近半个世纪来，当地政府三次拨款对墓进行修葺，使古墓得以保存于今。不过由于修缮工程略显潦草，以修建农家乐小院的方式修复古迹，留下了太多遗憾。

二

辛弃疾的抗金恢复思想，是在祖父辛赞的教育下形成的。由于父亲早亡，他幼年即随祖父在亳州谯县任所读书，曾受业于亳州刘瞻。辛赞不忘家国，每逢闲暇，即带辛弃疾“登高望远，指画山河”，并曾两次令其“随计吏抵燕山，谛观形势”，希望争取机会“投衅而起，以纾君父所不共戴天之愤”（《美芹十论》）。绍兴二十四年（1154 年）及二十七年，辛弃疾两度赴燕京应考，其实是受祖父之命进行的两次实地考察。

平生以气节自负、以功业自诩的辛弃疾，南归后总以为能尽展雄才将略，挥拥万夫，横戈杀敌。当时他斗志高昂、豪气干云，在一曲《满江红·鹏翼垂空》中唱出了一腔心声：“袖里珍奇光五色，他年要补天西北。”尽管在南归之初的十年间，辛弃疾只是在江阴签判、建康通判以及司农主簿任上干些无关紧要的职务，然而他对收复事业的信心依旧，希望未泯。他不顾官职低微，仍不断上书进献谋略，接连奏进《美芹十论》（即《御戎十论》）、《九议》，充分显示出他经纶济世的非凡才能。

但是皇帝没有采纳辛弃疾的意见，权臣们对他的进取计谋亦不表同情与支持。

南归的第七个年头，乾道四年（1168 年），辛弃疾被任命为建康通判。他在任上时，多次登临“尽观赏之胜”的赏心亭。每当在亭上目尽楚天秋水，远山落日，总不禁想起当年怀着满腔热血、冒着生命危险来到南方时，渴望一展宏图，杀敌立功，却不料从此陷落在碌碌无为的境地，这使他感到难以忍受的苦闷和悲愤。他在此写下了著名的《水龙吟·登建康赏心亭》，一纾郁结于心头的块垒：

楚天千里清秋，水随天去秋无际。遥岑远目，献愁供恨，玉簪螺髻。落日楼头，断鸿声里，江南游子。把吴钩看了，栏干拍遍，无人会、登临意。

休说鲈鱼堪脍，尽西风、季鹰归未？求田问舍，怕应羞见，刘郎才气。可惜流年，忧愁风雨，树犹如此！倩何人唤取，红巾翠袖，揾英雄泪！

乾道八年（1172 年），辛弃疾出知滁州（今安徽滁县），开始了南归后第二个十年的仕途生涯。在这十年间，辛弃疾仍未被派往抗金前线，相反，却被委派平定内乱。内心充满矛盾的辛弃疾，一方面镇压茶民、农民的暴动，另一方面对于备受苦痛的“田野之民”又寄予深切的同情。随后辛弃疾官职逐步升迁，但都是在地方任职，而且每次任期都不长，无法在任上作出什么大的建树和作为。俟河之清，人寿几何？他感到现实与富国强兵、再图收复大计的美梦愈来愈远，内心也愈来愈充满压抑和痛苦。

对于辛弃疾来说，赏心亭无异于伤心亭。孝宗淳熙元年（1174 年）春，时任江东安抚司参议官的辛弃疾又登上赏心亭。举目四望，看到那势如万马奔腾的逶迤青山，在转瞬间被迷蒙低回的烟雨遮断了，就像他日夜渴望的挥戈跃马驰骋疆场的那一天“望来终不来”。当时的辛弃疾已经 35 岁了，南归 12 年，等到的只是失望和忧愁。他在为对他有知遇之恩后拜右丞相兼枢密使的叶衡所作的词《菩萨蛮·赏心亭为叶丞相赋》中，又一次流露了这种愁思：

青山欲共高人语，联翩万马来无数。烟雨却低回，望来终不来。

人言头上发，总向愁中白。拍手笑沙鸥，一身都是愁。

淳熙三年（1176 年），驻节赣州的江西提点刑狱的辛弃疾路过造口（一名皂口），由“山势高埠、郁然孤峙”的郁孤台及台下的一江激流，见景生情。联想到沦陷的中原和当年逃难人民的血泪，情不自禁地产生了江山易主却无法收复的悲痛，因而题词《菩萨蛮·书江西造口壁》，含蓄地表达了他对南宋统治集团屈辱求和这一错误政策的不满，抒发了他关心祖国统一的爱国情怀：

郁孤台下清江水，中间多少行人泪？西北望长安，可怜无数山。

青山遮不住，毕竟东流去。江晚正愁余，山深闻鹧鸪。

又过了三年，辛弃疾已经年届不惑，这一年春天，他由湖北转运副使调官湖南。南归已有 17 年之久的他，在漫长的岁月中，一直期盼着奔赴前线，实现扶危救亡的壮志。然而，文武双全的才干、豪迈倔强的性格和执着北伐的热情，却使他难以在文恬武嬉、嫉贤妒能的官场上立足。朝廷不会重用他，在接踵而至的排挤和打击下，4 年中他就被改官 6 次。这次调转又不是奔赴他日夜向往的国防前线，而是照例去担任主管钱粮的小官。收复失地的日子变得遥遥无期，亲临前线的愿望已经成为泡影，辛弃疾在同僚王正之为他饯别的酒席上，写下一首《摸鱼儿·淳熙己亥，自湖北漕移湖南，同官王正之置酒小山亭，为赋》之词，借陈阿娇失宠的苦闷，抒发了对国事的忧虑和屡遭排挤打击的沉重心情，同时对昏庸腐朽的南宋小朝廷和排挤妒忌自己的群奸小人，进行了辛辣的嘲讽和抨击：

更能消几番风雨？匆匆春又归去。惜春长怕花开早，何况落红无数。春且住，见说道、天涯芳草无归路。怨春不语。算只有殷勤，画檐蛛网，尽日惹飞絮。

长门事，准拟佳期又误。蛾眉曾有人妒。千金纵买相如赋，脉脉此情谁诉？君莫舞，君不见、玉环飞燕皆尘土！闲愁最苦。休去倚危栏，斜阳正在，烟柳断肠处。

辛弃疾于40岁时任湖南转运副使，后调任潭州（今湖南长沙）知府兼湖南安抚使，时人称他为辛帅。宋孝宗派辛弃疾镇守湖南，原意是用其才干弹压人民的反抗。来到其地，就任一州之长，辛弃疾遂将计就计，奏请朝廷创建一支地方武装，并给这支部队起了一个威武而富有诗意的名字：飞虎军，名曰加强武备，实以此作为抗金力量。获准之后，他选定在原楚国马殷时代留下的萧萧故垒上建造营房。当朝廷突降金字牌命令停工时，辛弃疾藏下金牌，督促加紧施工。由于秋雨绵绵，造瓦不易，他告示居民，每户两天内交瓦20片，付费百钱，于是20万片用瓦很快备齐。他又安排在押囚犯到长沙县北麻潭山一带采掘石料，献石赎罪，并以麻石沿途铺修道路。与此同时，辛弃疾又招兵买马，二千步兵、五百骑兵、五百战马不久也整备齐一。于是他奏报朝廷，木已成舟，宋孝宗也无话可说了。

经过操练，飞虎军已成为雄镇一方的军事力量，在江南纵横驰骋，与金兵血刃沙场，那些惊心动魄的日子叫辛弃疾难以忘怀。后来在他失意闲居信州（今江西上饶）时，挚友陈亮（字同甫）来访，他们秉烛长谈。别后他满怀豪情地写下一首“壮词”《破阵子·为陈同甫赋壮语以寄》，记叙了一场激动人心的战斗，大概就来自令他最难忘的飞虎军生活。这首杰作从梦回的练兵、杀敌的气氛中展开，紧接着是痛快淋漓、雄壮奇伟的战斗场面，但最后却被白发无情和壮志无成的结果所浇灭。不言而喻，这是他自己人生悲剧的写照：

醉里挑灯看剑，梦回吹角连营。八百里分麾下炙，五十弦翻塞外声，沙场秋点兵。

马作的卢飞快，弓如霹雳弦惊。了却君王天下事，赢得生前身后名。可怜白发生！

飞虎军在后来的40余年犹为劲旅，令金人闻之丧胆，直称为“虎儿军”。如今长沙城里有一条营盘街，就是当年辛弃疾军营建成的地方。随着时光逝去，这里的麻石路已改成了水泥路，两旁低矮的店铺也改建成了水泥楼舍。新颜换旧貌，但英雄豪气依然长留在这条普通的小街上。

1180年，41岁的辛弃疾再次任隆兴（今南昌）知府兼江西安抚使。

不论在江西还是在两湖等地转运使、安抚使等地方官的任上，辛弃疾在治理荒政、整顿治安等方面尽职尽忠，政绩卓著。但他终究是一位南下“归正”官员，而且在政治上与当政的主和派政见不一，在个性上又“刚拙自信，不为众人所容”，被罢黜是随时可能发生的事。

辛弃疾也早就有一种“孤危忧惧”之感，退隐的想法已不是一时的心血来潮，而且他已在上饶带湖畔建筑规模宏大的园榭以防万一。淳熙八年（1181 年），正值 42 岁壮年的辛弃疾果然被弹劾落职，归居上饶。

三

从淳熙九年以后，辛弃疾在整整 18 年中，除一度以两年时间出任福建提点刑狱和安抚使外，一直隐居在江西上饶城外的带湖和铅山期思渡旁的瓢泉两个地方。

尽管辛弃疾早有退隐的思想准备，然而在正大有作为的壮年被迫离开政治舞台，却又无情地挫伤和打击着辛弃疾的心。所以，他在表面上尽享恬静之趣的时候，实际上在心灵深处却不断地泛着波澜，激动、愤怒、灰心等种种复杂的感情此起彼伏。

随着宦海浮沉和岁月消逝，当年雄姿英发、虎啸风生的辛弃疾，已成了一个摩挲抚剑、弹铗悲歌的失路英雄。在无可奈何的长期闲置中，一种莫名的寂寞之感总是萦绕心头，难以排遣。即使在睡梦中，辛弃疾也还在“挑灯看剑”，希望有一天重返前线，为君王完成统一中原的伟大事业。

淳熙十五年（1188 年）秋，爱国志士陈亮约辛弃疾和朱熹到铅山紫溪商讨统一大计。这年冬，到了相约之期，正值雪后初霁，扶病在瓢泉别墅等候友人的辛弃疾，凭栏远眺，一眼望见期思村前驿道上骑着大红马而来的陈亮，兴奋地立即策马相迎。辛、陈二人在鹅湖共饮纵谈，同游十日，“长歌相答，极论世事”，共商收复大计。这是继 1175 年四贤（朱熹、吕祖谦、陆象山、陆九龄）聚会鹅湖（史称第一次鹅湖之会）之后又一次著名的“鹅湖之会”。会后，由辛弃疾的一阕《贺新郎》始，辛、陈二人彼此唱和了五首词之多，堪称古代中国文学史上的盛事。在其中《贺新郎·同父见和再用韵答之》词中，辛弃疾表达了“‘男儿到死心如铁’。看试手，补天裂”的坚贞志操。

闲居信州（上饶）十年后，53 岁的辛弃疾复被起用为福建提点刑狱兼代福建路安抚使。在途经南剑州（今福建延平）时，他登览双溪楼，眺望北方，浮想联翩。他从被金人侵占的中原，想到宝剑在此落水的传说，为了扫清万里阴云，收复半壁河山，多么需要这么一把长剑啊！然而，剑落在哪里呢？展现在辛弃疾眼中的，只有莽莽群山，潭空水冷，月明星淡。欲待燃犀向潭水深处探寻，却又怕风雷吼，凶魔恶，在这种情况下，奢谈抗金收复又有何用呢？还不如隐退高卧吧。在广阔的联想和复杂的感情之中，辛弃疾吟下一首《水龙吟·过南剑双溪楼》词，抒发了“千古兴亡，百年悲笑”的感叹：

举头西北浮云，倚天万里须长剑。人言此地，夜深长见，斗牛光焰。我觉山高，潭空水冷，月明星淡。待燃犀下看，凭栏却怕，风雷怒，鱼龙惨。

峡束沧江对起，过危楼，欲飞还敛。元龙老矣！不妨高卧，冰壶凉簟。千古兴亡，百年悲笑，一时登览。问何人又卸，片帆沙岸，系斜阳缆？

山回路转，柳暗花明，辛弃疾的命运又发生了新的转变。宋宁宗嘉泰三年（1203 年），把持朝政的宰相韩胄为了树立声威，巩固权位，准备北伐，并起用主战派人士，64 岁的辛弃疾被任为绍兴知府兼浙东安抚使。朝思暮想的北伐大业竟在旦夕之间突降肩头，令辛弃疾精神大振。第二年，宋宁宗召辛弃疾赴临安商讨国事，他兴冲冲地应召而去，80 岁高龄的陆游还兴奋地写了一首《送辛幼安殿撰造朝》诗为他送行，诗中说道：

中原麟凤争自奋，残虏犬羊何足吓！
但令小试出绪余，青史英豪可雄跨。

当辛弃疾晋见宋宁宗时，慷慨激昂地分析了一番金国“必乱必亡”的大势，并从命赶往前线京口（即镇江）任职。京口历来是英雄用武和建功立业之地，而在宋、金南北对峙的时候，又成了抵御金军的第二道防线。辛弃疾来到这一抗金前沿阵地，站在长江之滨的北固亭上，翘首北望。中原既失，神州已缺，不禁引起千古兴亡、时无英雄之感叹，从而吟下一首古今传诵的名作《南乡子·登京口北固亭有怀》：

何处望神州？满眼风光北固楼。千古兴亡多少事？悠悠，不尽长江滚滚流！

年少万兜鍪，坐断东南战未休。天下英雄谁敌手？曹刘。生子当如孙仲谋！

在镇江知府任上，辛弃疾训练军队，派人深入敌境，调查敌情；还预制万套军服，计划招募万名兵丁，练一支精兵为渡淮击敌之用，积极进行北伐的准备工作。然而事与愿违，韩胄急功近利，根本不想进行认真的调查和充分的准备。辛弃疾自知难以与韩胄共图大业，也预感到仓促北伐必败无疑，为此写下了又一千古绝唱《永遇乐·京口北固亭怀古》。词中通过对孙权、刘裕等历史上英雄人物的歌颂，在感叹“千古江山，英雄无觅，孙仲谋处”的同时，追忆自己青年时代的战斗生涯，表示出一种不甘衰老、犹有可为的壮烈情怀和以英雄自许、不甘沉没的豪迈气概，并又忧心忡忡地指出，慎重选将备战，充分考虑战略战术，谨免重蹈覆辙：

千古江山，英雄无觅，孙仲谋处。舞榭歌台，风流总被，雨打风吹去。斜阳草树，寻常巷陌，人道寄奴曾住。想当年，金戈铁马，气吞万里如虎。

元嘉草草，封狼居胥，赢得仓皇北顾。四十三年，望中犹记，烽火扬州路。可堪回首，佛狸祠下，一片神鸦社鼓。凭谁问：廉颇老矣，尚能饭否？

好梦不长，辛弃疾被韩胄借故调离，失望而悻然地辞职回到了铅山。在辛弃疾离开镇江后的次年，韩胄挥师北伐惨遭失败，南宋朝廷不得不向金国求和。金军以索取韩胄首级为议和条件，勃然大怒的韩胄决定再次讨金，并想请辛弃疾出山声援。但当诏命到达铅山之日，辛弃疾已经病势沉重。开禧三年（1207 年）九月，这位 68 岁忠贞不渝的爱国者，在度过

“三仕三已”的人生经历后，最终“抱恨入地”，赍志以殁。

在喧嚣声中静待了一生，在众人堆里独处了半辈。这种曲高和寡的境地并不是辛弃疾当初南归时的期望，而这种离尘脱俗的心态却又是他所执意不改的。他的《青玉案》一词，正是这种人生境遇的写照，词中描述的“美人”，也正是坚持志向和操守的自身形象的写照。

东风夜放花千树，更吹落、星如雨。宝马雕车香满路。凤箫声动，玉壶光转，一夜鱼龙舞。

蛾儿雪柳黄金缕，笑语盈盈暗香去。众里寻他千百度。蓦然回首，那人却在，灯火阑珊处。

四

一位具有赤胆忠心、雄才大略的少帅辛弃疾，突破重围而南归，对于国难当头而又“英雄无觅”的南宋来说，不啻是一个天大的福音。辛弃疾的宏愿壮志被黑暗的朝廷卑鄙地封杀了，屈辱的宋史上也因此少了一个岳飞式的英雄。但是政治却无法吞噬英雄的才情将略，在扭曲了的历史驱使下，这位曾立志以雕弓剑铗建树“弓刀事业”的将军，最终却成为一个“笔作剑锋长”，在文坛拓展疆土、挥洒豪情的词客。

其实，这何尝不是一件值得庆幸的事情呢？如果辛弃疾真的成了一个岳飞式的英雄，也只不过给中国历史史册多涂一点悲壮的色彩而已，这种悲壮诚然可以教育后人，但悲壮太过沉重又实在使后人担当不起。而倘若古代文坛上少了一个巨匠辛弃疾，不仅使南宋的爱国诗人陆游显得形单影孤，而且还不知将使宋词的辉煌逊色多少！

宋词发展到了苏轼的笔下，出现了一种豪放阔大、高旷开朗的风格，那“大江东去，浪淘尽，千古风流人物”的浩荡襟怀，那“明月几时有？把酒问青天”的浪漫情调，震撼和激荡着一代代人的心灵。苏词，如刘辰翁所评：“词至东坡，倾荡磊落，如诗，如文，如天地奇观。”

苏轼所开创的豪放词风，在他之后并没有得到强有力的继承和发展。虽然张元幹、张孝祥、叶梦得、朱敦儒等词客写下的一些以抗金雪耻为主题的词，在一定程度上继承了苏词的风格，然而却不是他们有意识的艺术追求，他们也没有对其他题材进行拓展，因此不可能取得很大的成就。直到辛弃疾在词坛上异军突起之后，这股愈来愈趋平淡的词流，才突现了“惊涛拍岸，卷起千堆雪”的奇观。

辛弃疾以其蔑视一切陈规的豪杰气概、融合古今的丰富学识及大笔如椽的过人才华，向时代献出了一篇篇具有雄放阔大的气势的词作。辛词不仅继承了苏词的豪放风格，而且突破了苏词的范围，开拓了更为广阔的极富个人特色的天地。在艺术上的造诣，使辛弃疾的歌词形成了独特风格，产生了新的“稼轩体”。因此，辛弃疾成为南宋词坛上独树一帜的大家，被后人与苏轼并称“苏辛”。

以苏轼和辛弃疾为代表的豪放词派的词作，都具有气象雄伟、境界阔大、感情豪迈奔放的风格，但两大家却又各具特色。如同章培恒、骆玉明在《中国文学史》一书中所述：“苏轼常以旷达的胸襟与超越的时空观来体验人生，表现出哲理式的感悟，并以这种渗透人生的感悟使情感从冲动归于深沉的平静。而辛弃疾总是以炽热的感情与崇高的理想来拥抱人生，更多地表现出英雄的豪情与悲愤。因此，主观情感的浓烈、主观理念的执着，构成了辛词的一大特色。”

苏词的特色可以浓缩于一个“豪”字；而与之有所不同的辛词，则给人一种看似豪气却又胜似豪气的感觉，这种感觉更像一个“雄”字。“有心雄泰华，无意巧玲珑”（《临江仙》），“雄”风正是辛弃疾所追求的词风特色。雄豪的词情、雄奇的词意、雄威的词境、雄浑的词风，一个“雄”字构筑了雄伟壮丽的辛词大厦，构成了稼轩词独特的艺术个性和主导风格。

辛弃疾在词史上的一个重大贡献，就在于内容的扩大，题材的拓宽。他现存的六百多首词作中，政治、哲理、友情、恋情、田园风光、民俗人情、日常生活、读书感受等，几乎都包括了。可以说，凡当时能写入其他任何文学样式的东西，他都写入词中，范围比苏词广泛得多。

对农村田园生活和隐逸情趣的表现，是辛弃疾拓展词境的另一个层面。他先后在江西上饶、铅山的农村住过20多年，熟悉当地人情，热爱这方乡土。他像一个素描画家，以剪影式的手法，轻描淡写地创作出一幅幅平凡、清新的乡村风景画和人物速写图。一个威武豪迈的英雄变成了一个亲切细腻的画家，体现出辛弃疾平等博大的胸怀和多元的艺术视野。的确，他多首描写农村景色和人物的名作，给唐宋词的高雅殿堂墙壁挂上了别具特色的自然风景画，为这座古老的艺术展览馆带来了浓郁的生活气息：

茅檐低小，溪上青青草。醉里吴音相媚好，白发谁家翁媪。

大儿锄豆溪东，中儿正织鸡笼；最喜小儿无赖，溪头卧剥莲蓬。

（《清平乐·村居》）

明月别枝惊鹊，清风半夜鸣蝉。稻花香里说丰年，听取蛙声一片。

七八个星天外，两三点雨山前。旧时茅店社林边，路转溪桥忽见。

（《西江月·夜行黄沙道中》）

陌上柔桑破嫩芽，东邻蚕种已生些。平岗细草鸣黄犊，斜日寒林点暮鸦。

山远近，路横斜，青旗沽酒有人家。城中桃李愁风雨，春在溪头荠菜花。

（《鹧鸪天·代人赋》）

在恬静的田园乡村中，为自己的感情寻找寄寓，抚慰饱受创伤的心灵，对于一个英雄人物来说，这是在一个平庸苟且的社会中不得已的选择。

少年不识愁滋味，爱上层楼。爱上层楼，为赋新词强说愁。

而今识尽愁滋味，欲说还休。欲说还休，却道天凉好个秋。

经历了太多的世事沧桑，郁积了太深的人生苦闷，辛弃疾将其深刻的体会凝结到了一个字上，就是他在这首《丑奴儿·书博山道中壁》中所倾吐的一个“欲说还休”的“愁”字。

在蓦然回首中，当辛弃疾看到“可堪回首，佛狸祠下，一片神鸦社鼓”的时候，这个为北伐而大声疾呼的词人，不禁为祖国破碎的河山倾吐一腔“愁”情。

在蓦然回首中，当辛弃疾想起“四十三年，望中犹记，烽火扬州路”的时候，这个为抗金而毅然南归的英雄，不禁为毕生未酬的壮志洒落一路“愁”情。

——我是个蒸不烂、煮不熟、捶不匾、炒不爆、响珰珰一粒铜豌豆（元·关汉卿〔南吕〕《一枝花·不伏老》）

一粒铜豌豆

——元代杂剧家关汉卿、马致远、王实甫

一

在北宋初年那个太平盛世，出了一位绝顶聪明的才子，大名柳永、柳三变，是当时第一位“专业”词人。大才子官场失意，情场得意，“浅斟低唱”，“怪胆狂情”，勇闯烟花巷，专写风流曲。他无所顾忌地走向市井深处，扎进市民堆里，应歌伎约请作词，为市民大众演唱。他迷恋于歌舞酒色，厮混于歌伎乐工，在青楼中寻找理想归宿，在酒肆中寻觅红粉知己。在一些人眼里，柳永是正统文化的叛逆者，而更多人却认为，柳永是对现实挑战的勇士。

无独有偶，约250年后，当朝代更迭、从宋变元之际，在政治黑暗、社会动荡、矛盾尖锐、民怨沸腾的岁月中，又走出了一位“愿朱颜不改常依旧，花中消遣，酒内忘忧”的“风流浪子”，一位经常流连于市井、

青楼，熟悉勾栏技艺的“老狎客”，此人就是元朝最早从事剧本创作的作家之一关汉卿。这位自称“普天下郎君领袖，盖世界浪子班头”的才子，对士大夫传统的“挑衅”意味，对封建社会价值系统的叛逆精神，绝不输于柳三变。曾任白鹿洞书院山长的元人熊自得在其所著北京地方志《析津志》中评曰：关汉卿“生而倜傥，博学能文，滑稽多智，蕴藉风流，为一时之冠”。对于自己的人品个性，关汉卿在一套散曲〔南吕〕《一枝花·不伏老》中袒露胸怀地自白道：

> 我是个蒸不烂、煮不熟、捶不匾、炒不爆、响珰珰一粒铜豌豆，恁子弟每谁教你钻入他锄不断、斫不下、解不开、顿不脱、慢腾腾千层锦套头？我玩的是梁园月，饮的是东京酒，赏的是洛阳花，攀的是章台柳。我也会围棋、会蹴鞠、会打围、会插科、会歌舞、会吹弹、会咽作、会吟诗、会双陆。你便是落了我牙、歪了我嘴、瘸了我腿、折了我手，天赐与我这几般儿歹症候。尚兀自不肯休。则除是阎王亲自唤，神鬼自来勾。三魂归地府，七魄丧冥幽。天哪，那其间才不向烟花路儿上走。

关汉卿——好一粒响珰珰铜豌豆！发誓永远和社会底层的烟花艺伎以及书会才人一道，不怕压迫折挠，奋战不息，至死方休。他以俏皮诙谐、佯狂玩世的语言，抒发了或许为道貌岸然的封建文人们不屑一顾但却是一个平民戏剧家的伟大抱负。关汉卿，一个敢作敢为、敢爱敢恨、敢哭敢笑的多才多艺戏剧家，一个和艺伎心灵相通的活脱脱的再世柳永。

没有正史为关汉卿作传，因此关于他生平的资料很少。后人只知道他号已斋（一作一斋）、已斋叟，约生于金代末年（1220 年前后），卒于元成宗大德初年（1297 年前后）。关于他的籍贯也是众说纷纭，或说祁州（今河北安国市）伍仁村人，或说解州人（今山西运城）、大都（今北京）人，但在安国市伍仁村东北 500 米处却存有关氏陵墓、关宅遗址，其逸事传闻在此世代相传。

关汉卿与马致远、郑光祖、白朴并称为“元曲四大家”，关汉卿位于四大家之首。元人钟嗣成所著《录鬼簿》，记录了自金代末年到元朝中期的杂剧、散曲艺人等80余人，将关汉卿列为杂剧作家第一位，认为像他这样的戏剧家，是绝不会随着日月的运转，山河的流逝，年代的迭换而死去的，他将在人们心中永生。另有一位为《录鬼簿》作续编的贾仲明，在给关汉卿所作的挽词《凌波仙》中，评其为“驱梨园领袖，总编修师首，捻杂剧班头”。

元曲是盛行于元代的一种文艺形式，包括杂剧和散曲，有时专指杂剧。它产生于民间的俗谣俚曲，集音乐、舞蹈、诗词、说话（说书）于一体，成为一种新的艺术形式。在元朝蓬勃兴起和高度繁荣的元曲，象征着中国古代文学史的重大转折，受到平民阶层的欢迎。

推动杂剧迅速攀升的是一大批读书人。在蒙古贵族统治中国的年代中，读书人的地位沦落到娼妓之下，仅比乞丐高了半个台阶。社会的极大倒退，把知识分子逼进了生活底层，沦落到沉溺酒色、依恋勾栏、与娼伶为伍的地步。他们不由自主地加入杂剧写作的队伍，并因此带来了自汉魏以来的乐府的辉煌，以崭新的艺术形式，将唐宋以来的诗词成就推向新的繁荣。杂剧以演唱的形式袒露了作家的内心世界，创造了一种广大平民喜闻乐听的艺术氛围，使这种文艺形式一诞生就被社会所认可，并得以迅速发展。

杂剧的领军人物关汉卿，一生大约编有杂剧67部，现存18部。其中的代表作有歌颂人民的反抗斗争、揭露社会黑暗和统治者残暴、反映了阶级矛盾的《窦娥冤》、《鲁斋郎》，有描写下层妇女不畏强暴、勇敢智斗权贵的《救风尘》、《望江亭》、《调风月》、《拜月亭》、《金钱池》，有歌颂历史英雄的《单刀会》、《西蜀梦》等。

如同天津泥人张将一堆泥土捏制成许多惟妙惟肖、色彩丰富的人物那样，关汉卿娴熟地运用杂剧的形式，通过富有特色的通俗、流畅、生动的语言风格，成功地塑造了一个个正反面的人物形象，提炼出一系列激动人心而又情节各异的戏剧冲突。据传关汉卿和其他几家剧本家常在大都西城（今北京西城区）砖塔胡同里的勾栏瓦舍中演出，有时他们还亲自演出。

熟悉舞台艺术以及与演员关系密切，使关汉卿的戏曲语言既本色又当行，“入耳消融”，雅俗共赏，曲白相生，自然熨帖，深得观众喜爱。

他又是一位优秀的散曲作家，今存散曲中计套曲 14、小令 35（或 57）。在关汉卿的散曲中，对男女离愁别绪的题材，善于“以健笔写柔情”，感情丰富深沉，没有矫揉造作的虚假成分，一扫萎靡纤弱的曲风。他在一套〔双调〕《沉醉东风》小令中，刻画了一个前来为情人送行的女子，依依不舍地向情人道别的情景，写尽男女离别瞬间的伤悲。柳永笔下的那对情人是“执手相看泪眼，竟无语凝噎”，而关汉卿小令中的这个女子是和泪哭泣着祝福情人，异曲同工，同样表达了一种无法自持的痛苦，一种“相见时难别亦难”的哀愁：

> 咫尺的天南地北，霎时间月缺花飞。手执着饯行杯，眼阁着别离泪。
>
> 刚道得声“保重将息”，痛煞煞教人舍不得。“好去者，望前程万里！”

元灭宋后，关汉卿曾离开大都沿大运河南下，来到淮安、扬州，也到过南方戏曲中心杭州，大约还到过开封、洛阳等地。柳永南下做客杭州，挥洒了一首豪放博大的《望海潮》，以“东南形胜，三吴都会，钱塘自古繁华”之句，描写了这座风景秀丽、市廛繁华的东南名都。杭州的景色风物同样使关汉卿深深陶醉，令他百感交集，他写下一套散曲〔南吕〕《一枝花·杭州景》，倾注了自己对大好河山的深厚感情，又寄寓了对山河更替、朝代兴亡的无比感慨：

> 普天下锦绣乡，环海内风流地。大元朝新附国，亡宋家旧华夷。水秀山奇，一到处堪游戏，这答儿忒富贵。满城中绣幕风帘，一哄地人烟凑集。
>
> ［梁州第七］百十里街衢整齐，万余家楼阁参差，并无半答儿闲田地。松轩竹径，药圃花蹊，茶园稻陌，竹坞梅溪。一陀儿一句诗题，一步儿一扇屏帏。西盐场便似一带琼瑶，吴山色千叠翡翠。兀良，望钱塘江万项玻璃。更有清溪、绿水，画船儿来往

闲游戏。浙江亭紧相对，相对着险岭高峰长怪石，堪羡堪题。

［尾］家家掩映渠流水，楼阁峥嵘出翠微，遥望西湖暮山势。看了这壁，觑了那壁，纵有丹青下不得笔。

二

关汉卿在晚年时创作了一部感天地泣鬼神的悲剧《窦娥冤》，成为他的元杂剧中最高成就，被誉为中国古典悲剧的典范。自《窦娥冤》面世700多年以来，它被改编成了各种演唱形式，从评书到弹词到各种唱曲，保有这一剧目的各类戏剧就有昆剧、京剧、汉剧、徽剧、滇剧、湘剧、评剧、吕剧、豫剧、秦腔、河北梆子等86个剧种。窦娥的故事，几乎家喻户晓人人皆知，如同在西方世界没有人不知道哈姆雷特一样。

《窦娥冤》全称《感天动地窦娥冤》，悲剧剧情取材自《列女传》中的《东海孝妇》，由一个楔子（相当于序幕）和四折戏组成，是一个标准的元杂剧形式。

故事发生在楚州一个以放债吃息为生的小债主蔡婆家中。因父亲窦天章无钱还债，女主角窦端云自小就被送到蔡家当童养媳，改名窦娥。婚后不到两年，窦娥丈夫去世，她只好悲叹自己命苦，打算与蔡婆相依为命，一辈子做一个节妇。一个小小草民，生活在与世无争的社会底层，本来很难被卷入是非的旋涡。然而在矛盾十分尖锐、无风也生波的元朝社会，已难以找到一潭平静的水，一股恶浪突然卷来，让无辜的窦娥陷入了无底深渊。

蔡婆向赛卢医讨债未成，还差点被勒死，幸好为张驴儿父子所救。岂知张驴儿是个流氓，趁机搬进蔡家后，威迫婆媳与他们父子成亲，被窦娥严词拒绝。蔡婆想吃羊肚汤，张驴儿向赛卢医讨来毒药，想毒死窦娥婆婆而霸占窦娥。不料其父误吃毒药而亡，张驴儿遂诬告窦娥杀人之罪。桃杌太守贪赃枉法，不等窦娥申诉就动刑，窦娥死不招认。但当棍棒打到她年迈的婆婆时，窦娥含冤招认药死公公，被判斩刑。窦娥悲愤难平，痛骂天地鬼神：

有日月朝暮悬，有鬼神掌着生死权。天地也，只合把清浊分辨，可怎生糊突了盗跖、颜渊。为善的受贫穷更命短，造恶的享富贵又寿延。天地也，做得个怕硬欺软，却原来也这般顺水推船。地也，你不分好歹何为地？天也，你错勘贤愚枉做天！哎，只落得两泪涟涟。

临刑前，窦娥为了表明自己的冤屈，指天立誓：我死时，一腔鲜血不落在地上一滴，都喷上八尺高的素绢之上；我的愤怒之情冲天地，六月降雪三尺掩我尸；我死后楚州三年大旱不下雨：

这官司眼见得不明不暗，那赃官害得我负屈含冤；倘若是我死后灵应不显，怎见得此时我怨气冲天，我不要半星红血红尘溅，将鲜血俱洒在白练之间；四下里望旗杆人人得见，还要你六月里雪满阶前；这楚州要叫它三年大旱，那时节才知我身负奇冤！

果然，大自然改变常态，刑场上顿时阴云密布，悲风大作，大雪纷飞，窦娥的满腔热血飞迸上丈二白练之上。监斩官与刽子手都被如此悲壮的场面吓得心惊肉跳。

窦娥的誓愿结果全部应验。三年后，窦娥之父窦天章担任廉访使来到楚州的山阳县，听说这里三年大旱颗粒无收。这天晚上，他在审理案卷时，窦娥的冤魂向父亲哭诉了自己的冤情，于是全剧以窦娥冤案昭雪，贪官污吏及杀人凶手受到惩罚为结局。

关汉卿以其丰富的想象和大胆的夸张，描绘了一幅黑暗而严酷的社会图景。剧中淋漓尽致地展示了一幅元朝社会的真实画卷：流氓恶霸横行，官吏贪赃枉法，下层知识分子穷困潦倒，被压迫的妇女忍辱偷生……一个没有道德、毫无正义、无法生存的社会，民怨民愤已经汇聚成一股汹涌怒潮。关汉卿死后不久，元朝就爆发了大规模的农民起义，无道的统治终于被推翻。

《窦娥冤》是一出具有较高文化价值、广泛群众基础的名剧，与马致远的《汉宫秋》、白朴的《梧桐雨》以及纪君祥的《赵氏孤儿》并称元杂剧四大悲剧，并被称为“本色派之首”。它也是中国十大古典悲剧之一，“列之于世界大悲剧中，亦无愧色”（王国维《宋元戏曲史》）。

1958 年，关汉卿被提名为“世界文化名人”。6 月 20 日晚，苏联作协等单位举办了隆重热烈的关汉卿纪念晚会，晚会上由莫斯科著名的斯坦尼斯拉夫斯基话剧院功勋演员们演出了《窦娥冤》的选场，得到了与会者深深赞叹。在晚会开幕时，苏中友好协会理事会主席安德烈耶夫致辞：“关汉卿的著作已成为世界文化宝库的组成部分，成为整个进步人类的财富。”苏联语言学博士费德林在长篇报告中论证说：“关汉卿是中国最伟大的剧作家之一。这位生活在莎士比亚之前 300 年的剧作家的天才，完全可以和世界最伟大的戏剧家相比。”

早在关汉卿生活的元朝，他在剧界的领袖地位已经得到肯定。他以笔作刀，为社会动手术，为黎民治创伤；他写剧唱戏，揭露社会百丑，倾诉人间不平。他与其他杂剧家一起，在荒芜的大元土地上，缔造了一个杂剧王国；在苦难的人民心里，点燃起一个关汉卿时代。历史记住了关汉卿，也没有忘记忠诚地紧随在他身后的影子、他的妻子万贞儿。

万贞儿生得玉貌花容，十分秀美，出身名门，其父为前朝俊逸。她和关汉卿结婚后，育有三个孩子，一直过着贫寒的生活，却从无怨言，支撑着全家大梁，竭尽贤妻良母之责。更难能可贵的是，万贞儿从来都是关汉卿戏曲作品的第一个阅读欣赏者、第一个审核指正者。在《窦娥冤》的初稿中，关汉卿不忍一路抒写窦娥凄惨悲切的遭遇，因而袭用通常的“先苦后甜”的大团圆情节，以喜剧结尾。万贞儿在看了此稿后，提出自己的建议：“自古戏曲都脱不了‘先离后合’、‘苦尽甘来’的老套，《窦娥冤》何妨以悲剧结尾，不落前人窠臼，也许更能给人巨大的震撼力？”关汉卿深感夫人言之有理，欣然接受，从而使一部伟大的悲剧作品得以问世。

从关汉卿笔下的窦娥，到鲁迅用“金不换”写的祥林嫂，千百年来，这一幕幕的人间悲剧，在社会大舞台上反复上演着。而正是这位 700 多年前站到戏剧舞台上的关汉卿，不是第一个也至少是较早一个将笔触涉及社会现实中的苦命女子，并把她们的悲惨人生通过活生生的艺术形象，展示在人们的眼前。谁能想到，700 多年前的中国，就出现了这么一位先知先觉的“曲圣”。他比莎士比亚登场早了 300 多年，他比莫里哀献艺早了 400 多年，他比易卜生、王尔德和契诃夫出山早了 600 多年，

三

“元曲四大家”之一的马致远，辈分比关汉卿、白朴小，但从事杂剧创作的时间长，名气也很大。一生著有杂剧 15 种，其中 7 种存世，代表作为《汉宫秋》。他的散曲作品也很出名，现存辑本《东篱乐府》一卷，收入小令 104 首，套数 17 套。

然而不少后人知道这位大剧作家，却并不是他的《汉宫秋》，倒是因其小令之名作〔越调〕《天净沙·秋思》：

枯藤老树昏鸦，小桥流水人家，古道西风瘦马。

夕阳西下，断肠人在天涯。

此小令之“小”真是名副其实，短短 5 句 28 字，却让大批天下名士书生为之着迷和倾倒，还把马致远奉为“秋思之祖”。在唐诗宋词，在古往今来的无数悲秋、叹秋诗文中，堪称上乘的“秋思”之作俯拾即是，人们何以独将这首小令捧到云端？

如果说苏东坡在那篇《念奴娇》的一开头，就把人们带进了雄奇壮丽的江景和辽阔苍凉的史空，那么马致远这首小令的起句“枯藤老树昏鸦”，一下子让读者走进了悲凉的秋野，踏上了荒凉的土地，凋谢的衰草迎面而来，枯败的老藤不期邂逅。尽管那“小桥流水人家”带来了一丝幽雅僻静的江南风情，然而“古道西风瘦马”却又在村野上面涂抹了一层荒凉的意境。在夕阳的惨淡光线中，愁肠百结的旅人茫无目的漂泊四方，浪迹天涯。

悲，悲，悲！轻描淡写的28个字，勾画出一幅空荡荡、悲切切的羁旅荒郊图。小令使人想起与马致远生活在同一朝代的倪云林，在这位大画家的画作中，也呈现出这般情景：几株枯树，半抹斜坡，空荡荡的湖面上，点缀几峰远岫，散发出孤寂冷落的哀愁和天老地荒的溟漠。

有“曲状元”之誉的马致远，曾以潇湘八景为题材，写了8首〔双调〕《寿阳曲》，其中一首《远浦帆归》是：

夕阳下，酒旆闲，两三航未曾着岸。

落花水香茅舍晚，断桥头卖鱼人散。

作者是很吝啬笔墨的，如同28字的《天净沙·秋思》一样，此曲仅以27字来描摹江南渔村的闲适生活。同是夕阳下的小桥流水人家，但与《天净沙·秋思》中的氛围却不尽相同，作者在这里把笔端触及到晚归的渔舟和清幽的江村，通过酒旗、归舟、小河、茅舍、断桥等景物，营造了一幅清疏、旷远的意境。此曲此景，又与同朝画家吴镇的渔父图颇有异曲同工之妙。

诚然，小令并不是马致远成就的全部，他的巨大成就还表现在杂剧创作方面。元杂剧的四大悲剧之一《汉宫秋》就是马致远早期的作品，也是他的杂剧代表作。《汉宫秋》全名《破幽梦孤雁汉宫秋》，全剧四折一楔子，剧情写的是西汉元帝迫于匈奴威胁，只好以和亲政策屈辱求和，不得不忍看爱妃王昭君出塞，远嫁匈奴单于。这部剧是作者基于一定历史背景的故事传说，又加以大量虚构改编而成的宫廷爱情悲剧。

在《汉宫秋》这部生离死别的悲剧中，汉元帝是个软弱无能而又多愁善感的君王，在群臣挟制下送走自己深爱的昭君后，内心极为痛苦。尤其在第三折、第四折中，作者以凄婉哀怨的唱词，着力渲染了元帝的愁思郁结，对爱妃那种难以排解的思念，表现了与常人一般的情感和欲望。作者又让昭君在汉与匈奴交界处的黑龙江投江自杀，显示了一个弱女子的一身正气。如同明人沉璟在《义侠记·征途》中所说，“须髯辈，巾帼情，人间羞杀丈夫称。”昭君这一舍身殉难的悲壮之举，与汉朝君臣“只凭佳人平定天下”的和亲求太平政策，形成鲜明的对照。

马致远（约1264之前约1321~1324年），字千里，号东篱，以示效陶渊明之志，大都（今北京）人（另一说是河北省东光县马祠堂村人）。年轻时热衷功名，有“佐国心，拿云手”的政治抱负，仕途坎坷，中年中进士，曾任浙江省官吏，后在大都任工部主事。在经过“二十年漂泊生涯”之后，他看透了人生，遂隐居山林，晚年过着“酒中仙、尘外客、林中友、曲中游”的生活。他的小令中有一组共8首题为《野兴》的〔双调·清江引〕，抒发了内心的隐逸情怀：

樵夫觉来山月底。钓叟来寻觅。
你把柴斧抛，我把鱼船弃，寻取个稳便处闲坐地。

绿蓑衣紫罗袍谁是主。两件儿都无济。
便作钓鱼人，也在风波里，则不如寻个稳便处闲坐地。

林泉隐居谁到此。有客清风至。
会作山中相，不管人间事，争甚么半张名利纸。

东篱本是风月主，晚节园林趣。
一枕葫芦架，几行垂杨树，是搭儿快活闲住处。

首首小令，都透露了作者的心意，表述出作者的志趣：樵夫、渔父，两个山野之人，在山中月下席地对坐，他羡慕的是忘情物外。既无意于着“紫罗袍”的达官贵人，也不想做穿绿蓑衣的虚假隐士，他追求的是超脱尘寰。“会作山中相，不管人间事”，他淡泊的是功名利禄。一如陶渊明那样幡然醒悟，晚年的志向在于寄趣园林，他喜悦的是置身桃源。

在另一首名曲《野兴》中，作者愉悦地抒发了隐居在山乡时的村野逸情：日长如小年，闲来无烦事，听新蝉鸣叫，看葵花开放，在蜜蜂的嗡嗡叫声中高枕而眠，美梦中自己随蝶而去了：

西村日长人事少。一个新蝉噪。

恰待葵花开。又早蜂儿闹。高枕上梦随蝶去了。

北京门头沟区王平镇西落坡村的村民们一直认为，马致远在这首小令中写的就是他在该村的故居。故居是一座大四合院，坐西朝东，门前是小桥流水，而古老的京西古道纵横贯穿在门头沟全境。正值秋风萧瑟，面对古道沧桑，马致远就在这里写下了名篇《天净沙·秋思》。

四

以《西厢记》、《拜月亭》、《墙头马上》、《倩女离魂》合称的元杂剧的四大爱情剧中，《西厢记》（全名《崔莺莺待月西厢记》）位居首位，作者是元朝著名的杂剧作家王实甫。

王实甫（1260~1316年），名德信，今河北保定定兴县人，一说大都（今北京市）人。他一生著有杂剧14种，现存《西厢记》、《丽堂春》、《破窑记》3种。另有《贩茶船》、《芙蓉亭》2种，各传有曲文一折。大约写于元贞、大德年间的《西厢记》是王实甫的代表作，此剧一上舞台就惊倒四座，博得男女青年的喜爱和追捧。明初曲家贾仲明的《录鬼簿续编》中，写了一首追吊王实甫的《凌波仙》，评价《西厢记》为“作词章风韵美，士林中等辈伏低。新杂剧，旧传奇，西厢记天下夺魁”；明学者王世贞在《艺苑卮言》中也说：“北曲故当以《西厢》压卷。”《西厢记》已成为表现青年男女爱情主题的最成功戏剧。

不可思议的是，在杂剧创作上获得很高成就的王实甫，竟然未能进入元杂剧“四大家”的座次。究其因，原来由王实甫其人的标新立异所致。元杂剧的体制有一套严格的规范：一剧仅限于四折，最多也只能增添一折“楔子”；而剧中只能由男（末角）或女（旦角）主人公一唱到底，其他人物只有说白的分儿，无权唱曲。元代杂剧家无不循规蹈矩，墨守成规。而王实甫的《西厢记》不仅长到五本21折之多，而且根本无视“旦本”、

“末本”的戒律，剧中人物只要剧情需要，都可以有说有唱，远离了杂剧的基本模式。因此《西厢记》虽为优秀剧目，却非“正宗”杂剧，其作者也就不能跻身于元杂剧“四大家”之列了。

《西厢记》的创作并非心血来潮，早在王实甫著“西厢”前，张拱（君瑞）和崔莺莺的爱情故事就已经热闹了好几个朝代。剧情的最早来源是唐诗人元稹的传奇小说《莺莺传》（又名《会真记》），写的是相国府小姐崔莺莺随母亲寄居于蒲州普救寺，与张生相爱，最后莺莺遭到遗弃，其实是作者对青年时代一段恋情的追述。

《莺莺传》的悲剧结尾显然不符合国人传统的大团圆心理，因此当《莺莺传》从文人圈内走向民间市井，成为评书说唱题材后，这个恋爱故事就很自然地变为以大团圆为终场。当《莺莺传》故事流传了400年左右的时候，到金朝章宗时，北方著名说唱家董解元，集前人传说和吟咏之大成，把这个故事改编为《西厢记诸宫调》，俗称“董西厢”。经改编后，张生和莺莺的相爱以私奔而圆满收场，让观众大饱眼福。

王实甫对“董西厢”一些关键的地方作了进一步修改，弥补了原作的缺陷，从而形成了一部全新的剧本《西厢记》。他一方面对故事的题旨做了新的改造，强调“情”的自主，响亮地提出“愿天下有情人终成眷属”的口号，并大刀阔斧地删减许多不必要的枝叶和臃肿部分，使结构更加完整，情节更加集中。另一方面，他准确把握和鲜明表现了剧中人物的性格特征，让他们明确地坚守各自的立场：老夫人为了维护“相国家谱”的门第尊严，坚决反对女儿下嫁张生，显示了绝不退让分毫的态度；而张生和莺莺加上红娘为一方，与老夫人针锋相对地进行智斗、抗争，从而使这场“楚汉相争”得以持久地进行下去。一波三折的剧情、自由恋爱的主题和活灵活现的人物形象，再加上华艳优美的曲词以及富于表现力的语言，《西厢记》遂成为文学艺术上的典范之作。

《西厢记》剧的内容是：寄宿在普救寺的书生张拱与也借宿于此的崔相国夫人之女莺莺相遇，二人一见倾心。时有孙飞虎的乱军包围普救寺，欲夺莺莺为压寨夫人。老夫人在危急之中许下诺言：如有破贼解围者可娶莺莺为妻。张生闻之，请好友白马将军杜确率兵来救，平定乱兵，解了普救寺之围。不料老夫人出尔反尔，嫌张生是一白衣秀士，以莺莺已许配侄儿郑恒为由，只许他与莺莺两人以兄妹相称，不能结为伉俪。

张生因相思得病，经莺莺侍女红娘从中帮助传递书简，二人背着老夫人私下幽会。不料此事被老夫人觉察，便拷问红娘。红娘据理力争，巧妙地说服了老夫人，使她无奈地答应了张生与莺莺婚事，但又以崔家三代不招白衣秀士为由，逼张生赴京应试，待张生应试及第后，才允许他与莺莺成亲。张生与莺莺惜别，上京应试中了状元。然而郑恒造谣说，张生已做了卫尚书女婿，逼崔夫人把莺莺嫁给他。就在此时，张生回到普救寺，在白马将军的帮助下，揭穿了郑恒的阴谋，与莺莺喜结连理。

曲词之美是《西厢记》的亮点，每支曲子几乎都是一首美妙的抒情诗，让人看后如同进入诗的意境。戏剧评论家朱权在《古今群英乐府格势》中以“贵妃出浴”、“绿珠采莲”之词来形容：“王实甫之词如花间美人，铺叙委婉，深得骚人之趣。极有佳句，若玉环之出浴华清，绿珠之采莲洛浦。”而曹雪芹则借林黛玉之口赞道：“曲词警人，余香满口”。整本《西厢记》，可谓妙语连珠，佳句满篇。且看：

雪浪拍长空，天际秋云卷。

四围山色中，一鞭残照里。遍人间烦恼填胸臆，量这些大小车儿如何载得起。

听得道一声“去也”，松了金钏，遥望见十里长亭，减了玉肌，此恨谁知？

待月西厢下，迎风户半开；拂墙花影动，疑是玉人来。

未语人前先腼腆，樱桃红绽，玉粳白露，半晌恰方言。

宫样眉儿新月偃，侵入鬓云边。

东风摇曳垂杨线，游丝牵惹桃花片。

蝶粉轻沾飞絮雪，燕泥香惹落花尘。

地生连理枝，水出并头莲。

愿普天下有情人的都成了眷属。

剧中的莺莺几段唱词，更是内心的倾诉，爱情的期盼，相思的煎熬，离别的痛苦，字字精彩绝伦，句句美不胜收。且看：

在第一本楔子中，老夫人命红娘领莺莺趁无人在佛堂烧香时出去散心。莺莺看到落花流水，感到世事无常，唱出了内心闲愁、寂寞的意境：

［幺篇］可正是人值残春蒲郡东，斤门掩重关萧寺中；花落水流红，闲愁万种，无语怨东风。

在第二本第五折中的后面三曲，是莺莺在花园烧香听到琴声时的心底独白，她并没有意识到那是红娘献计，张生在西厢操琴。爱情遭老夫人横加干涉的莺莺，春闺寂寞，心存怨尤，当心灵循着琴声走去时，不禁深感心有灵犀一点通：

〔天净沙〕莫不是步摇得宝髻玲珑？莫不是裙拖得环珮叮咚？莫不是铁马儿檐前骤风？莫不是金钩双控，吉丁当敲响帘栊？

〔调笑令〕莫不是梵王宫，夜撞钟？莫不是疏竹潇潇曲槛中？莫不是牙尺剪刀声相送？莫不是漏声长滴响壶铜？潜身再听在墙角东，原来是近西厢理结丝桐。

〔秃厮儿〕其声壮，似铁骑刀枪冗冗；其声幽，似落花流水溶溶；其声高，似风清月朗鹤唳空；其声低，似听儿女语，小窗中，喁喁。

〔圣药王〕他那里思不穷，我这里意已通，娇鸾雏凤失雌雄；他曲未终，我意转浓，争奈伯劳飞燕各西东，尽在不言中。

在通常称为“长亭送别”的第四本第三折中，莺莺、红娘、老夫人等到十里长亭为张生进京赴考践行。莺莺出场唱的三曲，流露出了无可排遣的离愁别恨，此愁谁解？此恨谁知？这三支充满云愁雨怨的曲子历来为人称道：

〔正宫·端正好〕碧云天，黄花地，西风紧，北雁南飞。晓来谁染霜林醉？总是离人泪。

〔滚绣球〕恨相见的迟，怨归去的疾。柳丝长玉骢难系，恨不倩疏林挂住斜晖。马儿迍迍的行，车儿快快的随，却告了相思回避，破题儿又早别离。听得道一声“去也”，松了金钏，遥望见十里长亭减了玉肌，此恨谁知？

〔叨叨令〕见安排着车儿马儿不由人熬熬煎煎的气，有什么心情花儿靥儿打扮的娇娇滴滴的媚。准备着被儿枕儿则索昏昏沉沉的睡，从今后衫儿袖儿都揾做重重叠叠的泪。兀的不闷煞人也么哥？兀的不闷煞人也么哥？久已后书儿信儿索与我凄凄惶惶的寄。

王实甫《西厢记杂剧》，在民间流传很广，有多种刻本。明清两代，徐文长、徐士范、凌濛初、闵遇五、金圣叹、毛西河等名家，都曾校注《西厢记》，而以金圣叹批本最为流行。这个批本删去剧本中的第五折，以《草桥惊梦》作结，改变了“大团圆”的俗套，很有点“独具慧眼”。

“西厢”故事在中国几乎家喻户晓，“西厢记”的戏曲为很多剧种常演而至今不衰，其中尤以京剧、越剧《西厢记》传播最广。自 19 世纪末始，《西厢记》就被翻译成拉丁文和英文，迄今更有多种文字译本问世，使它已经成为世界文学宝库中的一颗明珠，“成为世界戏剧史上的伟大文学作品了”。

《西厢记》更成就了一个特殊的寺庙，那就是张生与莺莺有缘千里来相会的普救寺。王实甫选择普救寺作为情人相遇之地，自有一番考虑。普救寺位于灵山秀水间、滔滔黄河的拐弯处，河面开阔，水流湍急，周天迷蒙，不时激起道道浪柱，发出哗哗喧嚣。恰如《西厢记》一开头张生的那段唱词：“这河带齐梁，分秦晋，隘幽燕。雪浪拍长空，天际秋云卷；竹索缆浮桥，水上苍龙偃。东西溃九州，南北串百川……”而昔日普救寺融佛、道为一体，既有佛家的“慈悲为怀”，又有道家的“少管闲事”，况且远离城邑而又不隔绝红尘，这就为张生和莺莺从相遇相爱到难舍难分提供了绝妙的机缘。

历经沧桑兴废的千载古刹普救寺，这一曲黄土高原的“咏叹调”，是对母亲之河的虔诚礼赞。在这一片灵山秀水间，出现感悟古今的“西厢”佳话，丝毫不值得奇怪。它已经当地政府全面修建，现在成了历届“世界情侣月”的举办地。遗憾的是面貌虽新，意境非旧，这里已难以寻觅到“待月西厢下，迎风户半开。隔墙花影动，疑是玉人来”那种神秘美好的氛围了。

——但愿老死花酒间，不愿鞠躬车马前（明·唐寅《桃花庵歌》）

老死花酒间

——“吴门四家”之沈周、文徵明、唐寅、仇英

一

石桥流水，老屋小巷，园林古镇，才子佳丽……这一幅幅画面从不同角度展现出苏州的风采。历史名城总是千古诗文书画的摇篮，苏州这处枕河人家，这座被意大利旅行家马可·波罗所称的“东方威尼斯”，这个被18世纪法国启蒙学者伏尔泰所誉的“从水底下出现的最美丽的地方”，为历代文人骚客留下了广阔的笔墨空间。

明朝中期的苏州及其周边地区，是全国商品经济最发达的地区，经济发展促进了文化的繁荣。苏州本就是文人荟萃之所，加上元朝后期大批画家南迁，文学家、艺术家在苏州及以其为中心的江宁（今南京）、昆山、太仓、松江、常熟一带穿梭来往，聚会宴饮，吴地上空星光灿烂，文化艺术活动蔚然成风。诗人画家们以各自的才思和羊毫，为这座名城营造了诗情画意，谱写了一段灿烂的吴文化篇章。

在明朝成化、正德年间（1465~1521年），一群才华横溢且性情洒脱的书画家活跃在姑苏，被称为“吴门四家”的沈周、文徵明、唐寅和仇英是其中的杰出代表。四位书画家以新颖的绘画风格和出色的艺术成就闻名画坛，因均为江南苏州一带人氏，故有“吴派”之称。

江南商品经济的发展，促进了民众思想观念、风俗习惯的进步，在苏州一带公然出现了书画艺术市场，给“吴派”画家的涌现开启了大门。天时地利之便，使那些无缘登官场却又有维持生计、养活家小之难的书画家们，找到了一条鬻文卖画的新出路。沈周、文徵明、唐寅、仇英四大家也概莫能外，他们也各自公开开列润格，叫卖自己的诗文字画，特别是在唐寅和仇英身上，甚至出现了文人画家职业化和职业画家文人化的特点。

“吴派”是明朝最强大、最复杂、最典型的一个绘画流派，他们继承和发展了崇尚笔墨意趣的元朝绘画传统，将“元四家”的画风加以发扬光大。沈周和文徵明是该派的领袖人物，唐寅和仇英则是两位优秀代表。他们四人都精通诗文书画，而且还拥有众多弟子和信仰者。他们的作品成为文人绘画发展进程中崛起的又一座高峰，在中国绘画史上占据重要的地位，不仅显示了姑苏文化之光，而且也成为一朵艳丽的华夏文明之花。

“吴门”书画虽然在当时曾经独步中国画坛，擅雄书界，然而却未能在新题材、新方法上有重大拓展，画风也没有出现新的突破。鲁迅说：“我以为宋末以后，除了山水画，实在没有什么绘画，山水画的发展也到了绝顶，后人无以胜之。即使使用了别的手法和工具，虽然可以见得新颖，却难于更加伟大，因为一方面也被题材所限制了。”

清人方吉偶题杜琼《山水》卷说：“有明一代，高手出吴门，末流亦在吴门。”“吴派”到了陈淳即白阳山人（1483~1544年）之后，虽然持续繁衍，但后继的钱谷、居节、孙技、杨补、文三桥、文伯仁等辈只知墨守本派成规，缺乏创造性，渐渐笔力纤弱，死气沉沉，每况愈下，已成衰落之势，终被董其昌的“华亭派”所取代。

二

一群“隐居”在苏州一带的“吴派”文人，大多并非是元朝倪瓒、王冕那种真正的隐士，而是“居”却不隐，对现状满意，悠闲地从事风雅潇洒的创作，轻松地参与赏心悦目的游乐，其中最具代表性的文人就是沈周。沈周是“吴门四家”的领头人，也是明朝山水画代表画家，对当时和后世文人绘画的发展有重大影响。他的名声大，弟子也多，如吴麟、李著、王纶、陆文、孙艾等都出自其门，而其中以文徵明和唐寅最为出众。文徵明非常尊重敬佩他的老师，说：“我家沈先生不是凡人，是神仙中人。有一百个文徵明加起来，也抵不过他。”

沈周（1427~1509 年），字启南，号石田，晚号白石翁，亦作玉田翁，人称白石先生，长洲（今苏州）人。沈家世代隐居吴门，居于长洲相城（今江苏吴县湘城镇）。家学渊源，世代书香，使沈周自幼酷爱文学艺术。他 7 岁学诗，自幼即有诗名，文摹左氏，诗拟白居易、苏轼、陆游，书法师黄庭坚，绘画造诣尤深，但工于画则在 30 岁后。学画曾得到杜琼、刘珏等人亲授，对于董源、巨然、李成和“元四家”的绘画做过精深的学习研究，中年以黄公望为宗，晚年又醉心于吴镇，遍学诸家，兼取诸家之长，被形容为是在“上下千载，纵横百辈”中变化出来的。他的性格沿袭家风，蔑视恶浊的官场习气，一生未应科举，自由自在地居家耕书，优游林泉，从事诗文书画创作。

游览是沈周的一大喜好，也是他汲取创作灵感的重要源泉。他多次到太湖、宜兴、杭州、嘉兴、南京、镇江、扬州、常熟等地览胜，每到一处必写景，创作了《两江名胜图册》、《吴江图》、《灵隐山图卷》、《张公洞图卷》等山水画。他又喜欢栽花种竹，对景写生，所以他的画作题材是从生活中观察学习得来的。他作画看似信手随意，其实却是“败管几万，打熬过来，故笔无虚着，机有神行，得力处正是不费力处”。

在旅游写生的同时，沈周往往赋诗记事，描摹吴中常见的自然景象。他的诗风平静温馨，娓娓道出对家乡优美风光的自豪心情，记叙着大自然中散发的空灵与生机，使读者在最为常见的意象中，感受到花木的清丽和禽鸟的情趣。其《溪亭小景》一诗，正是体现了这样的独特韵味：

幽亭临水称冥栖，蓼渚莎坪只尺迷。
山雨乍来茆溜细，溪云欲堕竹梢低。
檐头故垒雌雄燕，篱脚秋虫子母鸡。
此段风光小韦杜，可能无我一青藜。

由于画名极大，更由于沈周为人谦逊宽厚，胸襟豁达，“有求辄应”，即便是“贩夫牧竖”持纸来索画，也慨然答应，“不见难色”，因此每天清早，沈周家门外河汊里总挤满求画人所乘的船只。他有时到苏州城，虽寄住在僻静的寺院里，但被好事者探到，就又“屦满户外”了。有一次他游西湖，住在宝石峰僧舍，被人发现了，前来要画，使他忙得不可开交。友人刘邦彦写诗笑他：“送纸敲门索画频，僧楼无处避红尘。东归要了南游债，须化金仙百亿身。”笑他要还清这些画债，只有像神仙那样化身才能应付得了。

沈周的山水画是沈周之长，主要描绘江南风光和田园景色，抒发文人恬淡悠闲的情怀，着意追求平淡天真的意趣。画法以水墨为主，或施以淡雅的色泽。但他画人物、花卉、禽、鱼等也都很精妙，花鸟画师元代钱选，用洗练的笔墨，画出规整、简逸略带拙感的花鸟，发展了文人水墨花鸟画的传统。41岁时那年，为了祝贺老师陈宽（字孟贤，号醒庵）70岁寿辰，沈周创作了巨制《庐山高图》，此前他的作品均为小景。此画仿王蒙笔法，全图山峦层叠，草木繁茂，气势恢宏。作者在此图自识“庐山高”篆书，末识“成化丁亥端阳日，门生长洲沈周诗画，敬为醒庵有道尊先生寿”。在右上角题有气势恢宏、豪迈雄健古长诗一首，颇有当年李白的成名作《蜀道难》之风范，诗曰：

庐山高，高乎哉！郁然二百五十里之盘踞。
岌乎二千三百丈之，谓即敷浅原。
培何敢争其雄？西来天堑濯其足，云霞旦夕吞吐乎其胸。
回崖沓嶂鬼手擘，涧道千丈开鸿。
瀑流淙淙泻不极，雷霆殷地闻者耳欲聋……

他的传世绘画作品颇多，其中著名的有《仿董巨山水图》、《东庄图册》、《卧游图册》、《庐山高图》、《沧州趣图》、《墨菜图》、《卧游图》、《盆菊幽赏图》、《烟江叠嶂图》等。在一生的绘画实践中，沈周为传统山水画作出了两大贡献：其一，融南入北，弘扬了文人画的传统。他的粗笔山水，用笔融进了浙派的力感和硬度，丘壑增添了宋人之骨和势，将南宋的苍茫浑厚与北宋的壮丽清润融为一体，其抒发的情感也由清寂冷逸而变为宏阔平和。其二，将诗书画进一步结合起来。他的书风“遒劲奇崛”，与山水画苍劲浑厚十分相似、协调。他又将书法的运腕、运笔之法运用于绘画之中。

沈周同时还是一位诗人，至老年“踔厉顿挫，浓郁苍老”。他把这种诗风与画格相结合，使所作之画更具有诗情画意。沈周有很多题画诗，从他那些生机盎然的诗句中，即使不知道具体题的什么画，也能令人在脑海中联想到和浮现出一幅美妙景色的画图。例如在一首不知画名的《题画》诗中，诗人以艺术家特有的感觉突发异想，由色彩、画面联想到声音、思想等非画面所能表现的内容：

嫩黄杨柳未藏鸦，隔岸红桃半著花。
开眼阑干接平楚，夹洲亭馆跂长沙。
悠悠鱼泳知人乐，故故鸥飞照鬓华。
如此风光真入画，自然吾亦爱吾家。

早春季节，杨柳还是那么嫩黄，连鸦雀也来不及筑巢；浅红的桃花也正是将开未开。凭栏放眼，一带平林与阑干平行相接；河洲之间，亭馆如一位隐者垂足坐于长长的水边沙地。非鱼知鱼乐，飞鸥映霜鬓，悠闲的鱼鸥和观赏者相映成趣。诗人沉醉于这如画的美景，完全把它当成了可爱的家乡。

沈周活到 83 岁，80 岁时尚“碧颐飘须，俨如神仙，精神矍铄，作画如常”。这位“吴派”领袖在相城一个狭小低洼的村庄中，平静安闲地度过了一生中绝大部分日子，于正德四年（1509 年）八月二日病卒，葬于相城附近。

在几无波澜起伏的书画生涯中，沈周实践了孔夫子所期望的“志于道，据于德，依于仁，游于艺”的人生理想。但他却是令孔夫子失望的“坏”弟子，因为他拒绝了出仕的诱惑，最终选择了隐居乡里，与诗文书画相伴终生。

三

嘉靖三十八年（1559 年）二月二十日，一位吴门大书画家为御史严杰之母写墓志，未待写完，“便置笔端坐而逝”。这位“吴门四家”的又一个重要人物，就是沈周的同乡和弟子文徵明。

文徵明（1470~1559 年），原名壁，字徵明，42 岁起以字行，改字徵仲，长洲人。因其先世是衡山人，故号衡山居士，世称“文衡山”。他年轻时，曾拜诸多名家为师，诗宗白居易、苏轼，文受业于吴宽，学书于李应祯，学画于沈周。在诗文上，与祝允明、唐寅、徐真卿并称“吴中四才子”。

文徵明文才及画名均称誉当地，但在仕途上很不得志，从 19 岁进入县学为诸生（秀才），一直考到 53 岁，九次应举均名落孙山，伤心落第。“满头尘土说功名”，直至 54 岁时，他才经工部尚书李充嗣推荐，以贡生名义到北京，任职翰林院待诏，官秩仅为从九品。一位江南文坛的领袖人物，年老时却在京城沦为地位卑微的末流官僚，岂能不令文徵明感到尴尬难堪。在一首叙述参与早朝、面谒君王的《秋日早朝待漏有感》诗中，诗人流露的并非在常人羡慕眼光中所感到的得意荣耀，而是当排队在百官末列等候朝觐时感受到的屈辱和不平：

钟鼓殷殷曙色分，紫云楼阁尚氤氲。
常年待漏承明署，何日挂冠神武门？
林壑秋清猿鹤怨，田园岁晚菊松存。
若为久索长安米，白发青衫忝圣恩。

“长安米贵，居大不易！”这句当年顾况调侃初到长安的少年白居易的话，真正印证了文徵明在京城的处境。在北京为官期间，他更目睹了官场腐败、险恶，遂一再上书乞归，并于 1526 年获准归里。从此，文徵明在家乡以文会友，借书画自娱，创作步入鼎盛期，四方求书画者不绝于道。他自定“三不作”，即不为藩王、宦官及外国人作画，而对其他人的求索却“竟日不倦”。晚年的文徵明声誉卓著，号称“文笔遍天下”，购求他的书画者踏破门槛，说他“海宇钦慕，缣素山积”，同时赝品也相当流行。

人称诗、文、书、画无一不精的“四绝”大才子文徵明，小时候智商却并不高，既不聪明，字也写得不好。在一次岁考时，因为字拙列为三等，竟没有取得考试资格。这令他耿耿于怀，也促使他发愤读书练字，而且竟豁然开朗，颖悟超乎常人。文徵明以勤补拙，在郡学时期，每天埋头临写《千字文》10 本，终于书法大进。世人评其书法有如风舞琼花，泉鸣竹涧，极自然之妙谛。

文徵明以小楷称绝，笔法精细工整，法度谨严、笔锋劲秀、体态端庄，风格清秀俊雅。90 岁时犹作蝇头小楷，且不错不漏，一丝不苟，达到了人书俱老、炉火纯青的境地。《离骚经》是文徵明 85 岁时所写的小楷书作，楷法极其温纯精美，是其小楷的代表作，计有八个部分，每部分均有标题，末有书家自己之题识。

他的行草传世也颇多，现藏于苏州博物馆的《草书七绝诗轴》为其行草书的代表作之一，这幅书法笔法娴熟，线条流畅，精妙准确，姿势顾盼自如，透出不同凡响的神采，显示出书家深厚的功力、高超的学识与艺术造诣。他的主要作品有《金刚经卷》、《千字文》、《顾春潜传轴》、《离骚经》、《自书雪诗卷》、《西苑诗》、《七绝诗轴》等。这位书法史极其罕见的长寿书家，领导吴门书派 30 多年，影响巨大。文家有传人，文徵明两个儿子文彭、文嘉都继承父业，尤其是文彭，成为书画篆刻史的开山祖。

书坛常青树文徵明，同样也是古代画史上少见的常青画家，是继沈周之后的吴门画派的领袖，门人、弟子众多，主盟画坛达 50 年之久。他早在弱冠之年就师从沈周，并逐渐形成自己秀丽雅致、温雅静穆、翩翩文雅、神采飞扬的风格。他既能青绿又善水墨，既能工笔又喜写意。他的画风以赵孟頫、王蒙、吴镇三家为基调，32 岁所作《仿黄鹤山樵山水图》，构图和笔墨技法全似王蒙；39 岁作的《天平纪游图》，富有黄公望隽秀苍润的格调。晚年仿李成和董、巨之作，都呈现出自己文秀清婉的风格，且笔墨老到，俨成自家风貌。

表现文人居住环境和生活习性的题材，是文徵明画作的重要内容，他的《真赏斋图卷》、《东园图》、《临流幽赏图》、《听泉图》、《清秋访友图》、《停云馆言别图》、《惠山茶会图》等都是传世佳作。人物和花鸟画也是文徵明擅长的，他的人物画汲取宋代李公麟流畅劲挺的线描技法，又融会了元人的简洁洒脱，花鸟画属于文人写意的范畴，以竹、菊、兰、水仙为主要题材，更有书神画韵之美。

基于对吴中山水的亲切感情和丰富感受，文徵明有不少这方面题材的画作，如《江南春图》、《石湖清胜图卷》、《横塘听雨图》、《洞庭西山图》、《灵岩山图卷》等，而且皆为诗文书画合构。他对苏州一带最有味道的石湖景区尤为偏爱，石湖看似平淡无奇，但却呈现出色彩丰富多变而又统一于绿色基调的外表美，蕴含着天然清丽和环境娴静的内在美。在文徵明的《石湖清胜图卷》图中，烟波万顷的石湖，水天一色，悠远无尽。湖边的村落协调雅致，人们的生活安静祥和，树木葱葱，山峦起伏，如诗如梦。画家所追求的闲、静、幽、雅的意境，如同他在《石湖》诗中所述：

石湖烟水望中迷，湖上花深鸟乱啼。
芳草自生茶磨岭，画桥横注越来溪。
凉风袅袅青苹末，往事悠悠白日西。
依旧江波秋月坠，伤心莫唱《夜乌栖》。

文徵明诗风淡雅秀丽，清新自然，多为感兴、纪游、题画之作，有诗文集《甫田集》。但他的诗如《新秋》、《沧浪池上》等，美丽如画，隽永不足，恰如王世贞评“如仕女淡妆，维摩坐语，又如小阁疏窗，位置都雅，而眼境易穷”，的确切中肯綮。他的词也如诗，颇多纤弱之作，但偶尔也有《满江红·拂拭残碑》这样的雄浑恣肆之作。这首词是关于岳飞冤死风波亭的翻案文字，词人直面地指出咎在宋高宗。宋高宗贪恋帝位，力主和议，非杀岳飞不可，而区区秦桧，只不过是投其贪恋帝位之“欲”而已：

拂拭残碑，敕飞字、依稀堪读。慨当初、依飞何重，后来何酷。岂是功高身合死，可怜事去言难赎。最无端、堪恨又堪悲，风波狱。

岂不念，疆圻蹙。岂不念，徽钦辱。念徽钦既返，此身何属。千载休谈南渡错，当时自怕中原复。笑区区、一桧亦何能，逢其欲。

1957 年 6 月，毛泽东约谈前清举人、上海市文物管理委员会特约顾问冒广生及其子——剧作家（冒）舒湮，冒广生向毛泽东说到舒湮曾于抗战时在上海写了本话剧《精忠报国》，用秦桧影射汪精卫。由此引发了毛泽东引诗证史，念起文徵明的《满江红·拂拭残碑》，对宋室南渡后的和战问题进行了评说。

四

“吴门四家”之一的仇英（约 1501 ~ 约 1551 年）字实父，号十洲，原籍江苏太仓，后移居吴县。仇英并非文人出身，弘治六年出生于太仓一个漆匠之家，自己早年也是漆工，兼为人彩绘栋宇。四家中沈、文、唐三家都是一代文人，不仅以画取胜，且佐以诗句题跋。而仇英终身以职业画家身份活跃于画坛，受自身文化修养所限，几乎从不在自己画中题写诗文，大多只写名款而已，甚至很少题写年款。

仇英拜周臣门下学画，并曾在著名鉴藏家项元汴、周六观家中见识了大量古代名作，临摹创作大量精品。低微的社会地位并没有影响到与士大夫名流的应酬，他以善画结识了许多当代名家，而文徵明、唐寅等文人画家对他也很器重。中年后的仇英画名渐盛，交游的范围进一步扩大，尤其与文徵明父子相交甚密。与这些文人的交往，使仇英的作品在文人阶层中得到颂扬，也使他受到了文徵明等人的艺术思想和创作风格的影响。

仇英的创作态度十分认真，一丝不苟，每幅画都是严谨周密、刻画入微，正德十五年（1520 年）前后已在画坛拥有一定的地位。因为来自民间，他的创作题材颇为广泛，包括山水、人物、花鸟、楼阁各类，尤其擅长临摹，并擅青绿、水墨、写意、白描各种技法，成为明朝的一位全才画家。

人物画尤其是仕女为仇英所擅长，他吸收南宋画家马和之及元人技法，笔力刚健，特擅临摹，粉图黄纸，落笔乱真。他又善于用粗细不同的笔法表现不同的对象，人物造型准确，概括力强，形象秀美，线条流畅，有别于时流的板刻习气，对其后及清宫仕女画都有很大影响，成为时代仕女美的典范。后人评其工笔仕女，刻画细腻，神采飞动，精丽艳逸，可与唐寅媲美，大量的画作都能独出心裁，妙笔传神，皆称著画史。

仇英山水画多学赵伯驹、刘松年，发展南宋“院体画”传统，综合融会前代各家之长，既保持工整精艳的古典传统，又融入了文雅清新的趣味，形成工而不板、研而不甜的新典范。还有一种水墨画，从李唐风格变化而来，有时作界画楼阁，尤为细密。明鉴赏收藏家张丑在《清河书画舫》中评价说：仇英画“山石师王维，林木师李成，人物师吴元瑜，设色师赵伯驹，资诸家之长而浑合之，种种臻妙”。

中年以后，仇英将宋人的周密造型和元人的放逸笔墨熔为一炉，形成了一种疏放简逸的画风，具有深厚的文人书画气息。他将山水画与人物活动相结合，较多表现了文人休闲生活的主题，诸如读书、弹琴、赏泉、论画等。《桃源仙境图》、《玉洞仙源图》、《柳下眠琴图》、《停琴听阮图》、《松溪论画图》等，都是仇英的优秀代表作，其中《桃源仙境图》和《玉洞仙源图》被合称为“双美图”，是他的两幅传世名作。

与沈周、文徵明、唐寅一同登上吴门画派最高层楼的仇英，却极少被载于画史、方志和相关古籍中，甚至连他准确的生卒年也无书可查。究其因，还是因为仇英“所出微”，门第低，被上流社会和文人圈子内很多人所瞧不起。即使是极力提携仇英的文徵明、唐寅，与之交往也仅限于绘画方面，并无与其置酒高会、诗词往还的实录。苏州著名园林沧浪亭内有个祠堂，名叫“五百名贤祠”，祠内刻有以明、清两代为主的苏州500余位名人贤士的肖像。其中不少人的名望与成就远在仇英之下，却都赫然刻于其上，唯独大画家仇英成了被爱情遗忘的角落。

本是同根生，相斥欲何为？这种封建门阀观念着实可憎，倒不如清朝那位风流天子乾隆知人识货，平等待人，还写了一首图画诗《仇英碧梧翠竹图》，诗曰：

石泉窈以清，梧竹复修翠。
诛茅为小楹，延得青山致。
幽人兀然坐，开卷默而识。
仿佛沂水风，吾与点也意。

五

明朝苏州出了位大才子唐寅，此人有一枚自刻的“江南第一风流才子”印章。自称“风流”的唐寅实际上在其54年生涯中，并没有如后人臆想那样娶九妻或点秋香之类，而是一个玩世不恭而又才气横溢的失意文人。

据传唐寅生于明宪宗成化六年庚寅年寅月寅日寅时，故以寅名。唐寅（1470～1523年）字伯虎，又字子畏，号六如居士、桃花庵主、鲁国唐生、逃禅仙吏等，吴县（今江苏苏州）人。唐寅自幼天资聪敏，熟读四书、五经，并博览史籍，16岁秀才考试得第一名，轰动了整个苏州城。但当时家中连遭不幸，父母相继去世后，唐家家境衰微。在好友祝枝山的规劝鼓励下，唐寅潜心读书，29岁参加应天府公试，得中第一名解元。正当他踌躇满志准备第二年赴京会试时，没想到一场灾祸从天而降，并因此改变了他以后的人生道路和命运。

灾祸是因震惊朝野的“会试泄题案”引起。由于主考官程敏政被诬告受贿泄题，唐寅和另一位考生——江阴巨富之子徐经被押入大理寺狱受审。这场冤枉官司最终虽已弄清，但唐寅仍被谪往浙江为小吏。他耻不就任，当返回苏州后，由于家中非常清贫，妻子何氏不仅不同情丈夫的蒙冤受屈，反而大吵大闹，最终离他而去，而弟嫂也要求分家。此景此情颇有点像战国时期落魄时“妻不下织，嫂不为炊，父母不与言”的苏秦。

“会试泄题案”这一事件，对于唐寅来说，虽是一次晴天霹雳般的打击，但也是他的机遇。在双重打击下的唐寅绝意仕途，走上以丹青自娱之路。他从牢狱之灾中跳出来后，于明弘治十三年（1500 年）出游名山大川。坐船到镇江、扬州，沿长江过芜湖、九江，到庐山，复又乘船溯江而上到黄州，随后南行入湖南，游洞庭湖，南行登南岳衡山，再入福建，漫游武夷诸名山和仙游县九鲤湖。随即由闽转浙，游雁荡山、天台山，渡海去普陀，再沿富春江、新安江上溯，抵达安徽，上黄山与九华山。千里壮游，历时 9 个多月，直到囊中已罄，他才不得不返回苏州。踏遍名川大山的唐寅，将千山万壑装进胸中，使他以后的诗画创作具有吴地诗画家缺乏的雄浑、潇洒之气。

返回苏州后，唐寅跟周臣学画，直到 40 岁左右。沈周和周臣都是当时苏州的名画家，沈周以元人画为宗，周臣则以南宋院画为师，成为明代两大画派。“远攻李唐”、“近交沈周”，使唐寅兼二师所长，在南宋风格中融元人笔法，一时名声大振。40 岁以后，唐寅已脱出周臣门庭，形成了自己的个性风格，47 岁时所作的《山路松声图》可作为标志之一。

其时唐寅住在吴趋坊巷口临街的一座小楼中，开始了专事自由读书、卖画的生涯。他在一首《言志》诗中表白了其淡泊名利、远离宦海之志，诗曰：

不炼金丹不坐禅，不为商贾不耕田。

闲来写就丹青卖，不使人间造孽钱。

36 岁那年，唐寅来到苏州城北一个叫桃花坞的地方，看到这里“花开烂漫满村坞，风烟酷似桃源古。千林映日莺乱啼，万树围春双燕舞”（唐寅《姑苏八咏·桃花坞》），非常喜欢，就用卖画的钱在这里建了一处优雅清闲的家园，别墅取名“桃花庵”，自号“桃花庵主”。园内一曲清溪，几株野桃，一丘土坡，很有几分山野之趣。他为几间茅屋取了“学圃堂”、“梦墨亭”、“蛱蝶斋”等雅致的名字，将匾额悬在每间茅屋的檐下，在这里过着清狂超脱的生活。

每当春光明媚、草长花开之时，唐寅就邀请沈周、祝枝山、文徵明等文友来他的桃花庵赋诗作画，开怀痛饮，醉后各自歪歪斜斜，颓然花树下。一曲《桃花庵歌》就是他在桃花庵内的生活写照，也是他花间独坐、自斟自饮、蔑视权贵、狂傲不羁、超凡脱俗、洞穿世事的自我画像：

桃花坞里桃花庵，桃花庵里桃花仙；桃花仙人种桃树，又摘桃花换酒钱。酒醒只在花前坐，酒醉还来花下眠；半醒半醉日复日，花落花开年复年。但愿老死花酒间，不愿鞠躬车马前；车尘马足富者趣，酒盏花枝贫者缘。若将富贵比贫贱，一在平地一在天；若将贫贱比车马，他得驱驰我得闲。世人笑我忒疯癫，我笑他人看不穿；不见五陵豪杰墓，无花无酒锄作田。

随后的一件事搅乱了唐寅宁静的生活，明正德九年（1514 年），他被明宗室宁王朱宸濠以重金征聘到南昌半年余，后察觉宁王图谋不轨，遂佯装疯癫，甚至在大街上裸奔才得以脱身而归。后来宁王果然起兵反叛朝廷，朝廷重新启用王守仁平定了内乱，曾一度追查唐寅有参与宁王幕僚之嫌，经多方面证据查明，他并未“入幕”，这才逃过了又一场政治风波。

从此，唐寅思想渐趋消沉，转而信佛，自号“六如居士”，“六如”取自《金刚经》：“一切有为法，如梦幻泡影，如露亦如电，应作如是观。”自治一方印章“逃禅仙吏”。在生活上他也更加放荡不羁，玩世不恭，狂饮赋诗，纵情作画，还经常于长街卖画、小店酗酒。

唐寅这位中国画坛山水画的“慧才”，在其笔墨不同、格局各异的山水画中，有突兀清新的《春山伴侣图》，挺秀峻拔的《雪山会琴图》，气势雄浑的《函关雪霁图》，淡宕超脱的《桐庵图》，等等。晚年的《春山伴侣图》、《落霞孤鹜图》、《西洲话旧图》、《震泽烟树图》等，已从中年的峻拔变为平淡清逸，具有文秀苍润的风韵。

和历代著名画家不同的是，唐寅是一位全能的画家，他擅山水、花鸟，但也画人物、仕女，而且均达到了极高的境界。唐寅留下的人物画以仕女图居多，极为精妙。画法大致分为两类，一类如《秋风纨扇图》，简率蕴藉，含蓄深沉；另一类似《孟蜀宫伎图》，工整浓丽，细腻精致。但二者均能出神入化，影射社会时弊。

一代才子唐寅以文名天下，嬉笑怒骂，皆成文章。他的书法造诣也很深，善于紧扣画的主题和意境，以题画诗阐发或充实画面的内涵思想，使诗情与画意得以优美结合，在诗书画有机结合方面作出了贡献。他创作的诗，据不完全统计，约有 600 余首。他的诗歌通俗晓畅，直言心志。诗风婉约华丽，通俗流畅，即兴抒怀，以才情取胜。内容多为揭露社会矛盾，抒发不平之气，具有较强的思想性。他曾仿效李白诗风，写下了一首《把酒对月歌》，表达了对太白先师的钦慕之情：

李白前时原有月，惟有李白诗能说。李白如今已仙去，月在青天几圆缺？

今人犹歌李白诗，明月还如李白时。我学李白对明月，白与明月安能知！

李白能诗复能酒，我今百杯复千首。我愧虽无李白才，料应月不嫌我丑。

我也不登天子船，我也不上长安眠。姑苏城外一茅屋，万树梅花月满天。

唐寅在50岁时以一首《言怀》诗，总结了自己的一生。他自述仿效李白的诗酒狂放，在“花中行乐月中眠”，而且比李白自豪的是，他可以向人炫耀自己腰间的钱包，因为这是他卖画挣来的。他虽然“笑舞狂歌”，放浪形骸，但绝非声色犬马，醉生梦死。在超然物外的气度中，间杂着对人生价值的冷静思考，对个性精神复苏的热烈追求。诗曰：

笑舞狂歌五十年，花中行乐月中眠。
漫劳海内传名字，谁论腰间缺酒钱？
诗赋自惭称作者，众人多道我神仙。
些须做得工夫处，莫损心头一寸天。

当然，唐寅的诗文中，也有一些绚丽生活的剪影。他以南朝宫体诗的风格，仿隋炀帝的《春江花月夜》短篇歌词，写下《春江花月夜二首》：

嘉树郁婆娑，灯花月色和。
春江流粉气，夜色湿裙罗。

夜雾沉花树，春江溢月轮。
欢来意不持，乐极词难陈。

这两首诗的创作，标志着被儒学抑制的南朝诗风在明代的重兴。在唐寅的诗集中，色泽浓艳、偏近南朝诗风的作品占了近半，因此从一定意义上说，唐寅是这股“南风潮”的带头者。然而，在他逝世前留下的一首绝句，却是另外一番情味：

生在阳间有散场，死归地府也何妨；

阳间地府俱相似，只当漂流在异乡。

历代诗人临终前留下绝笔诗当然非自唐寅始。一生郁郁不得志的李白，在其临终歌中以大鹏自譬，要在九天之上奋飞，令人敬佩感慨。陆游的《示儿》诗，是历来绝笔诗中最脍炙人口的，以其悲愤、沉痛、忠贞的爱国热情感人肺腑，激励后人。而唐寅的这首《绝笔诗》非常旷达超脱，有点“视死如归”的味道，但其心中的抑郁、酸楚、悲凉，在最后一句“只当漂流在异乡”已不经意地流露出来了。只有身世坎坷、历经沧桑的诗人才能写出这样精彩的诗歌。

明嘉靖二年（1523年）秋，54岁的唐寅应好友邀请去东山王家，当时他身体已不佳。在那里偶见苏东坡《满庭芳》一词中的两句：“百年强半，来日苦无多”，不料竟触动他的心境，令他深感悲伤。告别回家后，从此卧病不起，不久结束了他凄凉的一生。死后唐寅葬在桃花坞北，由其亲友王宠、祝枝山、文徵明等凑钱安排后事，祝枝山写了千余字的墓志铭，由王宠手书，刻在石碑上。嘉靖二十六年迁葬到横塘镇王家村唐氏祖茔。

由于唐寅身后无人，后嗣中唯剩一侄孙孀妇，经济拮据，困顿城内，连对唐寅的四时之祭都未能尽责。因此，唐寅墓荆棘荒芜，牛羊放逐墓园。崇祯甲申年（1644年），明末清初著名藏书家和出版家毛晋与同郡士人游春，至姑苏横塘王家村时，见一代才子唐寅之墓甚为凄凉，在询问附近田夫了解到实情后，凄然感叹：“是朋友之罪也，千载下读伯虎之文者皆其友，何必时与并乎？”于是慷慨解囊，重修墓封，再立碑石，并且择地墓旁造三间祠堂。苏州地方官雷起剑亲作“重修唐解元墓”碑文，“更勒石以遗千古之有心者”。

明末清初以来，很多来苏州的文人学士都要到唐寅墓前凭吊，留下了许多诗文。康熙年间，著名戏剧家尤侗来到墓前，缅怀先贤，为唐寅毕生未入仕途，才华只付于丹青绘事，感到同情惋惜，写诗道：

才人无禄又无年，生死悲歌甚可怜。

梦断东都空岁月，香锁南国画风烟。

而清代诗人方引谐似乎比尤侗更了解唐寅。他赞美了唐寅的襟怀、情操和思想境界，但在诗句中也夹杂着淡淡的失落和伤感。他在《吊唐六如墓》诗云：

先生胸次海天宽，只爱桃花不爱官。

荒土一抔魂魄在，满溪红雨落春寒。

新中国成立后唐寅墓几经破坏和修建。随着他的名誉最终得到恢复，地位也得到公认，唐寅终于可以安心地高卧在王家村的祖茔中了。如今，在王家村外的一个高高的土阜之上，四周青松环抱，下面是溪流纵横，沃野百里。每到暮春季节油菜花开的时候，那无垠的金黄色一直延伸到天边，迎接着昔日桃花庵里的桃花仙重返人间。

——半生落魄已成翁，独立书斋啸晚风（明·徐渭《题墨葡萄诗》）

独立啸晚风

——明代文学艺术家徐渭

一

明万历二十一年（1593 年），备尝 73 年人间辛酸痛苦的徐渭（徐文长）凄楚地离开了人间。

一位旷世才子，成了被遗弃的孤儿，竟然穷到冬天无被而以稻草遮体的地步，数千卷心爱的藏书也都被变卖一空。一代天地奇才，最终在贫病交加中，愤愤地走了，死前身边唯有一狗与之相伴，床上连一铺席子都没有。

元章梅花曾换米，余今换米亦梅花；
安能唤起王居士，一笑花家与米家。

（徐渭《青藤老人墨戏手卷》）

自古以来，生不逢时、经历坎坷的文人我们已见得太多了，但与潦倒终身、命途多舛的徐渭相比，无论是李白还是杜甫，陆游或王冕，却又都堪称福星高照了。徐渭曾九次自杀，七年下狱，及至晚年，更是到了潦倒不堪、山穷水尽、"忍饥月下独徘徊"的境地。"元章梅花曾换米，余今换米亦梅花"，家徒四壁、身无分文的徐渭，只能靠卖书画度过余生。

半生落魄已成翁，独立书斋啸晚风。

笔底明珠无处卖，闲抛闲掷野藤中。

（徐渭《题墨葡萄诗》）

难以想象，一位衣衫褴褛的书画大家，是如何手执三尺白纸，迎着凛冽的寒风，步履蹒跚地沿街叫卖自己的画作。画纸上那一枚枚淡墨葡萄，在血色黄昏的映衬下，变成了一颗颗饱含着悲哀的晶莹泪珠。徐渭对自己身世的一声声低吟，沉重地滚动在古城的土地上，沉痛地叩打着每个百姓的心扉。

一颗价值连城、光彩夺目的明珠，惨遭闲抛闲掷，被权势的铁铲无情地掩埋于尘土之中。然而，金子总会闪光，明珠的光芒也终将会在有朝一日夺罅而出，重现光辉，历史的反复和循环不总是任凭权势支配的。

在徐渭去世前后，在浙江一带出现了一件怪事，那里的书香人家家中，相继挂起一幅幅署名"田水月"的字画。此人的作品骨力苍劲，画风狂放，水墨淋漓，意境深远，透着一股磊落不平之气。"田水月"的字画得到官宦和百姓的普遍喜爱，不过人们并没有太在意他的来历身份。当然谁也不会料想到这个陌生画家挟带来的一股清新而独特的画风，将会给千年中国画坛带来多大冲击。更无人会将这位名不见经传的画家的出现，和中国书画艺术将要发生的深刻变化联系起来。

而这种令人耳目一新的绘画艺术，却引起了著名文学家袁宏道的注意。这个袁宏道可不是等闲之人，他是明朝文学一大流派"公安派"的领袖，清前期四大诗歌理论派别之一"性灵说"的鼻祖。作为一位文坛领袖的他，几经查询也始终未能弄清这位"田水月"究竟是何方仙家。

在徐渭去世 4 年之后，袁宏道于万历二十五年到绍兴访问好友——哲学家陶望龄。一天晚上，他坐在陶家书楼，随意浏览他的藏书，无意中发现了一卷名为《阙编》的诗，纸粗质劣，字迹模糊。袁宏道在灯下翻阅几首之后，竟大为惊叹，急问作者是今人还是古人。他在后来写的著名散文《徐文长传》中记叙了当时的情景：

一天傍晚，坐在陶望龄家的楼上，随意抽取书架上的书阅读。拿到一函名为《阙编》的诗，纸质低劣，装订粗糙，印刷质量很差，字迹模糊不清。稍稍靠近灯下阅读，读了没几首，不由吃惊地跳起，连声急呼陶望龄，问他“《阙编》是谁作的？是今人还是古人?”陶望龄说：“这是我的同乡前辈徐天池先生写的。先生名渭，字文长，嘉靖、隆庆年间人，五六年前刚去世。如今书画卷轴题额上署名‘田水月’的，就是他。”我这才醒悟历年来对一些书画作者疑惑不定，其实都是这位文长先生。再说，在现今诗歌创作陷于低迷的时候，得到这样一本稀奇的诗集，正如做了噩梦得以惊醒。两个人激动得跳起来，在灯下一边阅读一边惊叹，一边惊叹一边阅读，把陶家睡着的人都惊醒了。

袁宏道直到此时才知道，原来自己一直在苦苦寻找的“田水月”就是徐渭，“田水月”三字合在一起就是“渭”字！正统的画坛并没有给这位穷画家留下一席之地，但他却已被民间供为艺术之神。袁宏道又想起年轻时看到北杂剧中有一部《四声猿》，一直以为是元人作品，原来竟也出自徐渭之笔。此后，袁宏道逢人便称道徐渭“有明一人”，应列明代第一。

从未与徐渭谋面的袁宏道，在了解了徐渭的不幸身世及其超人的才略品行后，怀着由衷钦佩和深刻同情的心情，决定为其刊印文集并为之立传。在被收录于《古文观止》的《徐文长传》一文中，袁宏道为徐渭的平生不得志而三发叹息之声：

（文长）视一世士无可当意者。然竟不偶。——（文长）恃才傲物，世间一切事物没有能入他眼目，然而却始终没有机会一展身手。

文长既雅不与时调合，当时所谓骚坛主盟者，文长皆叱而奴之，故其名不出于越，悲夫！——文长志趣高雅，不与时俗合调，对当时的所谓诗坛的领袖人物，文长都加以贬斥，所以他的名气也只局限在家乡浙江一带，这实在使人感到悲哀！

然文长竟以不得志于时，抱愤而卒。——然而文长最终却因在生前的不得志，怀着一腔怨恨而死去了。

在结语中，袁宏道记下了他和徐渭之友梅客生说的一段话：“文长吾老友，病奇于人，人奇于诗。（诗奇于字，字奇于文，文奇于画）”并引发了他的又一次悲叹：

余谓文长无之而不奇者也。无之而不奇，斯无之而不奇也。悲夫！——正因为徐文长是个无处不奇特的人，无处不奇特，也就注定他一生命运无处不艰难坎坷。真是悲哀啊！

二

在这位名流的大声疾呼下，徐渭的才华和成就终于引起人们的重视。特别是他在绘画方面的杰出成就，使徐渭在其身后受到许多画坛巨匠的顶礼膜拜，被尊为青藤画派的始祖。

对于徐渭来说，当初也不会想到自己竟能成为一个大画家。他自以为（实际上也是如此）才高八斗，学富五车，仕进才是自己追求的方向。但忙碌到逾不惑之年，结果仍然是竹篮子打水，到头来还是风尘一布衣。于是本来只是茶余饭后寄托闲情，即兴作画而已，殊不知“无心插柳柳成荫”，后来竟以此谋生而且成就了他的一生。他对自己的绘画成就并不看重，“老来戏谑涂花卉”，在自我评价中“画”居最末，在其“书”、“诗”、“文”之后，而历史给他的鉴定却是他的绘画成就最大，绘画使他成为中国画坛的划时代人物。

严格地说，徐渭是王阳明的学生。当王阳明的“心学”在哲学领域异军突起以后，风靡一时，虽然被朝廷视为异端邪说，但对当时和后世的哲学、思想、文化、艺术产生了深刻的影响。作为“心学”的一个组成部分，王阳明提出以意为中心统一情、志的美学思想，直接冲击了以“志”为本、业已趋于僵化的传统理学美学，促进了传统美学向近代美学的转变。王阳明的信徒李贽则提出“童心说”，主张以个体自然的情（真感情、真性情）为中心，进一步发展了王阳明美学以意为中心的体系。

王阳明心学思想的启示，使徐渭萌生了“万物贵取影”、“不求形似求生韵”、“根拨皆吾五指栽”，绘画当以表现心灵为重的美学观念。桀骜不驯的性格和颠沛落魄的经历，进一步促使他开创了青藤画派，开创了中国泼墨写意山水的时代。他的标新立异之作，吹皱一池凝滞的死水，使中国画从重“形神皆备”、主客观兼顾的文人画而转向了“意在象外”的重主观、次客观的大写意画发展阶段。

徐渭的画恣肆狂放，水墨淋漓，气格刚健而风韵妩媚，具有诗一般的抒情性和韵律感，令人感到意气风发、情趣盎然。他的绘画新颖奇特，打破了花鸟画、山水画、人物画的题材界限，而他在大写意泼墨花鸟画上的杰出成就，更是他标新立异的首创之举，也是对传统画法的重大突破。在画史上他与陈淳并称为“青藤”、“白阳”，他被公认为我国大写意画的宗师，在美术史上有着很高的地位。

写意花鸟在两宋时尚处于朦胧期，到明中期，花鸟画虽采用了写意技术，但在审美意趣上却沿袭了工笔花鸟的自然写生。当徐渭进入这一领域后，将其孤愤疯狂的心态尽情挥洒到花鸟画创作上，他笔下的花鸟画不再是自然花鸟的再现，也不再是文人士大夫集体精神、人格理想的载体，而升华为个人独特人生经验与精神世界的象征符号，从而赋予了花鸟画实际也就是中国画从未有过的审美价值。天降大任于斯人，这种突破性创造性的革命非徐渭莫及，他的罕见智商、自我精神、惨痛经历和艺术素养，为他创造了一飞冲天、独领风骚的所有条件。

学者认为，出现在17世纪中国画史上的奇人徐渭，足以与19世纪末20世纪初欧洲绘画史上巨匠梵高相比拟。梵高掀开了欧洲绘画史的崭新一页，欧洲绘画从此进入了“现代”阶段，欧洲社会文化也发生了巨大转变。徐渭的画呈现出中国绘画中最强烈的抽象表现主义，同样掀开了中国画的崭新一页，但却未能使中国画出现历史性的转变，更不可能建立起新时代的美术价值标准。如同陶渊明未能将其田园山水诗引领诗坛、改变诗风一样，徐渭的布衣身份和平民地位，不可能使他成为艺术潮流的领军人物，何况在他生前竟无人能读懂其作品的艺术价值。他的艺术成就和创新最终被中庸之道雕琢修饰，兼容于一脉相承的传统中。直到今天，徐渭和八大山人都被有意解读为一个笔墨语言大师，而极力淡化他们绘画的表现性意义与价值。

徐渭的泼墨写意花鸟画，兼收各家之长而不为所限，大胆变革而自成一家。他的写意画，无论是花卉还是花鸟，皆一挥而就，在似与不似之间，为欣赏者营造出一片开阔的审美天地。他对笔下的四时花木运用勾、点、泼、皴等多种笔墨形态，将牡丹之雍容、紫薇之隽秀、翠竹之萧疏、霜菊之孤傲、寒梅之挺洁的神韵刻画得入木三分。这不是一般的描摹物象，而是艺术的加工，使之蕴含某种内在的气质、精神，这种气质、精神又使欣赏者有如临其境之感。最难得的是，不论在怒放的鲜花还是在欲滴的翠叶中，无处不奔泻着他的生命之流，燃烧着他的精神之火。徐渭在他的画梅中题曰：

从来不见梅花谱，信手招来自有神，
不信试看千万株，东风吹着便是春。

在徐渭的《牡丹焦石图》、《石榴》、《雪蕉图》、《墨牡丹》、《月竹》等许多画作中，花果都是一气呵成，驱墨如云，气势逼人，又恰如其分地驾驭笔墨，轻重、浓淡、疏密、干湿极富变化。墨法上既呈现随意浸渗的墨晕，又见控制得宜的浓淡。他大刀阔斧地舒展梧桐和芭蕉，使之直冲画外，不见首尾，与密如骤雨的葡萄、虬如蟠龙的藤蔓构成了巨大的张力，呈现出一派豪放境界。他的水墨葡萄，串串果实倒挂枝头，水淋淋鲜嫩欲滴，形象生动，茂盛的叶子以大块纵横驰骋的水墨点成，风格疏放，不求形似，代表了他的大写意花卉的风格。郑板桥看到了他的作品，爱不释手，甚至竟以“五十金易天池石榴一枝”了。

诗、书、画的三者合一，是徐渭艺术功力与成就的集中表现。徐渭的书法，跌宕纵横，力透纸背，融汇于绘画中，“笔中用墨，墨中用笔，墨以笔为筋骨，笔以墨为精英”，千变万化，意深境远。书画之中再加上豪放不羁的诗文，使徐渭的作品成了价值连城的中华瑰宝。他在一幅《螃蟹》画中题诗曰：

稻熟江村蟹正肥，双螯如戟挺青泥，
若教纸上翻身看，应见团团董卓脐。

以横行一时的螃蟹表示对权贵和奸佞的蔑视和憎恨，不仅抒发了人们的心头之恨，而且也让人忍俊不禁。后来以“螃蟹”为题材的画作接连面世，民间还出现了当民众痛恨的权贵失势之后，家家户户抢买螃蟹佐餐、痛饮茅台相庆的情景。这一聪明而幽默绝顶的专利权，还应归于徐渭吧。

有趣的是，除了才气、狂气造就了一代奇人之外，还有一种酒气，也是徐渭成功的奥秘之一。徐渭仿佛是带着一身酒香、一身醉态落胎人间的，他曾题画自喻：

不负青天睡这场，松花落尽尚黄粱。

梦中有客刳肠看，笑我肠中只酒香。

醉中作画、品画，酒酣画成，醉后题诗，是奇才徐渭创作的奇怪特点和习惯。他在《与言君饮酒》诗中说：

今日与君饮一斗，卧龙山下人屠狗。

雨歇苍鹰唤晚晴，浅莘黄芽寒兔走。

酒深耳热白日斜，笔饱心雄不停手。

对于徐渭来说，酒醉之中，醉眼蒙眬，不仅神思飞逸、浮想联翩，而且超越世俗，窥见了画中的奥秘和真谛。他在《为郑先生题画四首值大醉》（之三）中曰：

春雨潇潇醉酒尊，何人命咏牧图浑。

溪寒月落牛自渡，老牧醉眠何处村？

老牧醉眠何处村？瞻前思后，悲愤平生，徐渭唯有把酒怅问青天：人间如此不公，这是为什么？同时借酒力的麻醉，远避尘寰的喧嚣，使自己得到了片刻的安宁。他曾题诗说：

取酒聊自慰，兼以驱愁悲。

展画向素壁，玩之以忘饥。

在酒醉中放浪佯狂，以求须臾的自由解放，借酒固然可以遣悲，借醉也不妨痛快淋漓地痛骂一番皇帝老子，岂不快哉。这是徐渭大智大勇的表现，毋庸讳言，这实际上也是他大悲大哀情绪的一种流露。

三

徐渭以百折不挠的精神，及其“惊涛拍岸，卷起千堆雪”的大手笔，在荆棘丛生的古原上开拓了艺术新路。他开创了青藤画派，开创了中国泼墨写意山水的时代。为了开辟这条新路，徐渭洒了一生血，洒了一路血，点点滴滴都化成了道边闪亮的路标，引导着后人的前进。他那纵横驰骋、不可一世的大写意画法，使明代之后的画风为之一振。

在中国书画艺术史上，明代是一个标志性的重要阶段，而徐渭就是明清大写意画派的开山大师。八大山人、“扬州八怪”，史叔考、陈洪绶、任伯年、吴昌硕等，一个个从青藤画法上脱颖而出。这条大写意的画线延伸了四百年，这股大写意的画风也演绎了四百年。随后的八大山人继承青藤画法，把徐渭创造的大写意画法推向了又一高峰，再经石涛、“扬州八怪”的发展变化，大写意的艺流一泻而下，从晚明、清代以至近现代，几乎覆盖了整个画坛。

奇纵不凡的石涛观徐渭之画，深为其才情和艺术所倾倒，曾写诗赞曰：

青藤笔墨人间宝，数十年来无此道。

老涛不会论春冬，四时之气随余草。

性格孤傲的两代艺术大师郑板桥、齐白石，也心甘情愿地拜倒在这位青藤道士的脚下。用郑板桥的话来说：“文长（徐文长）、且园（高且园）才横而笔豪，而燮（即郑燮——郑板桥自己）亦有倔强不驯之气，所以不谋而合。”为表示对徐渭的虔敬，郑板桥还刻过一枚自用印章，文曰：“青藤门下走狗。”齐白石的话说得更令人感动：“青藤、雪个、大涤子（石涛）之画，能纵横涂抹，余心极服之。恨不生三百年前，为诸君磨墨理纸。诸君不纳，余于门外饿而不去，亦快事也。”他还以一首诗倾吐肺腑：

青藤、雪个（朱耷）远凡胎，缶老（吴昌硕）衰年别有才；

我欲九原为走狗，三家门下轮转来。

尽管徐渭自言：“吾书第一，诗次之，文次之，画又次。”但由于画名太高，以致使人们往往疏忽了其在诗文、书法、戏曲艺术领域中所显示的才艺。徐渭的诗文，嬉笑怒骂，皆成文章。明代的诗坛，差不多为前后七子的背影所笼罩，他们所鼓吹和推动“文必秦汉，诗必盛唐”的拟古思潮，流弊甚广。徐渭对这种“鸟学人言”的因袭诗风提出了尖锐的批评，强调“本色”、“自然”，从正统走向通俗，并开启了浪漫风格。徐渭诗出李白、李贺之间，文章源于苏轼，而终不失其为自我。他的创作风格丰富复杂，既有豪壮纵逸、境界开阔之作，也有奇崛险怪、凄清诡异之诗，甚至还有细腻温厚之篇。

神宗万历三年，徐渭在出狱不久去南京时，曾特地拜谒了明太祖朱元璋的孝陵，写下了《恭谒孝陵》一诗。这首诗是他当时“破帽青衫”境遇的真实写照，慨叹了此刻在寒风中“白头落魄”的苍凉破碎心情。但即使落魄于此，傲气却未削减，骑一头疲惫不堪的瘦驴，如果碰上官轿也不想让路：

二百年来一老生，白头落魄到西京。
疲驴狭路愁官长，破帽青衫拜孝陵。
亭长一抔终马上，桥山万岁始龙迎。
当时事业难身遇，凭杖中官说与听。

最先就是在阅读徐渭诗文时发现这位奇才的袁宏道，在《徐文长传》中对其诗文的成就作了热烈的赞扬：

虽其体格时有卑者，然匠心独出，有王者气，非彼巾帼而事人者所敢望也。文有卓识，气沉而法严，不以摸拟损才，不以议论伤格，韩、曾之流亚也。

先生诗文崛起，一扫近代芜秽之习，百世而下，自有定论，胡为不遇哉？

将徐渭的文章比同唐宋散文八大家韩愈、曾巩，评价不谓不高；又赞其诗文一扫近代文坛芜杂污浊的文风，“有明一人”，将他树为明代文坛里程碑式的人物。

徐渭的书法作品充分表现了书家纷杂而激扬的主体情绪。对徐渭的书法，袁宏道曾有驾于“不论书法而论书神”之上的评语。明末清初著名文学家、史学家张岱，将徐渭的书画与王维的诗画相比较：“今见青藤诸画，离奇超脱，苍劲中姿媚跃出，与其书法奇绝略同。昔人谓摩诘之诗，诗中有画，摩诘之画，画中有诗；余谓青藤之书，书中有画，青藤之画，画中有书。”（张岱《陶庵梦忆》）

而徐渭在文化的另一领域的杰出成就，使他又成为一位天才的戏剧大师。兴盛一时的元杂剧，到徐渭的时代已经成了落幕前的尾声，就在北曲衰落和南曲兴盛的过渡期，徐渭的杂剧集《四声猿》问世了。在诗文、绘画、书法中张扬个性、挥洒自如，袒露真情的徐渭，在戏曲领域亦是如此。

《四声猿》“意气豪达，与近时书生所演传奇绝异”（袁宏道《徐渭集·附录》），透过喜剧、闹剧的气氛，怒斥封建制度，鼓吹进步思想，并且以独树一帜的艺术风姿而大放异彩。《四声猿》语出郦道元《水经注》“猿鸣三声泪沾裳”，由四个故事《狂鼓史渔阳三弄》、《玉禅师翠乡一梦》、《雌木兰替父从军》、《女状元辞凰得凤》组成，但各自成戏，风格却大致相同，被称为明杂剧第一。徐渭的戏曲作品，犹如一股清新的春风，吹向陈陈相因、萎靡不振的中国剧坛，著名的曲律家王骥德、戏曲家汤显祖，都对其予以高度评价并推崇备至。

在历代的画家中，诗书画“三绝”者，难以找到一个像徐渭那样诗书画剧“四绝”的全才。他五指并用，四面出击，在最艰难的条件下，同时攀登上绘画、诗文、书法、戏曲的文学艺术高峰，实在是个奇迹。但是最神奇的是徐渭这样一个文学艺术家，居然还是一个出色的军事家。他在辅佐浙闽总督胡宗宪参加抗倭斗争时，不仅参与了不少重要机谋，并且在《拟上督府书》等文章中提出治兵之术；他出谋“擒徐海，诱王直”（倭寇），屡建战功，深得胡宗宪的器重。后来又在辽东总兵李成梁的府中教授其子李如松、李如柏兵法，还在塞外结识蒙古首领俺答夫人三娘子。

综观整个明代，以博学多才而论，后世学者公认有三人最强，把他们统称为“明朝三大才子”。他们是：永乐年间的第一才子——《永乐大典》总编纂管解缙；人称“无书不读”、被评为博览第一的杨慎；最多才最悲惨，诗、书、字、画、曲、小说乃至兵法计谋样样精通的徐渭。

五指并用，四面出击，徐渭在最艰难的条件下，同时攀登上绘画、诗文、书法、戏曲艺术的高峰，创造了令人难以置信的奇迹。因此，对徐渭来说，冠以“天才”的称谓，已经显得分量过轻了，后人想出“奇才”之称加冕于他，也许还算贴切一点。

四

“几间东倒西歪屋，一个南腔北调人！”

这是徐渭晚年在《青藤书屋图》中的自我题像，两句话已经成为怆然了四百年的一声怅叹，愤懑了数代人的一声泣诉。

徐渭，家乡父老更亲切称呼他为徐文长，文长是他后来改的字。在当地，他的名字家喻户晓，他的故事流传世代。在绍兴人的心目中，他是真正的古越传人，永生永世的绍兴人民代表。他一生中的大部分岁月都是蜗居小城。诞生和生活在这座人杰地灵的名城，对他来说，究竟是幸运还是不幸？

在徐渭的一生中，从诞生百日老父去世，到 73 岁时凄然病逝，经历了太多的苦难，集中了人间的不幸。他的时代，他的身世，颇有点像南宋民族英雄文天祥在《过零丁洋》中的自述那样："山河破碎风飘絮，身世浮沉雨打萍。"文天祥死得英勇、壮烈，徐渭当然不能与之相比，但是又不能不看到，文天祥毕竟当上了末代宰相，总之给了他一个显露英雄本色和施展个人才能的机会，而徐渭则是英雄失路，托足无门，时代把他通往仕途、大显身手的大门统统封闭了。

嘉靖元年（1522 年），徐渭诞生于浙江绍兴府山阴城大云坊的一个官僚世家。他初字文清，改字文长，号天池山人，或署田水月、青藤老人、青藤道人、青藤居士、天池渔隐、金垒、金回山人、山阴布衣、白鹇山人、鹅鼻山侬等别号。少年徐渭天才超逸，"六岁受《大学》，日诵千余言"、"书一授数百字，不再目，立诵师听。"10 岁仿扬雄《解嘲》作《释毁》，文字豪放，"指掌之间，万言可就。"20 岁成生员后，终因文章"不合规寸，摈斥于时"，连应八次乡试不中，终身与功名无缘。

嘉靖三十六年（1557 年），徐渭以文才出众被胡宗宪招为幕僚，入幕即为胡作《进白鹿表》而受到皇帝赏识，由此开始了他一生中最得意和风光的短暂岁月。胡宗宪受严嵩所累被免职，后来被逮入狱自杀，死于狱中。徐渭惧祸以致精神失常，作了一篇文辞愤激的《自为墓志铭》后，九次反复自杀，"引巨锥刺耳，深数寸；又以椎碎肾囊，皆不死"，但却误杀继妻张氏，因而下狱七年。幸有礼部侍郎诸大绶、翰林编修张元忭等挚友看重徐渭文才，以自己的地位和影响，疏通在京做官的绍籍人士，使论罪当死的徐渭得以在万历改元之际，大赦出狱，此时徐渭已逾知天命之年。

豪气凌霄、才情过人的徐渭居然还能死里逃生，实属他的大幸，应当说，更是家乡绍兴的大幸，中华文明的大幸。但是未来的出路在哪里呢？徐渭仰望长天，喟然叹息，在《榴实图》之画中题诗一首，寄情于物，倾诉了一腔悲愤：

山深熟石榴，向日便开口：
深山少人收，颗颗明珠走。

徐渭这颗灿烂的时代明珠，不得不悄然离开家乡。但他并不是逃逸，也不指望人间有桃花源或蛰伏于避风港。为了增长才干，实现理想，他踏上了北上的旅程，寻访辽、晋和南北二京的名山大川，幽谷古刹。一个江南文人，第一次目睹和领略了广漠恢宏的北国景象，不禁大开眼界。天高云淡，野旷林茂，山奔海啸，风鸣沙舞，给了他一股粗犷豪放的灵气，激扬着他的文学灵感。然后，他怀着丰收的希望，又悄然地回到了难舍难忘的绍兴。

如果徐渭是在蟾宫折桂后荣归故里，那么半个小城都会向他微笑致敬；要是状元及第，也许整个小城都会掌声雷动。然而，此刻踽踽穿行于街巷走向落寞寓所的徐渭，却是一个落魄的游子，无为的布衣。小城的脸变形了，向他投去的是鄙夷的目光。尽管这是一座文化悠久的古城，但终究逃脱不了中国城市的世俗共性，这里同样存在着官本位的观念误区。几千年来官本位一直误导着一个古老的民族，有时甚至成为导致国运衰微的渊源，这岂非是民族的悲哀？

人情冷漠，世态炎凉，对于历经重重磨难的徐渭来说，已不放心上了。但是他不在意并不等于他不注意，恰恰相反，他以特别敏锐的一双慧眼，自觉和不自觉地观察、搜索和剖析着他深恶痛绝的罪恶世界。他几次想离开这个世界而终究不能，只好做一匹被套上缰绳的骏马，毫无自由，任凭一些弄权的奴才、蠢材和庸才抽打、驾驭，在他们粗声的吆喝下，奔走在黑暗的原野上。

徐渭岂能甘心做这样的奴隶和走狗？但他的人生经验告诉他，纵然他是神通广大的孙悟空，也难以从如来佛的手掌中逃逸。当年不为五斗米而折腰的陶渊明，选择了一条归居田园、远避尘嚣的逃遁之路；而如今徐渭则追随先师济公，以喜怒无常、装疯卖傻来应付、嘲弄和对抗这病入膏肓的社会。他的选择，当然是极大的进步，但同时也是十分艰难。

不难理解，在徐渭的人生苦旅中，虽然有过真正的但却是短暂的精神失常，而更多的却是对人间嬉笑怒骂的佯狂。他被称为“病奇于人，人奇于诗”，一位奇人奇事的“狂生”。他的狂气，是他倔强不驯、刚直不阿的狂放性格的强烈表现，是他疾恶如仇、目无权贵的反抗精神的集中反映。而正是这种狂气，使他的才气迸发，才造就了他在书法、绘画、诗文、戏曲等多方面的卓著成就。袁宏道在《徐文长传》一文中曾感慨万端地评论徐渭：“强心铁骨，与夫一种磊块不平之气，字画之中宛宛可见”，“晚年愤益深，佯狂益甚”，“放浪曲糵，恣情山水”。

徐渭在文学艺术乃至军事等多方面的高度造诣及优秀作品，使名城绍兴和它的市民引为骄傲；然而他在家乡遭受的无情折磨和悲惨境遇，却又着实使古越后人感到难堪和不平：历史文化名城绍兴竟然如此残忍地摧残过一位才华横溢的大师——其实，何止一位，但徐渭是被鞭挞得遍体鳞伤的一位！

“眼空千古，独立一时”，这是袁宏道对徐渭一生的精辟总结和高度评价。生前历经艰难苦恨、受尽奚落嘲弄的徐渭，从来没奢望过在身后享有如此崇高的荣誉。他不容黑暗的现实，而现实同样也不容他。因此他在晚年自称“畸人”，自料死后在正史上不会有传，在临死前自撰年表《畸谱》之后，这颗掠过明末画坛、书坛、文坛、剧坛“光芒夜半惊鬼神”的巨星，在把胸中郁愤统统发泄出来之后，就头也不回地走了。

赤条条地来，又赤条条地去，这是徐渭生老病死的真实写照。他离开世间，作别家乡，什么也没有留下。袁宏道曾千方百计地搜集徐渭遗作，曾托在越地做官的科举同年抄录他的诗文，至今没有得到。所见到的只有《徐文长集》、《阙编》两种而已。幸喜徐渭诞生和青少年时代读书之所，并与他朝夕相处至少20年的青藤书屋，虽几经变卖而最后得以幸存至今。

自徐渭去世后，为了表示对他的敬重和纪念，山阴进士金兰首先发起保护书屋的倡议和活动。书屋历经几代人易手，都加以修葺和妥善维护，直到最终由越人陈元波购置，陈家后人一直将书屋原貌保存下来，并于

1955年送交国家管理。时下报端常有披露古代文物被毁事件，一些无耻之徒甚至盗卖国宝出境，利令智昏，风气败坏至此，令人痛心和忧心。相比之下，陈氏家族的品行，在那些侏儒小人、一尺之魔面前，尤显得堂堂正正，道高一丈。

青藤书屋之名来自院内小天井中的一株青藤，此藤原为徐渭手植，枝干蟠曲，大如虬松，覆盖“天池”。徐渭曾有诗云：

吾年十岁植青藤，吾今稀年花甲藤。

写图寿藤寿吾寿，他年吾古不朽藤。

徐渭对斯地感情之深，连他的别号“青藤”和“天池”亦源于此。更有一绝，青藤书屋一度曾是明末大画家陈洪绶（老莲）的寓所。郭沫若在生前访问绍兴时，曾专门步入位于弄中之弄的青藤书屋，怀着崇敬之情瞻仰了徐渭这位古代奇才，并以“庭园虽小，清幽不俗”八个字，评价了书屋的别有风韵。

明、清以来，到青藤书屋凭吊、怀念徐渭的有很多名人，如明代爱国文学家王思任、明代著名思想家黄宗羲等，都写下了深刻同情和十分推崇徐渭的诗文。徐渭之死，他们为之惆怅，同时又向社会大声疾呼，徐渭之后谁能继承正道？“青藤道士既辞世，雅道而今谁与担。”（明·王思任《过青藤宅》）但是，使他们感到庆幸的是，徐渭虽然走了，但他手植的青藤依然活着，而且他们深以为青藤是不朽的：

文长曾自号青藤，青藤今在城隅处。

离奇轮囷岁月长，犹见当年读书意。

（明·黄宗羲《青藤行》）

山人一去几霜星，门巷依然鬼有灵。

池水已消当日墨，藤枝犹似昔年青。

（清·周晋锞《青藤书屋》）

不料在20世纪60年代完好保存了四百余年的青藤，竟被现代越人所掘，珍贵的不朽藤从此灭迹，成了书屋留下的永远遗恨。

四百年前的徐渭被时代折磨致死，我们也许能够找到原因，但徐渭的心爱之物青藤被摧残致亡，这又能从哪里找答案呢？

——锋镝牢囚取次过，依然不废我弦歌（明末·黄宗羲《山居杂咏》）

不废我弦歌

——明末清初思想家黄宗羲、顾炎武、王夫之

一

一位与顾炎武、王夫之并称为“明末清初三大思想家”、头戴“中国思想启蒙之父”桂冠的大师黄宗羲，竟令人难以置信地与“囚徒”、“游侠”、“山寨王”等不光彩的头衔联系在一起。

天启五年（1625 年），东林党“六君子”杨涟、左光斗、魏大中、顾大章、周朝瑞、袁化中，在与魏忠贤及阉党的斗争中殉难。次年，魏忠贤又逮捕东林党高攀龙、周顺昌、周起元、缪昌期、李应升、周宗建、黄尊素七人。高攀龙投水而死，其余六人死于狱中，时称为“后七君子”。他们以忠肝义胆谱写了一曲辉映史册的慷慨悲歌。

后七君子之一、担任过明天启年间御史的黄尊素正是黄宗羲的父亲。他在受尽酷刑含冤而死那年，黄宗羲只有 16 岁。崇祯元年魏忠贤遭斩杀，19 岁的黄宗羲怀锥入京申冤。在审讯时，他与仇人当庭对质，怒火中烧，

取出怀中之锥击刺阉党党人许显纯；又痛殴崔应元，拔其胡须代头祭于他父亲的灵前。恨犹未了，黄宗羲前往监狱中，找到曾殴打并杀死其父的两个牢卒，一并杀之，痛快地为父亲报了仇。在审讯阉党党人李实时，他复以锥刺之。黄宗羲一下子出了名，人称“姚江黄孝子”，连崇祯皇帝也叹其为“忠臣孤子”。

崇祯末年，朝政腐败，社会矛盾更趋激烈，江南几十个文人社团合并成立复社，以东林党后继为己任，主张改良，黄宗羲成为其中的一名重要成员。由于以黄宗羲为首的复社士子联名写了《留都防乱公揭》，矛头直指贪赃误国的南明朝廷权臣阮大铖，因而遭到迫害，黄宗羲“遂与顾子方（顾杲）并逮”。其时清军南下，南京朝夕不保，黄宗羲乘机“踉跄归淛（浙）东”，举旗抗清。他与两个弟弟“纠合黄竹浦子弟数百人，随诸军于江上，江上人呼之曰‘世忠营’”。后来又安营扎寨于四明山，先后达数年之久。

坐过牢、做过“盗”、当过“山寨王”的黄宗羲，在抗清斗争失败后，为了逃避追捕，携带家眷逃进剡中深山，精研兵法历算，等待时机。当获悉监国鲁王在闽中打开局面的消息时，黄宗羲前往追随，过了一段短暂但极其艰苦的海上生活。无奈大势已去，时不再来。

顺治十年（1653 年），鲁王被摘掉监国的称号，“海氛渐息，无复所望”，黄宗羲才怏怏地“奉母返里门，毕力著书”。从此过着“出而耕樵，入而诵读”的隐居生活，开始了他下半生的著述生涯，这一住就是三年。在此期间黄宗羲写下著名诗篇《山居杂咏》，在《山居杂咏》（其六）中描述了他在山居耕读自给自足的简朴生活：“农舍”兼“书斋”，“犁锄”共“翰墨”，“牛宫豕圈”和“药灶茶铛”都成为诗人抗贫养家、诵读治学的物质基础。诗曰：

数间茅屋尽从容，一半书斋一半农。
左手犁锄三四件，右方翰墨百千通。
牛宫豕圈亲僮仆，药灶茶铛坐老翁。
十口萧然皆自得，年来经济不无功。

经历了十年烽火，曾经千里奔波，一旦归隐山居，著述教学，黄宗羲对追求自己理想、实现人生目标依然满怀信心。

晚年的黄宗羲在自题画像时，对自己的一生经历作了精辟的总结："初锢之为党人，继指之为游侠，终厕之于儒林，其为人也，盖三变而至今。"跌宕起伏的人生"三变"，简练地叙述了他从19岁后所走过的坎坷之路。

黄宗羲（1610~1695年），字太冲，号南雷，学者称梨洲先生，浙江余姚黄竹浦人。早年他师事晚明儒学殿军刘宗周，刘宗周是山阴（今浙江绍兴）人，是继王阳明之后的大理学家，因讲学蕺山，世称"蕺山先生"。名师出高徒，学问博大精深的黄宗羲，早在崇祯末年就很有名气了。而半生的遭遇经历，使他对人生的体悟，对社会和政治有了更为清醒深刻的体会。四邻八乡都仰慕黄宗羲的学问人品，来请他讲学或者想跟他求读的人纷至沓来，黄宗羲遂决定将20年前刘宗周创办的"证人书院"恢复起来，重新开始讲学活动。

治学严谨，见解独到，提倡"实学"，不尚空谈，是黄宗羲一贯坚持的学风。他的治学原则，一讲究根基，主张"以六经为根基"，反对不读书的清谈；二重视博览群书，强调融会贯通；三主张经世致用，反对读死书，更厌弃迂腐之学。晚明以来，束书而谈、空洞浮躁的学术风气泛滥多年，黄宗羲的出现一扫积累经年的歪风。

由于多才博学，著作颇丰，于经史百家及天文、历算、音律、经史百家、释道、农工等诸多领域均有造诣，一时间黄宗羲在学术上声名鹊起，风靡天下，全国各地前来邀他讲学的人很多。黄宗羲的名声传到朝廷，康熙帝下令地方官员尽录黄宗羲的著作，并接连两次征召他赴京任博学鸿儒；后来康熙欲修明史，又再次邀他赴京主持史局。然而黄宗羲屡征屡辞，不入清廷，也从不参加清朝科考，终生布衣，表现出了安贫乐道的隐士情怀。

有一种看法认为，黄宗羲可以说是中国古代历史上最后一个大隐士。其实，把黄宗羲与历代大隐严子陵、陶渊明、王维、林和靖、倪云林等人放在一起，乃至让他跻身于伯夷、叔齐、老庄、鲁仲连等古隐士之列，委实有点穿凿附会。因为他与同时代的顾炎武等名儒，看似归去来兮、蛰伏乡间、超然世外、与世无争，其实他们是那个时代最热心于时局，而且从事着最激烈反清斗争的明末遗民。他们的“隐”是无奈之举，表明他们暂不与清王朝合作的决心，也表现了他们以退为进、用笔代刀讨伐清王朝的智慧。

因此，黄宗羲不是真正意义上的隐士，尽管他也有类似“采菊东篱下”的经历，但却没有“悠然见南山”的心境。他一直在冷眼看世界，深入地思考历史，热情地唤醒民众。倘若把他归入隐士的行列，就必然会引起很多不确切的解读，也会使他头上的绚丽光环变得黯淡。他与那些超脱现实、逃避社会的隐士们是没有共同语言的，而他那种敢于尖锐地批判封建社会的“异端”精神，对于历代德行清高、心无块垒地作“逍遥游”的隐士们来说，也无疑是夏虫不可语冰。

黄宗羲的治学以捍卫王阳明心学为己任，力主诚意慎独之说；但因深受阳明学影响，其“盈天地皆心也”的观点有唯心论的倾向。他反对宋学中“理在气先”的理论，认为“理”并不是客观存在的物质实体，而是“气”的运动规律，又具有唯物论的特色。他为后人留下了一部系统记载、总结论述明代学术思想发展、演变及其流派的《明儒学案》，这是中国第一部严格意义上的学术史专著。“晚年于《明儒学案》外，又辑《宋儒学案》、《元儒学案》，以志七百年来儒苑门户”。正是他推动中国哲学史研究从一般史学中划分出来，成为一门专门学科。

身为史学大家的黄宗羲倡言治史，坚决反对“不能通知一代盛衰之始终，徒据残书数本，谀墓单辞，便思抑扬人物”的腐败史学风气，竭力提倡精研史实、通达古今的史学学风。他更注重对乡邦文献及当今人物资料的整理和研究，在这种学风推动下形成的浙东研史之风，成为清代史家之开山祖。黄宗羲的弟子万斯同、全祖望、章学诚等皆以史学名家著称，师徒一起蔚为浙东学派。

他对明朝历史典故极为熟知，且多身历见闻，又善于叙事，因此他的散文从各种角度反映了明清之际大变动的社会面貌，尤其是明末东林、复社的反宦官斗争，南明政权内部抵抗派和投降派的斗争。他所写的传状、碑志文，不仅生动传神，而且涉及人物的方面很广泛。他带着强烈深厚的感情色彩，含着热泪为明末那些忠臣义士写墓志，以一支劲笔着力表彰他们的坚贞节操和壮烈行为。黄宗羲的诗也颇有成就，虽不及散文，但也留下了一些可诵之作。他的诗多故国之悲，怀旧之感，直抒胸臆，不事雕饰。

在为张煌言撰写的《墓志铭》中，黄宗羲以“丙戌航海，甲辰就执，三度闽关，四入长江，两遭覆没，首尾十年有九”，总结了挚友的抗清斗争历程，认为他的“北征”可和南宋末年文天祥的“指南”相提并论。他还撰文赞扬其老师刘宗周，成功地刻画了一个诤臣兼学者的形象，特别赞扬其倔强耿直的性格。

黄宗羲著书、讲学，对保存一代之史、维系礼教传统的文化传承，做出了突出的贡献，在其在生之年得到了清朝廷的认可和揄扬。从康熙元年直到 86 岁去世，黄宗羲在清康熙朝整整生活了 34 年，他的人生定位和文化选择，尽管饱含内心痛苦和遍尝人间辛酸，但毕竟是成功的。

康熙三十四年（1695 年），黄宗羲离开了他誓不共事的朝代和深深怀恋的故土。弥留之际，仍念念不忘“从俭而葬”，再次作诗示百家：

筑墓于今已八年，梦魂落此亦欣然。

莫教输与鸢蚁笑，一把枯骸不自专。

二

自 1654 年起到 1695 年去世的 41 年中，黄宗羲的著述生活走了三步：第一步是 1654 年到 1667 年，以整理自己在南明期间所形成的思想为主；第二步是 1668 年到 1685 年，他的主要精力大都放在讲学和经术的研究上；第三步是 1686 年到 1695 年，主要是编纂汇集和进一步整理自己的著作。黄宗羲的著作有《宋元学案》、《明儒学案》、《明夷待访录》、《律吕新义》、《易学象数论》、《大统历推法》、《今水经》、《黄梨洲文集》、《黄梨洲诗集》、《行朝录》等。

读过中国历史的国人不一定读得到黄宗羲，但学过世界历史的学生却必定记得卢梭，卢梭是 18 世纪法国大革命的思想先驱，是启蒙运动最卓越的代表人物之一。1762 年，卢梭最重要的著作《民约论》（今译《社会契约论》）问世了，书中宣示了一个石破天惊的原则：人生而自由平等，这是天赋的权利。国家则是自由的人民自由协议的产物。如果人民的自由为强力所剥夺，人民便有起来革命的权利，可以用强力夺回自己的自由。书一出版不仅无人问津，而且即遭法国当局禁止，卢梭也被迫逃往瑞士。但《民约论》很快产生了世界性的影响，从美国的《独立宣言》到法国的《人权宣言》，无不深刻地留下了卢梭思想的烙印。《民约论》被誉为是“人类解放的第一个呼声，世界大革命的第一个煽动者”。

然而法国人、美国人并不了解，另有一部从“民本”立场抨击君主专制制度的杰出著作，百年之前就在神秘而封闭的大清王朝问世。卢梭也不知道，一个与他志同道合的中国前辈，百年之前就已完成了和《民约论》所见略同的政治哲学著作——《明夷待访录》。从《明夷待访录》到《民约论》的百年间，正是西方资产阶级革命风起云涌，资本主义生产力取得长足进步的时期，但被清廷列为禁书的《明夷待访录》，却长期禁锢在封建专制樊笼中，并不断遭到封建文人的谩骂或“纠谬”。书作者黄宗羲的思想自然也未能随风飘扬、走出国门。

《明夷待访录》这部政治哲学的精华版，倾注了黄宗羲超越时空的智慧，集中了他主要的政治思想，表现了他纵横恣肆、宏伟浑朴的散文风格，因而也成为他人生篇章中最精彩最绚丽的一页。生活在激烈动荡如其所言的“天崩地解”时代，黄宗羲亲历了明亡清兴之际的一系列历史变故，又目睹满清人在一统中华后重新确立君主专制体制的政治大变动。几度风雨几度春秋，几多变故几多教训，使黄宗羲在追本溯源之后，“痛定思痛”，不仅对明清嬗替而且对整个中国历史的经验教训进行了深刻的反思。

于是，从顺治十年（1653 年）到康熙二年（1663 年）的十年间，他先后写作了《明夷留书》和《明夷待访录》两部政治思想专著，旨在总结“治乱之故”、“条具为治大法”。经过长期酝酿，黄宗羲于顺治十八年（1661 年）始作《明夷待记录》，康熙二年（1663 年）“十月，雨窗削笔”（《明夷待访录・题辞》），也就是补充修改完毕，并写了序言。这是黄宗羲一生中具有重大意义的一件大事，也是中国学术史上一件具有历史意义的事情。

“明夷”本为《周易》中的一卦，“夷”是“伤”的意思，“日出地上，其明乃光，至其入地，明则伤矣，故谓之明夷。”后因以比喻昏君在上，贤人遭受艰难或不得志。“待访”是希望此书成为后人之师，期待后代明君来访。全名的意思就是黎明前等待明君来访的备忘录。《明夷待访录》共有论文21篇，黄宗羲借着夏、商、周三代史事，托古改制，在其中的《原君》、《原臣》、《原法》、《学校》诸篇中，尖锐地抨击了“家天下”的专制君主制度，向世人传递了光芒四射的“民主”精神。

《原君》批判了现实社会之为君者“以我之大私为天下之大公”，矛头直指秦王朝以后沿袭下来的君主专制制度。《原臣》中指出皇帝以“法祖”为名，把宰相臣僚当作自己的“宦官、宫妾”，而封建朝廷之臣则“以谓臣为君而设者”为己任，“视天下人民为人君橐中之私物。”《原法》批评封建国家之法，乃“一家之法，而非天下之法”。

在《明夷待访录》中，黄宗羲以“三代之治”为楷模，用前无古人的充满民主思想的大手笔，描绘了一幅理想社会的蓝图。在他所设计的新型社会中，政治上首先伸张主权在民、君须为民服务的思想，让天下成为“天下百姓的天下”（《原君》）；同时主张实行君臣共治，为臣做官是“为天下，非为君也；为万民，非为一姓也”（《原臣》）；在法制和监督机制上，法律不是皇帝的“一家之法”，应当效法“三代之法，藏天下于天下者”（《原法》）。他设想未来学校，应该发挥社会舆论中心和议会的社会功能，使之具有议政参政的作用，“必使治天下之具，皆出于学校，而后设学校之意始备”（《学校》）。

在经济上，黄宗羲主张授田于民，实现仁义之治(《田制二》)。他主张减轻负担，“重定天下之赋，必当以下下为则而后合于古法也”（《田制一》）。他还指出，古代圣王实行重本抑末的原意是抑制奇技淫巧的奢侈品，以及一切民用迷信用品的生产和经营，并不是抑制正当的工商业(《财计三》)。他是中国历史上提出工商皆本的主张之第一人，为资本主义萌芽提供了理论根据。

《明夷待访录》这幅闪烁着民主思想光辉的蓝图，发挥了孟子的民本论“民为贵、社稷次之，君为轻”的思想，并演绎为以反对君主专制、强调万民地位为特征的新民本思想，达到中国旧知识分子探讨中国君主政治制度改良所达到的最高水平。虽然仍没有跳出圣人之治的窠臼，却鲜明地反映了明清之际唯物主义思想高涨的特点，成为近代民主思想萌芽的代表。同时代的大思想家顾炎武，高度评价这部书的价值："大著待访录，读之再三，于是知天下未尝无人，百王之敝，可以复起，而三代之盛可以徐还也。"

俟河之清，人寿几何，黄宗羲在有生之年当然不可能看到自己主张实现的一天，而且更无法预料在其身后200多年，当清末维新运动兴起时，他的观念成为了反封建的有力思想武器。维新派主将康有为称颂黄宗羲为"本朝之宗"，另一主将梁启超在《中国近三百年学术史》中评论《明夷待访录》时说："梁启超、谭嗣同辈倡民权共和之说，则将其书节抄，印数万本秘密散布，于明清思想之骤变，极有力焉。"维新派干将谭嗣同对《明夷待访录》等新民本思想代表作极为推崇，清末革命派章太炎、邹容等也都受到了它的明显影响。而中国民主革命的伟大先行者孙中山特地将翻印的《明夷待访录》赠送给日本友人。

历史翻到新的一页，1994年的第二期《改革》杂志刊登了清华大学教授秦晖的一篇文章，题为《农民负担问题的发展趋势：清华大学学生农村调查报告之研究（四）》，文中第一次提到一个新名词——"黄宗羲定律"。"黄宗羲定律"是在深刻反思历代田赋税制改革后，黄宗羲得出一个总结："积累莫返之害"。历史上三次改费为税，统一税制，开始都取到了减轻农民负担的作用，甚至出现"向来丛弊为之一清"的局面。然而每次变革不久，都为后来的加税增费垫高了门槛，使农民的负担进一步加重。

改革开放以来，中国在传统政治体制下进行的税费改革，也同样陷入了历史的怪圈。尽管时任总理温家宝郑重表示"共产党人一定能够走出'黄宗羲定律'怪圈。"随后全额免除农业税等一系列惠农政策从中南海被颁布于全国，意在让"黄宗羲怪圈"彻底失去存在的土壤。但不论在经济领域、教育领域还是行政领域，这一怪圈却随着改革一路攀升。

中国近代著名民主人士、民主同盟的领导人黄炎培，曾于抗战胜利前夕向毛泽东表明了自己忧虑，告诫中共要警惕黄宗羲怪圈，一旦掌权上升为统治集团，中共恐怕也跳不出历朝历代"其兴也渤焉，其亡也忽焉"的历史"周期率"。毛泽东给了他这样的回答："我们已经找到新路，我们能跳出这个周期率，这条新路就是民主。只有让人民起来监督政府，政府才不敢松懈；只有人人起来负责，才不会人亡政息。”这段对话在当时引起了强烈反响，被时人称为堪与千古“隆中对”媲美的“延安对”。

然而现实的天平并没有倾向于毛泽东的“延安对”，却依然偏爱那则“黄宗羲定律”。中国哪一天能摆脱历来朝代都走不出的怪圈呢？

三

“天下兴亡，匹夫有责”，这句爱国名言妇孺皆知。

语本出自清杰出学者顾炎武的《日知录·正始》：“保天下者，匹夫之贱，与有责焉耳矣。”而八字成文的语型则是梁启超的总结。

顾炎武（1613~1682 年），江苏昆山人。初名绛，学名继绅，字忠清；南都败后，改炎武，字宁人，号亭林，自署蒋山佣，人称“亭林先生”。他是一位在明清之际贡献卓著、影响深远的思想家，在经学、史学、音韵学、文字学、地理学、文学等领域都有所建树。他的学术研究，大至“治国平天下”的文韬武略，小到金石鉴定词章评点，几乎涉及人文科学的全部学科，而且都取得了创造性的成就，一生充满了浓厚的传奇色彩。

他自幼过继给叔祖顾绍芾为嗣孙，一直被年轻守寡、通晓文理的嗣母王氏抚养，“昼则纺绩，夜观书至二更方息。”“甲申（1644 年）之变”后，入关的清兵一路南下，顾炎武在苏州、昆山等地参加抗清斗争。清军攻陷昆山，死难者 4 万余人，顾炎武的两个弟弟战死，一弟媳遭羞辱自杀，生母何氏被清兵砍去右臂。顾炎武奉嗣母王氏避兵于常熟，9 天后常熟陷落。王氏闻昆山城陷，绝食 15 天殉国，临终时留下遗言：

> 我虽妇人，身受国恩，与国俱亡，义也。汝无为异国臣子，无负世世国恩，无忘先祖遗训，则吾可以瞑于地下。
>
> （顾炎武《先妣王硕人行状》）

此景此情，恰如李白在《荆州贼乱临洞庭言怀作》一诗所言：“修蛇横洞庭，吞象临江岛。积骨成巴陵，遗言闻楚老。”嗣母遗言，犹如黄钟大吕永远回响在耳边，顾炎武牢记一生，终生抗清。因敬仰南宋民族英雄文天祥的门生王炎午的忠贞品格，他更名炎武，字宁人，积极参加江南的抗清斗争。眼看一个个南明小政权先后瓦解，自己参与的抗清活动也一再受挫，顾炎武在顺治四年（1647 年）写下五言诗《精卫》，借咏“精卫填海”的精神，抒写自己坚定不移的抗清复明之志，无情鞭挞那些只顾经营个人窠巢的民族败类：

万事有不平，尔何空自苦。长将一寸身，衔木到终古？

我愿平东海，身沉心不改。大海无平期，我心无绝时！

呜呼！君不见西山衔木众鸟多，鹊来燕去自成窠。

从此顾炎武剪发改装，隐姓埋名，奔走于水陆码头，备尝艰辛。他先到镇江、南京，又北上清江浦、王家营，随后返回太湖洞庭东山，与抗清义军联络。在长期亡命生涯中，祸水不断泼到顾炎武头上。先是族人挑起争夺遗产的家难，随即昆山降清豪绅叶方恒，为了吞没顾家田产，以“通海罪”告发顾炎武，并私下对他绑架，企图加害。

民族败类的迫害，使顾炎武在江南已难容身。顺治十四年（1657 年）元旦，顾炎武在晋谒孝陵，然后返昆山，“晨上北固楼，慨然涕如雨。稍稍去鬓毛，改容作商贾”（《流转》），弃家北游。他以一腔浩然正气思念中原，在以往 7 年中曾六谒孝陵，以寄故国之思，北上前又在江边发下誓言：“功名会有时，杖策追光武”（《流转》），决计结纳各地志士，再举抗清大旗。

在后半生 25 年颠沛流离的流浪生活中，顾炎武足迹遍及鲁、冀、晋、豫等省，每到一地，考察山川形势，孜孜不倦地进行经世济民的实学研究，广交明师豪友，期望复明大业。根据他自己的记载，他从未在一地耽搁过三个月，友人送给他两匹马两匹骡，全部用来装驮书卷，临时雇用的仆役，都是步行，一年中多半在旅店，夜宿荒郊野寺也是家常便饭。

南明永历政权败亡两年后，康熙二年（1663 年）春，顾炎武和当代名士朱彝尊、李因笃、王士祯、阎若璩、屈大均、毛奇令等联袂来到太原，访问山西著名诗人、书画家傅山。怀着对亡明难以割舍的感情，他们在傅山居住的晋祠云陶洞里，一起对空奠酒，悼念崇祯皇帝；又一起议论诗文、击箸悲歌。顾炎武和傅山更是志同道合，二人在相识后吟诗酬唱，在《又酬傅处士次韵》一诗中，顾炎武写道：

清切频吹越石笳，穷愁犹驾阮生车。

时当汉腊遗臣祭，义激韩仇归相家。

陵阙生哀回夕照，河山垂泪发春花。

相将便是天涯侣，不用虚乘犯斗槎。

诗人一连用四位历史人物来比喻傅山的风骨和操守，说他像晋代名将刘琨（越石）吹奏胡笳，解了晋阳之围；像西晋阮籍驾车独游，虽末路穷途却仍继续前行；像西汉陈咸不畏篡位后王莽的权势，腊祭还用汉朝归制；像韩国的张良，亡国后散尽家财坚持反秦。夕阳的余晖照映着先明皇陵，春天妍丽的鲜花是用山河的泪水浇灌的。我们虽然相隔遥远，但是心有灵犀。全诗用典娴熟、感情深挚。

聚会之后，各奔前程，与会诸公中，王士祯、朱彝尊、阎若璩等后来都受清廷器重而为之效力，唯有顾炎武、傅山、屈大均数人志向不移，仍甘当“遗民”，始终如一地拒绝与清王朝合作。康熙七年，顾炎武因莱州黄培诗案遭诬陷入狱，后被友人营救获释。这场冤狱使他打消在山东章丘县大桑家庄定居著书以安度晚年的想法，继续其长途跋涉的流浪生涯。此时清政权脚跟已经站稳，文字狱日益严重，在文化高压政策下，顾炎武“退而修经典之业”，编著《音学五书》和《日知录》两书。

康熙十年（1671 年），住在京师外甥徐干学家中的顾炎武，受清大臣熊赐履设宴款待。熊赐履诚邀顾炎武参与修《明史》，被他断然拒绝。他说：“果有此举，不为介之推逃，则为屈原之死矣！”表明他宁愿像介子推被火烧死在绵山，像屈原怀石投跳汨罗江，也不愿从命。康熙十七年，清廷设博学鸿儒科，征举海内名儒。阁学叶方蔼和侍讲韩慕庐推荐顾炎武应征，他三度致书叶方蔼，表白“耿耿此心，终始不变”；并坚定地回答：“七十老翁何所求？正欠一死。若必相逼，则以身殉之矣。”次年清廷开明史馆，顾炎武又以“愿以一死谢公，最下则逃之世外”回拒熊赐履。

晚年的顾炎武与妻子一起，筑土室隐居于陕西华阴丛冢间，自署门联云：“妻太聪明夫太怪，人何寥落鬼何多。”隐居在穷乡僻壤，生活于困苦之中，他仍不忘毕生之志。这位在自己著作中批判君主专制的大学者，同时又对旧日的专制君主有着深深的缅怀之情，这种看似矛盾的情感，不应简单地理解为只是一种“遗民孤忠”，而应看作是对“天下”之亡、民族之衰的怀念和哀悼之情。

康熙十九年（1680年）十一月，顾炎武正北行至山西汾州，接到原配王氏于昆山病故的噩耗，悲痛不已。他在妻子灵位前痛哭祭拜，为她写了五首悼亡诗，其中一首云：

贞姑马鬣在江村，送汝黄泉六岁孙。
地下相逢告父姥，遗民犹有一人存。

“身负沉痛，不忘恢复”，诗人犹在诗中嘱托妻子：在地下你见到年迈的父母，请禀告二老吧，明朝的遗民还有我这个人。以悼亡之诗抒发民族气节，使抒发情感的悼亡诗达到了很高的思想高度。

两年后，康熙二十一年（1682年）正月初四，住在山西曲沃韩姓友人家的顾炎武，因上马时不慎失足，呕吐不止，初九卒，那年他正是古稀之年。他留给后世的，不仅是他反清复明的民族气节，更是他一生锲而不舍的治学精神及丰硕成果。在他以后，从著名学者龚自珍、魏源，乃至康有为、梁启超、章太炎等的学术研究中，都能找到其治学思想、治学方法的轨迹。梁启超对顾炎武的评价是：“论清学开山之祖，舍亭林没有第二人。”

顾炎武一生笔耕不辍，著述颇丰。有些已经散佚不见，留下的还有近50种之多。其主要作品有《日知录》、《音学五年》、《天下郡国利病书》、《肇域志》、《亭林文集》、《亭林诗集》等，对经义、政事、世风、礼制、科学、艺文、古事、史诗、天文、舆地等，均有精湛的研究，开创了许多学术门径。

内容丰富、贯通古今的《日知录》，是顾炎武“稽古有得，随时札记，久而类次成书”的代表作，成为他一生治学的结晶。在这部“平生之志与业皆在其中”的学术巨著中，寄托了作者的经世思想，也充分反映17世纪中叶的时代风貌。32卷本的《日知录》有条目1009条（不包括黄侃《校记》增加的2条），内容大体分为三类：经术、治道、博闻，而核心则是“治道”。

清初学者潘耒根据《日知录》的经世意义，将其内容大体划为经义、史学、官方、吏治、财赋、典礼、舆地、艺文八类。他对此书的评价是："意惟宋元名儒能为之，明三百年始未有也。"《四库全书总目》则从考据学术的意义分作十五类，即经义、政事、世风、礼制、科举、艺文、名义、古事真妄、史法、注书、杂事、兵及外国事、天象术数、地理、杂考证。这种划分虽有价值，但不免得其体而遗其神。

在《日知录》中，顾炎武提出了"风俗衰"是乱之源的观点。他说："目击世趋，方知治乱之关，必在人心风俗"，并列举了大量事例，说明奢靡浮华的社会风气，是导致国家衰亡的重要原因。他认为评价君主的功绩首先要看社会风气："论世而不考其风俗，无以明人主之功。"为了使"人心风俗"变好，他从政治上提出了整顿措施，如重流品、崇厚抑浮、贵廉、提倡耿介和俭约等；从经济上提出必须有让百姓安居乐业的物质条件："必在治民之产，使之甘其食，美其服，而后教化可行"；从法制上主张严惩败坏世风的贪官奸臣，说："法不立，诛不必，而欲为吏者之勿贪，不可得也"。

民本思想是顾炎武在《日知录》中阐述的重要观点，他批判君主专制政体说："为民而立之君，故班爵之意，天子与公侯伯子男一也，而非绝世之贵。"意思是说，君为民而立，是一种高级职位，皇帝和大臣都是一样的，并不应显出超越寻常的尊贵。因此他把"国"和"天下"区分开来，说"国"是指一姓一氏的"私天下"，而"天下"则是天下人的"公天下"。"物来而顺应"的变革思想，也是《日知录》中的一个观点，顾炎武在主张进行社会变革时，提出要顺势而行，注意"势"在事物发展过程中的作用。

顾炎武，这位明末清初的先哲，这位已经离开我们三百余年的大儒，他的"风俗衰"依然切中今日之时弊，他的民本思想依然令人振聋发聩，他的"物来而顺应"的变革思想也依然是当今人们的关注焦点。三百多年前的一介书生开出的治国处方，何以到今天依然对症有效？因为顾炎武的《日知录》留下的不仅是经世思想，警世箴言，而且是对历史的回顾、总结和深思。

四

湖南衡阳人王夫之，又称王船山。这位明末清初三大思想家之一、中国朴素唯物主义思想和古典传统文化学术的集大成者，对近代湖湘文化代表人物的影响很大。曾国藩、蔡和森、左宗棠、胡林翼、郭嵩焘、谭嗣同、黄兴、蔡锷、宋教仁、陈天华、毛泽东等湖湘名流，无不受到船山思想的熏陶。

王夫之学识极其渊博，涉及领域广泛，一生著述甚丰。在后半生40余年中，著述百余种，以表现其历史观和政治思想的哲学著作《读通鉴论》、《宋论》为代表之作。清末汇刊成《船山遗书》，共70种，324卷。然而在当时，名满海内的四大儒中，有孙奇逢、李颙、黄宗羲、顾炎武，而王夫之却成了无名之辈。究其原因，这四人虽都隐居村野，以死相拒举荐，但并非成了远离尘寰的隐士，他们著书讲学，著作流传于世间，声望卓著。而唯有王夫之却成了真隐士，僻居于湘西一隅，避世在瑶族居地，不出山林，并因此能够不剃辫子，头发一直保全到过世。

直至王夫之死后40年，其子王敔怀抱父亲遗著进献给湖广学院提督学潘宗洛，使之得以进入《四库全书》。于是王夫之也被列为史馆记录人物，在儒林中立传，但他的书籍仍不能传播，此事引起了曾国藩的关注。曾国藩与王夫之是同乡，又有衡阳石鼓书院和长沙岳麓书院两层校友关系，受到王夫之思想和行为的深刻影响，对他十分推崇。滴水之恩当涌泉相报，曾国藩于同治初年借总督两江之便，和其弟曾国荃大批刊刻《船山遗书》，使王夫之的著作终于得以广为流传。

被维新志士谭嗣同誉为学术和思想“空绝千古”的王夫之，给后人留下了一份宝贵的思想遗产，尤其是他在哲学上的杰出贡献。王夫之在总结明王朝覆亡教训的基础上，努力寻找复兴民族的道路，以自题堂联“六经责我开生面，七尺从天乞活埋”的历史责任感和创新求实精神，审慎地考察了中国几千年的文化史，从哲学上和政治危害上全面清算了宋明理学唯心主义，在批判中建立“别开生面”的朴素唯物辩证法体系，对数百年的宋明理学乃至整个古典哲学做了总结和终结。这种“欲尽废古今之虚妙而返之实”的努力，使得他的哲学创造呈现出“破块启蒙”的显著特色。清末民初著名学者章太炎在《船山遗书序》中所述，“当清之季，卓然能兴起顽儒，以成光复之绩者，独赖而农一家而已”，道出了后人对王夫之的高度评价。

王夫之（1619～1692 年），字而农，号姜斋，又号夕堂，或署一瓢道人、双髻外史，晚居石堂山，又自署船山病叟，学者称其为船山先生。王夫之的一生经历，与黄宗羲、顾炎武颇多相似：前期正值明亡之际，举兵抗清，兵败隐居；后期步入康熙年间，累拒仕清，著述以终。三位大思想家仿佛各自驾驭着一辆马车，朝着相同方向，奔走在同一条乡间小道上。王夫之人生的转折点在顺治十一年（1654 年）36 岁时，此前他从明亡前攻读科举到明亡后揭竿举义，力图以一己之力革除时弊，反清复明；此后大局已定，他决心隐遁，辗转湘西以及郴、永、涟、邵间，窜身瑶洞，伏处深山。

自 40 岁至 61 岁的 20 年间，南明小朝廷已是风中秉烛，王夫之的政治抱负也已破灭。他带着壮志未酬的遗憾而“遁迹林泉”，发奋著书，写出《读四书大全说》、《四书训义》、《尚书引义》和《时记章句》等哲学论著，以及《春秋家说》、《春秋世论》、《续春秋左氏传博议》等早期史论。62 岁后的王夫之选择衡阳石船山麓筑草堂以居，在年迈体衰、贫病交加的状况下，勉力撰写了《读通鉴论》、《宋论》两部杰作以及《周易内传》、《周易内传发例》、《庄子通》、《庄子解》、《相宗洛索》、《张子正蒙注》、《俟解》、《搔首问》、《噩梦》、《四书笺解》、《楚辞通释》及《诗话》、《夕堂永日绪论》诸书。

顺治十七年（1660 年），在风雨飘摇中的南明政权全然死寂。此时隐居于衡阳金兰乡茱萸塘“败叶庐”的王夫之万念俱灰，遂写《正落花诗》十首，借咏落花托物言志，抒发亡国之痛，其一为：

弱羽殷勤亢谷风，息肩迟暮委墙东。
销魂万里生前果，化血三年死后功。
香老但邀南国颂，青留长伴小山丛。
堂堂背我随馀子，微许知音一叶桐。

次年又以同样的沉痛心情，再写《补落花诗》九首以及《初度口占》一首。

如同顾炎武一样，王夫子的妻子也在颠沛流离中先他而去。一个寒霜清冷的清晨，钟声惊破残梦，妻子溘然长逝，藕断丝绝，只有寒风吹落树叶洒在为亡妻新筑的墓道之上。此景此情，一直萦绕在王夫子的眼前。在十年之后的祭日，对亡妻的悲悼之情又一次泛滥心底，他以《悼亡四首》对地下之人倾诉落寞凄凉的心绪，孤寂无依的悲哀，其一为：

十年前此晓霜天，惊破晨钟梦亦仙。

一断藕丝无续处，寒风落叶洒新阡。

清康熙三十一年（1692 年），这位 74 岁的一代大家，静静地在石船山下的草堂病逝，死后葬于衡阳金兰乡高节里大罗山。

早在 1690 年秋病重时，王夫之就自知不起，便预先写好墓石题名，以“明遗臣行人”自称，并作铭曰：“有明遗臣行人王夫之……自为铭曰：抱刘越石之孤愤而命无从致，希张横渠之正学而力不能企，幸全归于兹丘，固衔恤以永世。戊申纪元后三百年十有年月日。”

墓志铭中特意说的“戊申纪元”，乃明太祖朱元璋的洪武元年，即明朝开国的时间。他又告诫次子王敔：“墓石可不作，徇汝兄弟为之，止此不可增损一字。行状原为请志铭而设，既有铭，不可赘作。若汝兄弟能老而好学，可不以誉我者毁我，数十年后，略纪以示后人可耳，勿庸问世也。背此者自昧其心。己巳九月朔书授敔。”

生为明臣，死作明鬼。耿耿此心，唯有天知！

——蓬蒿藏户暗，诗画入禅真（清·叶丹《过八大山人》）

诗画入禅真

——“四僧”之弘仁、髡残、八大山人、石涛

一

从顺治至康熙中期，有四位力主摹古、崇尚董其昌和元四家的御用画家，受到康熙皇帝及皇室成员的垂青，被誉为“正统”的山水画。作为摹古派的代表，他们提倡画山水要“以元人笔墨，运宋人丘壑，而泽以唐人气韵，乃为大成”。他们绘画题材狭仄，笔色浓润，摹仿逼肖，而在画面上表现出来的只是一种平淡无奇、未敢越雷池一步的自己。四人都姓王——王时敏、王鉴、王翚、王原祁，故而被称为清初“四王”。“四王”风光一时，他们的山水画风影响到有清一代。不幸的是，他们的影子使中国的绘画艺术变成为一条冻川，一池死水。

就在“四王”备受追捧、风头十足的时候，没想到一批反正统的画家异军突起，而且居然出现在“四王”的发祥地江南地区。这批画家大多是明末遗民，政治上对业已覆灭的明朝依然怀着国破家亡的悲痛，执意

不与清统治者合作，艺术上反对陈陈相因地沿袭前人，主张发扬个性。所以在他们的作品中往往倾注了真挚的怀明情感，强烈的民族意识，呈现出独特新颖的风格。由此形成了一个个具有代表性的新画派，如弘仁、髡残、八大山人、石涛合称的“四僧”，以龚贤为首的“金陵八家”，以弘仁、查士标、梅清为代表的“新安派”等。其中以“四僧”的成就最为突出，对后世的影响也最大。

和“四王”为代表的正统派相对立的“四僧”，是清朝画坛中的革新派和中坚分子。“四僧”者顾名思义当为四位僧侣画家，他们皆为明末遗民，但都戴上了一顶“僧”帽：其中弘仁、髡残在明亡后削发为僧，八大山人和石涛系明宗室，后出家为僧。王朝更迭，情何以堪！四个进入佛门的僧人身卧青灯古佛旁，心在故国月明中，情系大明码头前。他们胸中都怀着沸腾的激情，需要借绘画来抒发；又都深通禅学，寄情书画，各有独特造诣。“四王”仿古的模山范水，根本不合他们的志趣。他们走向大自然，用内心去体察山川花鸟的情状，借它们的形神来表达自己对人生世态的感受。他们的作品挥洒淋漓，笔墨酣畅，形式简约、放逸，隐现着世外之人的明静、超脱和空灵，开创了清初画坛一代新风。

“四僧”中最年长的是弘仁（1610～1664年），俗姓江，名韬，字六奇，后改名舫，字鸥盟。甲申出家后始用法名弘仁，号渐江学人，一号无智，人称梅花古衲，安徽歙县人。他家贫，事母以孝而闻名遐迩，少年时代就显示出孤贫、怪僻的性格，喜欢文学与绘画。当清兵进逼徽州时，他曾参加反清复明斗争，明亡后毅然自负卷轴入闽，在武夷山削发为僧。此后云游各地，在回歙县后，又经常往来于黄山、白岳之间。

弘仁是“新安画派”的奠基人，和查士标、孙逸、汪之瑞被称为清初“新安四大家”，也称“海阳四大家”，他的追随者有江注、姚宋、郑旼等人。弘仁之画从宋元各家入手，而尤崇元朝画家倪瓒的画法，构图洗练简逸，笔墨苍劲简洁，善用折带皴和干笔渴墨。由于他从武夷山、黄山等诸多名胜汲取营养，师法自然，故多清新之意，富有生活气息。所作《黄山真景册》50幅，以简淡的皴法和新奇的结构，画出黄山崚嶒奇峭的岩峦“骨格”，不落陈规，被石涛赞为能得黄山之真性情。

擅画而又工诗的弘仁，写有不少题画诗。在安徽宣城碧霞道院所画南京白鹭州之景《竹岸芦浦图》卷，上题：

乱篁丛苇满清流，记得江南白鹭州。

我向毫端寻往迹，闲心漠漠起沙鸥。

在歙县作《雨余柳色图》轴，上题：

雨余复雨鹃声急，能不于斯感暮春？

花事既零吟莫倦，松风还可慰宵晨。

在另一幅《为与进画山水》轴，上题：

老年意孤成缩涩，乍见停云有会心。

笔墨于斯需一转，纵横无碍可全神。

清康熙三年（1664年）腊月，55岁的弘仁卒于歙县五明寺。即使在病中他仍未辍笔，示寂前一日仍作画送贫家以济其度腊。

比弘仁年龄稍小的“四僧”之一髡残（1612～约1673年），俗姓刘，20岁削发为僧，云游名山。出家后法号髡残，字介丘，号石溪、白秃、石道人、残道者、电住道人。湖广武陵（今湖南常德）人。30余岁时明朝灭亡，他参加了南明何腾蛟的反清队伍，失败后避难于常德桃花源，过着艰险的丛林生活。期间他走在奇山激川间，宿在古树怪木旁，与异禽珍兽为伴，和魅声鬼影共舞。虽然吃尽苦头，但却给了他一次走进大自然、感受真山水的机会，从而使他充实了胸中丘壑，丰富了人生经历，为后来的山水画创作积累了丰富多彩的素材。

43岁时髡残在南京大报恩寺定居，后迁居牛首山幽栖寺，在那里度过后半生。他平生喜游名山大川，观察领会大自然的博大意境，曾自谓平生有“三惭愧”：“尝惭愧这只脚，不曾阅历天下多山；又尝惭此两眼钝置，不能读万卷书；又惭两耳未尝记受智者教诲。”由于他的作品以真实山水为蓝本，具有“奥境奇辟，缅邈幽深、引人入胜”的艺术境界。一些被先人画惯的名山大川，进入他的画中后就往往别具一格，呈现出独特的风格。

他常在牛首山焚香诵经之余，登山选胜，提笔写生。据此绘成的《豁山无尽图》，章法稳妥，繁复严密，郁茂而不壅塞，平凡中见幽深，笔法浑厚凝重，苍劲荒率。又作《寒林待客图》，远处崇山峻岭，近处高坡长着疏林古树，树叶虽已落尽，枝干却坚如屈铁，几间茅舍掩映其间，正中堂屋一人端坐翘首，树石都以干墨皴擦，色调苍茫，令人感到雪后的寒意，正如题画诗所云："千岩老冰雪，一路石头滑。"环境是严酷的，但人的精神却坚强不屈，他正怀着一颗火热的心，等待挚友的到来，也坚信这位挚友定能够克服雪寒路滑的艰辛，应期赴约，意境崇高，人情温暖。

髡残擅绘人物、花卉，尤其精于山水。他宗法黄公望、王蒙，绘画基础出于明朝谢时臣，技法直追元四大家，上及北宋的巨然，兼收并蓄，博采众长，在当时名重一时，对后世亦有很大影响，后人将其与石涛并称二石。髡残的传世作品有《报恩寺图》、《云洞流泉图》、《层岩叠壑图》、《雨洗山根图》等。

四位明朝遗民都做了以卖画为生的和尚，他们的画又都强调抒写精神气质，不求形似。粗粗一看，画面上仿佛只是横涂竖抹一通，只有在细细品味中，方能感受到蕴含在作品中的痛苦感情，图似尽而意无穷，画中真情远远超过他们的涂写泼洒的笔墨。

二

"八大山人是谁?"据说这道题目曾经难倒过不少立志在未来艺术舞台上一展身手的莘莘学子，他们给出了五花八门、众说纷纭的答案，而最令阅卷老师忍俊不禁的答语则是："八大山人就是八位大山人。"

若是听到后人们对自己名号的各种解释版本，八大山人大概只能无可奈何地摇头，哭笑不得。八大山人是明宗室后裔、明末清初著名画家朱耷在晚年取的号，国亡家破后，为隐姓埋名，先后用了几十个名号，晚年自号八大山人。他的家世、生平，扑朔迷离，存在不少疑窦，八大山人这个名号有多种释义，也成为颇费猜测的古今之谜。

朱耷本名朱由桵（约 1626～约 1705 年），出生于明末清初，为明太祖朱元璋第十六子、江宁献王朱权的九世孙，江西南昌人。明亡后心情悲愤，削发为僧，法名传綮，字刃庵。朱耷一生字、号、别号极多，多达55个，用过的号有雪个、个山、人屋、驴屋、灌园老人、八大山人等。60岁以前使用的字、号尚有法堀、掣颠、纯汉、綮雪衲、卧屋子、弘选等。而在其所有名号中又以八大山人的名声最著，用八大山人号始自59岁，直至80岁去世。

出身于钟鸣鼎食之家、翰墨诗书之族的朱耷，父祖都擅长书画，使天赋很高的他从小得以受到艺术陶冶。8岁作诗，11岁画青山绿水，少时能悬腕写米家小楷，弱冠之年成为诸生。正当他少年得志、春风得意的时候，历史却出其不意地翻开了令其不堪回首的残酷一页。崇祯皇帝自缢而死，顺治皇帝正式宣告“定鼎燕京”，甲申之变来得如此突然，把这个王孙公子的如花岁月彻底摧毁，美好梦想瞬间成了一枕黄粱。

此后，对明王朝深深怀念的朱耷，以明朝遗民自居，一生不肯与异族统治者合作。为了躲避清政府对明朝皇室人员的屠杀，19岁的朱耷带着弟弟从宁王朱权的永久封地南昌逃到奉新（今属江西宜春）山区。初时因忧伤悲愤无处发泄，他由口吃而佯作哑子，23岁那年在罗市蓝田耕香庵出家当和尚。在耕香庵避居期间，他不问世事，寄情山水，写意山中的花木禽鸟和山水风光，画作笔墨简括，形象夸张，当地民众争相收藏。

36岁时，朱耷在距南昌城郊15里的天宁观改当道士，取名朱道明，字良月，号破云者，名号中都寓有怀念明王朝的含义。因赏识此地的山川风景，他决定隐居于此，花了六七年时间改建天宁观，并更名为“青云圃”。约在39岁以后至62岁，朱耷正式定居青云圃，苦心孤诣经营这所道院，历时二十多年，想把这里建造成一个世外桃源，以求达到他“欲觅一个自在场头”的愿望。但这个“自在场头”毕竟置于清王朝统治之下，“门外不必来车马”是不可能的，朱耷53岁那年就差点被临川县令送上博学鸿词考场。

62岁时，朱耷不再做住持，便把道院交给他的道徒涂若愚主持，自己隐避于南昌附近的北兰寺、开元观等处，卖画度日，自筑陋室，名“寤歌”草堂。一位辞官隐居南昌（章江城）的安徽友人叶丹曾前往看望，在《过八大山人》一诗中写道：

一室寤歌处，萧萧满席尘。
蓬蒿藏户暗，诗画入禅真。
遗世逃名老，残山剩水身。
青门旧业在，零落种瓜人。

朱耷就在这一座萧索荒僻的草堂里，在贫病交加中度过了晚年，于康熙四十四年（1705年）秋冬之交去世。他身后无子，只有一女，临终时只有个嗣孙在侧。殁后葬于西山中庄，其墓迄今尚未发现。

在潦倒的一生中，朱耷既怀恋旧日王朝，又仇恨李自成农民起义，悲伤之情自然溢于言表，也将自己的政治取向推到进退维谷之地。当朝皇帝康熙为了扼杀反清文化和思想，发明“文字狱”来惩治和摧残拥有启蒙或前瞻思想的哲人学者。在这种政治高压下，他只能默默地潜心于艺，寄情于画，在书画作品中尽情发泄对清统治者的不满，用绘画表达对旧王朝念念不忘的眷恋之情。

以八大山人名传后世的朱耷一生主要从事书画创作，绘画精于花鸟、山水，尤以花鸟著称。由于政治上毫无出路，思想上苦闷、愤然，使他的性情变得沉郁、孤傲和倔强，行为也变得越来越狂怪。无所顾忌的生活和精神状态，也从另一方面促使他手笔纵放，造型夸张，笔情恣纵，苍劲圆秀，逸气横生，章法不求完整而归于完整，画技不拘泥古法而获取新意。他善于在画面上巧用款书云，来补足绘画布局上的不足之处。他的画，使人感到尺寸小而内容丰富，这就是艺术上的巧妙。

一般以为，八大山人的山水画是从董其昌画派生而来。他的山水画多为水墨，山水多取材渺无人烟的荒山剩水，枯枝败叶的歪斜树木，于荒寂境界中透出雄健简朴之气。70岁以后创作的山水画中，有画明净的山野间，老屋两三椽，境极太古之静；有画老树参差，满山云烟，极合隐者之趣；有画坡岸几丛杂树，或烟波钓艇，原野苍茫；有画重山复水，不见一人一草一木，只有闲云数片，二三青峰隐约其间；有画高山流水，老者静观，怡然自得；有画野水之上，飞鸟掠过。诸如此类的荒凉境界，如他的题画诗所写“薄暮云山中，颇觉山家少”，反映了孤愤的心境和坚毅的个性，成为天然造化和画家心灵的融合。

这位极富个性、创造性的书画家，在其作品中表现的艺术特色是简、奇、意。最能代表八大山人个性的突出成就，则是其水墨淋漓的花鸟画。他的花鸟绘画艺术继承了明代陈淳、徐渭写意的技法，但画风比陈淳更冷峻清逸，比徐渭更狂放怪诞，寓意也更深刻，达到了“笔简形具”、“形神兼备”的境界，另开花鸟大写意的新生面。他的花鸟画往往以简取胜，以很少的笔墨、不同凡响的构图来表达自己丰富的思想感情，达到了绘画的最高境界。在他笔下，无论是一鸟、一鱼、一鸡，还是一花、一木、一石，寥寥数笔，似乎已到了不能再少一笔的境地，堪称惜墨如金。而所画对象的数量多少和尺寸大小，都着眼于布置上的气势。这种简笔花鸟画是在对真实形象高度概括后加以艺术夸张的结果，画面上的对象栩栩如生，具有生动的立体感。

构图奇特怪异，图上信笔狂涂，无视法度，前无古人，成了八大山人艺术的一大特色。他笔下的荷，不以花为主体，而写其临风摇曳、舒转自如的风姿；他画的松，高古奇崛，丑中见美；出现在他画面上瞪眼的鱼和鼓腹的鸟形象夸张，有时禽鸟一足着地，而且鱼鸟的眼睛常被画成方的，眸子点在眼眶边，白眼向天，充满倔强之气。

寓意深刻，感情强烈，是八大山人艺术的又一特色。他的作品往往借物抒情，将物象人格化，以象征手法抒写心意，从立意、构图和题诗、落款，都充分表达了对国破家亡的难言隐痛和悲愤凄凉的心境，同时宣泄着他对现实的强烈不满。题于画中那些隐晦艰涩的诗句跋语，也都表示对清廷极端的仇恨和蔑视。《荷花水鸟图》是八大山人的代表作品。图中孤石倒立，疏荷斜挂，一只翻着白眼的缩脖水鸟独立于一块怪石之上。它耸起了背，单足着地，好像是随时准备仓皇逃窜；而足下的那块石头，也是上大下小，根基极不稳固，随时就会坍塌。细长荷茎上生出一朵纤弱的小荷花，而一轮又黑又大的荷叶从斜上角垂下，直压向那只孤独的水鸟。

在八大山人的水鸟画中，嗅不到春的气味，夏的消息；看不见花的艳丽，鸟的灵动。他以“泪”研墨写丹青，通过危石孤影的水鸟形态，残叶败荷的荷花形象，曲折而深刻地表达出一种无法遏制的忧郁心情，强烈抒发了遗民之情或对生命的热爱。他常常在画中借脱离生活真实的花、木、鱼、鸟怪异形神，来象征自己艰难的人生处境、倾诉郁结于胸中的那股块垒不平之气。

抒发自己遗民思想、人品气节的题画诗，是八大山人书画、诗文作品中重要的部分，但他好用佛典，往往将禅家偈语和历史典故杂糅在诗文之中，这种古怪幽涩的格调使诗文充满了神秘性和讽刺性。这显然与清初大兴“文字狱”的时代背景有关，但却令后人们深感费解。他曾作《牡丹孔雀图》，画面为二只丑陋孔雀，尾拖翎毛三条，站于三块上大下小不稳定的石上，上画悬崖，下垂几朵牡丹和竹枝等物。悬崖上方题诗云：

孔雀名花雨作屏，竹梢强半墨生成。

如何了得论三耳，恰是逢春坐二更。

下款署“庚子春，八大山人画并题”。这幅画把矛头指向清王朝，画中三翎孔雀暗喻当时的江西巡抚兼提督的宋荦。宋荦之父宋权本为明朝的封疆大臣，因协助清兵有功，入清后继任巡抚，又升任翰林国史院大学士。宋荦“继父之志”，对清朝忠心耿耿，曾镇压反清复明的民族起义。“三耳”典出《孔丛子·藏三耳》，意即奴才之辈除正常的两只耳朵外，还有一只专听主子训示的耳朵。“坐二更”是影射当时的贵族大臣们，早在二更天就去皇宫前等着上朝。这幅画和题画诗辛辣地讽刺了屈膝求荣、投降新主子的汉族奴才丑态。

他仰慕五代北宁间画家董源、郭熙，以其独特笔墨描绘没有受外族侵凌时的宋朝江山，默默地激发怀念和热爱故国的思想感情。他在一幅山水册页上题云：

郭家皴法云头小，董老麻皮树上多。

想见时人解图画，一峰还与宋山河。

在另一首题画诗中，他说出了自己绘画的艺术特色和所寄寓的思想情感：

墨点无多泪点多，山河仍是旧山河。

横流乱世杈椰树，留得文林细揣摹。

留得文林细揣摹，后人往往从八大山人的书情画意和字里行间，经过仔细揣摹研究后，才得以探听出藏于他内心的真实情感。例如他有一个画押，很长时间人们一直称它为龟形画押，因为其形状特别像一只乌龟。后来才看出，原来是由“三月十九日”几个字变形组成，这恰好是明代最末一个皇帝崇祯自杀的日子，标志着明朝的灭亡。那么这个画押，也就表示对国亡的纪念。

八大山人的传世画作很多，而他的书法也独树一帜，成就极高，著名画家黄宾虹甚至认为他“书法第一，画第二”，只不过其画名掩盖了书名。以诗、书、画尽情倾泻了悲愤抑郁之情的八大山人，通过自己精彩的笔墨艺术，向世人展现了一个没落贵族文人的精神世界。他在徐渭之后，把文人画又推进到一个新的境界，屹立起近代绘画艺海上的一座奇峰。他也像徐渭那样在一生清苦、命运多舛中，长成为一株傲然独立于当时艺术世界之林的参天大树。“眼高百代古无比，书法画法前人前”，这是清“四僧”之一的石涛大师对八大山人艺术的赞誉，评价之高，实属罕见。

在清初画坛革新与保守的对峙中，八大山人以其十分鲜明的个人独特风格，成为革新派“四大画僧”中起了突出作用的一人。郑板桥认为，八大山人简逸的画风，非石涛所能及，他在题画中说：“八大名满天下，石涛名不出吾扬州何哉？八大纯用减笔，而石涛微茸耳。”对八大山人心悦诚服的石涛在给同为“金枝玉叶老遗民”的他写的一首诗中说：

金枝玉叶老遗民，笔研精良回出尘。

兴到写花如戏影，眼空兜率是前身。

虽然八大山人之画在当时影响并不大，直接师承其笔法的画家只有牛石慧、万个等寂寂数人，但是对后世绘画的影响却是十分深远的，三百年来的中国画坛，凡大笔写意画派都或多或少受了他的影响。清中叶的郑板桥及“扬州八怪”，晚期的“海派”赵之谦、吴昌硕，直到现代的齐白石、张大千、潘天寿、李苦禅、弘一等巨匠，均对其钦敬有加，都受其熏陶。清康熙年间的艺术理论家张庚评他的画达到了“拙规矩于方圆，鄙精研于彩绘”的境界。

苦难是许多天才艺术家必然跨越的人生门槛，也是造就他们艺术价值的人间熔炉。生前历经艰难苦恨、受尽奚落嘲弄的八大山人，最终成为巍然于世的文学、艺术大师。他被誉为“东方梵高”，在东方尤其在日本备受推崇，在世界画坛也具有很大影响。

在八大山人的心中，对故国之思、故国之愁，就如流不尽的一江春水。

三

比朱耷年轻十几岁的大涤子，同为明皇室后裔，天崩地坼的1644年大变局，也同样把他推上了绝路。

大涤子（约1642~约1705年），后人常称其字石涛，本姓朱，名若极，字阿长，法号原济，字石涛，号清湘老人，别署大涤子。由于他披过袈裟，戴过黄冠，故又自称苦瓜和尚。石涛的晚年是在扬州度过的，以自己的艺术光辉照亮了清朝前期的扬州画坛。石涛与徐渭、朱耷一起，指引和影响了“扬州八怪”艺术的出现和发展；而身在扬州的他，则是当之无愧的“扬州八怪”的先驱和导师，故有“石涛开扬州”之说。

石涛历尽人间沧桑，饱览艰难时世。他是明皇族后裔、明太祖朱元璋重孙靖江王朱守谦的十世孙，在明将灭亡之时生于藩封之地广西全州（今桂林）。父亲朱亨嘉在南明福王覆亡后自称监国，被唐王朱聿键所杀。当小石涛命悬一发的关键时刻，一个内官庇护了他，把他送入禅门才得以幸免熷缴之祸。在书赠八大山人诗中自称“金枝玉叶老遗民”的石涛，从此就成了一个行脚僧。他在20岁之前基本上生活在武昌，以后沿长江东下，过潇湘、渡洞庭、上庐山，浪游江浙多年，曾居于安徽宣城金露庵约10年，得识画家梅清，并活动于敬亭山与黄山一带。他隐姓埋名，萍踪浪迹，但始终不忘寻觅自己的精神家园。

少年时代，石涛曾全面学习传统技法和广涉书法、诗文各科艺术门类，年方16岁就已在绘画艺术方面显露出其天赋。在与安徽宣城望族梅清兄弟于南京奉圣寺结识后，石涛应邀于康熙九年（1670年）移居宣城，他们经常谈诗论画，并成忘年之交。其间他广交友人，又结识了汤燕生、施闰章、黄砚旅等诗画知己，往来于歙县、太平、黄山、宣城、芜湖一带，开始了艺术创作中的融会和创新阶段。

应钟山西天道院的邀请，石涛于康熙十七年（1678年）夏来到南京，时年 37 岁。两年后他移居到这座文人荟萃的古都，在这里得以与许多名流结识，其中有屈大均、孔尚任、龚贤、戴本孝、查士标、程邃、黄云等文人、画家、书画鉴赏家，还认识了卓子任、郑瑚山、博问亭等官吏名流。石涛通过这些人观摩到前辈画家董源、倪瓒、沈周以及董其昌等人的作品，从中汲取丰富的绘画技艺，而所处钟陵、太湖的自然景色，也促使他体会到这些名家的笔墨成就。历史文化名城南京极大地促进了石涛艺术境界的升华，使他的绘画艺术渐臻成熟，生活、思想也开始发生变化。

康熙二十六年（1687 年），石涛来到扬州定居，那时他已经雄踞画坛，享有“江南第一”的美誉。在扬州也不乏慕名者，纷纷登门向他求教，你来我往，倒也颇为热闹。可是，在这位苦瓜和尚的心中，却似乎早已产生了一股莫名的孤寂之感，在还远离人生旅途的终点之际，他为自己所画的一幅梅花画上，题写了一首七律：

怕看人间镜里花，生平摇落思无涯。
砚荒笔秃无情性，路远天长有叹嗟。
故国怀人愁塞马，岩城落日动边笳。
何当遍绕梅花树，头白依然未有家。

这一曲渗透人生乃至人间的悲哀弹唱，点破了镜花水月原本空幻虚无的含义，带有某种禅理禅趣。不过“怕看”二字又仿佛尚未脱尽人间烟火，仍带有一点感情色彩，并且把禅意也情绪化了。“头白依然未有家”，并非指没有栖息之所，而是说找不回失去的家国。遍绕梅树，难以为情，不仅在于对自己失去的故乡、土地、家族、亲人的苦苦思念，更在于追怀故国如一江春水东流不返的沉痛。这份思念和沉痛，久久郁结在心底，往来奔突于胸中，多年来，画家只能将路远天长的嗟叹蕴藏于翰墨丹青之中，而只要一有机会，也还是按捺不住要一吐为快。石涛的许多晚年诗画，洒脱豁达，豪气不减，然而面对铁骨冰心的梅花时，却仍不禁踯躅不前、绕树三匝并发出无家之叹。

早已萌生“踏草幽蓟”愿望的石涛，在康熙二十六年（1687 年）春天，打算取运河古道买舟北上，因而辗转来到扬州。

然而好事多磨，一次聚会使他北上未能实现。当时，曲阜的孔子后裔、被康熙皇帝赏识而破格授为国子监博士的孔尚任，参与淮扬河道治理工程，待命返京，也正逗留于扬州。他在北郭秘园集八省文朋诗友30余人举行即席分赋的盛大诗会，业已誉满大江南北的画家石涛也应邀出席。此次聚会使他在扬州结识了一批朋友，也是这一契机，促成了他后来选择扬州作为晚年定居之所。

次年，石涛在南京经过一番准备，行将北上。即将登程之时，又欣喜地收到燕京友人来信恳切邀请，因此他写诗留别南京的朋友，十分乐观而踌躇满志：

昨夜飘摇梦上京，鸽铃遥接雁行鸣。
故人书札偏生细，北去南风早劝行。

顺江淮以遵途，越大河兮遐征。
寻远游以成赋，将扩志于八紘。

翘首以盼，简直是迫不及待。深秋时节，他从秦淮河畔来到古运河边，竟错过机会，未能登上北行之舟，只好暂寓于广陵“大树下”，继续待机北上。

又过了两年，第二次南巡的康熙皇帝玄烨，在康熙二十八年（1689年）春三月抵达扬州，特地选定留有欧公雅迹和东坡诗情的平山堂召见各界人士，石涛有幸也躬逢其盛。他挤在平山堂阶下见驾的人群中，仰头看着当朝天子，谁知康熙帝竟在人群中发现了他，当众呼喊“石涛”之名。这是怎么回事？原来皇帝陛下于5年前，即康熙二十三年（1684年）十一月首次南巡驻跸南京时，来到名刹长干寺巡幸。其时石涛正客居南京挂锡该寺，欣逢其会，即与僧众一起恭迎接驾。也许是石涛的画给皇帝留下了深刻印象，于是皇帝记住了他。圣上亲呼，非同小可，不能不使石涛受宠若惊，备感荣幸。当时石涛真是感激涕零，虽不可能伏地不起，但兴奋激动之情却是久久萦怀于心。

为了纪念这一难忘时刻，石涛特作《客广陵平山道上接驾恭纪》七律两首，诗中写道：“去此罕逢仁圣主，近前一步是天颜”，“圣聪忽睹呼名字，草野重瞻万岁前”，语句感情真切，既有对皇上的感恩戴德，又对恭迎接驾这件事颇感得意。随后，他还绘制一幅《海晏河清图》，并题了一首颂圣之诗。自然这都是出自真心而非虚夸，可以看出经历两次面君的石涛，仿佛已经以新朝属臣为荣了。

当代研究者们对石涛此举难以理解，褒贬不一。有人批评他是受宠若惊，自作多情；有人指斥为歌功颂德，邀功请赏。这种以今人之心度古人之腹的猜测责备，似乎过于苛求了。平心而论，一个画家不是依靠达官显贵的举荐，而仅仅凭借自己的艺术，竟然得到万乘之君的赏识。唱几句赞美诗作为回报，在那“普天之下，莫非王土；率土之滨，莫非王臣”的时代，其实本是人之常情，无可厚非，更不必求全责备。

旅居南京、扬州期间，石涛在绘画笔墨上得心应手，在理论上亦自成体系，形成了恣肆洒脱的艺术风格，本人的个性面目变得更为清晰。在此时期的佳作中，有康熙二十五年（1686 年）他 45 岁作于南京的《蕉菊竹石图》，具有徐渭、陈淳的韵味。次年当他 46 岁时所作《细雨虬松图》，是一幅不可多得的细笔山水佳作，既保留安徽画派的气息，又融会了倪云林的骨格，有一种清丽幽雅、清谧淡远的韵味。

四

就在平山接驾这一年秋天，石涛终于扬帆北去，走进了向往已久的京城。由于朋友的介绍，石涛在京城广泛的社交活动中，结识了许多社会名流、丹青高手，频频出入一些显贵的朱门深宅，茶余酒后照例要铺纸泼墨即兴挥毫。他成为了大司马王骘、大司寇图公、辅国将军博尔都等高官们的座上宾，并与博尔都结为挚友。

一次，他应博尔都之邀为之写墨竹，由在朝廷任职的正统派画家之首王原祁补写坡石。当时，石涛与王原祁等号称“四王”而居画坛正统地位的画家，从美学思想到创作方法，均属完全对立的派系，但是却在博尔都的撮合下进行了唯一的一次“合作”。然而就是这个王原祁竟对石涛极力赞扬：“海内丹青家不能尽识，而大江以南，当推石涛为第一。予与石谷（王翚，‘四王’之一）皆有所虚伪未逮。”王原祁脱口而出的赞扬，并不是虚伪的奉承，而是为之折服，口吐真言。

旅京期间，正值石涛知天命之年，精力最充沛，心情亦舒畅。他遍游名胜古迹、山川佳景，更有机会博览许多收藏家的秘藏珍品。大量宋元名家杰作、许多北国自然胜景，使他极大地扩大了艺术视野。他吸收前人的宝贵经验，发展自己的美学理论，不断付诸艺术实践，创作了不少巨幅作品，《醉吟图》、《溪山寻胜图》、《长安雪霁图》、《搜尽奇峰打草稿》等杰作，都是这一时期的重要代表作。

应该说，帝都之游是石涛人生的转捩点，他在绘画上的收获是巨大的，对他后来艺术道路的影响十分显著。但令他深感失望的是，康熙帝并不礼佛，权贵们更无意礼贤，他虽然频频出入王公贵族的高第深宅，然而主人招待他，他需要付出投桃报李的行动，也就是主人所要的不是他的才能而是他的书画。在京期间石涛结交了不少达官贵人，而极大多数人只把他当作画匠，真正能体察他心思的屈指可数，他满怀欲向“皇家问赏心”、报效朝廷的愿望，也最终彻底落空。最后他幡然醒悟，明白了自己在京城社会舞台上所扮演的角色，在一丝苦笑中吟出了如下凄楚哀婉的诗章：

诸方乞食苦瓜僧，戒行全无趋小乘。

五十孤行成独往，一身禅病冷于冰。

读了石涛的诗，谁也不会天真地以为他在沿街乞讨。他与弃官归田、荷锄种地，甚至穷得揭不开锅的陶渊明不同，“采菊东篱下，悠然见南山”的陶渊明，到了后来真的“乞食”的时候，写出“不知意何之”、“叩门拙言辞”的窘态，就不是为了幽默而是坦诚自陈了。“诸方乞食”的石涛则只是一种与环境格格不入的自嘲，是在孤行独往于锦衣玉食包围之中发出的极端厌恶之声。

终于，“三年无返顾，一日起归舟”，石涛告别金台诸公，与他相交颇深的博尔都等至码头送行。如博尔都送别诗所说，在“凉云日夕生，寒风逗秋雨”的草木摇落之日，他挥手自兹去，乘风归扬州了。只有天上的云，岸边的树，凋零的草，在阵阵秋风中令石涛依依难舍，频频回首。

至冬日，51 岁的石涛回到扬州，从此定居于斯，一心投身于艺术创作。这期间是石涛绘画艺术达到炉火纯青的阶段，再加以旺盛的创作精力，使他的画艺达到艺术高峰。代表作品如 52 岁所作的《余杭看山图》、58 岁所作的《卓然庐图》、59 岁所作的《溪南八景图册》等，都是石涛绘画作品中出类拔萃的佳作。但是苦瓜和尚的心境却是孤寂的。

在生命的最后岁月中，石涛以苍劲流利的画笔画出一批宝贵的作品，其中一幅在他于康熙四十四年（1705 年）作的《梅竹图》，是一幅意趣浓厚的文人画作品。小景杰作《溪南八景图册》是他在康熙三十九年（1700 年）画的晚年之作，作品按明人祝允明《溪南八景诗》的诗意，生动描绘出皖南歙县的溪南山村佳景。曾经客居皖南熟悉当地山野美景的石涛，运用自如地把他所熟悉的山岭、溪流、田野、月色付之笔端，活灵活现地展现于盈尺宣纸上。

石涛册页之类的小幅多为水乡野景，山海云烟，荷塘、瓜叶，生态万象，随手拈来，充满了山水诗意、田野情趣。他的绘画作品，无论是寻丈巨制，还是尺页小幅，不仅表现手法富于变化，而且又独特、和谐地统一为自己的风格特色，具有十分鲜明的个性和时代气息，观之令人难以忘怀。

他的绘画风格变化同他的人生经历有密切关系。一个僧人从禅门转入画道，画风似有一种超凡脱俗的意境，无论是山水、人物，还是花卉、走兽，都具有很高的艺术成就。他一生登山临水，云游四方，游历过广西、江西、湖北、安徽、浙江、江苏和北京等地。漂泊或居留于异乡客地，足迹达半个中国，自然界的真山真水赋予了他深厚的绘画素养和基础。

在中国绘画史上，石涛是一位创作题材广泛的多产作者，更是一位有创新才能的画家。他对绘画创作强调“师法自然”，敢于高标独树，超越传统的历史氛围。石涛的论著《画语录》深刻总结了他的绘画艺术观和美学思想，与他以山水画为代表的高超绘画实践一起，为中国画向近、现代的发展作出了重要贡献，对后世产生了重要影响。近、现代画坛上的许多卓越大家，都把石涛作为他们学习的楷模、追赶的目标、跨越的高度，从石涛的画风经“扬州八怪”延伸到现代，传到齐白石与张大千的笔下。齐白石写诗赞道：

下笔谁教泣鬼神，二千余年只斯僧。

焚香愿下师生拜，昨夜挥毫梦见君。

被推崇为中国画“五百年来第一人”的画坛巨擘张大千，自称爱石涛、慕石涛、学石涛。张大千在成名之前，潜心研读、专心临摹石涛的画，几乎把这位前辈大师的作品一件件咀嚼于嘴、消化于肚。在张大千成名之初，被人们称奇的不是他自己创作的作品，而是他摹仿石涛而作的赝品。他仿石涛画的赝品，在气势、布局、结构、神韵诸方面均惟妙惟肖，与真迹毫无二致，被称为“石涛复生”。

晚年的石涛，作画题诗，抒怀明志：既有豪放不羁的任意驰骋，甚至忽起舞，发大叫，大叫一声天宇宽；也有深邃沉郁的自悼悲天，甚至发出生不逢年、非一语可尽生平之感的慨叹。诚如《画语录》所说：“夫画者，从于心者也。”对于石涛来说，人到老年，回首生平，胸中块磊，一吐为快啊！

在扬州定居 20 年后，康熙四十六年（1707 年），年逾花甲的苦瓜和尚与世长辞，安息于他生前选定的蜀冈之阴，平山堂的后面。扬州人以石涛定居扬州为幸事，石涛更为他人生最后也是停泊得最长的一站——扬州做出了很大的贡献。

——《外史》纪儒林，刻画何工妍（清·程晋芳《怀人诗十八首（之十六）》）

《外史》纪儒林

——清代小说家吴敬梓

一

在群星灿烂的唐代诗坛，南阳人张祜称不上一流诗人。他生性喜爱山水，游览了江南许多名寺古刹，所到之处总要题诗作赋。当经过广陵（今扬州）时，留下一首《纵游淮扬》之诗：

十里长街市井连，月明桥上看神仙。
人生只合扬州死，禅智山光好墓田。

此诗未必称得上上乘佳作，但是诗后两句的重大发现——扬州竟是人生的最好死所，却使得古往今来文人墨客为之倾倒、折服或神往。宁愿长眠扬州，并且以此作为唯一最佳选择，把对扬州的赞美和喜爱推到人生的极限，堪称突发奇想。曾经是隋炀帝故宫的禅智寺，青苔满地，暮霭斜阳，一片宁静空寂，的确是安息的风水之地。

然而，张祜离开扬州之后，萍踪浪迹，寒风泊江湖，转了一圈落脚长江对岸的丹阳，直至终老，大概他已无力也无意重返扬州，实践当年的诺言。然而他大概怎么也想不到，在他身后的九百多年，一位大文豪代其实现了“人生只合扬州死”的愿望。

清乾隆十九年（1754 年）十月，在南京、扬州两地常来常往的吴敬梓，又一次从南京来到扬州，寓居在因生长琼花而闻名的后土祠附近。他与当地一些诗文才士、方外名流交往甚密，一起同游琼花台、碧天观等名胜寺观。尽管囊中羞涩，却常常倾其所有邀二三知己痛饮畅叙、纵论古今、谈笑风生。每至薄醉微醺之时，他往往高声吟诵张祜的七绝“人生只合扬州死，禅智山光好墓田”两句，一再在席间引发声声唏嘘之叹。

“生耽白下”，“死恋扬州”，“出游江淮间，留扬最久”，吴敬梓的确与扬州有着一份特殊的情缘。这份情缘系于何处？是由于“淮左名都、竹西佳处”的绮丽风光，令他驻足观赏，流连忘返？还是因为广陵人文荟萃，有他的许多文朋诗友，与他常相唱酬，乐而忘忧？

扬州的美景佳园、文化氛围，固然是吴敬梓游踪屡至的重要原因，然而在扬州的至亲好友，更是他对这座名城念念不忘、情有独钟的主要因素。他与好友诗酒酬唱、倾心相交，那种人间最珍贵和难觅的真诚与质朴，为他带来莫大的慰藉，成为他人生苦旅中不可或缺的精神支柱。金榘、金兆燕父子，江昱，李葂，周榘，吴楷，石庄上人……他们或者是外来人士而久居扬州，或者是扬州本地人；他们或者是精神上的同道，或者是诗文中的同好。无论年龄少长，都曾经亲密过从，甚至风雨晨夕契合无间。

在扬州和淮扬地区，还有两个人与吴敬梓另有一种特殊的因缘。其中一个是堪称儒商俊彦之一的两淮盐商程晋芳，另一个则是两度出任两淮盐运使的卢见曾（雅雨）。这次吴敬梓到扬州，竟与程晋芳不期相遇。当得悉友人因嗜书交文，耗资太多又不善经营管理，以致荡尽家财、债积如山的情况时，吴敬梓执之手泣曰：“子亦到我地位，此境不易处也，奈何！”程晋芳在离开扬州时，二人挥泪道别。

吴敬梓原与“性又好客，延揽四方名流”的程晋芳在南京过从，意趣相投，一见如故，成为忘年交。在吴敬梓衣食无着的困难时刻，程晋芳曾给予他接济援助，在他迭遭穷困的垂暮之年，程晋芳又以诗称赞和鼓励自己的好友：

……《外史》纪儒林，刻画何工妍！

吾为斯人悲，竟以稗说传。

乾隆六年（1741 年）冬，应程晋芳邀请，吴敬梓经扬州北上赴淮安其家做客，他此次应邀前往，另有求取衣食之助的意图。在程家小住一段时日，除与程氏研讨学问、诗赋唱和外，也为吴敬梓亲身观察和体验两淮盐商的生活起居提供了机会，为其创作《儒林外史》积累了生活素材。乾隆八年（1743 年）至乾隆十四年（1749 年），囊空如洗的吴敬梓为谋求衣食曾再度由南京赴淮安拜访程晋芳。

曾两度任两淮盐运使的卢见曾，第一次选授此职是乾隆元年（1736 年），正遇上当地盐商勾结官府侵占灶户（盐民）盐池的讼案。卢见曾果断作出了“灶属商亭，粮归灶纳”的判决，并核发文契，维护了盐民利益，但也因此得罪了贪官污吏及不法盐商。乾隆三年（1738 年），卢见曾终因被诬而罢职，并于乾隆五年（1740 年）被革职充军，远戍塞外乌鲁木齐。乾隆五年（1740 年）四月，卢见曾的幕宾、好友高凤翰作《出塞图》并题《丈夫行》为他送行。当时扬州许多文人均纷纷在画上题诗，其中就有吴敬梓所题《奉题雅雨大公祖出塞图》长诗。在充满依依惜别之情的字里行间，寄寓了他对远行人挟带风沙、塞外归来的坚定期待，以及焕发精神、昂扬以待的热情鼓励：

他日携从塞外归，图中宜带风沙态。

披图指点到穷发，转使精神同发越。

时到十月下旬，扬州已是寒意袭人的初冬时节，吴敬梓也打算返回南京了。一日，吴敬梓接待了一位慕名来访的远客，他就是与老人长子吴烺一起被乾隆皇帝擢拔为中书舍人的王又曾。王又曾对吴敬梓早已十分景仰，又从吴烺处得知老人借寓族人吴一山家的地址，所以从京城南返，船抵扬州后，立即登岸趋谒。两人虽是初次见面，却似旧识，欢谈甚洽。吴敬梓对王又曾的见识和文才也很欣赏，薄暮时分又亲到船中回访，篷窗秉烛，论文评诗，谈兴益浓。入夜告别，意犹未尽，吴敬梓又盛情邀请王又曾再叙。

这次见面让吴敬梓太兴奋和激动了，又加之过于疲劳，回寓又自斟自饮，略带醉意即解衫高卧。谁知他安枕未久，忽然痰涌如流，来不及延医用药，就猝然撒手，仙逝西去。“人生只合扬州死”竟成为临终之谶语。这一年，吴敬梓 54 岁。

凌晨惊闻噩耗的王又曾，不胜叹惋：“唉！多么令人痛心啊！我王又曾想见先生的心意已经暗藏多年，没想到刚得到一次见面机会，先生竟在一夜间去世。人世间还有比这还怪异的事吗！”又赋诗云：

尘海抽身意渐灰，江湖耆旧好追陪。
那知一夕芜城语，特与先生永诀来！

与吴敬梓才分手 7 天的程晋芳，得到吴敬梓猝逝的噩耗，极度悲痛，当即写下一首《哭吴敏轩》的吊诗，诗云：

三年别意语缠绵，记得维舟水驿前。
转眼讵知成永诀，拊膺直欲问苍天。
生耽白下残烟景，死恋扬州好墓田。
涂殡匆匆谁料理？可怜犹剩典衣钱。

当吴敬梓突然逝世时，随侍在侧的续弦夫人和幼子悲伤痛哭，她首先就近请来了金兆燕，第二位请来的是王又曾。两位吴敬梓生前好友目睹他家徒四壁的惨状：“典衣钱”所余无几还在其次，时值初冬，亟须赎回典押的衣物，需要更多的钱，却没有着落，殓殡后事也更无从谈起了，感伤不已。于是金兆燕和王又曾都不约而同地想起了卢见曾，他们一个是他的幕宾，一个是他的朋友，遂决定由王又曾出面向卢见曾求助。所幸卢见曾对吴敬梓十分敬重，那首题《奉题雅雨大公祖出塞图》的送别诗的真情厚意更使他非常感激，记忆犹新，当即慷慨解囊，出资周济。

当年吴敬梓题诗送别之时，不可能预料后来卢见曾从边塞被召回之后，几经迁调又会回到扬州官复原职，也不可能设想 14 年后自己恰好再游扬州又得重逢。他更不可能预定死期，等待最终仰仗这位“大公祖”捐赠棺木送自己的遗体归葬南京。那么，所有这一切是纯属偶然的巧合，还是真情真意感动天地、冥冥之中安排前定呢？谁又能解释、破译其中的信息密码呢？

第二年（1755 年），远在京师的吴烺获悉父亲去世的噩耗，悲痛欲绝，泪如泉涌，和泪写下《南还舟中述怀却寄都下诸子八首》，其中六、七、八三首是忆悼父亲之作。在诗七中，他抒写了父亲吴敬梓对自己的抚育之恩。诗云：

我已悲风木，凄凉一鲜民。
深惭乌鸟情，只益蓼虫辛。
道拙身偏懒，时清仕守贫。
南云穿望眼，遗榇滞江滨。

一位伟大作家，一生坎坷，身后如此悲惨，不能不令人掬一把同情之泪。其实，自古以来，作家诗人们在留下许多美谈佳话的同时，更留下了许多晚景凄凉、困厄而死的凄惨往事。吴敬梓不是第一个，也不是最后一个，这实在是东方文明古国的悲哀。

吴敬梓此次扬州之游，与金兆燕有亲密过从，几乎天天见面。金兆燕对这位长者最后的一段生活知之甚详，在五言古诗《甲戌仲冬送吴文木先生旅榇于扬州城外登舟归金陵》中有生动具体的描述。其中说道："著书寿千秋，岂在骨与肌。"是啊！一个穷困潦倒的儒生挥袖西逝，这是一幅天天发生在神州大地的平常画图，如果没有《儒林外史》的不朽著述，又有谁能在千百年后知道吴敬梓其人呢？

尽管老先生生前曾反复吟诵张祜诗句，金兆燕还是坚持叶落归根，既不能"归"之于全椒，那还得尊重他生前意愿："生平爱秦淮，吟魂应念兹"，圆他"终焉"之梦。

吴敬梓与南京的不解之缘，一如他生前写在《沁园春》中那一声发自内心的率真呼喊——我爱秦淮！

记得当时，我爱秦淮，偶离故乡。向梅根冶后，几番啸傲；
杏花村里，几度徜徉。凤止高梧，虫吟小榭，也共时人较短长。
今已矣！把衣冠蝉脱，濯足沧浪。

无聊且酌霞觞，唤几个新知醉一场，共百年易过，底须愁闷；千秋事大，也费商量。江左烟霞，淮南耆旧，写入残编总断肠！从今后，伴药炉经卷，自礼空王。

就在吴敬梓归天未久的“仲冬”，金兆燕陪同其妻、子，亲扶灵柩去南京归葬。程晋芳诗云：

……身后茅堂余破漏，当年丹篆想飞腾。

过江寒浪连天白，忍看灵车指秣陵。

江水多情，当为之呜咽失声！

吴敬梓归葬何处？当年的穷儒陋墓，大概过不了多少年就在风吹雨打中化为尘土了。然而一部鸿篇巨制却让后人久久缅怀着这位文学大师，他的故居秦淮水亭被精心地保存下来，也算对他不幸一生的回报，光辉一生的纪念。

二

尽管吴敬梓爱扬州、恋南京，但他的根毕竟在安徽全椒。

现代著名学者胡适说：“我们安徽的第一个大文豪，不是方苞，不是刘大櫆，不是姚鼐，是全椒县的吴敬梓”，“《儒林外史》流传世间，为近世中国文学的一部杰作”。

安徽大文豪吴敬梓，别字敏轩，号粒民，晚年又号文木老人，于1701年出生在安徽省全椒县吴氏大家族之门。少年吴敬梓，曾经如杜甫、陆游等先贤一样，有过浮想联翩、意气风发的年华，读他的《观海》一诗，就可以感受到那种充满天海无极的魄力和气象。以下这首是他当年随父赣榆县任上写的诗：

浩荡天无极，潮声动地来。

鹏溟流陇域，蜃市作楼台。

齐鲁金泥没，乾坤玉阙开。

少年多意气，高阁坐衔杯。

当吴敬梓步入青年时代时，生父吴雯延与嗣父吴霖相继逝世，家族内部为遗产继承权纷争不已，也就是他在《移家赋》中清醒冷峻揭示的：

“君子之泽，五世而斩，兄弟参商，宗族诟谇”。生性豁达的吴敬梓面对冷酷无情的世道，索性尽卖田产，及时行乐，并对朋辈慷慨施与，终至倾家荡产，奴逃仆散。

在吴敬梓29岁那年，乡试失败和妻子陶氏病逝，并又被“乡里传为子弟戒”，饱受乡人的鄙视和排斥，遂决定与家乡决绝，“逝将去汝”。怀着对建安和六朝文学的仰慕，对六朝故都的一种特殊感情，1733年，吴敬梓移家南京秦淮河边的白下，在那里“买数椽而居，遂有终焉之志”。从33岁开始，他的后半生大部分是在南京度过的。

这次到南京是“终焉”，不同于以往的小住。因为成了常客，因而也就没有了以往文人迎送、诗酒唱酬的客套热闹场面，并且随着经济困顿、手头拮据的窘境逐渐显现，世态炎凉、人情淡薄的感觉也日益明显。吴敬梓在当时写的一首《小桥旅夜》，正是表现了这种伤感之情：

是岁艰危集，穷途涕泪横。

茫茫去乡国，无事不伤情。

在冷眼审视南京和冷静审问自己之后，对乡土眷恋的情结悄然而生，对乡里爱恨感情的交织也变得按捺不住。他在《春兴八首·之三》中写道：

失计辞乡土，论文乐友朋。

为应蓬自直，聊比木从绳。

挥尘清风聚，开樽皎月澄。

回思年少日，流浪太无凭。

一种对自己“失计”离乡，对自己年少时“流浪太无凭”的“回思”；一种“念先人、生儿不孝，他乡留滞”（《乳燕飞》）的悔愧；一种“失计辞乡土”、“梦里故乡遥”（《春兴八首》）的乡愁，终于促成了吴敬梓的1735年新春、1737年春天两次故乡之行，既满怀喜悦地写下了《全椒道上口占六首》，也以“可怜贫贱日，只是畏人多”的自责自惭之情留下了《遗园四首》。

1753年春夏之交，年已53岁的吴敬梓拖着多病之身，最后一次回故乡省亲。自感来日无多，就更加怀念往事，他这次回乡是为了与昔日故交追忆往事、寻觅童趣，然而也是为了尽释前嫌、洗刷过去。前后三次踏上故土，故乡最终谅解和接纳了吴敬梓，而吴敬梓也完全宽容和原谅了故乡。随着人们自身的垂老，往日的一切恩怨也终将随着人生的结束而烟消云散。

其实吴敬梓移居南京，除了发自内心的愤然，还暗怀着一种在金陵崛起，衣锦还乡，改变自己在乡人和族人眼中形象的期望。“筑先贤祠于雨花之麓，祀泰伯以下名贤凡二百三十余人”，则是吴敬梓耗尽财力以表明自己淡泊明志的一个重大举动。泰伯是周太王长子，得知其父欲立三子季历为继承人，便与次弟仲雍出走荆蛮，三让天下，永不回周，从而成全了父愿；又在“荆蛮之地”，更衣换襟，断发文身，成为开发江南之鼻祖。吴敬梓盖泰伯祠，旨在弘扬泰伯抛弃名利的“至德”，借以规劝族人应承先祖之德，远离名利。为了修祠，吴敬梓卖掉了全椒老屋，这是他最后的财产，失去了祖传的家产，他从此陷入了难以自拔的贫困状态。然而徒劳无功的修祠之举，既无隆重的开张仪式，又无渲染的新闻发布，不仅世人未予注意，连族人也没有在意，而泰伯祠不久即归破败。

通过科举走入仕途，显露自己才华，再创家族辉煌，是吴敬梓的一大企求。1729 年，吴敬梓参加举人的乡试预试，试官竟莫名其妙地给他下了个“文章大好人大怪”的结论。虎落平阳，吴敬梓不得不“匍匐乞收”、伏地哀求，后来虽然屈辱地获得滁州初试资格并侥幸过关，但在南京秋试复试时却仍名落孙山。1735 年，吴敬梓幸运地被举荐进京参加朝廷的博学鸿词科考试，然而不料却因病无法赴考。

但当后来他听说不仅参加博鸿考试的从兄吴檠悻悻而归，而且他的挚友——时已誉满东南的经学家程廷祚也因不愿依附权势人士而落选；另一个秀才李岑森甚至可悲地“试毕，卒于都下”。耳闻友朋的不幸遭遇，使吴敬梓庆幸自己没有前往，目睹其他一些应试落第之士演出的种种丑态，这给吴敬梓以很深的刺激，也为他提供了深刻反省的机会，并开始对以求贤为名的“博学鸿词科考试”产生了怀疑。

亲阅社会，使吴敬梓尖锐地洞察了道德沦丧、世风日下的本质；亲历儒林，更使他清晰地目睹了科举弊害、儒生丑恶的悲剧。在内心深感震撼之后，吴敬梓不禁发出了“如何父师训，专储制举才？”的诘问，并对八股文产生了切齿痛恨。然而不仅是吴敬梓本人，与他相依为命的儿子吴烺也深受科举之害。

吴烺在年幼时就随父迁居南京，不仅从小依侍父亲，也依侍父亲的朋友，对于其父的感情极深。刚到弱冠之年，他就不得不为维持生计而四处奔走告贷，甚至有一次连除夕之夜也不能回家过年。而那一年吴敬梓也独自寓居在宁国（今安徽省宁国县城）旅店里，他在孤寂凄凉之中，特别惦记儿子吴烺今宵不知流落何处，思之能不凄然？遂写下一首《除夕宁国夜示儿烺》诗：

旅店宵无寐，思儿在异乡。
高斋绵雨雪，歧路饱风霜。
莫诧时名著，应知客思伤。
屠苏今夜酒，谁付汝先尝。

为了摆脱贫困状态，吴烺也一如前辈，走上了科举仕途，每岁科考都到滁州应试。然而也竟同其父吴敬梓的遭遇一样，每次都是科场落败。乾隆十六年（1751 年）一月，乾隆第一次南巡。32 岁的吴烺与王又曾、王鸣盛、钱大昕等六人以迎銮诗被诏试行在。诏试结果，吴烺被赐举人，任内阁中书，工作是缮写文告、命令，薪俸相当低微。由于妻子病重，入都供职的吴烺于次年秋乞假南归，半年之后，妻子病亡。吴烺携带小女入京，凭借一个寒儒冷官的薄薪，聊度京城春秋。

在吴敬梓一生的艰难生活中，与吴烺共同备尝辛酸，一起饱经忧患。病中的吴敬梓曾写有《病中示儿烺》一诗，充满了父子情深、师友谊长的深刻感情：

自汝辞余去，身违心不违。
有如别良友，犹念少寒衣。
病榻茶烟细，春宵花气微。
邮亭到何处，梦也到庭帏。

父亲吴敬梓去世后，吴烺回到南京。随后继续入京都，度过数年闲宦生涯，又住扬州三年，并按亡妻未了的心愿，招赘通家世好金兆燕之子金冀良为婿，为女儿完婚。再至京都，常与程晋芳等文友觥筹交错，感叹“长贫风味随缘过，爱懒情怀与世违”、“去往情怀同社燕，飘零身世类篷科”。乾隆三十四年（1769 年），他又被召入京师，授甘肃宁武同知，署府掾。不满一年，即以疾归，不知所终，默默无闻地走完了悲剧的人生路程。尽管他的后半生历程已为其父的在天之灵所不知，但是在吴敬梓的杰作《儒林外史》中，已经留下了他在漫漫宦途上蹒跚而行的足迹，他在仆仆风尘中艰难奔走远去的背影，他在微官薄宦的生涯和贫贱交加的生活中走过的心路历程。

三

从家乡全椒移居南京后，吴敬梓为重塑声誉和获取功名，付出了毕生的努力。但使他没有想到的是，他倾黄金时代的岁月和倾几代祖传的家产的投入，得到的却是石沉大海的回报；而更使他没有想到的是，就在这一段蹉跎失意的年代里，他却不经意地启动了一件使他名垂千史的伟大工程。

客居南京这一“儒林”之地，其间几度扬州之游直到在扬猝然而亡，使吴敬梓接触到大量的文人丑陋行为和社会丑恶现象，并使之统统汇聚到他的笔下。他约于乾隆元年（1736 年）35 岁时，动笔创作中国第一部长篇讽刺小说《儒林外史》，积十年寒暑，成就了一部巨著《儒林外史》。

《儒林外史》的故事发生在明朝，当然不过是作家的假托。他“秉持公心，指擿时弊”，那些“时弊”，其实正是他所处清代的两座城市中的两种畸形状态：一座是在秦淮残梦中酣睡的南京，另一座是在“康乾盛世”残照下的扬州。

南京历来是江南儒生、苏皖学子的会试寻梦之地，秦淮河畔的夫子庙更是科举的焦点、斯文的核心。“三年清知府，十万雪花银”的巨大诱惑力，像一座光耀千里的灯塔，吸引着一代代从十年寒窗中走出来的学子，年复一年地在这里演绎贵与贱、荣与辱、富与贫的人生故事。而当时的扬州，是东南经济文化重镇，赓续盛唐余绪，既是各类物资交流贸易的总汇，又是长江运河四方交通的枢纽，万商云集，城市繁华富丽，名冠海内。然而在表面繁荣之下存在着的社会弊端，也堪称全国的缩影。富商大贾奢侈淫靡的腐朽生活，以及广厦厚赀的财富聚敛，都是建筑在他们凭借“牢盆”（盐业贸易）危害国脉民利；依靠“货库”（典当）盘剥搜刮民脂的基础之上的。

官也好、商也好，在饱经沧桑的吴敬梓眼里，不过是“身外之物”。但是他一针见血地指出：“但世人一见了功名，便舍着性命去求他，及至到手之后，味同嚼蜡。自古及今，哪一个是看得破的?”在《儒林外史》的卷首，业已与科举制度彻底决裂后的吴敬梓，开门见山地阐明了他的人生主题：

人生南北多歧路。将相神仙，也要凡人做。百代兴亡朝复暮，江风吹倒前朝树。

功名富贵无凭据。费尽心情，总把流光误。浊酒三杯沉醉去，水流花谢知何处。

《儒林外史》从第一回开始，以“一代文人有厄”的惊呼声为红线，就将批判的矛头直指整个封建制度。作为现实主义作家，吴敬梓综观整个社会，博采众生之相，将犀利的目光投向世俗。在挖掘不同类型的封建文人隐藏在灵魂深处的微妙心理基础上，义愤填膺地写出了一代文人为科举所弃、所戕、所扭曲的悲剧，淋漓尽致地暴露和讽刺了在“科举”神圣大树遮掩下的儒林群丑形象。

在《儒林外史》长长的人物画廊中，居于中心的当然是形形色色的儒林士子形象：那花甲之年尚未进学、见贡院号板便一头撞去并满地打滚的周进，那年过半百、侥幸中举后因惊喜而发疯的范进，那出身于“庄户人家”、考取秀才后为非作歹、无恶不作的匡超人，那以科举功名获取更大权势、借以鱼肉乡民的豪绅地主严贡生，那因灯盏里点两茎灯草多费了油、在临死前伸着两个指头不肯断气的严监生，那心地善良但庸俗迂腐、始终以举官求业为信条的马二先生，那虔诚于封建礼教、竟劝女儿为死去的丈夫“殉节”的王玉辉，那以“雪虾蟆”做药、以“冬虫夏草”做菜从而显富摆阔的盐商万雪斋，那自称“一年至少也娶七八个妾”的

“总商”宋为富……

在这群精神空虚、精神堕落乃至精神失常的知识分子周围，还聚集了一大批的各色人等，其中有官僚、地主、盐商、衙役、贤士、书办、卜医、星相、恶棍、骗子、和尚、道士等。作者将人们司空见惯、见怪不怪的众多人物剪影一一张贴于册，再加以艺术渲染，就使得传世杰作《儒林外史》到处充满极具独特个性的细节，烘托出血肉丰满的真实形象，进而揭露了谄谀逢迎、贪赃枉法的腐败吏治，钩心斗角、尔虞我诈的社会风气，指出封建社会极端腐朽和行将崩溃的趋势。

与这些灵魂肮脏、行为卑劣的群丑形成对比的文人中，有两个为吴敬梓特别赞赏的“纯儒”，一个是他心仪已久的元末明初隐士王冕，尽管这位自学成才、以画没骨花卉而闻名遐迩的画家，在整本书中只出现于第一回，但赞美之意已溢于言表；另一个就是“作者自况”的杜少卿。

为了衬托杜少卿的正面形象和宣扬他的正面观点，作者在《儒林外史》中塑造了一个拙朴而执迷不悟的卫道士马二先生。马二先生是一部活脱脱的“子曰诗云”的录音机，一个死板板的奴性十足的机器人。在他看来，念文章、做举业，唯一的目的就是为了做官，而做官又是人生的唯一追求和终极价值。他开口《孝经》，闭口“曾子”，动辄就是《中庸》和《朱子语类》，著书就“著《春秋》”，读史则“读《纲鉴》”。

而作为现实中吴敬梓的代言人，杜少卿恰好是马二先生的对立面，他鄙弃八股举业，他反驳朱熹的说法，批评“只依朱注”是“固陋”，务必要说出“前人不曾说过”的话，主张“讲学问的只讲学问，不必问功名”。他追求独立的学术，具有独立的人格，在坚定地挣脱各种“爵禄之縻”后，他以“逍遥自在，做些自己的事”为人生乐趣。出现在“五四”新文化运动百余年前的杜少卿、吴敬梓，所表现出来的对奴性的叛逆和对精神解放的渴望争取，奏响了现代文化的序曲。

《儒林外史》问世之后，学者们陆续寻找书中人物的原型，煞费苦心，而且居然不断有所发现，开出的名单多达30余人。但是从吴敬梓那支辛辣诙谐的笔下诞生的形形色色的人，实在太出神入化而且使人感到太熟悉了，仿佛就住在隔壁对面，天天能够照面一样。作为重要的原型集居地之一，不论在南京城还是在扬州城中，出现在书中的那些儒生仕人、官宦商家、市井草民，低头不见抬头见，何处不能遇到呢？这种猜测和分析，显然有不可避免的牵强附会、张冠李戴。小说的创作并非完成于一时一地，原型也不一定是张三李四，不过吴敬梓的笔下，的确有相当几个人物可以在南京或扬州对号入座，原因很简单，吴敬梓对扬州有那么深厚的感情，自然也有那么透彻的了解，正如大文豪鲁迅的作品中有很多绍兴当地人的影子一样。

《儒林外史》这一部如此伟大的时代杰作，即使就其局部镜头、个别人物而言，例如严监生临终前那令人哭笑不得的一幕，也足以与莫里哀的《悭吝人》、巴尔扎克的《欧也妮·葛朗台》相媲美了。但是，大半生困于贫穷的吴敬梓，虽有富足得令国人羡慕的才华，却又穷得直到今天想起来还会使人心酸落泪。吴敬梓早在 49 岁之前就已经完成了《儒林外史》的写作，然而却无钱刻印而只能束之高阁，直到死后十多年才由金兆燕给他刻了出来，从而使这部伟大作品终于降临于世。

吴敬梓的好友程晋芳说，在他生平所交的朋友中，没有比吴敬梓更贫穷的了。一次吴敬梓到淮安造访，在其行囊里连笔砚都没有，使程晋芳感到奇怪，问道：“笔砚是我们读书人赖以为生的，怎能须臾离开呢？”吴敬梓笑答：“我胸中自有笔墨，不耐烦带这些东西。”

贫穷可以困乏吴敬梓的身体，却不能遮掩他的流风余韵照耀文坛，也不能阻碍他的文章流传千古。

四

在中国古代的四大名著中，竟没有给《儒林外史》留下一席之地。这难道是文坛权威们的一时疏忽而造成的失误吗？

对此，钱玄同当然有发言权，他是章太炎的弟子、“五四”新文化运动的大将。他在《儒林外史》新叙中说：“中国近五百年来第一流的文学作品，只有《水浒》、《儒林外史》和《红楼梦》三部书”，“我的朋友胡适之先生……于上举三书之中，尤其爱读《儒林外史》，于是就来叫我做一篇《儒林外史》的新序。”钱玄同又说：“我以为《水浒》、《儒林外史》和《红楼梦》三书，就作者的见解、理想和描写的艺术上论，彼此多有很高的价值，不能轩轾于其间；但就青年学生的良好读物方面着想，则《水浒》和《红楼梦》还有小小地方不尽适宜，惟独《儒林外史》则有两书之长而无其短。”

鲁迅在《中国小说史略》中对《儒林外史》作了高度评价：“迨吴敬梓《儒林外史》出，乃秉持公心，指擿时弊，机锋所向，尤在士林；其文又戚而能谐，婉而多讽。于是说部中始有足称讽刺之书。”又说：“是后亦鲜有以公心讽世之书如《儒林外史》者。”鲁迅谓之以“公心”，指的是作者对于世事的讥讽，并非出于因个人遭遇而产生的对某些人物或对社会的激愤，更无哗众取宠、耸人听闻的用意，而是出于对社会的认识，包含了一种忧患之心。对《儒林外史》的艺术结构上，鲁迅也十分赞赏：“如集诸碎锦，合为帖子。虽非巨幅，而时见珍异。”因为全书没有贯穿到底的人物，而是分阶段地展开，故事情节不受拘束，前后穿插贯串。这种体制，对清晚期小说有很大影响。

由此可见，在“五四”新文化运动的大将们眼中，以《水浒》、《儒林外史》、《红楼梦》为第一流的文学作品，其中《儒林外史》又最为他们所看重。而以《水浒》、《红楼梦》、《三国演义》、《西游记》四大名著为白话文学的典范作品则是后人之说。

《儒林外史》与《红楼梦》这两部在小说史上具有划时代意义的作品，都是在乾隆时代文学的复苏中酝酿、康乾盛世阴影的笼罩下孕育而出现的。《红楼梦》把笔触瞄准封建豪门大院；而《儒林外史》则把笔锋射向社会，客观、写实地描述了在龌龊儒林中染上各种颜色的芸芸众生，其中有秀才举人、翰院名士、市井细民。《儒林外史》不仅直接影响了近代谴责小说，对现代讽刺文学也有深刻的启发。

在中国古代长篇小说的经典著作中，《红楼梦》是一直走“红”的，而《儒林外史》却备受冷落，从而引起了鲁迅的不平。鲁迅在《且介亭杂文二集·叶紫作〈丰收〉序》中说：“《儒林外史》作者的手段何尝在罗贯中下，然而留学生漫天塞地以来，这部书就好像不永久，也不伟大了。伟大也要有人懂。”鲁迅是真正懂得“伟大”的人，他曾在1914年与朋友闲谈时，连声称赞吴敬梓的《儒林外史》，说：“我总想把绍兴社会黑暗的一角写出来，可惜不能像吴氏那样写五河县风俗一般的深刻……不能写整的，我就捡一点来写。”这番谈话4年后，鲁迅的名作《狂人日记》、《阿Q正传》就问世了。

吴敬梓创作的《儒林外史》，被誉为中国古典讽刺小说中一座难以逾越的山峰，不仅成为中国小说艺术重大发展的标志，而且已被译成英、法、德、俄、日等多种文字，成为一部世界性的文学名著。一些外国学者认为：这是一部讽刺迂腐与卖弄的作品，可称为世界上一部最不引经据典、最饶诗意的散文叙述体之典范。它足以跻身于世界文学杰作之林，与西班牙塞万提斯、法国巴尔扎克、俄国果戈理等人的作品相提并论。

从17世纪到19世纪的两百年间，四位中西方现实主义大师塞万提斯、吴敬梓、巴尔扎克、果戈理先后来到欧亚大陆，为世界文学的发展带来了惊喜，给人类文明的进步带来了巨大影响。塞万提斯向西班牙人献上的《堂吉诃德》中，通过对一个可怜、可悲而可笑的新“骑士”淋漓尽致的描绘刻画，深刻地反映、讽喻和批判了西班牙的社会世态、人情习俗及当代的重大事件。巴尔扎克以其一整套《人间喜剧》作品，出色地为时人和后人展现了法国封建主义与资本主义历史交替时期的社会广阔画面。而生活于同一时期的果戈理，则在揭露和抨击俄国腐朽农奴制度的长篇小说《死魂灵》中，通过对地主种种丑恶嘴脸的生动描写，表明俄国农奴制已到了气息奄奄的垂死阶段，客观上反映出它必然灭亡的规律。

对于比巴翁和果翁年长百岁左右的两位东方作家吴敬梓来说，尽管著述没有他们丰富，但就高度的艺术成就、深远的社会影响和众多的醉心读者而言，中国老人毫不逊色于西方后生。耐人寻味的是，东方和西方这两对世纪之隔的文豪，竟又是那么心有灵犀、文脉相通。在吴敬梓的长篇小说《儒林外史》中，由衣冠楚楚的“上层”人士和大千世界的芸芸众生组成的剧团，上演了一幕幕中国封建社会的“人间喜剧”。

在巴翁的《人间喜剧》作品中，有一部备受赞颂的代表作《欧也妮·葛朗台》，描写一个贪婪、吝啬的暴发户，视钱如命，对破产自杀的兄弟坐视不救，在逼走侄子、折磨死妻子并断送了女儿青春之后，双眼直直地盯着一生巧取豪夺来的灿灿黄金，恋恋不舍地死去。巴翁认为这是他的一本得意杰作，“最出色的画稿之一”。然而，殊不知在吴敬梓的笔下，早就出现过一个更加贪婪、悭吝的封建地主严监生，在他临死之时，僵硬地伸着两个指头，总不肯断气，原来是看到灯盏里点着两茎灯草，不放心，怕费了油。直到后来被挑掉一茎，“众人看严监生时，点一点头，把手垂下，顿时就没了气。”

与塞万提斯、巴尔扎克、果戈理一样，吴敬梓也是属于人类的，属于世界的，当然更属于中国的。

——满纸荒唐言，一把辛酸泪（清·曹雪芹《红楼梦（第一回）》）

满纸荒唐言

——清代小说家曹雪芹

一

爱看越剧，最爱徐玉兰、王文娟于1962年联袂主演的越剧电影《红楼梦》。这部里程碑式的经典戏剧电影一开场，就让观众随着林黛玉的一乘花轿，走进了五光十色、万紫千红的荣国府，与她一起见识了贾府兴盛时期的豪奢场面。而当贾宝玉、林黛玉初次相见，彼此竟心有灵犀，似曾相识。那一段轻轻点燃了贾、林爱情星火的优美对唱，一夜间就传遍大江南北：

天上掉下个林妹妹，似一朵轻云刚出岫。

只道他腹内草莽人轻浮，却原来骨格清奇非俗流。

娴静犹如花照水，行动好比风拂柳。

眉梢眼角藏秀气，声音笑貌露温柔。

眼前分明外来客，心底却似旧时友。

在极端困苦的条件下，曹雪芹“披阅十载，增删五次”，创作了一部伟大的《红楼梦》，把我国的古典小说推到了新的高峰。曹雪芹如同一位建筑巨匠，在这部巨著中构筑了荣国府、宁国府两座百年望族的围城，通过两者由乐园变愁城而成坟场的兴衰变化，淋漓尽致地展示了封建贵族的奢靡生活和丑恶灵魂，揭示了封建社会必然崩溃的历史趋势。曹雪芹又像一位雕塑大师，在荣国府这座乌烟瘴气的围城内塑造了两尊洁白的石像，一尊是享受着锦衣玉食却成为封建叛逆的贵公子贾宝玉，另一尊是寄居在荣国府中却不甘流于世俗的弱女子林黛玉。同住一处，常常见面，但一道无形的高高隔离带，却隔断和扼杀了这一对志同道合的情人生死相恋的爱情。

贾宝玉、林黛玉这两个封建社会叛逆形象，是曹雪芹精雕细琢的两个典型人物，贯穿于《红楼梦》一书。在作者笔下的贾宝玉是个什么样的人？一个狂人却又是一个俗夫！恰如《红楼梦》第三回的一首《西江月》所言：

无故寻愁觅恨，有时似傻如狂；纵然生得好皮囊，腹内原来草莽。

潦倒不通庶务，愚顽怕读文章；行为偏僻性乖张，那管世人诽谤！

富贵不知乐业，贫穷难耐凄凉；可怜辜负好时光，于国于家无望。

天下无能第一，古今不肖无双；寄言纨绔与膏粱：莫效此儿形状！

在以封建家长贾政为代表的统治者的眼里，贾宝玉是一个“草莽”、“愚顽”、“偏僻”、“乖张”、“无能”、“不肖”的狂人，而这却正是作者用心良苦地反其意而用之。贾宝玉以自己的狂人言行，显示了他对封建文人仕宦道路的厌恶，对“男尊女卑”道德观念的对立，对忠孝节义封建道学的鄙夷，最终大胆地向至高无上的孔孟之道展开挑战。这种精神正是作者力图宣扬和赞颂的，从对一个望族“孽根祸胎”所作所为的揭示，塑造了作者所追求的一个封建制度叛逆者的形象。

然而“混世魔王”贾宝玉毕竟是一个衣来伸手饭来张口的公子哥儿、“富贵闲人”，因此他又很“俗”，一个典型的俗夫。他自幼生长在女儿国中，沾染了过多的胭脂气，也颇多风流韵事。他基本上没走出过围城，对社会世事了解很少，纯真却又显得愚蠢，甚至被骗成亲后，也只能气愤地指天责问："只以为百年好事今宵定，为什么月老错系了红头绳?"而且过惯了华衣美食的豪奢生活，一旦富贵云散，家道败落，他也就必然"贫穷难耐凄凉"了。

容貌倾城、诗才旷世、名列"金陵十二钗"正册之首的林黛玉，是荣府最小的千金贾敏与巡盐御史林如海之女，也是曹雪芹倾毕生心血下大力气雕塑的另一个人物形象。由于母亲早亡，后又父亲病故，她在贾府过着寄人篱下的生活。天生丽质的形象之美，才华横溢的气质之美，率真坦诚的心灵之美，追求真爱的悲剧性格之美，都展示出林黛玉迷人的魅力，醉人的吸引力。

多愁善感，清高孤傲，是林黛玉两重对立的性格。这种看似矛盾的性格，在曹雪芹为林黛玉写数首咏花诗中得到艺术体现。在一首感叹身世遭遇的《葬花吟》（黛玉葬花词 ·《红楼梦》第二十七回）中，唱出了积聚在她心底的全部哀声：

未若锦囊收艳骨，一抔净土掩风流；质本洁来还洁去，强于污淖陷渠沟。

尔今死去侬收葬，未卜侬身何日丧？侬今葬花人笑痴，他年葬侬知是谁？

试看春残花渐落，便是红颜老死时。一朝春尽红颜老，花落人亡两不知！

在《红楼梦》第三十八回《林潇湘魁夺菊花诗　薛蘅芜讽和螃蟹咏》中，"潇湘妃子"林黛玉选了《咏菊》、《问菊》、《菊梦》三道诗题，表现了她性格中的另一面，像菊花那样不畏风霜、孤标傲世的高尚品格，也许还可以嗅得到她追求爱情、冲破牢笼的叛逆精神。其中一首七言律《咏菊》曰：

无赖诗魔昏晓侵，绕篱欹石自沉音。
毫端蕴秀临霜写，口齿噙香对月吟。
满纸自怜题素怨，片言谁解诉秋心。
一从陶令平章后，千古高风说到今。

小说中的三号人物是薛宝钗，曹雪芹对她的塑造也下了一番大功夫。

这位知书达理、德才兼备、稳重大方、玲珑机巧的美貌淑女，是封建门第中大家闺秀的典型形象。当她心安理得地成为宝玉新妇之后，也就理所当然地成为贾府继承人的贤内助，百年望族的未来掌门人。然而这位封建制度的忠实卫道士，却又在作者的狠心安排下，最终却成了可怜而无望的守寡者，据说原来在曹雪芹笔下薛宝钗的下场比高鹗笔下的守寡更不幸。封建王朝的千年大厦在行将崩塌的时候，薛宝钗之类的封建制度忠实维护者、封建伦理的坚定执行者，都将不可避免地成为殉葬者。作者通过薛宝钗这一看似完美无瑕的形象最终毁灭，欲哭无泪地控诉了他曾经欣赏、留恋和维护过的社会。

先后在《红楼梦》中登场的人物究竟有多少？按清朝嘉庆年间姜祺统计共 448 人；而在民国初年兰上星自编的《红楼梦人物谱》中，共收 721 人；近年，徐恭时作新统计为 975 人，其中有姓名称谓的 732 人，无姓名称谓的 243 人。后人将其中部分有名有姓的人物归纳为：十二金钗、十二贾氏、十二丫鬟、十二家人、十二儿、十二官等，可谓让人眼花缭乱。

“红楼”中的人物称得上经典者，少说也有数十人，每个人的音容相貌各异、性格爱好不同。曹雪芹雕塑的“红楼”群像，如同杜莎夫人蜡像馆中的名人塑像，一个个栩栩如生地展示在人们面前。而蜡像塑得最像也只能做到形似，曹雪芹笔下的人物性格则是个个惟妙惟肖，这种高妙的人物塑造使“红楼”故事的悲剧色彩更加突出。而由于曹雪芹的知识面很广，对诗词、金石、书画、医学、建筑、烹调、印染等无所不通，也使这场“梦”尤有真实细腻之感。

二

曹雪芹，名沾，字梦阮，号雪芹，又号芹溪、芹圃。正当曹家风光鼎盛之际，他来到了这个豪门大家。对他的生辰有四说，即康熙五十年（1711 年）、康熙五十四年（1715 年）、雍正二年（1724 年）、雍正三年（1725 年）。至于他的生父也是说法各异，一说他是曹颙的遗腹子，谱名曹天祐（佑），曹頫为其堂叔；另一说则为曹頫。

少年曹雪芹既生于“秦淮风月”之地，又长于“繁华锦绣”之乡。在这个“贾不假，白玉为堂金作马”的江宁织造之家，“别讲银子成了粪土，凭是世上有的，没有不是堆山积海的，‘罪过可惜’四个字竟顾不得了!”（《红楼梦》第十六回）使他经历过一段富贵豪华的生活，留下了许多难以忘怀的印象。何况祖父曹寅是当时著名的藏书家，还会作诗填词写剧本，又使他在这个“很富丽的文学艺术的环境”中汲取了丰富的文学营养。这一切都为曹雪芹创作《红楼梦》打下了坚定的基础。

曹家来历的确不凡，其家世隶属清王朝“内务府”旗籍，即皇室的家奴，享有不小的特权。母孙氏曾经是康熙幼时的乳母，在满清族的伦理观念和传统道德中为“八母”之一。曹寅自己则做过康熙的伴读和御前侍卫，从小和康熙一起生活。康熙六次南巡，后四次都由他负责接驾。在康熙第三次南巡驻跸时，曹寅扶出已届68岁高龄的母亲叩见皇上，康熙满面春风地询问孙氏年岁，口称“吾家老人”，慰勉有加。恰好庭院萱花怒放，他就乘兴欣然命笔，题写“萱瑞堂”三个大字当面赐予。曹家的豪华及与皇室关系之深已可见一斑了。

曹寅父曹玺首任江宁（今南京）织造之职，专差久任。当他在江宁织造任上病故后，曹寅旋即被康熙任为苏州织造，后又继任江宁织造、两淮巡盐御史等职。康熙四十四年（1705年）三月十九日，康熙皇帝下达一道谕旨，决定校订刊刻《全唐诗》。天降大任于斯人，正是这一道谕旨，把曹寅推到了一个光荣而重要的历史位置。作为曹家承前启后的曹寅，凭借父亲的荫庇，更有康熙这棵大树，把曹家推到了文财两旺的鼎盛时期。然而他在任上为接驾大操大办，极尽奢华靡费之能事，挪用了巨额织造署经费和两淮盐课银两，一时的荣光种下了曹家衰败的祸根，最终使自己身陷茫茫债海，以至于临终前捶胸抱恨，死不瞑目。

康熙五十一年（1712年），曹寅在扬州任上病危，康熙特命千里马送药拯救。曹寅病故后，康熙一反织造必须从内务府司员中选任的惯例，特命年当弱冠、仅有监生资格的曹寅长子曹颙继任江宁织造。不料曹颙竟享年不永，于康熙五十三年（1714年）冬一病而死，令康熙深感遗憾。曹颙撒手而去，曹寅的一支仅剩老母孤孀，家业无以为继。五十四年（1715年）

二月，康熙再次出面，直接主持将曹寅的胞弟曹宣之子曹頫过继为曹寅遗孀李氏嗣子，并补放江宁织造。从曹寅的父亲曹玺起，接连三代四人袭“江宁织造”的官职，这一个财赋要职，使曹家在南京的荣华富贵生活长达60余年。

一朝天子一朝臣，受到竭力照顾和“保全”的曹家，在康熙死后，好日子就难以唤回了。读书天资很高的曹頫，却不善于管理织造事务，任期间累年亏空。雍正一上台即严加催逼欠款，令其痛苦不堪。在随后的日子里，皇帝不断对曹頫找碴儿：先是负责操办的缎匹衣料质量“粗糙轻薄”遭罚，后因雍正穿的石青缎褂褪色再度被罚，接着又由于“骚扰驿站”被撤职受审。期间雍正得知曹頫转移财物、企图隐蔽，更是龙颜大怒。

雍正五年十二月二十四日，皇帝上谕：“著江南总督范时绎查封曹頫家产”，将曹頫所有田产房屋人口“特加赏赉”给新任江宁织造隋赫德。隋赫德也不负皇恩，又奏报了曹頫在万寿庵替雍正的政敌胤禟藏贮镀金狮子事，落井下石，从而把曹頫彻底卷入了政治斗争的旋涡之中。曹頫下狱治罪，“枷号”一年有余，曾经处于金字塔上层的曹家一落千丈，在江南已再无立足之地，与六朝古都的一切情缘也就结束了。

在曹家遭受这场重大变故之后，雍正六年夏秋间，曹雪芹随同祖母、母亲等全家老少，由南京北返北京，住在崇文门外蒜市口的曹家旧宅，开始了穷困潦倒的凄惨生活。在此期间曹雪芹曾在西单石虎胡同的右翼宗学教书，并常与志同道合的学生敦敏、敦诚兄弟饮酒论诗，结下深厚情谊，敦诚也有“当时虎门数晨夕，西窗剪烛风雨昏。接罗倒着容君傲，高谈雄辩虱手扪”（《寄怀曹雪芹》）的记述。

晚年的曹雪芹移居北京西郊西山一带，据推测“结庐西山”之地应在樱桃沟的“退谷”里（周汝昌），此后他就再也没有离开过那里。然而1971年在香山地区正白旗的一座老式民居内，发现有几组题碑诗，其中一副对联是传说中鄂比赠曹雪芹的，部分红学家由此推断这里才是曹雪芹生活和著书之所，并以此为基础建成了纪念馆。

曹雪芹走进西山之后，乡民们常常看到一头毛驴驮着他遍走山山野野的背影，西山里上百个有名无名的古刹寺庵遗址，都留下了他的足迹。好友张宜泉在《和曹雪芹〈西郊信步憩废寺〉原韵》中谈道：

君诗曾未等闲吟，破刹今游寄兴深。
碑暗定知含雨色，墙颓可见补云阴。
蝉鸣荒径遥相唤，蛩唱空厨近自寻。
寂寞西郊人到罕，有谁曳杖过烟林。

可惜曹雪芹《西郊信步憩废寺》的原诗已佚。走遍青山寻访古寺只能是酒足饭饱之后的游兴，而曹雪芹眼前的燃眉之急则是柴米油盐。一旦纨绔公子落魄到与村乡野老为伍，生活诚然比村乡野老更加艰难，他的原配妻子也许就是在这个时候贫病交加，撒手人寰，留下了一个儿子。

原配姓梅，是曹雪芹的一个堂姑的女儿，比他小两岁。二人青梅竹马，两小无猜，你有心我有意，两家大人也顺水推舟，从小就给他们订了亲。然而天有不测风云，曹家犯罪破落，一夜间由富变穷，堂姑家借故赖婚，将女儿另嫁给曹雪芹的好友鄂比。鄂比婚宴之夜，邀请曹雪芹前来参加，曹雪芹勉为其难地赴宴。谁知当新娘花轿到来后，鄂比竟在屋里将自己身上的新郎服装脱下，让曹雪芹穿上，并在大庭之上对宾客宣布让这一对有情人结拜天地。入洞房后，蒙在鼓里的梅小姐方才恍然大悟，喜极而泣。这段奇事，也成了《红楼梦》中宝钗换黛玉“调包计”的由来。

梅夫人病故后，带着伤感、怀旧情绪的曹雪芹，曾离京南下一年有余。此次神秘的江南之行意在何为？一种说法是朋友都劝说曹雪芹续弦，很有可能是为了物色续弦人选，而此人极可能就是曹家的旧人，事实上他的续弦夫人也正是这个时候跟了他的。也有人说是去南京寻访两江总督尹继善，筹集刊刻《红楼梦》的资金。

曹雪芹回京后，很久没有见到友人的敦敏，在明琳书房中听见隔院有人高谈阔论，声音十分熟悉。当他走进一看，果是正在富察氏家中访问明义、明仁或明瑞等友人的故友，相见甚欢，举杯话旧，有感而作《芹圃曹君（霑）别来已一载余矣》一诗：

芹圃曹君（霑）别来一载余矣，偶过明君（琳）养石轩，隔院闻高谈声，疑是曹君，急就相访，惊喜意外，因呼酒话旧事，感成长句。

可知野鹤在鸡群，隔院惊呼意倍殷。

雅识我惭褚太傅，高谈君是孟参军。

秦淮旧梦人犹在，燕市悲歌酒易醺。

忽漫相逢频把袂，年来聚散感浮云。

友人张宜泉亦写有《怀曹芹溪》诗，记叙此事：

似历三秋阔，同君一别时。

怀人空有梦，见面尚无期。

扫径张筵久，封书畀雁迟。

何当常聚会，促膝话新诗。

曹雪芹晚年生活得十分穷苦。但即使到了举家食粥的地步，他却如酒仙李白一样，依然没有忘记喝酒，哪怕是赊酒也要喝。敦诚在《佩刀质酒歌》中说他“酒渴如狂”，狂得就像贺知章和阮孚（遥集）那样：“我闻贺鉴湖，不惜金龟掷酒垆。又闻阮遥集，直卸金貂作鲸吸。”又以“鹿车荷锸葬刘伶”之句将他比作嗜酒寿终的“竹林七贤”之一刘伶。在1761年另一首《赠曹芹圃》诗中，敦诚写道：

满径蓬蒿老不华，举家食粥酒常赊。

衡门僻巷愁今雨，废馆颓楼梦旧家。

司业青钱留客醉，步兵白眼向人斜。

阿谁买与猪肝食，日望西山餐暮霞。

从敦诚的诗中可以看出，曹雪芹喝酒是越来越厉害了。那么他是依靠什么来生活呢？有关传说很多，可资考证的就是靠卖画为生，敦敏在《赠曹雪芹》诗中说：

碧水青山曲径遐，薜萝门巷足烟霞。

寻诗人去留僧舍，卖画钱来付酒家。

燕市狂歌悲遇合，秦淮残梦忆繁华。

新仇旧恨知多少，一醉毷氉（máo táo）白眼斜。

靠卖画为生不是曹雪芹的发明，他的前辈画家王冕、唐寅、徐渭等，无不以卖画作为维生的手段。曹雪芹的绘画水平足以养家糊口，张宜泉的一首诗甚至还透露他曾有过成为御用文人或宫室画师的机会：

爱将笔墨逞风流，庐结西郊别样幽。

门外山川供绘画，堂前花鸟入吟讴。

羹调未羡青莲宠，苑召难忘立本羞。

借问古来谁得似，野心应被白云留！

结庐在西山，山川别样幽，花鸟也入画。擅画山水也擅画石的曹雪芹，曾经拒绝“苑召”，不去做皇家或皇家宗室画师，不重蹈当年的李白和阎立本被召去做皇帝和贵妃的“供奉”、“应制”，却落得个先荣后辱的覆辙。然而卖画究竟能换回多少钱呢？曹雪芹要养活一家人谈何容易，据说他穷得连写作用纸也买不起，只好把旧皇历的纸页翻过来作为稿纸。他这种甘愿受穷也不愿为五斗米折腰的傲骨，赢得了朋友们的敬重，尤其是始终将他视为良师益友的敦氏兄弟。敦敏在另一首《题芹圃画石》的绝句中，对可敬的师友赞道：

傲骨如君世已奇，嶙峋更见此支离。

醉余奋扫如椽笔，写出胸中块垒时。

穷困并没有让曹雪芹变得落拓潦倒、一蹶不振，而是依旧精神高昂、豪情满怀。他在几杯落肚、酒酣耳热之后，从容濡笔，挥毫泼墨，兔起鹘落，水墨淋漓，气势磅礴。他在专心绘画之时，时而兴奋得狂呼大叫，一展当年纨绔子弟的韵致，时而端过酒碗豪饮一通，又现古代文士的豪兴。这才是一个真实的曹雪芹，一个在艰难竭蹶之中呕心沥血地完成《红楼梦》巨制的伟大作者！

贫穷志不移，但天公却无情，一场大灾难摧垮了曹雪芹的精神。乾隆二十八年（1763 年）春，几度施虐大清王朝的可怕疫情天花，在北京城再次流行起来，死于病疫的儿童数以万计。敦诚、敦敏一家遭灾者竟有五口，张宜泉一家则是四口剩一。目睹别人家孩子屡屡殇逝，曹雪芹心急如焚，昼夜难眠，担心自己的爱子也难逃一劫。病魔没有对他作出丝毫的垂怜，他儿子也真的不幸染上天花。无钱治病，也无计可施，只能眼巴巴地看着孩子日渐垂危，最终离他而去，据说那天正是中秋月圆时。

爱子的夭折，让曹雪芹悲痛万分，传说他在此后每天伤心流泪，独自到孩子的小坟前，一坐就是半天。“忧伤要人命”，曹雪芹的酒喝得更凶了，加之外界的煎迫烦劳，他再也支撑不住，于秋天的时候病倒了。他这一病就再也没起来，卧床至这一年的除夕，撇下了续娶不久的新妇，在凄凉悲惨的境况之中离开人世。对曹雪芹的卒年，一般认为是“壬午除夕”即乾隆二十七年（1762 年 2 月 12 日）。

在一位伟大作家吴敬梓离世还不到十年，又一位伟大作家曹雪芹消失在神州故国。吴敬梓走得匆促，身后是何其萧条；曹雪芹走得寂寞，晚景也一样凄凉！曹雪芹死后全赖生前相交甚厚的敦诚、敦敏兄弟和张宜泉等“二三友朋，赙赠相资，草草殡葬。西山某处，荒坟一角，衰草寒烟，便是这位文学巨人的归宿之地！”（周汝昌《曹雪芹传》）

三

生前无人为之立传，死后无人为之树碑。因此曹雪芹的生卒、经历、婚姻，给后人留下了一团错综复杂的年代乱码；而《红楼梦》的作者、评者、续者，更成了一堆扑朔迷离的历史谜团。为了弄清事实真相，白首穷经，拔树寻根，不知忙煞了多少专业或业余的红学家。

曹雪芹逝世后，他的好友敦诚曾写过三首诗悼念他，其一为收藏在《四松堂集》中的甲申改稿《挽曹雪芹（甲申）》，这是敦诚生前最终的定稿。敦诚以此诗实现了补吊的承诺，并准确总结与隐写出曹雪芹的一生：

四十年华付杳冥，哀旌一片阿谁铭？
孤儿渺漠魂应逐（前数月，伊子殇，因感伤成疾），新妇飘零目岂瞑？
牛鬼遗文悲李贺，鹿车荷锸葬刘伶。
故人惟有青衫泪，絮酒生刍上旧坰。

在此之前，乾隆二十二年（1757 年），24 岁的敦诚以深厚的感情、清晰的线条、雄深的笔墨和雅健的语句，写了一首题为《寄怀曹雪芹》的诗。这首诗从曹雪芹的源流谱系、家世生平写起，展现了曹雪芹的性格才情、胸襟气度，及其艰苦的家庭生活和艰难的写作环境。这首诗也成了为曹雪芹所写的一篇难得的评传和宝贵的碑传：

少陵昔赠曹将军，曾曰魏武之子孙。君又无乃将军后，于今环堵蓬蒿屯。

扬州旧梦久以绝，且著临邛犊鼻裈。爱君诗笔有才气，直追昌谷破篱樊。

当时虎门数晨夕，西窗剪烛风雨昏。接罗倒着容君傲，高谈雄辩虱手扪。

感时思君不相见，蓟门落日松亭樽。劝君莫弹食客铗，劝君莫扣富儿门。

残羹冷炙有德色，不如著书黄叶村。

归隐黄叶村，著书茅草房，曹雪芹从被迫到自觉，对自己进行了重新定位。以前的他，在江宁的围城内呐喊闹腾，却还没有完全从那个充满“禄囊”的世俗世界之中反叛出来。北上尤其在迁居西山之后，他的生命已经完全被净化，而他的人生目标也完全确定了——以《红楼梦》开始他生命的新起点，毕其有生之年，全力完成“红楼”之梦。

生于荣华，中经巨变，历尽人间沧桑，备尝世态炎凉；而又博学通识，才华富赡，胸多波澜，笔无滞碍。这一切的主客观条件，使曹雪芹的灵感得以不断地充电，终于以他那如椽之笔，创作了一部绝世之作。一生经历中的重大转折，让曹雪芹深感世态炎凉，对封建社会有了更清醒、更深刻的认识。他的《红楼梦》以自己和亲戚家庭的败落为创作素材，看似带有一定的回忆性质，但却是小说而不是自传，不能把《红楼梦》作为曹雪芹的自传看待。

在人们的旁观冷眼中，在令人窒息的环境下，曹雪芹蘸着血和泪写出了不朽的《红楼梦》。他自述说：“所以我这一段故事，也不愿世人称奇道妙，也不定要世人喜悦检读，只愿他们当那醉淫饱卧之时，或避世去愁之际，把此一玩，岂不省了些寿命筋力？就比那谋虚逐妄，却也省了口舌是非之害，腿脚奔忙之苦。”《红楼梦》的一首缘起诗《自题一绝》（又名“题石头记”），曹雪芹以短短二十言，道出了自己的一片痴心和一腔悲情：

满纸荒唐言，一把辛酸泪！

都云作者痴，谁解其中味？

多么痛苦的“荒唐”自白，多么清醒的“痴狂”自述，但不知谁人能读懂作者之心，理解书中的深意？另一首胡适在《脂砚斋重评石头记》指为“甲戌本曹雪芹自题诗”（据他人考证作者应为脂砚斋）中，还流露了曹雪芹对人生的无奈，对生活的无望，深感古今一场梦，奔忙更荒唐。而字字皆血泪凝注、辛苦十年方搁笔的《红楼梦》，又充溢着红袖啼痕、情痴抱恨：

浮生着甚苦奔忙？盛席华筵终散场。
悲喜千般同幻渺，古今一梦尽荒唐。
漫言红袖啼痕重，更有情痴抱恨长。
字字看来皆是血，十年辛苦不寻常。

《红楼梦》初名《石头记》，以手抄本的形式在社会上流传，受到人们的喜爱。但此书作者是谁？虽然多年来诸多红学家埋首穷究地考究论证，但至今却还是众说纷纭。尽管在《红楼梦》第一回正文中曾提及，此书经“曹雪芹于悼红轩中披阅十载，增删五次，纂成目录，分出章回”，但不少人一直持有异议。直到1921年胡适的《红楼梦考证》发表以后，《红楼梦》作者为曹雪芹的观点遂成为学术界的主流观点，并逐渐为大家所公认和接受。稍后发现的脂本脂批又直指曹雪芹就是作者，强有力地支持了胡适的结论。

同样能够佐证这一观点的是：曹雪芹同时代的好友富察明义在其《题红楼梦》诗序中说：“曹子雪芹，出所撰红楼梦一部，备记风月繁华之盛。盖其先人为江宁知府，其所谓大观园者，即今之随园故址。惜其书未传，世鲜知者，余见其钞本焉。”另一位清代宗室诗人永忠作于乾隆三十三年的咏《红楼梦》诗题曰：“因墨香得观《红楼梦》小说吊雪芹三绝句（姓曹）。”在与曹雪芹同时代或稍晚的袁枚、裕瑞等人以及更晚的其他人的笔记中，也都有曹雪芹是《红楼梦》作者的记载。

近年来仍陆续有人挑战定论，提出《红楼梦》作者另有其人，其中有曹寅说、曹頫说、曹寅之孙说等，不一而足。甚至有人还设想曹顒并没有真死，而是隐居或出家了，藏身起来写《红楼梦》。更有人更将《红楼梦》的时代背景从18世纪乾隆盛世还原为17世纪明清交替时期，把《红楼梦》的地理背景从南北二京还原为杭州西溪，而《红楼梦》的作者也自然而然地落到了戏曲家、当地“百年望族”后人洪昇的头上。后人对《红楼梦》作者的大胆想象和猜测，大概也足能写一部新的《红楼梦》了。不过不管是否信服，胡适对《红楼梦》作者是曹雪芹的考证已为绝大多数红学家所公认。

一般认为，曹雪芹只完成了《红楼梦》80 回的抄本，后 40 回是清文学家高鹗大体遵循曹雪芹的原意，完成了《红楼梦》悲剧的主题。乾隆后期，出版人程伟元在京花数年之功，搜罗《红楼梦》残稿遗篇，并邀高鹗共同承担“细加厘剔，截长补短，抄成全部”的编务，三印《红楼梦》。不过多数人相信，后 40 回实际上出自程高二人之手。

清代文学家高鹗，字兰墅，一字云士。因酷爱小说《红楼梦》，别号“红楼外史”。祖籍铁岭（今属辽宁），先世清初即寓居北京。他熟谙经史，工于八股文，诗词、小说、戏曲、绘画及金石之学亦颇通晓。又热衷仕进，官至刑科给事中。晚年家贫官冷，两袖清风。所以虽著作如林，却多未及问世而赍志以终。程伟元字小泉，苏州人。因科场失意，一生未仕。乾隆末年流寓京师，与高鹗相识后，遂于乾隆五十六年（1791 年）共同以活字版首次刊行 120 回《红楼梦》（世称“程甲本”）。翌年又大量改动前 80 回文字情节，续书亦多有修改，仍由萃文书屋印行（世称“程乙本”），此后坊间通行即此种刊本。

《红楼梦》后 40 回续书，无论在思想上还是在艺术上都显然不如前 80 回，反映出高、程在思想认识、艺术才能或是审美情趣上，都与曹雪芹存在着很大的差距。但由于续书仍大体遵循曹雪芹隐喻暗示的线索，延续了全书的悲剧构思，使故事情节保持完整而未遭破坏，因而使《红楼梦》得以迅速传播并流传至今。与同时代的其他各种《红楼梦》版本相比，续书显然胜过一筹，因此高、程功莫大焉。

1980 年，美国华裔学者陈炳藻通过对红楼梦的数理统计，得出全 120 回皆为曹雪芹原作的结论，而学术界没有对此达成普遍共识。

四

《红楼梦》是一部什么书？作者究竟是谁？脂砚斋又是什么人？……

一个“隐”字让《红楼梦》的许多真相都变得雾里看花，似花非花。

自脂砚斋而始的旧红学家，有案可查者不下二百，形成了评点派、索隐派和题咏派等各种派别，脂砚斋、畸笏叟、蔡元培、王国维是其中的代表人物。他们有人把《红楼梦》看成是“情书”、“经书”，也有人把《红楼梦》看成是“传记”、“传人”，各执己见，莫衷一是。

脂砚斋是对《石头记》写下大量评点式评语的第一人，他的观点被后人称为“色空”、“梦幻”说。在他看来，《红楼梦》说到底就是“情”、“淫”、“幻”、“空”四个字。他在“瞬息间则又乐极生悲，人非物换，究竟是到头一梦，万境皆空”四句旁，写了一侧批语“四句乃一部之总纲”。还说：“一部书起是梦，宝玉情是梦，贾瑞淫是梦，秦之家计长策又是梦，今作诗也是梦，一并风月宝鉴也从梦中所有，故红楼梦也！余今批红楼梦亦在梦中，特为梦中之人做此一大梦也！”仅次于脂砚斋的《红楼梦》第二大批评家是畸笏叟，而畸笏叟与脂砚斋均为化名，他们究竟是谁，至今还是一头雾水。

民主主义革命家蔡元培关心的是政治，从这一角度提出《红楼梦》是一部政治小说。他在 1917 年 9 月出版的《石头记索隐》一书中得出的结论是：“《石头记》者，清康熙朝政小说也。作者持民族主义甚挚，书中本事在吊明之亡揭清之失，而尤于汉族名士仕清者寓痛惜之意。当时既虑触文网，又欲别开生面，特于本事以上加以数层障幂，使读者有横看成岭、侧看成峰之状况。”蔡元培还从自己提出在索隐时的三条标准（品性相类者、逸事相征者、姓名相关者），得出《红楼梦》中主要人物所影射的都是康熙朝的诸知名人士。

国学大师王国维企图从哲学的观点评述《红楼梦》，在《红楼梦评论》一文中认为，“《红楼梦》乃叔本华的三种悲剧之说的第三种悲剧，足以示人生之所固有。”还得出结论说，“解脱之道唯存于出世”。他完全套用了叔本华哲学的绝灭意志之说，与《红楼梦》中所体现的中国佛家、儒家、道家思想格格不人。

直到 1921 年新红学主要人物胡适的《红楼梦考证》问世，才使《红楼梦》研究出现了柳暗花明的新天地。胡适彻底抨击了以蔡元培为代表的索隐派红学，否定了旧红学家们惯用的考证方法，即先在心目中假定小说中的人事是历史上的真人真事后，再去收罗许多支离破碎且毫不相干的事实，用尽种种方法或谐音或占卦，来附会《红楼梦》的人物及情节，得出“所隐之事，所隐之人”。这种“附会”的考证，被胡适讥讽为“大笨伯”猜“笨谜”。他自己根据小说本身以及同时代或稍后的清人笔记、年谱、传记、诗文等材料，考证得到关于作者的六条结论，而最基本的一条就是：《红楼梦》是曹雪芹的自传。后人称胡适的学说为“自传说”，而正是这种“自传说”否定了《红楼梦》是一部文学作品。

20 世纪 30 年代，红学渐渐跳出了胡适的“考证”、“著者”、“本子”之类的小圈子，不少研究者另辟蹊径，提出一系列新的课题，对《红楼梦》时代背景、主题思想、艺术特点、人物形象加以深入探讨。20 世纪 40 年代，研究的重心转移到人物形象心理状态分析，出现了周汝昌的《红楼梦新证》，这是继胡适《红楼梦考证》和俞平伯《红楼梦辩》之后出现的一部影响较大的红学专著。到了 20 世纪 50 年代，在红学研究领域掀起了一场政治运动，事情是由两个小人物引起的。

1954 年 4 月，正在中国人民大学哲学研究生班学习的李希凡，与来访的朋友蓝翎谈起《光明日报》上俞平伯《红楼梦辩》研究的观点，都感到“不对头”，于是一起写了一篇题为《关于〈红楼梦简论〉及其他》的文章，发表在《文史哲》杂志 1954 年第 9 期上。文章的基本观点是“俞平伯先生未能从现实主义的原则去探讨《红楼梦》鲜明的反封建的倾向，而迷惑于作品的个别章节和作者对某些问题的态度，所以只能得出模棱两可的结论”、“俞平伯先生不但否认《红楼梦》鲜明的政治倾向性，同时也否认它是一部现实主义作品”、“俞平伯先生唯心论的观点，在接触到《红楼梦》的传统性问题时表现得更为明显”。

两个年轻人对红学权威俞平伯的挑战，引起了毛泽东的注意，老人家发话了：“看样子，这个反对在古典文学领域毒害青年三十余年的胡适资产阶级唯心论的斗争，也许可以开展起来了。事情是两个‘小人物’做起来的，而‘大人物’往往不注意，并往往加以阻拦，他们同资产阶级作家在唯心论方面讲统一战线，甘心作资产阶级的俘虏……”（1954 年，

《关于红楼梦问题研究的信》)

在毛泽东的授意下，《人民日报》发表了袁水拍文章《可贵的第一枪》。在随之召开了一个主题座谈会后，一个对俞平伯《红楼梦研究》的批判以及对胡适派主观唯心主义学术思想和文艺思想的批判迅速展开，并成为一场全国性的大规模思想运动。在这场文艺思想的批判运动中，新红学派的基本观点如自传说、色空说、钗黛合一论、怨而不怒论等都受到了批判。不过这一偶然事件，却又拓宽了《红楼梦》研究的视野，推动红学在新历史阶段下的发展。

红学研究在“文化大革命”期间中断了，曾在20世纪70年代初一度出现的“评红热”，乃是政治运动的一种副产品，旨在适应当时“批林批孔”的政治形势。1976年以后，《红楼梦》研究步入新的历程，红学家们以实事求是的态度重新研究《红楼梦》，并出版了冯其庸、吴恩裕、郭豫适、刘梦溪等红学家的大量专著。《红楼梦学刊》和《红楼梦研究集刊》先后创刊，红楼梦研究所的正式成立和“第二届国际红楼梦研讨会”的召开，标志着红学研究的重新启动并达到了高潮。

被誉为“中国封建社会的百科全书”的《红楼梦》，是一部现实主义的古典文学巨著，在世界现实主义小说史上，具有毋庸置疑的领先地位。即使关于《红楼梦》成书、出版的确切时间众说纷纭，然而书的刊印最迟也不会跳出乾隆年间的下限，即1799年，而作者完稿时间则更早在18世纪中叶。

现实主义文学思潮是西欧资本主义制度确立和发展时期的产物，欧美现实主义文学奠基人的杰作，无论是写作还是出版的时间都远晚于《红楼梦》：法国司汤达的《红与黑》出版于1830年，巴尔扎克的《高老头》出版于1834年；英国狄更斯的《匹克威克外传》出版于1837年，萨克雷的《名利场》出版于1847~1848年；俄国普希金的《叶甫盖尼·奥涅金》写于1823~1831年，果戈理的《死魂灵》发表于1842年；而美国马克·吐温、杰克·伦敦则更是晚辈了。

曹雪芹的《红楼梦》在世界文学史上发射出来的强烈光芒，恰如灯塔一般照耀着黎明前的海洋，指引着欧美现实主义大师们航行的方向。

——檐流未滴梅花冻，一种清孤不等闲（清·郑燮《山中雪后》）

清孤不等闲

——清代画家郑板桥及“扬州八怪”

一

清初至康乾年间，正当艺坛上一种倾向以泰山压顶之势占据统治地位之际，一场新旧之间的碰撞和新陈代谢的变革也逐渐呈现出箭在弦上之势。有谁能一扫萎靡不振和沉闷经年的画风，又有谁敢于挺身而出、向雄踞神坛上的“四王”（王时敏、王鉴、王翚、王原祁）画霸宣战呢？时势造就英雄，时势也召唤着英雄，一群离经叛道的有识之士适逢其时地突兀而起。他们的出现，使人想起唐初诗人陈子昂和“初唐四杰”（王勃、杨炯、卢照邻、骆宾王），当年这些文化猛士的当头棒喝，一扫统治诗坛两百年之久的六朝“齐梁体”颓靡诗风。

这群在康乾年间活跃于淮左名都扬州的怪诞之士，不是像徐渭、金圣叹那样寂寞冷清的“孤山独庙一将军”，而是一群翻江蛟龙、狂奔烈马，这帮“野性”十足的画家被当地民众泛称以“扬州八怪”。据各种著述记载，跻身于“扬州八怪”这个画家群体的其实不止 8 人，有 15 人之多，而人们通常将清末李玉芬在《瓯钵罗室书画过目考》所提出的八个人即汪士慎、郑燮、高翔、金农、李鱓、黄慎、李方膺、罗聘称为“扬州八怪”。这八个被当时“正统”派视为扰乱画坛的“怪物”，不仅是艺术精湛的画家，而且在诗文、词曲、书法等方面也多有成就。

“八怪”之志在于不拘一格、另辟蹊径，创造出“掀天揭地之文，震惊雷雨之字，呵神骂鬼之谈，无古无今之画”；“八怪”之道就是石涛所倡导“笔墨当随时代”、“无法而法”的口号。他们的作品题材，运用象征、比拟、隐喻等手法，通过题写诗文，赋予作品以深刻的社会内容和独特的思想表现形式。他们的绘画风格，不拘泥于枝枝叶叶的形似，突破了含蓄典雅的花鸟画风，以纵横驰骋的笔墨，直抒胸臆。其“怪”之一就是偏离“正宗”，我行我素；其“怪”之二则是偏离“儒道”，以画经商。他们将文人画从宫廷王室解放出来，变成了商业化、平民化的产品，艺术创作不再是供少数人欣赏和收藏的雅事。

诚然，不应过高评价“八怪”在历史上的作用，虽然他们不是一群攀龙附凤的文化奴才，但大概也称不上一群中流砥柱的历史英雄。他们在艺术史上的定位，应该是在礼教禁锢、文化束缚、社会阻滞、思想僵化的时代，敢于离经叛道发出振聋发聩的呐喊，并且奋起而抗之的一群有识之士。而他们之所以在扬州崛起，也有其历史背景。

“八怪”异军突起于扬州，既是一种文化现象，也是一定时期的历史产物。扬州以其地处运河与长江交汇处的特殊地理位置之优势，成为清初南北漕运的要冲和盐运的枢纽。清政府把盐业垄断管理机构两淮盐运史和两淮盐运御史设在扬州，使扬州成为全国最大的食盐集散地。随着康乾盛世的出现，以盐业为主体的经济得到畸形发展，曾遭清军屠城的扬州又一次枯木逢春，富甲东南。盐商的疯狂消费导致整个城市的畸形繁荣，扬州成为当时引领海内风气的时尚之城、引导消费潮流的奢侈之都。

然而被人视为“暴发户”的盐商，纵有家财万金，在社会地位上仍居“士、农、工、商”四民之末，为封建官僚所不齿，为诗书举子所藐视。为了在上层社会争一席之地，没有资本走“学而优则仕”之途的盐商，却有本钱进“贾而富则儒”之门。“堂前无字画，不是旧人家”，众多力图跨进“旧人家”门槛的盐商家庭，争相购买收藏大量画家的作品，为艺术的发展营造了一个浓郁的人文环境。另外，盐商为自己修建的园林别苑和为迎候南巡驻跸的皇帝建造景点，都离不开书画家的参与设计，为扬州催生出一个巨大的书画市场。

经济为文化搭起了舞台，颇具风骚的官员倡导诗文酒会，附庸风雅的盐商延揽四方名士。一时雅士骚客、书家画师从大江南北纷至沓来，云集扬州，使扬州又成了当时的文化艺术中心。寄居扬州近20年的金农，在《忆康山旧游，寄怀余元甲，高翔，马曰楚、曰琯、曰璐，汪士慎》一诗中，记叙了其时朋辈往还、杯盏交晃的名流雅集场面：

曩哲风流地，朋游数往还。
饮盟无筭爵，花社一家山。
谈艺挥犀柄，填词按翠鬟。
相思渺天末，肠断茱萸湾。

作为万商云集的商业大埠，扬州较之久为帝王之都的南北二京，以及富有官宦气味的苏杭两城，不仅画坛上的传统势力相对薄弱，而且给予艺术家在思想上以更多的自由度，风格上以更大的宽容性，创作和经营上以更广阔的空间。于是艺术家纷纷到扬州来寻梦，来倾吐心中的块垒，来挥写艺术的“性灵”。据《扬州画舫录》记载，从清初到乾隆年间，在扬州的本地和外埠书家有127人，画家163人，其中不乏名家。

在书画名家中，就有来自福建宁化的黄慎，安徽歙县的汪士慎，浙江杭州的金农，江苏南通的李方膺，还有从江苏兴化来的李鱓、郑燮。他们和本地的高翔以及晚辈罗聘汇合一起，组成了一个风格相近、趣味相似和具有更多共同语言的画派。“八怪”诸家志同道合、同声同气，文人相轻的古今陋习被隔绝在他们的圈子之外。他们之间保持着深厚的友谊，其中金农与罗聘的师生之谊，郑燮与李鱓的桑梓之交，已传为文坛画界的佳话。

二

康乾年间在艺坛享有盛名的“扬州八怪”，以自己的特色，从理论上和艺术实践上突破和发展了传统的文人画。“八怪”的作品，在格调上摆脱了以“我”为中心自娱、自叹或自悲，一味追求淡泊明志、超尘脱俗的境界，开始把自己作为社会的一员，亲身置于人民大众之中，以关心民间疾苦、揭露社会丑恶为己任。从“聊以自娱”而作画的倪云林，到作画“为天下为劳人”（郑燮）、“唤起人间向善心”（李鱓）的“八怪”，可说是一个巨大的进步。

在技法上，“八怪”虽各有师承，却是“学一半，撇一半”。他们的画作不是完全仿古模拟，而是“师法自然”，重视发挥个性，力求创新，善用水墨写意技法，略形取神，并赋予强烈的主观感情色彩，而且还喜欢以书法笔意入画，从而为当时沉闷僵化的画坛带来一股新风。在题材上，“八怪”突破了以枯木衰竹来寄托情思的文人画的常规，在肖像画（金农、罗聘）、人物画（黄慎）方面达到了很高造诣，特别是罗聘“以鬼喻人”的漫画，给后人以新的启迪。

“八怪”彼此面貌不同，成就各异。被称为“八怪”之首的金农（1686~1763 年），浙江仁和（今杭州）人，久居扬州。他年过 50 才开始作画，以深厚的学问和书法功力，下笔即超凡脱俗，终成一代名家。其画涉及山水人物，尤精墨梅。汪士慎（1686~1759 年），原籍安徽歙县，居扬州以卖画为生，工花卉，最擅画梅。黄慎（1687~1770 年），福建宁化人。一生布衣，卖画为生，以狂草笔法入画，善画人物。高翔（1688~1753 年），江苏扬州人。亦终身布衣，善画山水花卉，晚年右手残废，常以左手作书画。李方膺（1695~1755 年），江苏南通人，曾任山东兰山（今临沂）、安徽潜山和合肥知县，善画花卉虫鱼，也能画人物、山水。

在“八怪”中家喻户晓者当属郑燮，而郑燮最推重的却是同乡、名满南北的书画家李鱓。李鱓被认为“在八怪中堪居首选”，是“八怪”中的主将，曾以书画“供奉内廷数载”，成为“八怪”中唯一具有“宫廷画家”身份的画家。李鱓（1686~1762 年），江苏兴化（原属扬州府）人。他倾心于“青藤笔墨人间少”的写意画派，“庭前老干是吾师”的师法造化，“撑天立地古今情”的以物寓情、抒发个性。

具有强烈出仕愿望的李鱓，曾二度进入皇家画苑，却又因画风不合皇帝口味而被“两革功名”。郑板桥后来评李鱓的画风有三变，其中入都的第一变使他杜绝了仕进之路，而同时却又为他开启了走向艺术巨匠之门。李鱓的《蕉荫鹅梦图》诗对这段经历作了如下表述：

廿年囊笔走都门，谒取明师沈逸存。

草绿繁华无用处，临行摹写天池生。

经过痛苦反复的选择，李鱓决心走“天池”即徐渭之路，冲破宫廷画派的樊篱，表现造化的勃勃生机。后来他又前后做了几年小官，在“两革科名一贬官”后，就在扬州开始了以卖画为生的艰辛岁月，同时也步入了在画页上充分表现自己个性的自由天地：

薄宦归来白发新，人言作画少精神。

岂知笔底纵横甚，一片秋光万古春。

（《陶风楼书画目》）

李鱓的“笔底纵横”，既表现在题材上，也反映在用笔上。他的画作范围十分广泛，不仅包含文人画中常见的花鸟，还画平民生活中习以为常却充满生活气息的葱、姜、瓜、茄、山芋、荸荠、芋头、茭白、松鼠、蛤蟆、蚕桑之类的动植物。他的用笔特点是把阔笔放纵与细笔勾勒结合起来，画面显得清新动人。由于善于用水，使画作历经岁月冲刷而依然墨彩欲滴。而他的题画诗不仅使作品锦上添花，而且更有画龙点睛之妙：

偶然洗砚在池塘，素纸光同淡水光。

墨笔荷花娇欲语，此间正好画鸳鸯。

（《荷花鸳鸯图》）

70岁时李鱓定居扬州竹西僧舍，后来在家乡的升仙浮沤馆终老。李鱓亡后，郑燮甚为怀念，他的《挽李鱓》之联曰：

无不开之船，打桨扬帆，老先生脱离苦海；

有未完之戏，停锣歇鼓，吾小子收拾坛场。

就在李鱓仙逝的前后，一位年届而立的画家正在扬州画坛崭露头角，他就是“扬州八怪”的队伍中最年轻的成员罗聘。

在孤苦中度过童年时代的罗聘，才华横溢，学习刻苦，“通画学十三科，读奇书五千卷”。当住在西方寺的金农认识了这位后生晚辈后，对其给予特别的关顾，常常在诗画上给予指点。老师死后，罗聘开始独立卖画为生，妻子方婉仪的画梅也名满扬州城。

在罗聘的一生中，曾有过三游京师的豪兴，就在三游期间，《鬼趣图》和《岱宗图》在他的笔下惊现。乾隆三十六年（1771年），罗聘携画一上京师，看到“盛世”掩盖下的种种黑暗，看到种种人态似鬼态、人趣若鬼趣的世间相后，顿生画鬼的念头，一组由八幅形态个异、光怪陆离的《鬼趣图》就此问世。《鬼趣图》一出，罗聘在京师的名声大噪，“栖毫甫竟，题翰已多”，当时名流英廉、翁方纲、钱大昕等都为之题诗。

在京期间，罗聘应内务府总管大臣英廉之命完成的《登岱图》，成为他山水画中的扛鼎之作。而在创作此山水长卷时，罗聘尚无缘登临岱巘，只凭他人描述再加以自己对东岳名山的想象及无限神往之情渲染而成。第二年罗聘南归，于乾隆三十八年（1773 年）路经泰安，在知泰安府的友人朱孝纯盛情款待下，滞留数月。他三攀岱岩，身凌绝顶，寻幽访胜，长啸天门，根据亲历和实感，二绘《登岱图》长卷及小幅景图多幅：

我欲游八极，危梯欣可惜。逍遥倚天门，仍在天之下。

不见玉女迎，但觉尘氛谢。罡风足下生，倒听松涛泻。

云中毛骨凉，旷然忘炎夏。口诵白也诗，安得斑龙跨。

（罗聘《登泰山至南天门》）

乾隆四十四年（1779 年）五月初，罗聘二赴京师，途中夜宿济南客舍时，梦见手持梅花卷的妻子方婉仪与之告别。当八月到达京城时，他才从乡人口中获悉，相濡以沫的爱妻已于五月十九日命归扬州。此时妻子待葬，儿子待养，悲痛欲绝的罗聘却两袖空空，欲归不得，身居古庙，对月难眠。在京不到一年，罗聘凄凉地回到扬州，从画鬼而改为画佛，起号“花之寺僧”。

念念不忘京师的罗聘，在年近花甲的乾隆五十五年（1790 年），又带着小儿子允缵三上京城。一别十年，此时的他已是名闻南北的大画师了。他在宣武门外琉璃厂观音禅寺一住下，京城达官贵人争相求购其画，旅京八年，一度收入颇丰。但因豪爽挥霍，卖尽衣服还不清旧债，回程的路费都无法筹措。直到嘉庆三年（1798 年），亏得在扬州做盐运使的友人曾宾谷出资相助，大儿允绍赶到京城，才把他和弟弟接回扬州弥陀巷“朱草诗林”家中。

遍尝世态炎凉、人情冷暖，历经一番波折，“鸟倦知还”的罗聘此时已“衰颜惨淡，老泪飘萧”，疲惫不堪了。嘉庆四年（1799 年）七月三日，67 岁的老画家罗聘与世长辞。出葬那天，随柩执绋的有数千人之多，这种空前景况，对一位画家来说，是难得的殊荣了。随着最后一只黄鹤西翔，在扬州上空飘游百年的“八怪”白云，最终飘出了西湖，飘出了蜀冈。但是他们在古城留下了绿荫芳草，也在画坛留下了清风明月。

三

在“扬州八怪”中，民众最熟悉和喜爱的书画家、诗人非郑燮（板桥）莫属了。郑燮生活于清朝康、乾“全盛时期”，应当说适逢其时。其实在一幅康乾版的“清明上河图”背后，却掩盖着矛盾深重的现实。早年过着卖画生涯的郑燮，冷眼看天下、慧心感世事，早早表示了对世俗的蔑视。

雍正三年（1725 年），郑燮出游北京，这段时期，他每天放言高论，评议人事，毫无顾忌和防范。在《燕京杂诗》（三首之一）中，他鲜明地表明了自己的鄙弃、追求和愿望：

不烧铅汞不逃禅，不爱乌纱不要钱；

但愿清秋长夏日，江湖常放米家船。

“日放言高谈，臧否人物，以是得狂名”的郑燮，不可避免地招致飞短流长。对那些诬蔑之词，他写了一首《自遣》之诗予以还击，还风趣地借唐朝文学家韩愈解嘲的话，刻了一方印：“动而得谤，名亦随之。”体现其不与世俗同流合污、对清政府钳制舆论强烈不满的人生和政治态度。他将这种狂怪心态寄情诗画，也洒落于生活，时而愤愤痛骂，时而侃侃长谈；时而痛哭流涕，时而放声狂笑。在名篇《沁园春·恨》中，郑燮倾诉了心中的不满和苦闷：

花亦无知，月亦无聊，酒亦无灵。把夭桃斫断，煞他风景；鹦哥煮熟，佐我杯羹。焚砚烧书，椎琴裂画，毁尽文章抹尽名。荥阳郑，有慕歌家世，乞食风情。

单寒骨相难更，笑席帽青衫太瘦生。看蓬门秋草，年年破巷；疏窗细雨，夜夜孤灯。难道天公，还箝恨口，不许长吁一两声？颠狂甚，取乌丝百幅，细写凄清。

狂放是清醒的变异，怪诞乃先觉的隐衷。生活于黑暗的人生舞台，郑燮只能以狂怪的言行举止做公开的表演，从而发泄对时代和世道的愤恨。

郑燮，字克柔，号板桥。清康熙三十二年（1693 年）生于江苏兴化，出身于一个农村破落的书香之家。由于家境贫穷，早年在扬州以卖画为生。“君子固穷”，面对贫穷，历代寒士们如同颜回那样，采取了一种安贫乐道、孤傲清高的态度，并因而受到后人的尊敬。

30 岁左右时，郑燮曾写组诗《七歌》，陈述了一个贫困家庭的种种悲惨故事，描写了亲友们在贫穷中苦熬、挣扎，也写了自己的愧悔与不平。一支饱蘸感情的写实画笔，描绘出一幅幅令人难忘的人生画面。他在《七歌》之三中哀叹：

无端涕泗横阑干，思我后母心悲酸。十载持家足辛苦，使我不复忧饥寒。

时缺一升半升米，儿怒饭少相触抵。伏地啼呼面垢污，母取衣衫为湔洗。

呜呼三歌兮歌傍徨，北风猎猎吹我裳！

在继《七歌》之后所写的《哭犉儿五首》中，吟声已经不是哀叹，而是哽咽和悲泣了。犉儿是郑板桥在《七歌》中所述“我生二女复一子”的独子，然而对此爱子，正如他在《哭犉儿》之一中说，“天荒食粥竟为常，惭对吾儿泪数行”，连午饭也不能满足，致使幼小的生命竟病饿而死，怎能不使郑板桥心如刀割！更有使他牵肠挂肚的是，犉儿年幼胆小，家穷资薄，不知道在阴间如何遭受野鬼的欺凌。为此，他在《哭犉儿》（之一）中哭诉了他这种爱莫能助的担心：

坟草青青白水寒，孤魂小胆怯风湍。

荒涂野鬼诛求惯，为诉家贫楮镪难。

卖画和设馆都无法改变郑板桥的境遇，他于焦山避债，巧遇扬州大盐商马曰琯。马曰琯赏识他的诗才，知道他家境的困窘，瞒着他派人送银到他家为之还债、度日。他十分感激，与马曰琯结下莫逆之交。当妻子病逝，家中绝薪断粮，难过年关，而第二年又要至江宁参加乡试时，他不得不向爱惜人才的兴化知县汪芳藻呈诗求援，得到汪知县的赠银，总算使他又渡过了一次难关。一个“穷”字，伴随、贯穿和牵制了郑板桥的一生，让一位“三绝诗书画”的杰出文才“穷”于应付生计，不仅是上苍的不公，而且是时代的悲哀。

在幼年郑燮的贫困生活中，除了生母、继母，还有一位给了他莫大的慈爱的“保护神”式的人物，这就是乳母费妈妈。费妈妈本是郑燮祖母蔡夫人的侍婢，当主人家道中落，她常过来照护。郑燮出生后，生母病弱少乳，费氏当了乳母。在母亲、祖父相继去世后，童年的郑燮，多亏费妈妈照顾。清晨，她背着小小的郑燮来到街上，必先以一钱买一吊饼，递到小郑燮手上，然后自己才安心去做事，天天如此。乳母每日之饼，成为他苦难童年中一种厚德载物、恩惠爱心的象征物，永远留于他生命的记忆中。费妈妈不就是诗人艾青热烈歌颂的大堰河吗：

大堰河，我是吃了你的奶而长大了的
你的儿子
我敬你
爱你

郑板桥 43 岁中进士时，长辈亲人只有费妈妈健在。她是郑燮迟迟取得功名以后唯一可以报慰的恩人，但此后不久费妈妈也就离开人世。他写了一首《乳母诗》，有 150 多字的序，无限深沉的感情只凝结为短短 40 字的一首五律：

平生所负恩，不独一乳母。
长恨富贵迟，遂令惭恧久。
黄泉路迂阔，白发人老丑。
食禄千万钟，不如饼在手！

自幼注入于心灵深处的“穷”和“爱”，构成了郑燮的“生命之根”，终其一生，他不曾也不能忘记这条“根”。在他自订的诗集中，有很多颇具分量的好诗，而他的“穷”和“爱”的诗，却是最令人动心，这正是他对自己“生命之根”的记忆与纪念。

为了治“穷”护“爱”，孤高的郑板桥也只能无奈地沿着“康熙秀才，雍正举人，乾隆进士”的阶梯攀登。在扬州卖画初期，步入中年的郑燮曾以“板桥道人”之名，写过十首《道情》，分别以渔翁、樵夫、道人、头陀、书生、乞儿等为描述对象，尽情抒发了青山绿水最堪寄托、功名富贵轻如浮云的出世思想。正如他在引言中所述：“无非唤醒痴聋，销除烦恼。

每到山青水绿之处，聊以自遣自歌。若遇争名夺利之场，正好觉人觉世。”《道情》的第一首和第二首，描绘了老渔翁和老樵夫的闲淡生活：

老渔翁，一钓竿，靠山崖，傍水湾，扁舟来往无牵绊。沙鸥点点轻波远，荻港萧萧白昼寒，高歌一曲斜阳晚。一霎时波摇金影，蓦抬头月上东山。

老樵夫，自砍柴，捆青松，夹绿槐，茫茫野草秋山外。丰碑是处成荒冢，华表千寻卧碧苔，坟前石马磨刀坏。倒不如闲钱沽酒，醉醺醺山径归来。

其实郑燮并不是想绝对地出世，出世之想只是一时心态失衡的表现，而非一心一意选择的道路。在当时历史条件下，像郑燮这样的寒士，可选择的道路并不多。贾宝玉骂求功名者为禄蠹，他不需攀登，仍有酸笋鸡皮汤可喝。郑燮却没有这种条件，他不可能真的去做渔樵、僧道或隐士。这不仅因为自幼熟读儒家经典，怀有治国平天下的抱负，而且贫穷的家庭需要起码的衣食之需，入仕才可以使他经济上得到翻身。

乾隆元年，郑燮如愿中了进士，他兴奋了一阵，画一幅《秋葵石笋图》自我庆贺。但在诸大臣审察评议中，他并没有马上被看中而授予官职，在京等了一年也无希望，只好仍回扬州卖画。直到6年之后，已经50岁了，可能由于早就赏识他才华的郡亲王允禧的作用，才补了个小县的县令，开始了他的仕宦之旅。

四

郑燮就任的第一个县是山东范县，他成为这个仅有18000多人口的小县百姓之“父母官”。县衙几年前还全是草舍，他到任时才部分改瓦。但郑燮还是很看重这个位置，不是因“权”可以转化为“钱”，而为终于能够施展自己的抱负，从到范县后写的一首诗《君臣》可见其心志：

君是天公办事人，吾曹臣下二三臣。

兢兢奉若苍穹意，莫待雷霆始认真。

“小城荒邑，十万偏氓。何养何教，通性达情；何兴何废，务实辞名。”

郑燮在《署中示舍弟墨》中的几句话，或许可以视作他在范县的施政纲领。“时平兼地僻，何况又丰年”，公务实在不多，因此他也简政利民，无为而治，不多烦扰百姓。据传他夜出巡视不仅不鸣锣开道，甚至连官府的礼仪排场如“回避”、“肃静”的牌子也一概免去，只以一小吏打着写有“板桥”二字的灯笼引导。郑燮自己也在小诗《喝道》中证实了传闻：

喝道排衙懒不禁，芒鞋问俗入林深。

一杯白水荒涂进，惭愧村愚百姓心。

一杯白水，惭愧村愚，这是一位七品县令正直、爱民内心世界的独白，至今读来还会令不少大小官员汗颜。郑燮的行为举动不仅是谈何容易，而且因其超前的民主观念而遭非议，当时许多人看不惯，连他的朋友也以为“实不相宜”。在小小范县任职，郑燮不可能期望作出惊人之举，与他的志向和学问当然大相径庭。尽管如此，他还是竭其所能，体察民情，审理政务，了解农事。四年县令，给郑燮记下了很好的评语：“通达事理，作养人才。”（《范县志》）

从范县改知潍县，郑燮有机会实现其爱民之心与为政之能了，因为潍县是经济发达的大县，而且他刚到任，就遇潍县连续遭灾，使他着实经受了一次做父母官的考验。灾年荒月，郑燮气愤地目睹官府勾结牟利，又难过地看到百姓流离逃亡，心情沉重，写下了感人至深的乐府“三行”：《逃荒行》、《还家行》与《思归行》。为了救灾，他带头捐银，开仓赈贷，平价粜粮，集资修城，显示了爱民、果断、善谋的品格和才能，使灾民很快得以安定。但他也因此得罪了当地的富室豪门，潜留下一条祸根。

乾隆十八年（1753 年），郑燮毅然“扯碎状元袍，脱却乌纱帽”，毫不留恋地告别了 12 年七品县令的官宦生活，一身轻松地走入了扬州民众百姓的海洋之中。从此，他重新在自己熟悉和思念的地方“画兰画竹画石，用以慰天下之劳人”。关于郑燮去官的原因，或说他已把官场看透，告归故里；或说他被富豪诬告，懒得申辩，罢官而去。无论何种说法，都不必那么认真予以追根究底了，郑燮的性格和命运本该如此，历史的逻辑和结论本该如此！

卸职之际，如果说使他有所牵挂的话，就是那众多已经熟悉了的潍县百姓。潍县的一枝一叶，百姓的一呻一吟，长年以来牵动着他的感觉，系连着他的感情，正如他在《潍县署中画竹呈年伯包大中丞括》中所述：

衙斋卧听萧竹萧，疑是民间疾苦声；

些小吾曹州县吏，一枝一叶总关情。

离开潍县官衙，郑燮只用了三头毛驴：一头垫着铺陈自骑，一头骑着一名皂隶，一头上面驮着两夹板书与一副阮弦。正值寒冬，他在郭氏南园住了几个月，春暖时才上路。去潍之日，“百姓痛哭遮留，家家画像以祀”。他作了在潍县的最后一幅画，赠别百姓，仍是一幅墨竹，上题：

乌纱掷去不为官，囊橐萧萧两袖寒。

写取一枝清瘦竹，秋风江上作渔竿。

做官之后，郑板桥的经济虽有改善，但原本家底太薄，还要恤亲济贫，手中也并不宽裕。他继续作画卖画，又收购当地民间的一些珍珠、铜镜，带回老家兴化出售，从地区差价中获得些利润。罢官以后，郑板桥重到扬州卖画，为了避免别人纠缠，他自订有名的“板桥润格”，对于书画价格按尺寸写得一清二楚：

大幅六两，中幅四两，小幅二两，条幅对联一两，扇子斗方五钱。

凡送礼物食物，总不如白银为妙。公之所送，未必弟之所好也。送现银则心中喜乐，书画皆佳。礼物既属纠缠，赊欠尤为赖账。年老体倦，亦不能陪诸君子作无益语言也。

画竹多于买竹钱，纸高六尺价三千。

任渠话旧论交接，只当秋风过耳边。

乾隆巳卯，拙公和尚属书谢客

板桥郑燮

在风趣中表明了对于经济认真不苟的态度，对作品公平交易的规矩。大概就是基于这些事实，郑板桥被有些人讥为“世俗”。但人生于尘世，何能免“俗”？一家人的衣食之需，哪一样能从天上掉下来？再说，他对这些收入来源，从不隐晦，或刊之于书，或悬之于壁，昭然坦然。就算“俗”吧，可谓俗不伤格，俗不伤德，与我们今天正统的观念是何等的接近！

狂放怪诞的个性，使郑燮与其余“扬州七怪”的画风和文风息息相通。

他与扬州诸怪一起，大胆突破清初临古风气，反对因循守旧，在艺术中充分展示自己的个性。他取各家之长，融会贯通，在笔墨技巧和艺术风格方面独树一帜。他用作画的方法写字，熔行、楷、隶、篆于一炉；他那删繁就简、自立门户的绘画，再有他那深刻、清新、风趣的题诗画，集诗书画于一体，给人以立体、综合的美感。

郑燮的题画诗，是画中的诗，又像诗中的画。他在《题团冠霞画山楼》中云：

竖幅横披总画山，满楼空翠滴烟鬟。
明朝买棹清江上，却在君家图画间。

放棹清江，却是舟行画图，可见山水画技之高超。他为几位晚明遗民诗、画家诗册画卷，题写了一首蕴含悲和恨的诗：

国破家亡鬓总皤，一囊诗画作头陀。
横涂竖抹千千幅，墨点无多泪点多。

而在另一些画中，他的题画诗竟通俗得明白似水，风趣得如读打油诗：

满目黄沙没奈何，山东只是吃馍馍。
偶然画到江南竹，便想春风燕笋多。

在他的画中，兰、竹、石最为人们喜爱，也是他自己毕生所好。郑燮画兰、竹、石，咏兰、竹、石，情有独钟，事出有因——“一竹一兰一石，有节有香有骨”。“节”、“香”、“骨”，既有他爱好的美学，更有他追求的气节。尤长于画竹的郑燮，常以竹子的节长青（清）高自比，借物咏志，状物抒怀。他有一幅《兰竹图》，画中的兰、竹形象生动多姿地把客观物象与充沛的感情熔铸于艺术形象之中，充分显现了板桥竹潇洒、修长、挺拔的特点。

郑燮曾以一手独特的神笔，写下了一句精彩的名言：“难得糊涂。”年复一年，代接一代，这句名言越传越响，越播越远，大江南北，天涯海角，几乎都可以寻觅到“难得糊涂”的墨迹。而且年代越久，名言越香，仿佛是一坛陈年的绍兴老酒，随着岁月的流逝，散发出更加馥郁的芳香，到今天竟成为许多聪明人的座右铭。

令后世赞叹的是郑燮对宦海进退的冷淡，对人生浮沉的超脱，“难得糊涂”升华至此，也真是修身到家了。乾隆十六年，时任潍县的郑燮在恰好服官十年之际，写下了一首词作《满江红·思家》：

我梦扬州，便想到扬州梦我。第一是隋堤绿柳，不堪烟锁。潮打三更瓜步月，雨荒十里红桥火。更红鲜冷淡不成园，樱桃颗。

何日向，江村躲；何日上，江楼卧。有诗人某某，酒人个个。花径不无新点缀，沙鸥颇有闲功课。将白头供作折腰人，将毋左。

“难得糊涂”，糊涂得难得、可贵和罕见。乾隆三十年（1765 年），“难得糊涂”的郑燮清醒地看着这个他无力拨动的黑暗世界，悻悻地离开了人间。

有梦的从前——后记

台湾女诗人、我的文友和校友沈花末赠我一本诗集，书名为《有梦的从前》。寥寥五个字，朴实无奇，语不惊人，看似何其简单，却概括了人们无不经历的一个时期。与花末一样，我也有过“有梦的从前”，在“少年不识愁滋味”的岁月里，做过很多美丽的彩色的梦。唯其如此，我窃用了花末的书名作为本书“后记”之题。

同为从前的梦，我的梦自然与花末的多愁、多情、多思的少女之梦迥然不同，爱国主义教育、英雄史观熏陶和文史知识的滋润，使得小小的我很早就做起了追慕先贤、崇拜英杰的梦。随着岁月的流逝，许多从前的梦已成为随风而去的“廊桥遗梦”，唯有追慕先贤、崇拜英杰的旧梦不仅仍在继续延伸、演绎，而且逐渐萌生了一个为先贤树碑、为英雄立传的新梦。

花末在其诗集“序”的结尾中说：“《有梦的从前》并不是说无梦的现在。”对我来说，以自己的风格写一套丛书，为千古风流人物写照，为他们的人格品德、道德风范、爱国精神和民族气节讴歌，成了我现在的梦。随着近几年发生的一系列牵动人心的国家大事，诸如汶川大地震、北京奥运会、南海风云、钓鱼岛事件、“中国梦”、神舟十号……一次次在海峡两岸以及全球的炎黄子孙中激起强烈反响，更促进了我提笔写作的勇气。

在进行一番望名城、仰名士、慕名臣、思名君的故国神游，一番追溯上下五千年、遥望纵横八万里的史海行舟之后，我酝酿和创作了一套“爱我中华”历史散文丛书。由《何处望神州——中华名城篇》、《高山安可仰——古代名士篇》、《丹心照汗青——百朝名臣篇》、《威加海内兮——历代名君篇》四部书组成的“爱我中华”丛书，以历史为经，以人物为纬，熔情景于一炉，集诗文于一体，镌刻中华名城的文明丰碑，塑造古代人杰的不朽形象，吟颂历代帝王的千秋伟业，播送历史事件的深沉回响。

也许是应了“吉人自有天助”这句老话吧！在“爱我中华”丛书的出版过程中，我有幸得到京城一家出版社——经济管理出版社的支持。特别要感谢该社第五编辑部主任郝光明及其编辑同仁们，他们为拙作的审阅、编辑和校对付出了很多心血，使这套“爱我中华”丛书终于得以问世，而且精美的装潢、典雅的封面和漂亮的印刷，着实给了我并且也必将给读者一个惊喜。

悠悠青史，祖国山川灵秀；巍巍丰碑，中华人物风流。当前，海内外中国人正在广泛开展爱国主义的宣传教育活动，希望丛书的出版，对读者了解辉煌悠久的华夏文明、继承古圣先贤的优良品质、激发爱国情怀和民族气节有所裨益。也希望丛书在给我圆了现在的梦的同时，能引导读者与我一起走进“一时多少豪杰”的历史时空，与景仰已久的先贤邂逅相识并进行心灵的对话，在“江山如画”的大江南北漫步流连之际，圆一个“故国神游”之梦。

最后，还要感谢文友王晓旭在最后一部书稿《威加海内兮——历代名君篇》写作过程中的帮助，使这套“爱我中华”丛书得以及时付梓。

谢善骁

2013 年 7 月于北京